CHANYE ZHUANLI
FENXI BAOGAO

产业专利分析报告

（第41册）——糖尿病药物

杨铁军◎主编

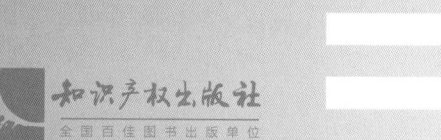

图书在版编目（CIP）数据

产业专利分析报告. 第41册，糖尿病药物/杨铁军主编. —北京：知识产权出版社，2016.6
ISBN 978-7-5130-4238-3

Ⅰ. ①产… Ⅱ. ①杨… Ⅲ. ①糖尿病—药物—专利—研究报告—世界 Ⅳ. ①G306.71②R977.1

中国版本图书馆CIP数据核字（2016）第137421号

内容提要

本书是糖尿病药物行业的专利分析报告。报告从该行业的专利（国内、国外）申请、授权、申请人的已有专利状态、其他先进国家的专利状况、同领域领先企业的专利壁垒等方面入手，充分结合相关数据，展开分析，并得出分析结果。本书是了解该行业技术发展现状并预测未来走向，帮助企业做好专利预警的必备工具书。

责任编辑：卢海鹰　胡文彬	责任校对：韩秀天
内文设计：王祝兰　胡文彬	责任出版：刘译文

产业专利分析报告（第41册）
——糖尿病药物

杨铁军　主　编

出版发行：	知识产权出版社有限责任公司	网　　址：	http://www.ipph.cn
社　　址：	北京市海淀区西外太平庄55号	邮　　编：	100081
责编电话：	010-82000860转8031	责编邮箱：	huwenbin@cnipr.com
发行电话：	010-82000860转8101/8102	发行传真：	010-82000893/82005070/82000270
印　　刷：	北京嘉恒彩色印刷有限责任公司	经　　销：	各大网上书店、新华书店及相关专业书店
开　　本：	787mm×1092mm　1/16	印　　张：	18.25
版　　次：	2016年6月第1版	印　　次：	2016年6月第1次印刷
字　　数：	390千字	定　　价：	70.00元

ISBN 978-7-5130-4238-3

出版权专有　侵权必究

如有印装质量问题，本社负责调换。

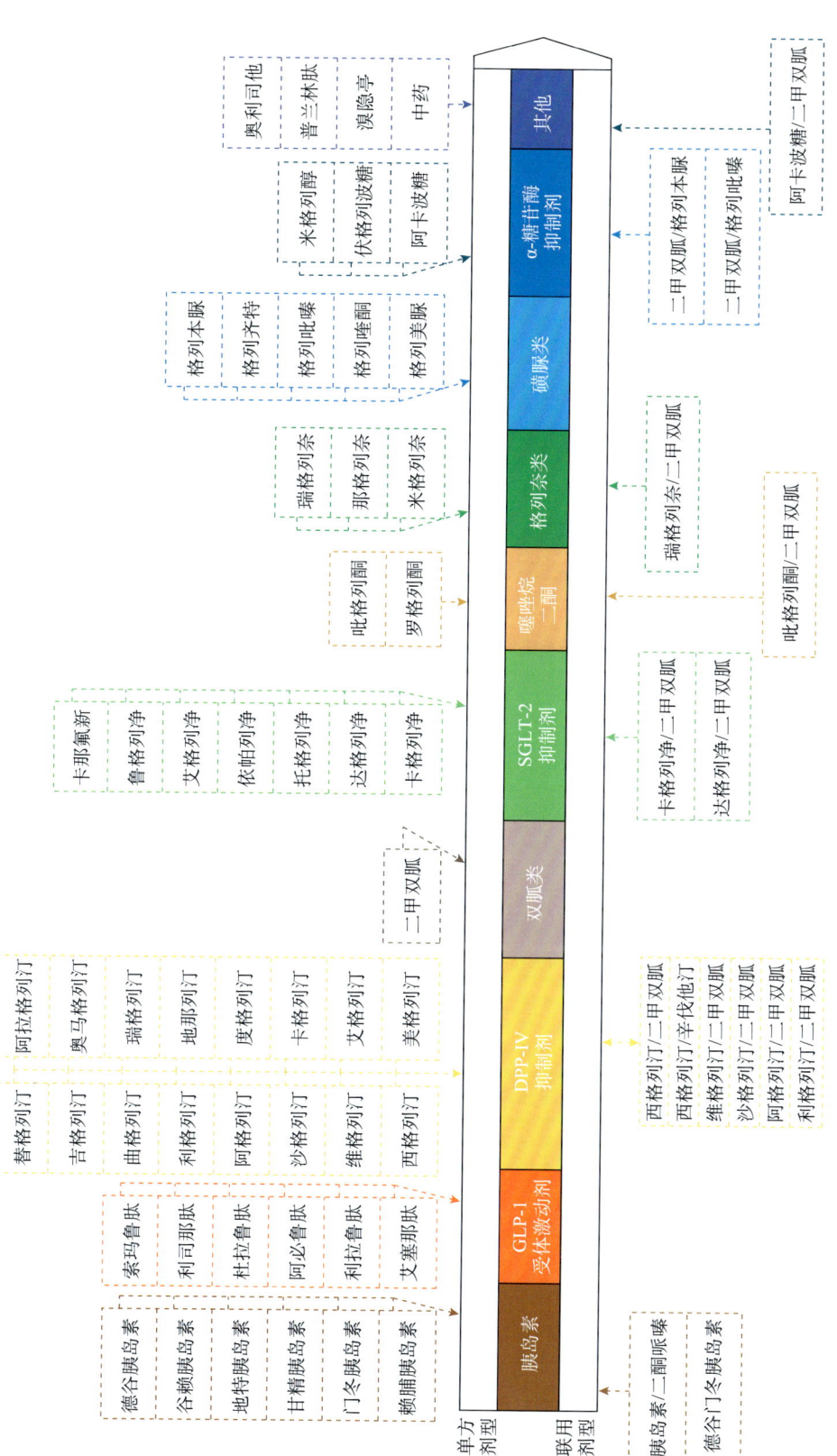

图1-2-1 国内外上市糖尿病药品
（正文说明见第4页）

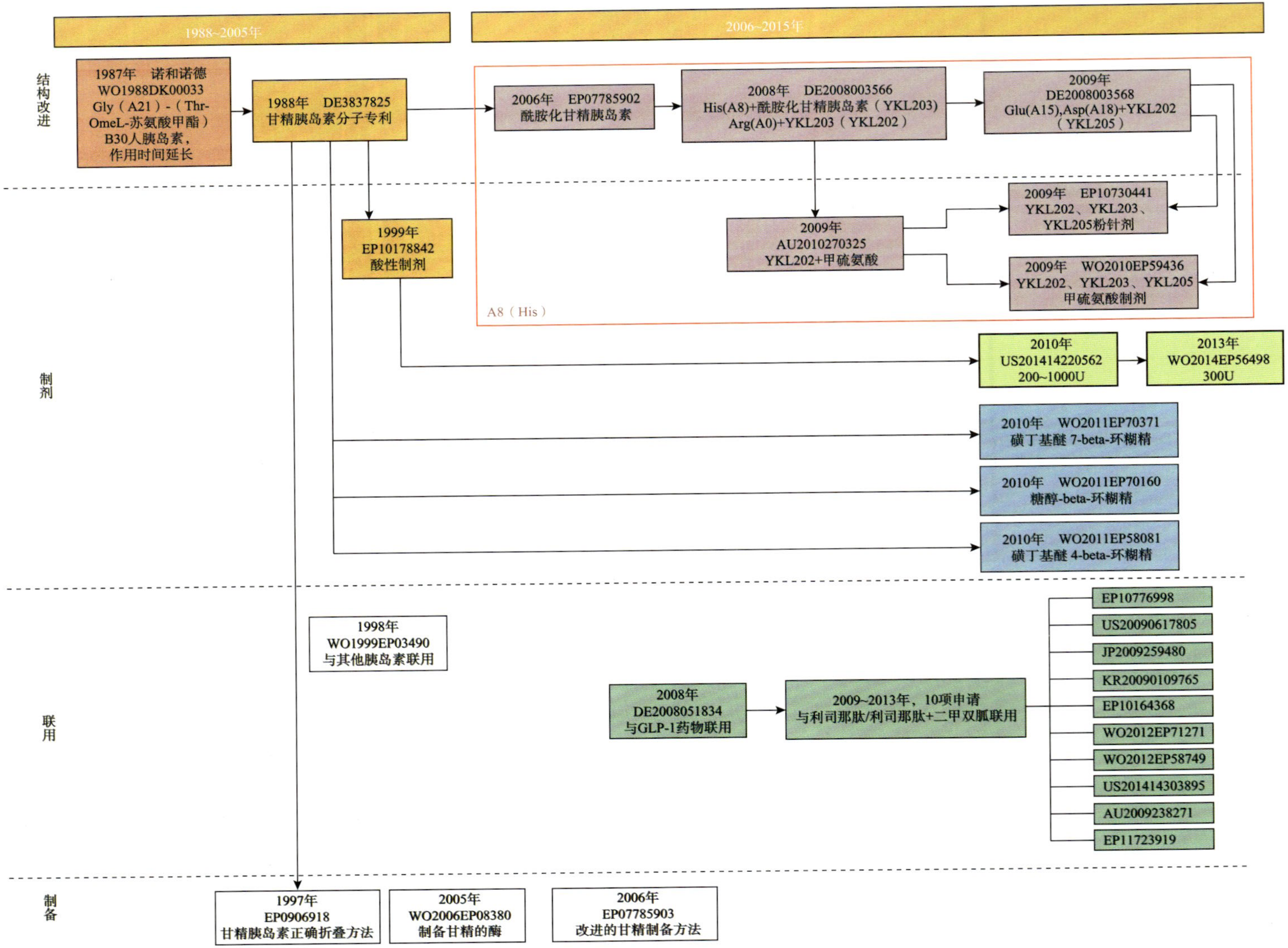

图3-2-11 赛诺菲甘精胰岛素技术路线

（正文说明见第64页）

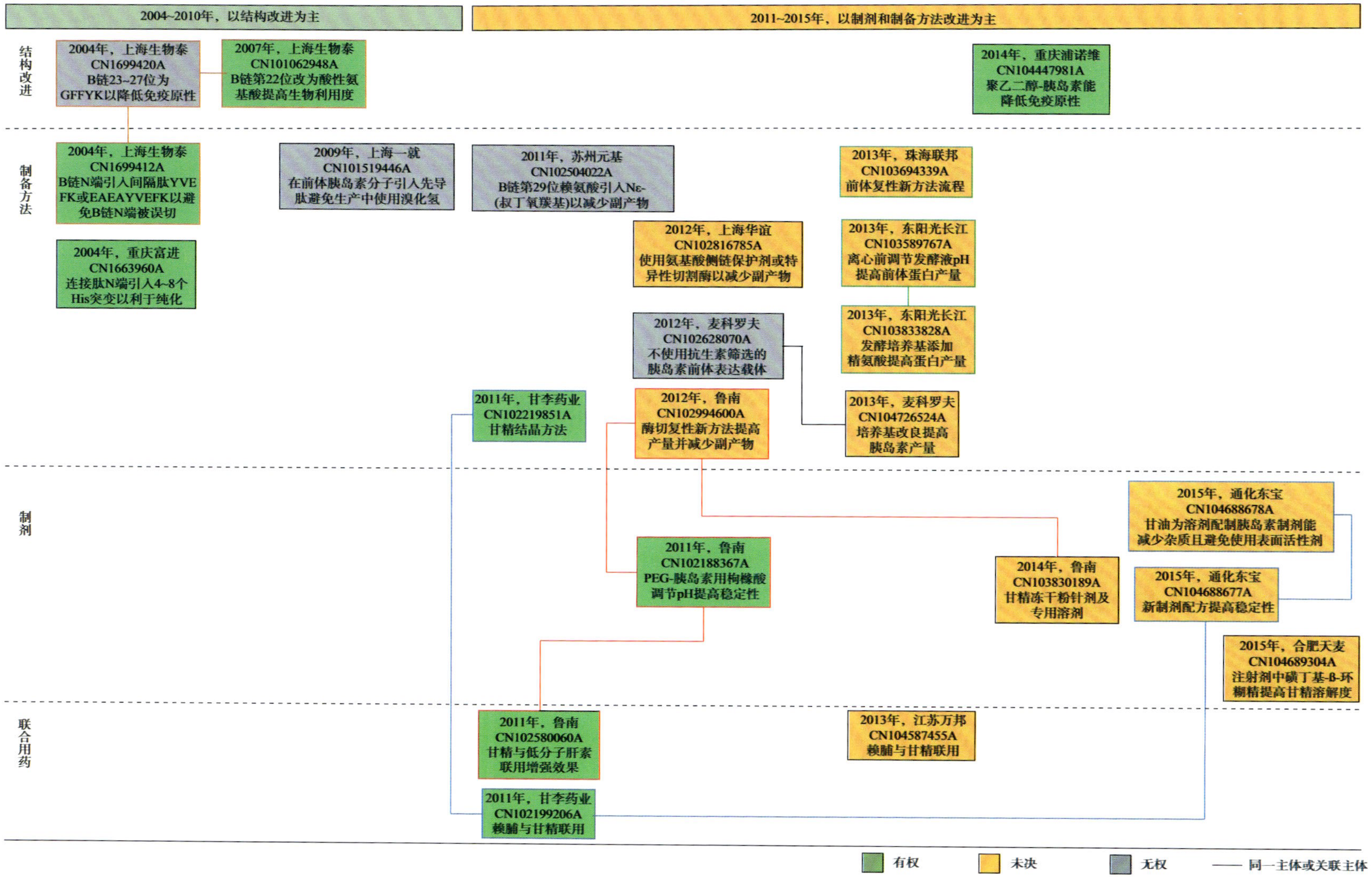

图3-2-16 甘精胰岛素国内主要申请人专利申请分布
（正文说明见第83页）

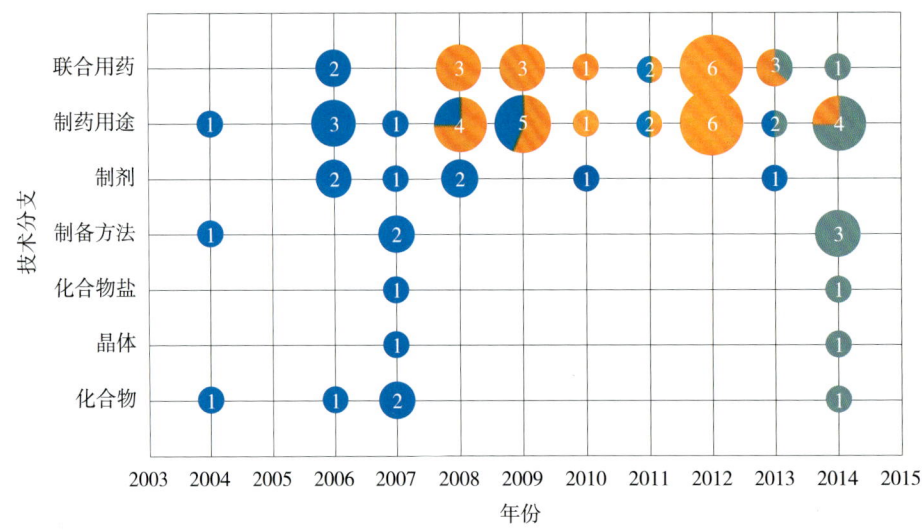

图4-4-6 曲格列汀全球专利申请技术主题分布趋势

注：图中数字表示申请量，单位为项。其中，蓝色代表武田制药，橙色代表其他国外申请人，灰色代表国内申请人。

（正文说明见第111页）

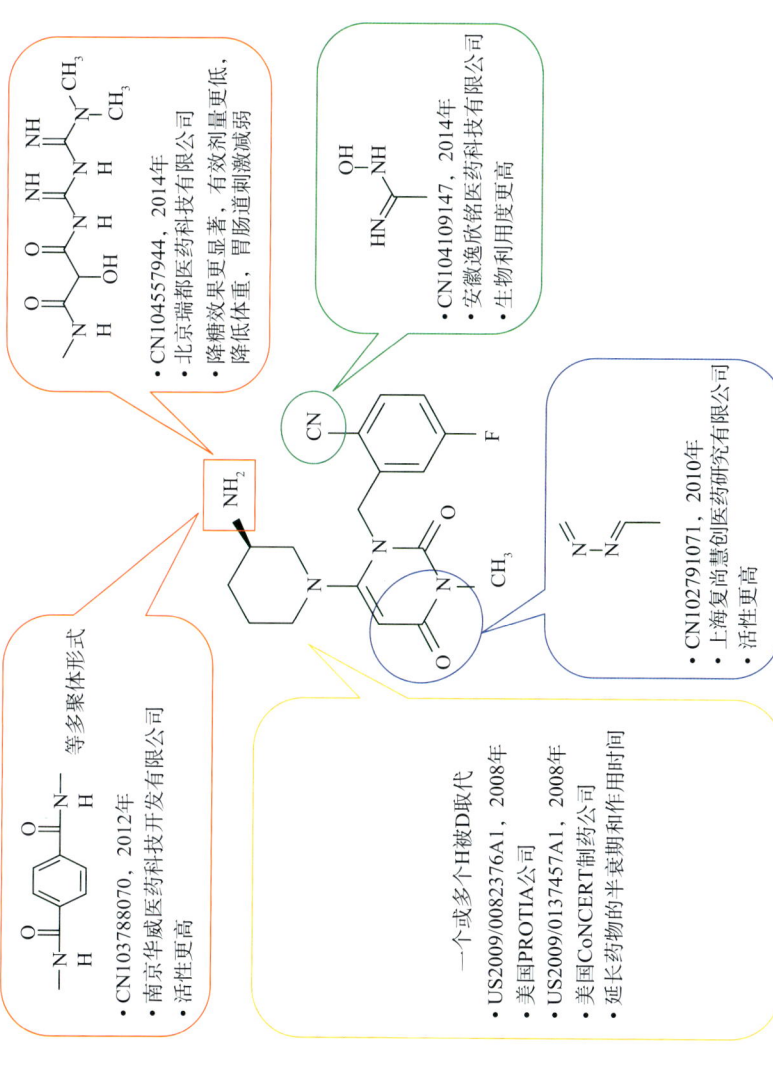

图4-4-23 曲格列汀结构修饰一览

（正文说明见第130页）

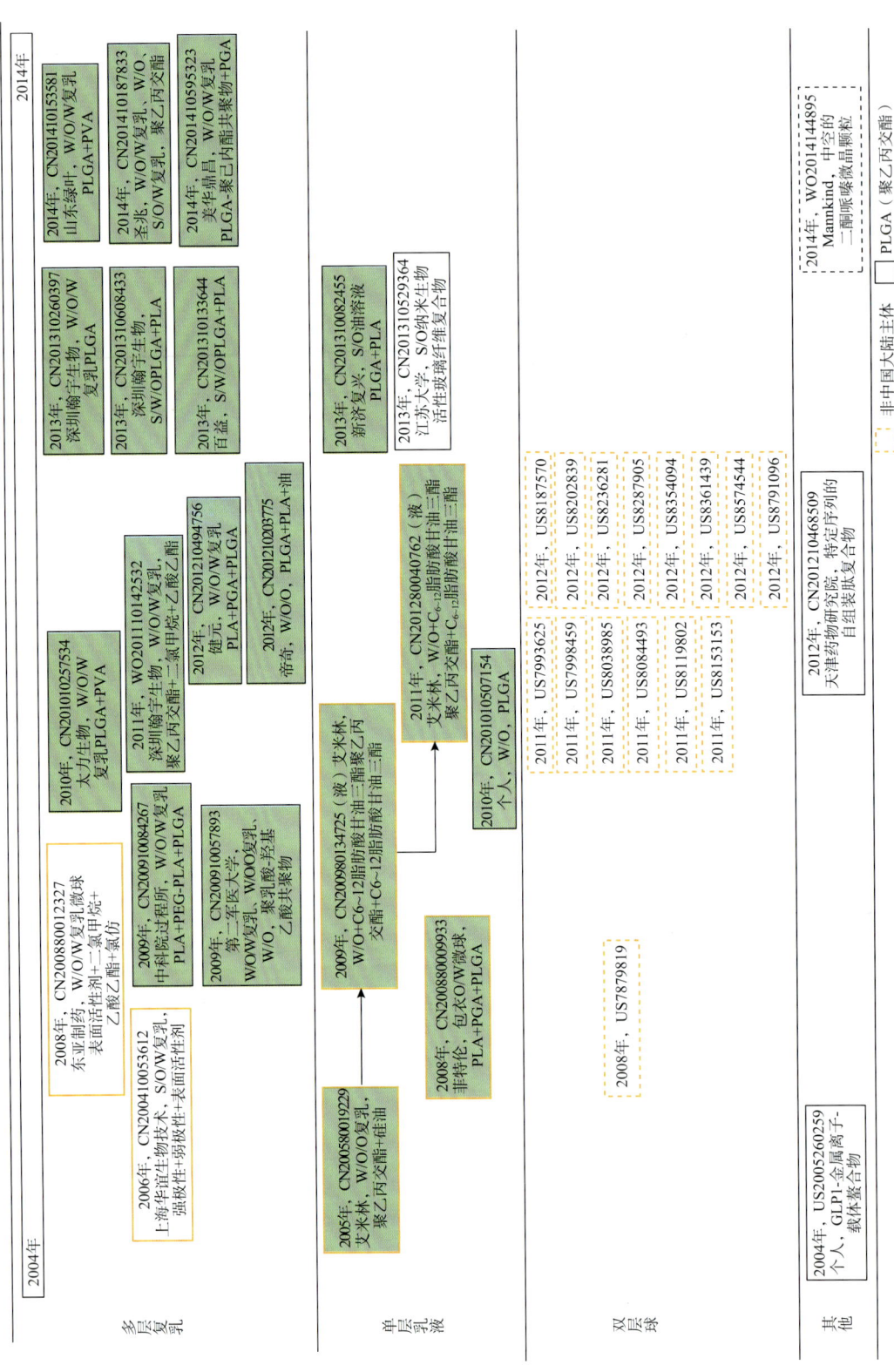

图5-3-13 艾塞那肽"三微制剂"技术分解

（正文说明见第163页）

编委会

主　任：杨铁军

副主任：郑慧芬　冯小兵

编　委：孟俊娥　曾武宗　张伟波　闫　娜

　　　　曲淑君　唐跃强　张小凤　褚战星

序

知识产权制度作为激励创新的基本保障，将在供给侧结构性改革中发挥越来越重要的作用，加强知识产权保护和运用是"十三五"的重中之重。专利分析作为专利运用的基础，是实现专利价值、发挥创新引领作用的有效方式。

国家知识产权局"专利分析普及推广项目"在"十二五"期间完成了48项产业专利分析研究，在专利与技术、专利与市场、专利与企业发展等方面不断对分析方法作出有益的尝试，形成了一套科学、规范的专利分析方法。《产业专利分析报告》丛书的出版受到了社会各界的欢迎，对相关产业的发展起到了推动作用。

在"十三五"开局之年，《产业专利分析报告》（第39~48册），着眼于成果的实际应用效果，致力于解决迫切的产业需求，适度预测技术发展，精心为广大读者奉献了项目的最新研究成果。衷心希望《产业专利分析报告》丛书的相继出版，可以促进广大企业专利运用水平的提升，为"大众创业、万众创新"和加快实施创新驱动发展战略提供有益的支撑。

前　言

"十二五"期间,"专利分析普及推广项目"每年选择若干行业开展专利分析研究,推广专利分析成果,普及专利分析方法。《产业专利分析报告》(第1~38册)自出版以来,受到各行业广大读者的广泛欢迎,有力推动了各产业的技术创新和转型升级。

2015年度"专利分析普及推广项目"继续秉承"源于产业、依靠产业、推动产业"的工作原则,兼顾"大众创业、万众创新"背景下课题成果的普惠性,在综合考虑来自行业主管部门、行业协会、创新主体的众多需求后,最终选定了10个产业开展专利分析研究工作。这10个产业包括风力发电机组、高端通用芯片、糖尿病药物、高性能子午线轮胎、碳纤维复合材料、石墨烯电池、高性能汽车涂料、新型传感器、基因测序技术以及高速动车组和高铁安全监控技术,均属于我国科技创新和经济转型的核心产业。近一年来,约150名专利审查员参与课题研究,历时6个月,对10个产业进行深入分析,几经易稿,形成了10份内容实、质量高、特色多、紧扣行业需求的专利分析报告,共计400多万字、两千余幅图表。

2015年度的《产业专利分析报告》在加强方法创新的基础上,进一步深化了申请人合作、专利运营、外观设计、产品专利、技术路线、技术差异等多个方面的研究,并在课题研究中得到了充分的应用和验证。例如,高性能子午线轮胎课题组通过研究发现了美国和日本申请人互相要求专利优先权达成联盟的新方式;新型传感器课题组在初创企业利用专利成长的路径方面作出了尝试;碳纤维复合材料课题组对宝马i3进行了产品专利剖析,找出了国内企业可借鉴专利和风险专利;

高速动车组和高铁安全监控技术课题组找出了我国与其他高铁强国的专利技术差异。

2015年度"专利分析普及推广项目"的研究得到了社会各界的广泛关注和大力支持。例如，中国工程院院士杜善义先生、中国铁道科学研究院首席研究员黄强先生、中国电子企业协会会长董云庭先生等专家多次参与课题评审和指导工作，对课题成果给予较高评价。来自社会各界的近百名行业和技术专家多次指导课题工作，为课题顺利开展作出了贡献。课题研究也得到了工业和信息化部相关领导的重视，特别是工业和信息化部原材料工业司副司长潘爱华先生和科技司基础技术处副处长阮汝祥先生多次亲临指导。《产业专利分析报告》（第39~48册）凝聚社会各界智慧，旨在服务产业发展。希望各地方政府、各相关行业、相关企业以及科研院所能够充分发掘专利分析报告的应用价值，为专利信息利用提供工作指引，为行业政策研究提供有益参考，为行业技术创新提供有效支撑。

由于报告中专利文献的数据采集范围和专利分析工具的限制，加之研究人员水平有限，报告的数据、结论和建议仅供社会各界借鉴研究。

《产业专利分析报告》丛书编委会
2016年5月

项目联系人

褚战星：62084456/18612188384/chuzhanxing@sipo.gov.cn

糖尿病药物行业专利分析课题研究团队

一、项目指导

国家知识产权局： 杨铁军　张茂于　郑慧芬　毕　囡　韩秀成

二、项目管理

国家知识产权局专利局： 冯小兵　张小凤　褚战星　冯　璐　杨海洋

三、课题组

承 担 部 门： 国家知识产权局专利局医药生物发明审查部

课题负责人： 曾武宗

课题组组长： 陈　矛

课题组成员： 王　荧　田晓明　韦　轶　黄　嘉　陶可鑫　张　弛
　　　　　　　肖　晶　郭　洁　王　冬　尹俊亭　陈　蕾　李肖蒹

四、研究分工

数据检索： 陶可鑫　肖　晶　陈　蕾　郭　洁　田晓明　张　弛

数据清理： 陶可鑫　陈　蕾　郭　洁　李肖蒹　肖　晶

数据标引： 陶可鑫　田晓明　陈　矛　陈　蕾　黄　嘉　王　荧
　　　　　　郭　洁　尹俊亭　李肖蒹　肖　晶

图表制作： 陶可鑫　陈　蕾　田晓明　黄　嘉　尹俊亭　郭　洁
　　　　　　张　弛　肖　晶

报告执笔： 田晓明　韦　轶　张　弛　李肖蒹　黄　嘉　郭　洁
　　　　　　尹俊亭　王　荧

报告统稿： 陈　矛　王　荧

报告编辑： 陈　矛　王　荧　田晓明　张　弛

报告审校： 曾武宗

五、报告撰稿

韦　　轶：主要执笔第1章第1.1～1.3.1节、第1.3.3～1.3.4节，第2章第2.1.1～2.1.2节、第2.2节，参与执笔第2章第2.1.3节、第5章第5.5.2节

陶可鑫：主要执笔第2章第2.1.3节、第2.3节

张　　弛：主要执笔第3章第3.1节，参与执笔第3章第3.2节

李肖蒹：主要执笔第3章第3.2.1.1～3.2.1.4节，第3.2.2～3.2.4节

肖　晶：主要执笔第 3 章第 3.2.1.5 节、第 3.2.5 节
郭　洁：主要执笔第 4 章第 4.2~4.3 节、第 4.4.1~4.4.3 节
王　荧：主要执笔第 4 章第 4.1 节、第 4.5 节、第 4.6 节，参与执笔第 1 章第 1.2 节、第 4 章第 4.4 节、第 7 章
田晓明：主要执笔第 5 章第 5.1~5.2 节、第 5.5.1 节、第 5.6 节，参与执笔第 1 章第 1.2 节、第 5 章第 5.3 节、第 5.4.2 节
陈　蕾：主要执笔第 1 章第 1.3.2 节，第 5 章第 5.3.1~5.3.2 节、第 5.3.4~5.3.5 节
黄　嘉：主要执笔第 5 章第 5.3.3 节和第 5.4.1 节，参与执笔第 3 章和第 6 章
尹俊亭：主要执笔第 4 章第 4.4.4~4.4.6 节、第 4.5.2 节，第 5 章第 5.3.6 节
王　冬：主要执笔第 6 章
陈　矛：主要执笔第 7 章，第 5 章第 5.4.2 节、第 5.5.2 节

六、指导专家

技术专家（按姓氏拼音排序）

靳广毅　深圳大学医学院肿瘤研究中心
吕忠显　厦门大学药学院
李良成　厦门大学药学院

专利分析专家

褚战星　国家知识产权局专利局审查业务管理部
杨　轶　国家知识产权局专利局化学发明审查部

七、合作单位（排名不分先后）

甘李药业股份有限公司、深圳翰宇药业股份有限公司、深圳信立泰药业股份有限公司、海南皇隆制药股份有限公司、深圳大学、厦门大学、中国科学院上海药物研究所、上海市第一人民医院

目 录

第 1 章　研究概况 / 1
　1.1　立题背景及研究目的 / 1
　　1.1.1　立题背景 / 1
　　1.1.2　研究目的 / 3
　1.2　糖尿病及糖尿病药物的行业发展状况 / 3
　　1.2.1　糖尿病的研究现状 / 3
　　1.2.2　治疗糖尿病药物的研究现状 / 4
　　1.2.3　热点糖尿病药物研究现状 / 5
　　1.2.4　其他种类的糖尿病药物 / 15
　　1.2.5　治疗糖尿病药物新靶点 / 19
　1.3　研究对象和方法 / 20
　　1.3.1　技术分解 / 20
　　1.3.2　数据检索 / 22
　　1.3.3　数据处理 / 23
　　1.3.4　相关事项和约定 / 23

第 2 章　糖尿病药物专利概览 / 25
　2.1　全球专利分析 / 25
　　2.1.1　发展趋势分析 / 25
　　2.1.2　国家或地区分布分析 / 27
　　2.1.3　主要申请人分析 / 29
　2.2　中国专利申请分析 / 34
　　2.2.1　发展趋势分析 / 35
　　2.2.2　区域分布分析 / 36
　　2.2.3　法律状态分析 / 37
　　2.2.4　国内主要申请人分析 / 39
　2.3　小　结 / 44

第 3 章　胰岛素类药物专利分析 / 46
　3.1　专利申请概览 / 46

3.1.1 发展态势 / 46
3.1.2 已上市类似物 / 49
3.1.3 主要申请人 / 52
3.1.4 地区分布 / 53
3.1.5 中国专利申请 / 55
3.2 甘精胰岛素 / 56
3.2.1 总体发展趋势 / 57
3.2.2 原研药企 / 64
3.2.3 勃林格殷格翰 & 礼来联盟 / 79
3.2.4 印度仿制商 / 80
3.2.5 中国申请人 / 83

第4章 DPP-Ⅳ抑制剂专利分析 / 94
4.1 DPP-Ⅳ抑制剂的重点药物情况 / 94
4.1.1 西格列汀 / 95
4.1.2 利格列汀 / 96
4.1.3 阿格列汀 / 97
4.2 DPP-Ⅳ抑制剂全球专利分析 / 98
4.2.1 发展趋势分析 / 98
4.2.2 专利产出与输入分布 / 99
4.2.3 主要申请人分析 / 102
4.3 DPP-Ⅳ抑制剂中国专利分析 / 102
4.3.1 发展趋势分析 / 102
4.3.2 申请区域分布 / 103
4.3.3 主要申请人 / 103
4.4 超长效DPP-Ⅳ抑制剂——曲格列汀 / 105
4.4.1 曲格列汀概述 / 105
4.4.2 全球专利分析 / 108
4.4.3 中国专利总体分析 / 112
4.4.4 武田制药策略研究 / 119
4.4.5 曲格列汀技术发展 / 124
4.4.6 SWOT分析 / 131
4.5 DPP-Ⅳ抑制剂专利保护之路 / 132
4.5.1 直面专利悬崖的机遇与挑战 / 132
4.5.2 国内DPP-Ⅳ抑制剂创新药的发展 / 135
4.6 小 结 / 138

第5章 GLP-1受体激动剂专利分析 / 140
5.1 GLP-1受体激动剂全球专利态势 / 140

5.1.1　发展趋势 / 140
5.1.2　技术来源国家/区域分布 / 141
5.1.3　主要申请人 / 143
5.2　GLP-1受体激动剂中国专利态势 / 143
5.2.1　发展趋势 / 144
5.2.2　申请人来源分布 / 144
5.2.3　主要申请人 / 146
5.2.4　法律状态 / 147
5.3　毒蜥外泌肽-4类药物 / 147
5.3.1　艾塞那肽全球专利态势 / 154
5.3.2　艾塞那肽中国专利态势 / 157
5.3.3　艾塞那肽制剂技术分析 / 160
5.3.4　艾塞那肽融合蛋白技术分析 / 166
5.3.5　艾塞那肽PEG修饰技术分析 / 177
5.3.6　艾塞那肽的模拟肽——利司那肽 / 181
5.3.7　小　结 / 189
5.4　脂肪链修饰的GLP-1类药物 / 190
5.4.1　利拉鲁肽 / 190
5.4.2　索马鲁肽 / 197
5.5　GLP-1融合蛋白类药物 / 208
5.5.1　阿必鲁肽 / 208
5.5.2　杜拉鲁肽 / 215
5.6　GLP-1受体激动剂领域的专利挑战之路 / 222

第6章　侵权纠纷 / 224

6.1　武田制药的无效诉讼战 / 224
6.1.1　案件回顾 / 225
6.1.2　案件焦点 / 227
6.1.3　案件启示 / 229
6.2　礼来的多方诉讼战 / 230
6.2.1　礼来vs甘李药业侵权诉讼 / 230
6.2.2　礼来vs甘李药业专利无效案 / 233
6.2.3　案件启示 / 241
6.3　赛诺菲的专利保卫战 / 242
6.3.1　案件回顾 / 242
6.3.2　案件焦点 / 242
6.3.3　案件启示 / 247

6.4 小　　结 / 248

第 7 章　建　　议 / 249

7.1 仿创结合 / 249

7.2 广开智源 / 249

7.3 强强联盟 / 250

7.4 知识产权开路护航 / 250

附　录 / 252

图索引 / 260

表索引 / 264

第1章 研究概况

1.1 立题背景及研究目的

1.1.1 立题背景

随着全球经济的快速发展，工业化、城市化进程的不断推进，人们的饮食呈现出高热量和高钠化的趋势，与之相对的是人们的体力活动越来越少，这种生活方式的改变导致糖尿病患者群日益增大，使得糖尿病成为严重危害人类健康的慢性非传染性疾病。

国际糖尿病联盟（IDF）于2013年11月14日发布的第6版"IDF糖尿病地图"中的最新统计显示，2013年全球糖尿病患病患者数已达3.82亿，其中在20～79岁人群中的患病率为8.3%；估计到2035年，全球将有5.92亿人患糖尿病。2013年，全球共有510万人死于与糖尿病相关的疾病，占所有死亡人数的8.4%。而在对各个国家和地区的发病率的估计中，中国2013年糖尿病的患病人数为9840万，居全球首位。据IDF估计，到2035年，这一数字将增加到1.43亿❶。

除了总患者数已跃居全球首位外，中国糖尿病患病率的增长也非常迅猛。1980年，我国糖尿病患病率低于1%，1994年为2.5%，2000～2001年为5.5%，2007年则激增到9.7%。2010年，上海交通大学医学院附属瑞金医院、上海市内分泌代谢病研究所与中国疾病预防控制中心慢性非传染性疾病预防控制中心合作展开了采用HbA1c（糖化血红蛋白）作为诊断糖尿病标准之一的新标准的专题调查，结果表明，中国成人糖尿病患病率为11.6%，男性和女性分别为12.1%和11.0%，既往已确诊糖尿病患病率为3.5%，新诊断糖尿病患病率为8.1%。此外，糖尿病前期患病率为50.1%，男性和女性分别为52.1%和48.1%。老年人、城市居民和生活在经济发达地区的居民糖尿病患病率较高。在所有糖尿病患者中，25.8%的患者已接受或正在接受降糖药物治疗；在接受药物治疗的糖尿病患者中，39.7%的患者血糖控制良好。由上述诊断标准所得患病率数据推测，中国目前可能有多达1.139亿成人糖尿病患者，4.934亿糖尿病前期人群（血糖代谢异常但尚未达到糖尿病诊断标准的高危人群），这是发展为显性糖尿病和心血管疾病的重要危险因素。❷

---

❶ Nam Han Cho, 等. 国际糖尿病联盟（IDF）糖尿病地图 [M]. 6版. 纪立农，周翔海，张秀英，译. 国际糖尿病联盟，2013.

❷ Yu Xu, 等. Prevalence and Control of Diabetes in Chinese Adults [J]. JAMA, 2013, 310 (9): 948-959.

糖尿病的慢性高血糖状态与长期并发症显著相关，即众多器官，特别是肾脏、眼、神经、心脏和血管等的损害、功能障碍和功能衰竭。据世界卫生组织统计，糖尿病患者中合并神经病变，造成末梢神经麻木或疼痛的占 90%；合并高血压的占 80%；合并性功能障碍的占 66%；合并肾脏病变，造成尿毒症的占 50%；合并四肢病变造成坏疽的占 50%，有的甚至导致截肢等严重后果；合并视网膜病变，造成失明、白内障的占 36%；合并心血管病变，造成心肌梗死或死亡的占 36%；合并呼吸系统感染的占 15%；妊娠期间高血糖会增加新生儿畸形、巨大儿和新生儿低血糖发生的危险。

随着患者数的不断增多，一方面给糖尿病患者及其家庭带来了沉重的经济压力，另一方面也造就了一个包括食品、药品、医疗服务、并发症处理、健康管理和日常监测的巨大产业。据 IDF 的相关统计，2013 年全球与糖尿病相关的医疗花费达 5480 亿美元，占全球医疗支出的 11%；预计到 2035 年，与糖尿病相关的全球医疗花费将高达 6270 亿美元。❶ 据 IMS Health 统计，仅 2012 年全球糖尿病的药品市场规模就达到 424 亿美元，而且每年平均增长率约为 8.2%，在全球药品市场份额中排第四位。我国糖尿病药品市场规模同样发展迅速。据统计，2010 年因糖尿病的医疗花费达到 1734 亿元人民币，超过全国医疗花费的 13%，病程超过 10 年的患者的医疗费用更是占到家庭收入的 22% 以上。❷ 截至 2013 年，我国糖尿病药品市场规模达 173.77 亿元人民币；预计到 2018 年，我国糖尿病药品市场的规模将接近 300 亿元人民币，增速要大大高于全球平均水平（见图 1-1-1）❸。

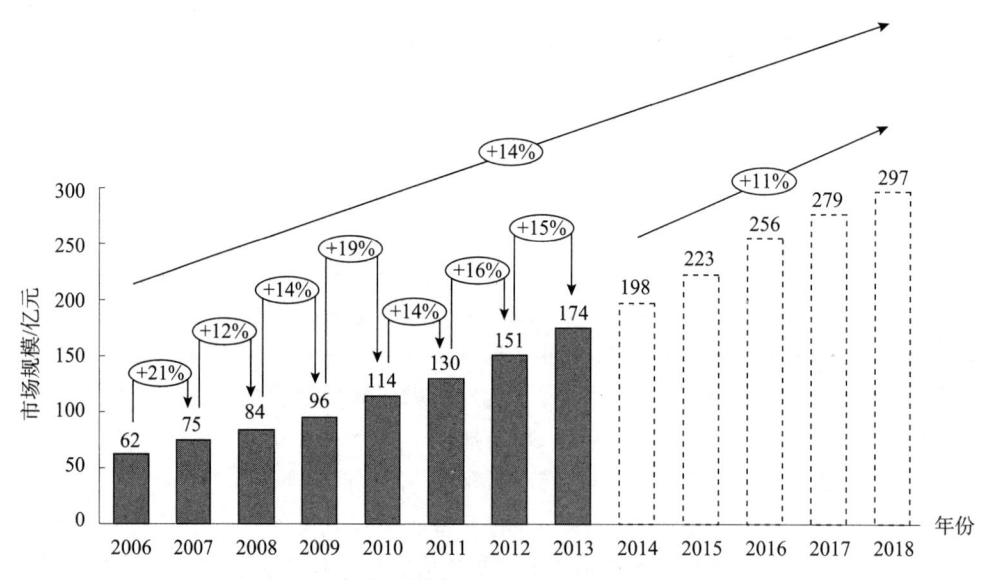

图 1-1-1　我国糖尿病用药市场规模预测

---

❶ 深圳市科技创新委员会. 深圳市糖尿病研究报告 [R]. 深圳市科技创新委员会，2014.

❷ 徐瑜，毕宇芳，王卫庆，等. 中国成人糖尿病流行与控制现状：2010 年中国慢病监测暨糖尿病专题调查报告解读 [J]. 中华内分泌代谢杂志，2014，30（3）：184-186.

❸ 深圳市科技创新委员会. 深圳市糖尿病研究报告 [R]. 深圳市科技创新委员会，2014.

我国政府对糖尿病非常重视，在原卫生部、发改委、教育部等联合颁布的《中国慢性病防治工作规划（2012～2015 年)》中提出，拟投入 300 亿元人民币进行全国性慢病防治工作，糖尿病是其中最重要的一项。在国务院 2012 年颁布的《"十二五"国家战略性新兴产业发展规划》中也指出"加快实施重大新药创制、艾滋病和病毒性肝炎等重大传染病防治科技重大专项，研发防治恶性肿瘤、心脑血管疾病、糖尿病等重大疾病的创新药物，开展新药安全评价和新药临床研究。"

1.1.2 研究目的

糖尿病患者和潜在患者人群的迅速增长，意味着巨大的市场。虽然糖尿病药物历史悠久、市场成熟，外资龙头企业在传统药物领域早已具有庞大的专利数量，但是新靶点、新机理的发现对于任何医药企业来说都具有足够的诱惑，糖尿病药物领域仍然具有足够的发展空间。面对如此庞大的糖尿病药物家族，对于我国企业来说，如何针对具体的药品进行研发和专利布局，是产业最为关心的问题，也是本书的研究重点。

本书针对糖尿病药物行业的相关专利数据进行系统深入的分析，展现了治疗糖尿病药物领域的专利申请发展态势，总结重要专利申请人的专利技术分布，选取了治疗糖尿病药物中的重点和热点品种进行了深入的研究和分析。希望这些数据和专利信息能够为国内相关企业和科研院所提供数据支持，帮助它们及时把握技术发展趋势，及时调整研发创新方向，获得更高的研究起点，并在专利保护策略的制定、知识产权的运用和管理等方面发挥积极作用。

同时，还希望能够通过该书对专利分析的开展和应用起到推广普及的作用，引导行业特别是行业内的企业开展专利分析和预警，避免重复研究、重复投入，减少专利风险，促进治疗糖尿病药物领域的技术创新。

1.2 糖尿病及糖尿病药物的行业发展状况

1.2.1 糖尿病的研究现状

糖尿病主要类型有：Ⅰ型糖尿病、Ⅱ型糖尿病、妊娠期糖尿病，以及其他特殊类型的糖尿病。其中，发病以Ⅱ型糖尿病为主，所占比例约为 95%。

Ⅰ型糖尿病是因胰岛 β 细胞功能衰竭所致，易发生糖尿病急性并发症，如酮症酸中毒。

Ⅱ型糖尿病是一组发病机制仅部分获知的复杂代谢紊乱。它包括不同程度的胰岛 β 细胞功能降低、周围组织胰岛素抵抗，以及肝糖原代谢异常。

对糖尿病发生机理的研究，目前主要集中在以下四个方面。

（1）核受体相关研究。最新研究发现，在糖脂代谢的稳态调节中，核受体发挥了重要的作用。一些核受体（称为"代谢性核受体"）与胰岛素抵抗、脂肪肝发生，以及与胰岛 β 细胞内胰岛素分泌有密切关系。核受体可能是连接糖脂代谢调节的桥梁。

这些核受体包括雌激素受体（NR3A、ERα和ERβ）、过氧化物酶体增殖物激活受体（PPARs）、肝X受体（LXRs）、胆汁酸受体（FXRs）等。

（2）"蛋白分子网络对话"等机制研究。传统的分子生物学聚焦单一信号通路，难于揭示核受体及其相关分子网络之间、各器官之间糖脂代谢的内在联系，影响对疾病的防治。比如，PPARγ激动剂TZD，虽然能有效地降低血糖，改善胰岛素的敏感性，但却导致水肿和心衰。这是因为PPARγ激动剂激活了肾小管的水通道，导致水的重吸收增加。因此，明确"核受体和相关蛋白分子网络对话"及"器官之间对话"非常重要。

另外，糖脂代谢紊乱在代谢紊乱患者中往往同时出现。纠正其中一个代谢紊乱，可以消除另外一种代谢紊乱。这说明，糖脂代谢紊乱之间存在内在联系。要认识糖脂代谢稳态调节，弄清"糖脂对话"机制，进而研发针对糖脂代谢紊乱的双靶点药物。

（3）"代谢稳态"调节研究。临床上一些糖尿病患者，即使血糖、血脂控制得很好，依然有发生并发症（例如糖尿病肾病、眼病）的可能。因此，对糖尿病患者，除了研究血糖、血脂指标之外，还要研究与并发症发生相关的其他指标。即必须研究清楚糖脂在全身的"代谢稳态"调节。

营养过剩、肥胖基因等因素，是否影响代谢性核受体与相关分子间对话、器官间对话和糖脂对话，是否导致糖脂代谢稳态失衡，是否诱导代谢性炎症的产生而影响代谢性疾病的发生发展，是糖脂代谢紊乱疾病研究的前沿课题，也是糖脂代谢紊乱疾病新药研发的重要理论基础。

（4）胰岛细胞功能损伤机制研究。对Ⅱ型糖尿病，胰岛β细胞功能异常及胰岛素抵抗是发病的基本环节，目前还没有完全搞清楚其胰岛细胞功能受损的机理。临床研究发现，初期Ⅱ型糖尿病患者经治疗血糖恢复正常，β细胞功能也随之恢复。这提示Ⅱ型糖尿病持久的高血糖会直接损害β细胞功能，这一现象被称为葡萄糖毒性作用。高血糖大鼠模型实验显示，用根皮苷（Phlorizin）降低血糖后，大鼠胰岛素分泌和胰岛素作用完全恢复正常。可见葡萄糖毒性与Ⅱ型糖尿病胰岛素分泌紊乱有密切关系。针对β细胞的治疗，是未来糖尿病防治的重要方向。

1.2.2 治疗糖尿病药物的研究现状

目前，治疗糖尿病的药物种类众多，国内外上市的糖尿病药物如图1-2-1（见文前彩色插图第1页）所示。按照作用机理和针对靶点的不同，治疗糖尿病的药物主要包括胰岛素类；双胍类；α-糖苷酶抑制剂；胰岛素促泌剂，例如磺脲类药物、格列奈类药物（氯茴苯酸类药物）；胰岛素增敏剂，例如噻唑烷二酮类药物；胰高血糖素样肽（GLP），例如GLP-1受体激动剂；二肽基肽酶-Ⅳ（DPP-Ⅳ）抑制剂；钠-葡萄糖共转运蛋白（SGLT-2）抑制剂；以及将不同机理药物联合使用的复方类药物。目前，正在研发的靶点包括G蛋白偶联受体119（GPR119）激动剂、11β-羟基固醇脱氢酶1（11β-HSD1）抑制剂、蛋白酪氨酸磷酸酯酶1B（PTP1B）抑制剂、葡萄糖激酶（GK）激动剂等。

1.2.3 热点糖尿病药物研究现状

从表1-2-1可以看到，2013年和2014年糖尿病药物全球销售额排名前十位的药物只涉及三种类型，其中胰岛素及胰岛素类似物占据了半壁江山，另外两类药物是二肽基肽酶-Ⅳ（DPP-Ⅳ）抑制剂和胰高血糖素样肽-1（GLP-1）受体激动剂。

表1-2-1 糖尿病药物全球销售额排名

排名	2014年				2013年			
	药物	类型	销售额/亿美元	公司	药物	类型	销售额/亿美元	公司
1	来得时	胰岛素	84.33	赛诺菲	来得时	胰岛素	75.92	赛诺菲
2	捷诺维	DPP-Ⅳ抑制剂	39.31	默沙东	捷诺维	DPP-Ⅳ抑制剂	40.13	默沙东
3	优泌乐	胰岛素	27.85	礼来	诺和锐	胰岛素	30.01	诺和诺德
4	诺和锐30	胰岛素	27.8	诺和诺德	优泌乐	胰岛素	26.11	礼来
5	诺和平	胰岛素	22.65	诺和诺德	诺和力	GLP-1受体激动剂	20.72	诺和诺德
6	诺和力	GLP-1受体激动剂	21.39	诺和诺德	诺和平	胰岛素	20.57	诺和诺德
7	捷诺达	DPP-Ⅳ抑制剂	20.71	默沙东	诺和笔	胰岛素	19.36	诺和诺德
8	诺和锐50	胰岛素	15.72	诺和诺德	捷诺达	DPP-Ⅳ抑制剂	18.29	默沙东
9	优泌林	胰岛素	14	礼来	诺和密斯	胰岛素	17.38	诺和诺德
10	佳维乐	DPP-Ⅳ抑制剂	12.24	诺华	优泌林	胰岛素	13.16	礼来

1.2.3.1 胰岛素及胰岛素类似物

胰岛素是人类发现的第一个糖尿病药物，迄今已近百年，胰岛素药物已经发展成了包括多种类似物和衍生物在内的大家族，仍然是治疗糖尿病药物中最有效，也是最后的撒手锏。

胰岛素是由胰脏内的胰岛β细胞受内源性或外源性物质如葡萄糖、乳糖、核糖、精氨酸、胰高血糖素等刺激而分泌的一种蛋白质激素。胰岛素是机体内唯一降低血糖的激素，同时促进糖原、脂肪、蛋白质合成。胰岛素的生物合成速度受血浆葡萄糖浓度的影响，当血糖浓度升高时，β细胞中胰岛素原含量增加，胰岛素合成加速。

胰岛素的分子量为5700，由A、B两个肽链组成。人胰岛素A链有11种，21个氨基酸，B链有15种，30个氨基酸，共计26种，51个氨基酸组成。其中，A7（Cys）-B7（Cys）、A20（Cys）-B19（Cys）4个半胱氨酸中的巯基形成两个二硫键，使A、B两链连接起来。此外A链中A6（Cys）与A11（Cys）之间也存在一个二硫键。

1）胰岛素的发展

1921年，Banting和Best首次从狗的胰腺中成功获得了胰岛素。翌年，动物胰岛素即应用于临床。20世纪30年代，上海的杨式药厂已能生产结晶猪胰岛素。从1922年到1982年的60年，应用于临床的胰岛素都来源于动物，国外主要是牛胰岛素，国内主要是猪胰岛素。1982年，基因重组人胰岛素问世，此时才使得为糖尿病人提供人胰岛素成为可能。现在大部分动物胰岛素已被人胰岛素所取代。尽管注射人胰岛素可以替代内源胰岛素，但是由于胰岛素容易聚合成二聚体和六聚体，在注射后不能迅速进入血液，因此其作用比体内胰岛分泌的胰岛素的作用相对滞后。近年来通过基因定位突变和表达，可以得到聚合度低的单体速效胰岛素，其降血糖作用接近体内分泌的胰岛素。❶ 人胰岛素类似物也是近年来的研究热点，主要是通过基因工程技术改变人胰岛素的某些结构，使得胰岛素的作用时间发生改变。

2）胰岛素的分类

目前，上市的人胰岛素主要分为短效人胰岛素、中效胰岛素、预混胰岛素和长效胰岛素类似物。其中，短效人胰岛素如诺和诺德的诺和灵R（中性可溶性人胰岛素）、礼来的优泌林R和通化通宝的甘舒霖R；中效胰岛素如诺和诺德的诺和灵N（低精蛋白锌人胰岛素）、礼来的优泌林N、通化通宝的甘舒霖N；预混胰岛素，包括诺和诺德的诺和灵30R和诺和灵50R（双时相、低精蛋白锌人胰岛素）、礼来的优泌林70/30、通化通宝的甘舒霖50R。

胰岛素类似物有速效胰岛素类似物、长效胰岛素类似物和预混胰岛素类似物。其中速效胰岛素类似物如诺和诺德的诺和锐®（门冬胰岛素）、礼来的优泌乐®（赖脯胰岛素）、甘李药业的速秀霖®（赖脯胰岛素）以及赛诺菲的艾倍得®（谷赖胰岛素）；长效胰岛素类似物包括诺和诺德的诺和平®（地特胰岛素，2004年在欧盟上市）、赛诺菲的来得时®（甘精胰岛素，2000年获FDA批准）、甘李药业的长秀霖®（甘精胰岛素）、诺和诺德的Tresiba®（德谷胰岛素，2013年欧盟上市，但在2013年被FDA拒绝）和诺和诺德的Ryzodeg®（德谷胰岛素/门冬胰岛素，2013年在欧盟上市）；预混胰岛素类似物例如诺和诺德的诺和锐30。

胰岛素制剂在中国整个糖尿病治疗药物临床用药市场中占据第一位。国内市场被诺和诺德、礼来和赛诺菲三个巨头所占据。威达数据V3.1公布的重点样本医院终端市场数据为：2014年诺和诺德胰岛素销售额为7.1亿元，赛诺菲为3.5亿元，礼来为2.4亿元，通化东宝（含甘李药业）销售额为0.9亿元。❷

---

❶ 张友尚. 胰岛素生产的回顾与展望[J]. 食品与药品, 2008, 10（1）: 1-3.

❷ 镜陆. 糖尿病进口替代奶酪该这么吃! 国内厂家糖尿病用药批文情况与产品线分析[N]. 医药经济报, 2015-06-17.

1.2.3.2 DPP-Ⅳ抑制剂

1) DPP-Ⅳ抑制剂的兴起

英国糖尿病前瞻性研究小组指出，即使Ⅱ型糖尿病患者已进行饮食控制并已服用磺脲类、二甲双胍等药物，但仍不能阻止β细胞功能恶化的进程，血糖逐渐失去控制，进而需要联合降糖效果更显著的药物治疗并最终使用胰岛素❶。虽然磺脲类、二甲双胍等药物的疗效肯定，但还存在一定的缺点，例如噻唑烷二酮类胰岛素增敏剂，特别是罗格列酮对心血管具有不良的影响，并且还会产生水肿、体重增加、骨折等不良反应，因而限制了该类药物的使用；磺脲类药物和胰岛素易引起低血糖和体重增加，二甲双胍和α-糖苷酶抑制剂胃肠道反应较明显。因此，我们需要有效、安全、可长期使用和持久控制血糖的药物或治疗方案，探索更新、更有效的治疗手段是非常必要的。

研究证实，正常人进餐后分泌肠促胰素，以葡萄糖浓度依赖性方式促进胰岛β细胞分泌胰岛素并抑制胰岛α细胞分泌胰高血糖素，从而降低血糖、维持血糖正常。当患者发生Ⅱ型糖尿病时肠促胰素分泌减少，导致β细胞敏感性降低、功能减退，内源型肠促胰素数分钟就会被DPP-Ⅳ降解，半衰期很短。

DPP-Ⅳ也叫CD26，是一种丝氨酸蛋白酶，不仅存在于血浆中，由血循环转运，还存在于肾脏、小肠、胆管和胰腺的上皮细胞、血管的内皮细胞，皮肤、关节液、乳腺的成纤维细胞、接触脑脊液的细胞、免疫细胞亚群中，它是体内、体外主要促使GLP-1降解、失活的关键酶之一，能在几分钟降解体内天然GLP-1。大家都知道，GLP-1是小肠L细胞分泌的一种肠促胰素，以葡萄糖依赖的方式刺激内源性胰岛素的释放，具有抑制胰高血糖素释放、延缓胃排空、降低胃能动性、减少饥饿感和能量摄取的作用。DPP-Ⅳ抑制剂通过抑制DPP-Ⅳ，使内源性肠促胰素水平得到生理性提高，并且使它们的作用时间延长，从而达到降血糖的作用❷，以其独特的作用机制及良好的耐受性成为近年来医药界研发的热点和重点。DPP-Ⅳ抑制剂降低血糖的体内路径如图1-2-2所示。

自从2006年第一个DPP-Ⅳ抑制剂西格列汀（Sitagliptin）上市以来，不断的临床证据表明DPP-Ⅳ抑制剂是糖尿病治疗的一个重大突破。目前，欧洲医药管理局已经批准西格列汀（Sitagliptin）、维格列汀（Vildagliptin）、沙格列汀（Saxagliptin）、利格列汀（Linagliptin）和阿格列汀（Alogliptin）5个DPP-Ⅳ抑制剂用于Ⅱ型糖尿病的临床治疗。在美国被批准上市的DDP-Ⅳ抑制剂包括西格列汀、沙格列汀、利格列汀和阿格列汀。2010年，阿格列汀在日本上市。2011年，利格列汀也取得在日本的上市许可。2015年，曲格列汀首先在日本获得上市许可。目前除曲格列汀外，其他五种抑制剂均已在中国取得上市许可。另外，吉格列汀等新的DPP-Ⅳ抑制剂正在进行临床研究。不久的将来，会有更多的DPP-Ⅳ抑制剂应用于Ⅱ型糖尿病的临床治疗。

---

❶ 威尔斯伯，李力华. DPP-Ⅳ抑制剂：研究现状及研发方向（上）[J]. 糖尿病天地：临床刊，2009，3（4）：188.

❷ 张骁，雍晓春，张韬. 二肽基肽酶4（DPP-4）抑制剂治疗2型糖尿病的最新进展（一）[J]. 中国制药信息，2011，27（9）：6-11.

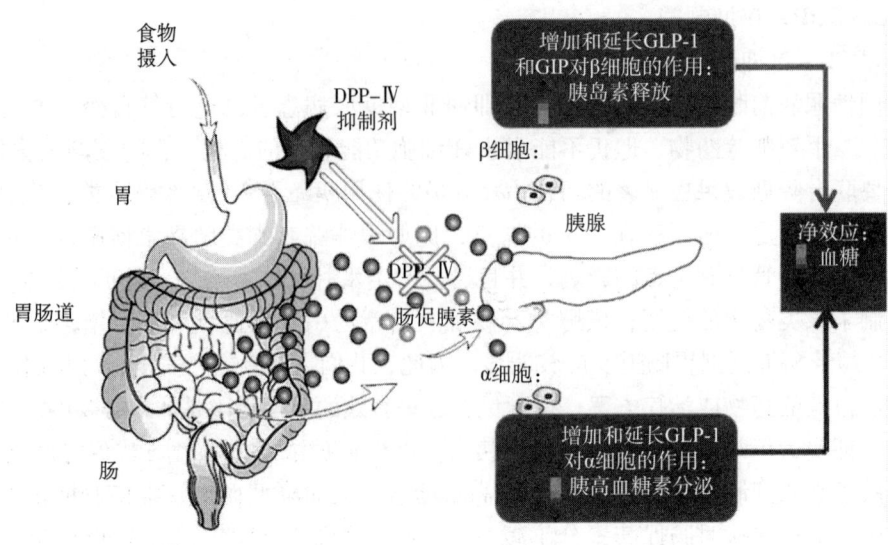

图1-2-2　DPP-Ⅳ抑制剂降低血糖的体内路径

2) DPP-Ⅳ抑制剂的分类

根据核心骨架的结构特点，现有的DPP-Ⅳ抑制剂通常分为肽类和非肽类两大类。肽类抑制剂包括西格列汀、沙格列汀和维格列汀，其中，前者以β-丙氨酸为基本骨架，而后两者以α-甘氨酸为基本骨架。非肽类抑制剂包括利格列汀、阿格列汀和曲格列汀，骨架分别为含氮杂环黄嘌呤和嘧啶二酮。含氮杂环黄嘌呤类的代表药物为利格列汀，含嘧啶二酮类的代表药物为阿格列汀和曲格列汀。

DPP-Ⅳ抑制剂结构多样，其结构上的差别导致与DPP-Ⅳ结合时有不同的结合方式。西格列汀、利格列汀、阿格列汀和曲格列汀通过非共价键与DPP-Ⅳ结合。而维格列汀和沙格列汀则通过共价方式与DPP-Ⅳ结合，即通过吡咯烷上的氰基与DPP-Ⅳ形成一个可逆的共价络合物。在体内，共价键的形成和解离过程是缓慢的，这导致有活性的和被抑制的DPP-Ⅳ在体内缓慢达到平衡，并最终导致即使在抑制剂排空以后，DPP-Ⅳ仍然会被抑制。这也就是沙格列汀和维格列汀对DPP-Ⅳ的抑制时间超过了各自半衰期的原因。❶

由于DPP-Ⅳ是一种Ⅱ型多功能跨膜细胞表面糖基化蛋白，所以在临床治疗和临床试验中，发现了很多潜在的药理作用。通常其药理学活性主要集中在降糖、保护心脏和抗炎等方面。

DPP-Ⅳ抑制剂单药治疗主要用于轻度、中度糖尿病，可以和多种降糖药物联合使用，包括二甲双胍、磺脲类药物、噻唑烷二酮类药物以及胰岛素等。

目前全球被批准上市的DPP-Ⅳ抑制剂以及处于临床试验阶段的DPP-Ⅳ抑制剂如表1-2-2和表1-2-3所示。

---

❶ 王欣，崔立迁. 市售DPP-4抑制剂类抗糖尿病药物的比较研究 [J]. 天津药学，2014 (2)：75-78.

表1-2-2 目前全球已上市的DPP-Ⅳ抑制剂

通用名	商品名	结构式	原研公司	最初上市时间	上市区域
西格列汀 (Sitagliptin)	捷诺维® Januvia®		默沙东	2006-06	中国、欧盟、美国、俄罗斯、印度、巴西、墨西哥
维格列汀 (vildagliptin)	佳维乐® Galvus®		诺华	2007-09	中国、欧盟、俄罗斯、印度、巴西
沙格列汀 (saxagliptin)	安立泽® Onglyza®		百时美施贵宝	2009-07	中国、欧盟、美国、俄罗斯、印度、巴西
阿格列汀 (alogliptin)	尼欣那® Nesina®		武田制药	2010-06	中国、欧盟、美国、日本
利格列汀 (linagliptin)	欧唐宁® Trajenta®		勃林格殷格翰、礼来	2011-05	中国、欧盟、美国、日本
曲格列汀 (trelagliptin)	Zafatek®		武田制药	2015-03	日本

表1-2-3 处于临床试验阶段的DPP-Ⅳ抑制剂

通用名	结构式	原研企业	研发代码	临床阶段	状态
吉格列汀（gemigliptin）		LG	—	Ⅲ期	进行中
替格列汀（teneligliptin）		三菱田边	MP-513	Ⅲ期	已完成
美格列汀（melogliptin）		Glenmark	GRC 8200	Ⅱ期	进行中
艾格列汀（evogliptin）		山东绿叶 Dong-A Pharmaceutical	DA-1229	Ⅱ期	进行中
阿拉格列汀（anagliptin）		SANWA KAGAKU KENKYUSHO	SK 0403	Ⅱ期	已完成

续表

通用名	结构式	原研企业	研发代码	临床阶段	状态
奥马格列汀（omarigliptin)		默沙东	MK 3102	Ⅲ期	已完成
瑞格列汀（retagliptin)		江苏恒瑞	—	Ⅲ期	已完成
地那列汀（denagliptin)		葛兰素史克	GW823093	Ⅲ期	停止
度格列汀（dutogliptin)		Phenomix 诺华 罗氏	PHX-1149 NVPDPP728 RO-0730699	Ⅲ期 Ⅱ期 Ⅱ期	已完成 无进展 无进展
卡格列汀（carmegliptin)		罗氏、中外制药 三菱田边	R-1579 TA-7284	Ⅱ期 Ⅲ期	停止 已完成

1.2.3.3 GLP-1受体激动剂

胰岛素类药物是治疗糖尿病最直接的药物,但是由于其降血糖作用不受人体实际血糖量的影响,因此常常会产生低血糖的副作用,增加用药风险。

GLP-1是第一个肠促胰岛素(incretin),消化时由胃肠道系统释放。GLP-1能够调节胰岛素释放,促进葡萄糖依赖性的胰岛素从胰腺β细胞中释放出来。GLP-1促胰岛素分泌的作用依赖于血浆葡萄糖的浓度,空腹状态下没有促胰岛素分泌的作用,所以相对胰岛素类药物要更加安全。不仅如此,GLP-1还具有降低血浆中的胰高血糖素水平、降低胃排空的速率、促进饱食感和刺激胰岛β细胞的增殖与分化等多种生理活性,这些特性使许多科学工作者认为GLP-1可能成为治疗Ⅱ型糖尿病比较理想的药物。

GLP-1的基因序列包含在胰高血糖素前体基因内,最早是对胰升糖素原(proglucagon)基因进行序列分析时发现的。该基因在胰岛的α细胞、少数脑干神经元和肠内的神经内分泌细胞-L细胞内表达,通过胰升糖素原的组织特异性翻译后修饰,最终在不同的组织内形成各自不同的终末产物。胰升糖素原含有160个氨基酸残基,在胰岛α细胞内被酶解为含有29个氨基酸残基的胰升血糖素,而在肠黏膜的L细胞内被酶解为含69个残基的肠高血糖素、35个残基的GLP-2及37个残基的GLP-1(1-37)。GLP-1(1-37)是无活性的肽链,需进一步水解切除6个氨基酸,成为具有生物活性的GLP-1(7-37),其中一部分分子C端的一个氨基酸被分解,余段被酰胺化为具有生物活性的GLP-1(7-36)-NH_2。GLP-1是由在空肠、回肠和结肠发现的L细胞分泌的一种肽类激素,其与胰高血糖素的氨基酸序列有50%同源性,因而得名。人类GLP-1约80%以30个氨基酸的α羧基酰化形式存在,即GLP-1(7-36)-NH_2,其余以31个氨基酸的甘氨酸变异体形式存在,即GLP-1(7-37),两者具有相同的生理活性。

GLP-1的分泌主要受摄食、神经和内分泌三方面调节。摄入糖、脂肪、氨基酸或混合食物后,GLP-1迅速释放入循环系统。在体内,GLP-1主要通过与GLP-1受体相互作用而产生一系列生物效应,GLP-1受体在胃肠道、胰岛β细胞、脑、心、肾中均有分布。GLP-1是葡萄糖依赖型激素,能够避免口服降糖药和注射胰岛素时出现的低血糖,其生理作用主要包括促进胰岛素的生物合成和分泌;增加胰腺中对葡萄糖反应的胰岛β细胞的数量,抑制胰岛β细胞的凋亡,促进胰岛β细胞增殖和分化,即有更多的胰岛β细胞可以参与产生胰岛素;抑制胰高血糖素分泌,并且当血糖降到一定的水平后,GLP-1将不再抑制胰高血糖素的分泌,因此不会造成低血糖;抑制胃的排空和胃酸分泌,同时作用于下丘脑,产生中枢神经性的饱食感,从而减少食物摄入量,使体重减轻;可以促进不依赖胰岛素或胰高血糖素的糖利用,减少内源性的糖异生。

GLP-1活性肽在血中生物半衰期较短,静脉输注GLP-1的半衰期约5min,其代谢清除率为13ml/(kg·min)。低生物活性是由于GLP-1的广泛降解,不仅有肾脏代谢,也有DPP-Ⅳ的作用,它将血浆中GLP-1降解为GLP-1(9-37)片段,对于GLP-1

受体，后者是活性肽的拮抗剂。因此，天然 GLP-1 若直接被口服或注射，会在体内迅速被降解，无法起到降血糖的作用，不能作为药物供临床使用。

为了提高 GLP-1 的生物活性，保持有效的血浆浓度，发挥其治疗糖尿病的作用，目前 GLP-1 类药物的研究重点在于如何延缓 GLP-1 降解，延长其体内半衰期。国外研究人员采取了两种策略加以解决：一种是进行 DPP-Ⅳ 抑制剂的研制和应用，通过抑制体内 DPP-Ⅳ 酶的活性从而延缓 DPP-Ⅳ 对 GLP-1 的降解速度；另一种则是通过对天然 GLP-1 或其类似物进行结构改造，延长其体内半衰期，开发 GLP-1 受体激动剂的研制与临床应用（参见图 1-2-3）。

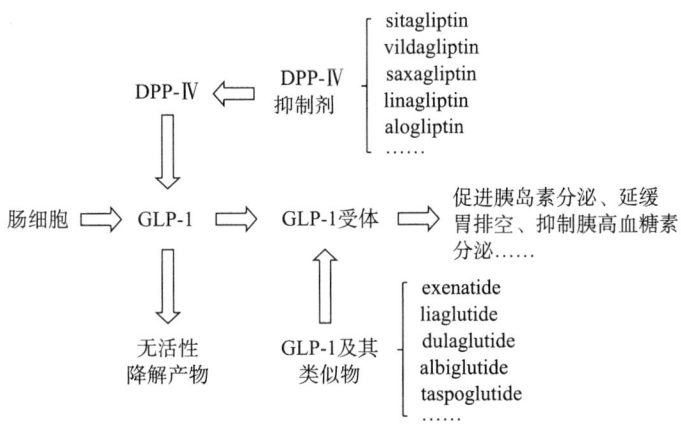

图 1-2-3　GLP-1 类药物的两种研究思路

研究发现，对 GLP-1 的关键部位进行修饰或变构可以使其获得抵抗 DPP-Ⅳ 降解的特性，同时保持 GLP-1 原有的生物活性。GLP-1 受体激动剂长效化主要有如下方法：

（1）对于 GLP-1 氨基酸序列进行改造。

DPP-Ⅳ 在体内会迅速切割 GLP-1 的 N 末端的 7His-8Ala 位点而使 GLP-1 失活。根据这个特点，通过对 GLP-1 氨基酸序列上个别氨基酸位点的改变来降低 DPP-Ⅳ 对 GLP-1 的特异性，从而延缓 GLP-1 的降解速率。

（2）在 GLP-1 肽链上引入脂肪酸链。

通过酰化方法，在 GLP-1 的肽链上引入脂肪酸链，抑制 DPP-Ⅳ 与 GLP-1 上水解位点的结合，同时该大分子结构还能延缓肾脏对其的清除。

（3）对 GLP-1 进行聚乙二醇（PEG）化修饰。

PEG 修饰可以使得 GLP-1 及其类似物的稳定性增加，不易被 DPP-Ⅳ 水解，同时由于分子量的增加能够延缓肾脏对其的清除。

（4）构建 GLP-1 融合蛋白。

将 GLP-1 或其类似物与人体内蛋白结合，可以构建长效 GLP-1 融合蛋白，显著延长其半衰期。目前主要 GLP-1 或其类似物主要的融和蛋白有人血清蛋白融和蛋白、IgG 抗体融合蛋白、白蛋白结合域抗体融合蛋白、铁传递蛋白融合蛋白等。

此外，还可以通过构建 GLP-1 受体激动剂的微球剂型、采用皮下泵给药等方式使 GLP-1 长效化。

基于这种思想，多家医药公司研制了长效 GLP-1 受体激动剂。自 2005 年 FDA 批准第一个 GLP-1 受体激动剂艾塞那肽（Exenatide，Byetta®）至今，已有 6 种 GLP-1 受体激动剂获批上市，此外还有多个药物正处于临床实验阶段。

图 1-2-4 显示了目前上市的 GLP-1 受体激动剂的结构，表 1-2-4 列举了目前已经上市的各种 GLP-1 受体激动剂，表 1-2-5 列举了截至 2014 年 12 月处于临床或临床前的长效 GLP-1 受体激动剂的部分具体药物。

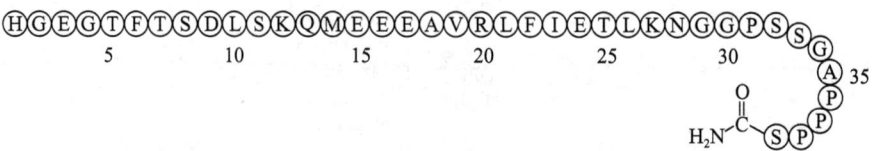

(a) 艾塞那肽（exenatide）

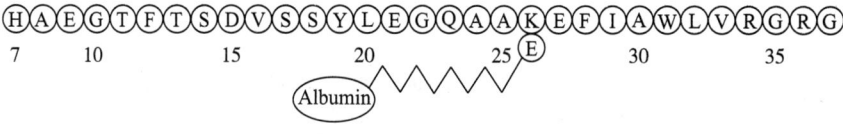

(b) 利拉鲁肽（liraglutide）

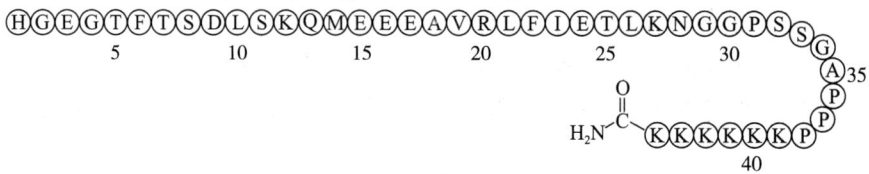

(c) 利司那肽（lixisenatide）

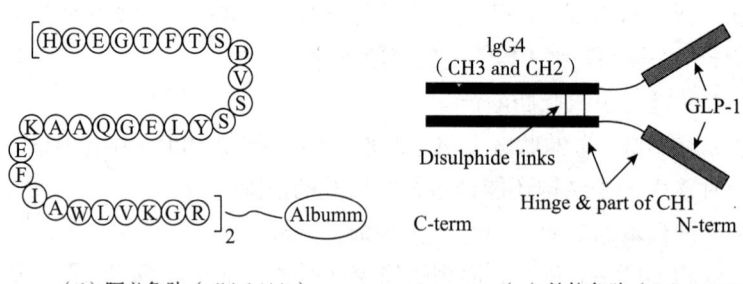

(d) 阿必鲁肽（albiglutide）　　　(e) 杜拉鲁肽（dulaglutide）

图 1-2-4　已上市 GLP-1 受体激动剂的结构示意图

表1-2-4 已上市的GLP-1受体激动剂

GLP-1受体激动剂	商品名	成　分	原研单位	上市年份	半衰期
艾塞那肽	Byetta®	合成的Exendin-4	艾米林/礼来	2005	2.4h
利拉鲁肽	Victoza®	脂肪链修饰的GLP-1	诺和诺德	2009	11~13h
艾塞那肽LAR	Bydureon®	合成的Exendin-4	艾米林/礼来	2012	5~6d
利司那肽	Lyxumia®	修饰的Exendin-4	赛诺菲	2013	3h
阿必鲁肽	Tanzeum®	GLP-1白蛋白融和蛋白	葛兰素史克	2014	6~8d
杜拉鲁肽	Trulicity®	GLP-1—Fc（IgG4）融和蛋白	礼来	2014	4d

表1-2-5 截至2014年12月处于临床或临床前的长效GLP-1受体激动剂

GLP-1受体激动剂	成　分	原研单位	临床阶段
贝那鲁肽	重组GLP-1（7-36）	上海仁会生物	上市注册在审
索马鲁肽	脂酸的二酸酰化GLP-1	诺和诺德	Ⅲ期
ITCA650	艾塞那肽泵给药	Intarcia	Ⅲ期
CJC-1134-PC	HAS-exendin-4融合蛋白	ConjuChem	Ⅲ期
VRS-859	艾塞那肽-XTEN融和蛋白	Versartis	Ⅱ期
NN9924	口服索马鲁肽	诺和诺德	Ⅱ期
HM11260C	LAPS-exendin-4融合蛋白	Hanmi Pharma	Ⅱ期
PF-04603629	Tf-exendin-4融合蛋白	辉瑞	Ⅰ期
MAR701	GLP-1和GIP混合	罗氏/Marcadia	Ⅰ期
GSK2374697	HAS-exendin-4融合蛋白	葛兰素史克	临床前

1.2.4　其他种类的糖尿病药物

1.2.4.1　双胍类药物（Biguanides）

双胍类糖尿病治疗药物，作用于胰岛外组织，主要作用为抑制肝脏血糖输出，次要作用为抑制肠吸收葡萄糖，增加外周组织对葡萄糖的利用，从而达到降低血糖的作用，同时还具有降低胰岛素抵抗的作用。双胍类药物单用不会引起低血糖，是口服降糖药中的元老。双胍类药物主要有二甲双胍（格华止®，百时美施贵宝；甲福明®，百时美施贵宝；泰白®，正大天晴）、苯乙双胍（降糖灵）和丁双胍。

1929年，二甲双胍被发现，法国糖尿病学家Sterne首次进行了二甲双胍的人体研究，并在1957年发表了论文。几乎同时，苯乙双胍和丁双胍的论文也得到了发表。而后，二甲双胍在法国上市，苯乙双胍在美国和北欧上市，丁双胍在德国上市。由于降糖作用强大，苯乙双胍在20世纪60年代大出风头，但后来由于发现其容易引起乳酸性酸中毒的严重副反应而被市场淘汰，为此二甲双胍也受到波及。直到1994年年底，百时美施贵宝的甲福明®（二甲双胍控释制剂）才在美国上市。从1977年开始到1997年结束、之后又随访十年的一项"UKPDS研究"（英国糖尿病前瞻性研究）中显示，二甲双胍强化治疗被证实在降低血糖的同时还具有心血管保护作用，这一效应在超重患者中尤为明显。这使得二甲双胍被多个国家和卫生组织推荐作为肥胖的糖尿病患者有效的一线用药和联合用药中的基础用药，在有些国家还被推荐为非肥胖的糖尿病患者的一线用药，如2010年版的《中国人Ⅱ型糖尿病防治指南》、2012年版《美国糖尿病学会指南》❶。甲福明®在2001年的全球销售额达到23.4亿美元，后由于专利到期受到仿制药的影响，市场规模迅速萎缩。目前，双胍类药物的销售仍然呈现稳定快速增长，多用于联合用药及复方制剂。国内有上百家企业生产二甲双胍，竞争十分激烈，但是百时美施贵宝依然占据了大约3/4的份额。❷

1.2.4.2 磺脲类降血糖药

磺脲类降血糖药是胰岛素促泌剂，通过刺激胰岛β细胞分泌内源性胰岛素，提高胰岛素敏感性，降低胰岛素抵抗，降低肝脏内葡萄糖的产生，是最早应用的口服降糖药之一，现在已经发展到第三代，仍是临床治疗Ⅱ型糖尿病的一线用药。

第一代磺脲类降糖药有甲磺丁脲（甲糖宁®），其由拜耳研发，于1956年7月在德国上市；氯磺丙脲（特泌胰®），其由辉瑞研发，于1960年3月在美国上市；醋磺己脲（迨美洛®），其由礼来研发，于1963年6月在美国上市；妥拉磺脲（妥兰纳斯®），其由美国普强药业研发，于1965年12月在美国上市。

第二代磺脲类降糖药主要有：格列本脲（优降糖®；达安疗®，赛诺菲），其由勃林格殷格翰和赫司特（后成为赛诺菲的子公司）联合研发，于1970年6月在德国上市；格列齐特（达美康®，施维雅；利宁格®，北京万生），其由施维雅公司研发，于1970年8月在法国上市，1985年进入中国；格列吡嗪（瑞易宁®，辉瑞；美吡哒®，海南赞邦；优哒灵®，上海信谊），其由意大利柯尔巴义大利药厂（Farmitalia Carlo Erba）研发，于1972年6月在德国上市，1984年5月获得FDA批准；格列喹酮（Glurenorm®；糖适平®，双鹤），其由勃林格殷格翰研发，于1976年在德国上市。目前国内临床上使用最多的格列喹酮为北京万辉双鹤药业的糖适平®，糖适平的销售规模居国内口服处方降糖药的前五名。❸

第三代磺脲类降糖药主要是格列美脲（亚莫利®，赛诺菲；万苏平®，江苏万邦；安多美®，贵州天安；科德平®，西南合成）。格列美脲由德国Hoechst Marion Roussel公司（赛诺菲的前身）开发，于1995年在瑞典上市，目前是赛诺菲的旗舰产品。2010

---

❶ Tictionary. 二甲双胍：笑到最后的抗糖尿病药［EB/OL］.（2012 - 05 - 22）［2015 - 12 - 30］. http：//www.guokr.com/article/192045/.
❷ 作者不详. 2014年糖尿病诊疗行业分析报告［EB/OL］.（2014 - 07 - 17）［2015 - 12 - 30］. http：//www.doc88.com/p - 1941921675481.html.
❸ 作者不详. 常用的口服降糖药［EB/OL］.（2014 - 02 - 02）［2015 - 12 - 30］. http：//www.doc88.com/p - 1817103333716.html.

年和2011年全球销售额都在4亿欧元以上，2011年在中国整个糖尿病治疗药物临床用药市场中格列美脲占据5.73%，排在第五位。❶

1.2.4.3 α-糖苷酶抑制剂（α-Glucosidase inhibitors）

该类药物结合于α-糖苷酶（碳水化合物分解酶），竞争性与可逆性地抑制麦芽糖酶、葡萄糖淀粉酶及蔗糖酶，阻断1,4-糖苷键水解，延缓淀粉、蔗糖及麦芽糖在小肠分解为葡萄糖，降低餐后血糖。其常用药物有：阿卡波糖（拜唐苹®，拜耳；卡博平®，中美华东；贝希®，四川绿叶宝光），伏格列波糖（倍欣®，武田制药），米格列醇（Glyset®，拜耳）。

阿卡波糖于1973年由德国拜耳发现，1975年研制成功，1984年7月拜唐苹®在德国上市，并于1986年在瑞士首次上市，1995年成为美国FDA批准的第一个α-糖苷酶抑制剂，1994年阿卡波糖进入中国市场。拜唐苹®的全球销售额一直保持着增长势头。除了被建议作为糖尿病一线用药的备选药物外，阿卡波糖还是唯一获准的糖耐量受损（IGT）治疗药物。虽然阿卡波糖的专利已于2005年到期，但是由于原料药合成难度大，国内仅中美华东和四川绿叶宝光仿制成功。❷ 2011年在中国整个糖尿病治疗药物临床用药市场中，阿卡波糖占据23.37%，排在第二位，是糖尿病治疗药物中的主力品种。根据2014年的数据，阿卡波糖在中国市场的销售额前三位的分别为拜耳（5.7亿元）、中美华东（1.5亿元）、四川绿叶宝光（0.2亿元）。

伏格列波糖是武田制药的产品。武田制药从20世纪70年代发现了井冈胺具有α-糖苷酶抑制作用，并开始进行化合物优化，于1981年合成得到伏格列波糖，相比阿卡波糖具有更短的分子链，更高的酶抑制强度，更高的选择性，更稳定的结构，更好的疗效。伏格列波糖于1999年在日本上市。

1.2.4.4 噻唑烷二酮类药物（TZDs）

噻唑烷二酮类药物主要通过降低胰岛素抵抗，增加靶细胞对胰岛素作用的敏感性而减低血糖，具体来说，可以提高外周组织对葡萄糖的摄取，降低肝脏葡萄糖输出，保护β细胞功能，改善血脂谱（仅限吡格列酮）。噻唑烷二酮类药物在20世纪80年代被发现具有降低血糖和增加胰岛素敏感性的作用，90年代逐渐被用于糖尿病的临床治疗。

最早研发成功的该类药物包括环格列酮、第一三共研发的恩格列酮和Parke-Davis公司（目前是辉瑞的子公司）研发的曲格列酮（瑞泽林®）等，但是因为药效较低，不良反应较多而逐渐被淘汰，目前的主要临床使用药物有罗格列酮（文迪雅®，葛兰素史克；太罗®，太极集团涪陵制药）和吡格列酮（艾可拓®，武田制药；瑞彤®，江苏恒瑞；艾汀®，北京太洋）。

罗格列酮为新一代噻唑烷二酮类药物，由葛兰素史克开发生产，商品名为Avandia®（文迪雅®），于1999年被FDA批准上市，随后葛兰素史克又陆续开发出罗格列酮/

---

❶ 广州标点医药信息有限公司. 糖尿病治疗药物市场研究报告[R]. 广州标点医药信息有限公司，2012.
❷ 2014年糖尿病诊疗行业分析报告[EB/OL]. （2014-07-17）[2015-12-30]. http://www.doc88.com/p-1941921675481.html.

二甲双胍、罗格列酮/格列美脲复方制剂。2007年有论文指出罗格列酮可能升高患者心肌梗死和心源性死亡危险。葛兰素史克在2004年8月与国内企业对罗格列酮的专利权发生纠纷，使得葛兰素史克主动放弃专利 ZL98805686.0。罗格列酮于2000年进入我国，受到安全性影响销售额从2010年起大幅下滑。2011年，在罗格列酮的国内市场份额中，太极集团涪陵制药超过了葛兰素史克，上升到第一位。❶

吡格列酮主要由日本武田制药开发，于1999年获得FDA批准上市，武田制药先后与礼来、辉瑞等公司在多个国家进行联合推广。2010年，武田的艾可拓®销售收入达44.54亿美元。但是，2007年，因为违规隐瞒可能引发心脏疾病风险，艾可拓®被FDA强制要求在其包装标注黑框；2011年8月，FDA提示使用吡格列酮一年以上可能会增加患有膀胱癌的风险。吡格列酮于2001年在国内仿制上市，艾可拓®于2004年进入我国，销售额一直迅速增长，并没有受到安全性风险的影响。

1.2.4.5 格列奈类药物

格列奈类药物（氯茴苯酸类药物）是一种类似磺脲类药物的新的胰岛素促泌剂，通过抑制胰腺β细胞膜上ATP敏感的K^+通道，抑制K^+的外流，导致细胞膜去极化，从而开放电压依赖的L型钙离子通道，使胞外Ca^{2+}大量进入细胞内，发挥促进胰岛素释放的作用。与磺酰类药物相比，格列奈类药物具有"快开-快闭"的特性，可诱导餐时更快速且幅度更高的胰岛素分泌，导致更快的血糖下降。格列奈类有吸收快、起效快、作用时间短的降糖特点，是我国推荐的Ⅱ型糖尿病一线用药。格列奈类药物主要有：瑞格列奈（诺和龙®，诺和诺德；孚来迪®，江苏豪森）、那格列奈（唐力®，诺华）和米格列奈（快如妥®，默克雪兰诺）。

瑞格列奈由丹麦诺和诺德和德国勃林格殷格翰联合开发，是全球首个格列奈类药物，于1998年4月在美国首次上市，同年10月在英国上市。2000年，诺和诺德的瑞格列奈以商品名"诺和龙®"进入中国市场，并获得中国行政保护（2008年1月17日届满）。江苏豪森药业于2000年获得国家食品药品监督管理局（SFDA）颁发的瑞格列奈新药证书和生产批文，抢在"诺和龙®"获得行政保护之前以商品名"孚来迪®"上市，成为国内首仿瑞格列奈原料药及片剂的厂商。

那格列奈由日本山之内、味之素和Roussel Morishjtu 3家公司研制开发，于1999年8月13日在日本以Fastic®的商品名获准上市。诺华从味之素公司获得了在大多数国家的上市权，于2000年获FDA批准并于2001年以商品名唐力®（Starlix®）在美国上市。截至2011年，SFDA已批准数十家国内企业生产原料药和制剂，但市场份额只有3%左右。❷

1.2.4.6 SGLT-2抑制剂

SGLT-2（Type 2 Sodium Glucose co-Transporters）是一种跨膜蛋白，SGLT-2抑制剂通过抑制肾糖重吸收以促进尿糖排泄，使平衡朝着能量消耗的方向移动，从而降低体内血糖，且没有体重增加和低血糖风险，是一类治疗糖尿病的新型药物。

---

❶❷ 广州标点医药信息有限公司. 糖尿病治疗药物市场研究报告［R］. 广州标点医药信息有限公司，2012.

卡格列净（Canagliflozin）由强生公司研发，于 2013 年 3 月 29 日通过美国 FDA 审批用于治疗Ⅱ型糖尿病，成为第一个 SGLT-2 抑制剂降糖药物，并于同年 11 月获得欧盟委员会（EC）批准，商品名为 Invokana®。卡格列净联合盐酸二甲双胍的复方药物（Invokamet®）于 2014 年 8 月 8 日获得美国 FDA 的批准。

2014 年 1 月，美国 FDA 审批通过百时美施贵宝和阿斯利康共同研发的 SGLT-2 抑制剂达格列净（Dapagliflozin）上市，商品名为 Farxiga®，这是 FDA 审批通过的第二个 SGLT-2 抑制剂类降糖药物。达格列净/二甲双胍的复合剂型于 2014 年获得欧盟审批通过。

2014 年 8 月，勃林格殷格翰和礼来共同销售的恩格列净（Empagliflozin）获得了美国 FDA 的批准用于Ⅱ型糖尿病成人患者的治疗，但不适用于Ⅰ型糖尿病患者，也不适用于伴有糖尿病酮症酸中毒的患者，商品名为 Jardiance®。

另外，日本也审批通过 3 个 SGLT-2 抑制剂类降糖药物上市，即安斯泰来和日本并寿制药的伊格列净（Ipragliflozin），Chugai、Sanofi 和 Kowa 的托格列净（Tofogliflozin），以及大正制药的鲁格列净（Luseogliflozin）。

另外还有多个药物和复方药物处于临床注册阶段。

1.2.5 治疗糖尿病药物新靶点

除了上述治疗糖尿病的药物以外，还有许多针对新靶点的糖尿病药物正在研发中，在此进行简要介绍。

1.2.5.1　G 蛋白偶联受体 119（GPR119）激动剂

GPR119 激动剂能够刺激葡萄糖依赖型胰岛素的分泌，诱导 GIP（依赖葡萄糖的促胰岛素多肽）和 GLP-1 的释放，通过升高环磷酸腺苷的水平来保护胰岛细胞。许多制药公司都合成了活性很高的 GPR119 小分子激动剂，其中小部分已经进入临床试验，例如 Metabolex 公司（CymaBay 公司的前身）的 MBX-2982、葛兰素史克的 GSK-1293263A、艾瑞纳制药公司（Arena）的 APD597、安斯泰来制药集团旗下的美国 OSI 制药的 PSN-821 等。

1.2.5.2　G 蛋白偶联受体 40（GPR40）激动剂

这类激动剂可以介导游离脂肪酸，激活胰岛细胞中的 GPR40，促使细胞中钙离子浓度升高，从而促进胰岛素的释放。日本武田制药研发的 TAK-875 属于这类激动剂，但是该药物在Ⅲ期临床试验中因为肝毒性过大而被迫叫停。

1.2.5.3　11β-羟基固醇脱氢酶 1（11β-HSD1）抑制剂

11β-羟基固醇脱氢酶 1 在肝脏、脂肪等组织中将没有活性的皮质酮还原成有活性的皮质醇，11β-HSD1 抑制剂抑制了这种变化，从而抑制了局部组织的糖皮质激素水平的提高，进而抑制了由过多的糖皮质激素带来的葡萄糖耐受性和胰岛素抵抗。已上市的噻唑烷二酮类药物也可以下调 11β-HSD1 在脂肪组织中的表达。目前正处于研发中的 11β-HSD1 抑制剂有：处于Ⅱ期临床的 INCB-13739（Incyte 公司）、三唑类药物 Merck544（默沙东）、吡啶磺酰胺类的 PF-915275 等。

1.2.5.4 蛋白酪氨酸磷酸酯酶 1B（PTP1B）抑制剂

蛋白酪氨酸磷酸酯酶 1B 抑制剂通过阻断胰岛素刺激的胰岛素受体（IR）的酪氨酸磷酸化，进而影响胰岛素受体（IRS-1）的磷酸化，使这类胰岛素受体对胰岛素增敏，降低血糖。同时，其能够使瘦素信号增强，导致脂肪代谢水平升高，体重下降。但是 PTP1B 抑制剂的开发一直受到细胞膜透过性和选择性两方面的局限，在成为研究热点后，早期进入临床的药物如惠氏的 Ertiprotafib 等相继失败或中止研究，Genaera 公司的 MSI-1436 在 2009 年完成三项Ⅰ期临床后也没有进一步信息更新，目前在研的药物还有 ISIS 公司的反义核酸药物 ISIS-PTPRx 和 ISIS-113715，两者都进入了Ⅱ期临床。

1.2.5.5 葡萄糖激酶（GK）激动剂

葡萄糖激酶是糖代谢过程中的一个关键的限速酶，葡萄糖激酶激动剂可以促进肝糖原的合成，同时也促使胰腺 β 细胞中胰岛素的分泌。目前还在研发中的该类药物有：处于Ⅱ期临床的 AZD6370（阿斯利康）、AZD1656（阿斯利康）、LY2599506（礼来/Prosidon，暂停）；处于Ⅰ期临床的 ZYGK1（Cadila Healthcare）、LY2608204（礼来）、ARRY403（Array）、GK3（罗氏）、GK1-399（TransTech）、ID1101（Innodia）、TTP399（诺和诺德/TransTech）。

1.3 研究对象和方法

1.3.1 技术分解

在前期调研过程中，课题组广泛了解了企业的需求并和业内专家进行了深入的讨论，从技术层面上重新认识了治疗糖尿病的药物，并且确定了研究重点。在前期工作的基础上，综合考虑治疗糖尿病药物专利检索的特点以及研究的可操作性，本书最终以胰岛素及其类似物、DPP-Ⅳ抑制剂和 GLP-1 受体激动剂这三类药物作为技术重点，进一步细分，得到如表 1-3-1 所示的技术分解表。

表 1-3-1 治疗糖尿病药物技术分解表

项目名称	一级技术分支	二级技术分支	三级技术分支	四级技术分支
糖尿病药物	胰岛素类药物	胰岛素及其类似物	短效胰岛素	—
			速效胰岛素	赖脯胰岛素
				门冬胰岛素
			中效胰岛素	NPH
			长效胰岛素	甘精胰岛素
				地特胰岛素
			预混胰岛素	—

续表

项目名称	一级技术分支	二级技术分支	三级技术分支	四级技术分支
糖尿病药物	胰岛素类药物	胰岛素制剂	注射制剂	—
			吸入制剂	—
			口服制剂	—
	非胰岛素类降糖药物	双胍类	二甲双胍	
		磺酰脲类	格列苯脲	—
			格列齐特	
			格列吡嗪	
			格列喹酮	
			格列美脲	
		格列奈类	瑞格列奈	—
			那格列奈	
			米格列奈	
		噻唑烷二酮类	罗格列酮	—
			吡格列酮	
		α-葡萄糖苷酶抑制剂	阿卡波糖	—
			伏格列波糖	
		DPP-Ⅳ抑制剂	西格列汀	—
			维格列汀	—
			沙格列汀	—
			阿格列汀	—
			利格列汀	—
			曲格列汀	化合物
				用途
				制备方法
				制剂
				晶体
				化合物盐
				联合用药
		GLP-1受体激动剂	艾塞那肽	PEG化
				融合蛋白
				微球微丸
			利拉鲁肽	—
			阿必鲁肽	—
			杜拉鲁肽	—
			索马鲁肽	—

续表

项目名称	一级技术分支	二级技术分支	三级技术分支	四级技术分支
糖尿病药物	非胰岛素类降糖药物	钠-葡萄糖共转运蛋白2（SGLT2）抑制剂	达格列净	—
			卡格列净	
			卡那氟新	
			依帕列净	
	中药	单体药物	黄连素	—
		复方药物	—	—

1.3.2 数据检索

本书的专利文献数据来自中文检索 CNABS 数据库（CPRS 作为参考），西文检索 DWPI（EPODOC 数据库作为参考），数据检索时间截至 2015 年 5 月 31 日。

1.3.2.1 检索要素

检索要素汇总如表 1-3-2 所示。

表 1-3-2 检索要素汇总

数据库	关键词	分类号
CPRS/CNABS	糖尿病、血糖、胰岛素、糖代谢	A61P3/00，A61P3/08，A61P3/10，A61P5/48，A61P5/50
DWPI	DIABETES, DIABETES MELLITUS, DIABETIC, ANTIDIABETES, ANTIDIABETIC, HYPOGLYCEMIC, BLOOD SUGAR, BLOOD GLUCOSE, HYPERGLYCEMIA, INSULIN, HYPOINSULIN, INSULIN RESISTANCE, GLUCOSE TOLERANCE, IFG（IMPAIRED FASTING GLUCOSE），IGT（IMPAIRED GLUCOSE TOLERANCE）	
EPODOC	DIABETE, DIABETIC, DIABETICORUM, ANTIDIABETE, MELLITUS, HYPOGLYCEMIC,（BLOOD W（SUGAR OR GLUCOSE）），HYPERGLYCEMIA, INSULIN, HYPOINSULIN,（SUGAR OR GLUCOSE）W TOLERAN+，IMPAIRED FASTING GLUCOSE	

分类号释义：

A61P3/00：治疗代谢疾病的药物；

A61P3/08：治疗代谢疾病的药物-用于葡萄糖体内平衡的药物；

A61P3/10：治疗代谢疾病的药物-用于葡萄糖体内平衡的药物-治疗高血糖症的药物，例如抗糖尿病药；

A61P5/48：治疗内分泌系统疾病的药物-胰激素的；

A61P5/50：治疗内分泌系统疾病的药物-胰激素的-用于增强或保护胰岛素活性的。

1.3.2.2 检索结果

通过中文、英文数据库检索结果如表 1-3-3 所示。

表 1-3-3 数据库检索结果汇总

数据库	申请量	技术主题	申请量	不含器械的申请量
CPRS	28175	生物药	—	4313
		化学药	—	9392
		中药	—	7979
		器械	1833	—
CNABS	36799	生物药	7539	—
		化学药	19643	—
		中药	11603	—
		器械	3703	—
DWPI	143692	生物药	49838	47831
		化学药	64219	62556
		中药	22512	21771
		器械	17072	—
EPODOC	249735	生物药	87111	85050
		化学药	198095	196080
		中药	27714	27094
		器械	11072	—

注：CPRS、CNABS 数据库申请量单位为件；DWPI、EPODOC 数据库申请量单位为项。

1.3.3 数据处理

治疗糖尿病的药物相关专利申请，通常会给出与靶点相关的关键词，分类号不能非常准确地区分各个靶点。因此，本课题组在研究过程中检索策略为针对不同种类的相关专利数据标引基本关键词进行再次检索。对于重点研究的几个技术分支，例如甘精胰岛素、曲格列汀和艾塞那肽等，均采用了全文浏览，重点阅读了摘要、题目、权利要求、实施例，并选择重要的关键词进行标引。

1.3.4 相关事项和约定

由于我国发明专利自申请日（有优先权日的自优先权日起）起 18 个月公布，PCT 专利申请可能自申请日起 30 个月甚至更长时间才进入国家阶段，其进入指定国后进行的国家公布时间就更晚，因此，检索结果中包含的 2013 年之后的专利申请量比真实的申请量要少，反映到各技术分支申请量年度变化的趋势中，将出现申请量曲线在 2013

年之后突然下滑的现象。

　　本书的全球专利数据主要是在 DWPI 数据库中检索得到。在 DWPI 数据库中，将同一项发明创造在多个国家申请而产生的一组内容相同或基本相同的系列专利申请，称为同族专利，且将一组同族专利视为一项专利申请；而单独的专利以件计数。本书中同族专利的数量主要参考 DWPI 数据库中同族专利的数量。

第 2 章　糖尿病药物专利概览

糖尿病药物的发展历史悠久，胰岛素药物已经存在了近百年，为了更好地了解糖尿病药物方面的专利申请状况，本章针对糖尿病药物全球及中国专利态势进行了分析。主要针对全球专利申请发展趋势、专利申请的国别和地区分布情况、行业的主要申请人等进行多方位分析。本章的专利数据来源于 DWPI，检索截至 2015 年 5 月 31 日，分析总样本为检索得到的 77768 项专利申请。

2.1　全球专利分析

截至 2015 年 5 月 31 日，全球涉及糖尿病药物技术的专利申请共计 77768 项（见图 2-1-1）。在这一数据基础上，本节从专利申请整体发展趋势、专利申请国家或地区、主要专利申请人等角度对糖尿病药物的全球专利状况进行分析。

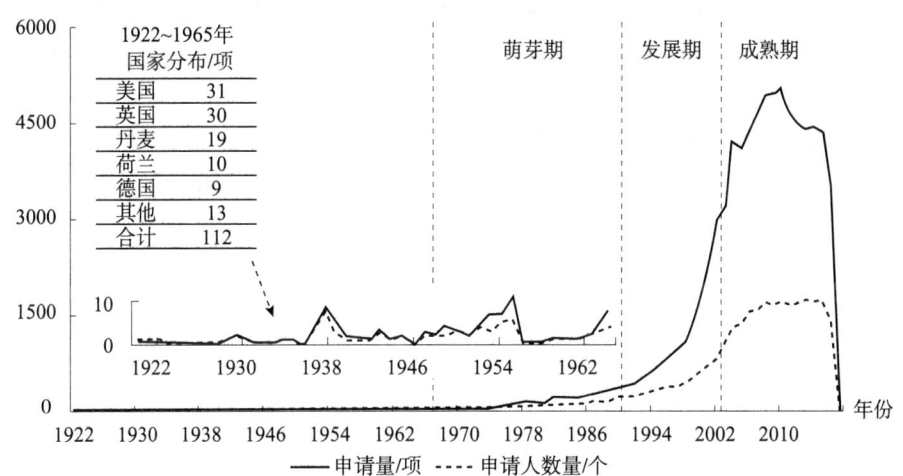

图 2-1-1　全球治疗糖尿病药物的专利申请历年趋势变化

2.1.1　发展趋势分析

本节分析了糖尿病药物的全球专利申请总体发展趋势，通过统计目前已经公开的专利文献得到所分析的数据，不区分法律状态。

图 2-1-1 显示了治疗糖尿病的药物领域中全球申请总量和申请人总量历年的变化趋势，其中，年份以专利申请日为准。自 1990 年开始，治疗糖尿病的药物的相关申请维持在 400 项/年之上，特别是 1996 年之后，在全球范围内的申请量开始迅速增加，

到2002年达到4000项/年以上，6年之间申请量增长了将近4倍，随后增速放缓，到2008年到达了相对的峰值5014项，虽然此后治疗糖尿病的药物的全球专利申请量出现下降的趋势，但是仍然维持在4000项/年以上的一个相对的高位。涉足治疗糖尿病的药物的申请人数量的变化趋势基本与申请总量的变化趋势一致。

全球治疗糖尿病的药物专利技术发展大致经历了三个主要发展阶段。

第一阶段（1922~1988年）为技术萌芽期。在全球范围内，1922年出现了第一项涉及治疗糖尿病的药物的专利申请，并且在之后很长一段时间内，糖尿病药物的专利申请数量和申请人数量都呈现缓慢增长的趋势，在早期长达43年的时间内，申请总量仅为112项，且均为涉及胰岛素相关技术的专利申请。在此期间，申请国主要集中在美国、英国、丹麦、荷兰和德国。数据表明，在这一阶段，糖尿病药物的研究处于相对不活跃的阶段。除了医药工业发展水平外，还与当时糖尿病的发病率处于极低的水平有一定的关系。直到1966年之后，治疗糖尿病的药物相关的专利申请量才突破了10项/年。随之一批典型药物被用于治疗糖尿病，如20世纪50年代中期，第一个使用的口服降糖药为磺脲类降糖药；1966年发现了第二代磺脲类降糖药格列本脲；1982年人工胰岛素获得了FDA的批准；德国拜耳研发的阿卡波糖也于1986年在瑞士首次上市。在此期间，不仅胰岛素已经用于治疗糖尿病，还有一些现在看来经久不衰的经典药物逐渐登上糖尿病药物的历史舞台。糖尿病的药物相关专利申请量也呈现稳步增长的趋势，申请量逐渐上升到超过350项/年，申请人也超过了200位，申请量和申请人均出现了较快的增长。在此期间，无论是生物类药物还是化学类药物均呈现缓慢增长的趋势。

第二阶段（1989~2001年）为快速发展期。治疗糖尿病的药物相关专利也出现了迅猛增长的趋势，专利申请的数量从350项/年增长到了超过3500项/年，申请人的数量也从200位激增至超过1000位。由于基因编辑等生物技术在该阶段取得了突破性进展，胰岛素类似物开始崭露头角，例如1996年FDA批准上市的赖脯胰岛素、2000年FDA批准的门冬胰岛素和甘精胰岛素。在非胰岛素类药物中，1998年丹麦诺和诺德和德国勃林格殷格翰联合开发的第一个餐时调节体内血糖药物瑞格列奈在美国和英国上市，引人关注。

第三阶段（2002年至今）为技术成熟期。治疗糖尿病药物的专利申请量在2006~2008年达到峰值，2008年的申请总量超过了5000项/年，之后年申请量虽然有所下降，但仍维持了4000项/年的高位水平。申请人的数量则继续上升，在2011年达到峰值为1717位。由于一定量的专利申请还处于尚未公开的状态，2014年的申请量为3000余项。这一时期原有的糖尿病药物进一步得到了发展，例如针对提高患者顺应性、用药便捷性等进行的改进，同时，对应于新靶点的新药物也不断涌现，例如2004年和2005年谷赖胰岛素和地特胰岛素先后获得了FDA批准，2006年首个DPP-Ⅳ抑制剂类药物西格列汀上市。但是，巨大的市场和对临床用药不断提高的要求赋予了糖尿病药物研发的不竭动力，新靶点、新机理和新给药方式的药物层出不穷，例如抗糖尿病脂肪的发现、对FGF1蛋白的持续治疗、β干细胞移植技术的不断突破、针对糖尿病及其并发症药物的开发等。因此，可以预见未来治疗糖尿病的药物仍是药物研究领域的一个重点，专利申请量将会稳中有升。

2.1.2 国家或地区分布分析

通过对专利申请所属的国家或地区进行统计和分析，如图2-1-2所示，美国以37562项的申请量占到了申请总量的约48%，处于绝对的优势地位，显示出了其在治疗糖尿病的药物领域卓越超群的研发实力。中国和日本凭借自身优势，在本领域的专利申请量以13%和11%分别占据了第二位和第三位。美国、中国和日本3个国家的专利申请量之和约占治疗糖尿病的药物领域专利申请总量的73%。毋庸置疑，美国、中国和日本成为糖尿病药物领域专利申请的主要国家。数据显示，欧洲专利局和英国的申请量都占到约5%，韩国占了3.5%，德国占到约3%，国际申请和法国占到约2%，印度占到约1.5%，上述前十位国家和地区的申请量之和占到了本领域申请总量的94%。这表明，治疗糖尿病药物的研究工作主要集中在医药领域较发达的国家和地区。

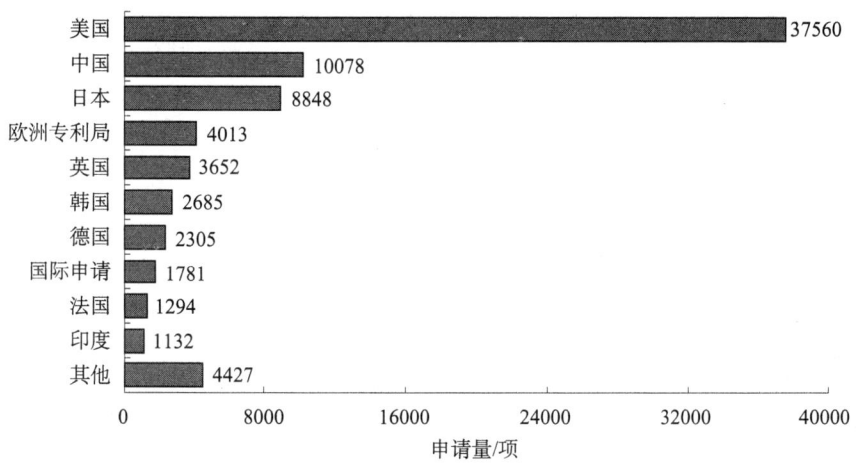

图2-1-2 全球治疗糖尿病的药物专利申请量国家/地区申请量排名

图2-1-2显示了全球治疗糖尿病药物的专利申请量国家、地区和区域性组织申请量排名。图2-1-3显示了全球治疗糖尿病药物领域专利申请量排名前十位的国家、地区和区域性组织的专利申请量历年趋势。从中可以看出过去几十年各国家和地区的申请量变化情况。1922年，英国最早在治疗糖尿病药物领域提出专利申请；1923年，美国也提出了治疗糖尿病药物领域的专利申请，但是数量都不多；而法国、日本和德国在20世纪60年代才开始了相关药物的研发。这些国家在治疗糖尿病药物领域的专利申请都在20世纪90年代中期开始出现大幅度的增长，其中美国的增长幅度最大。日本、德国和法国都在2005年前后开始出现比较明显的申请量的下降，英国申请量的下降是从2007年以后发生的，只有美国申请量在2006年达到顶峰（2595项）后略有下降，但是依然保持了接近2000项/年的申请量。中国、韩国和印度起步均较晚，专利

申请量直到2000年以后才有了比较明显的增长,发展势头异常迅猛,尤其是中国,2004年申请量仅为310项,到2012年已突破了1000项,达到了1244项,并且申请量仍然在逐年递增。印度和韩国的申请趋势和中国基本相同。

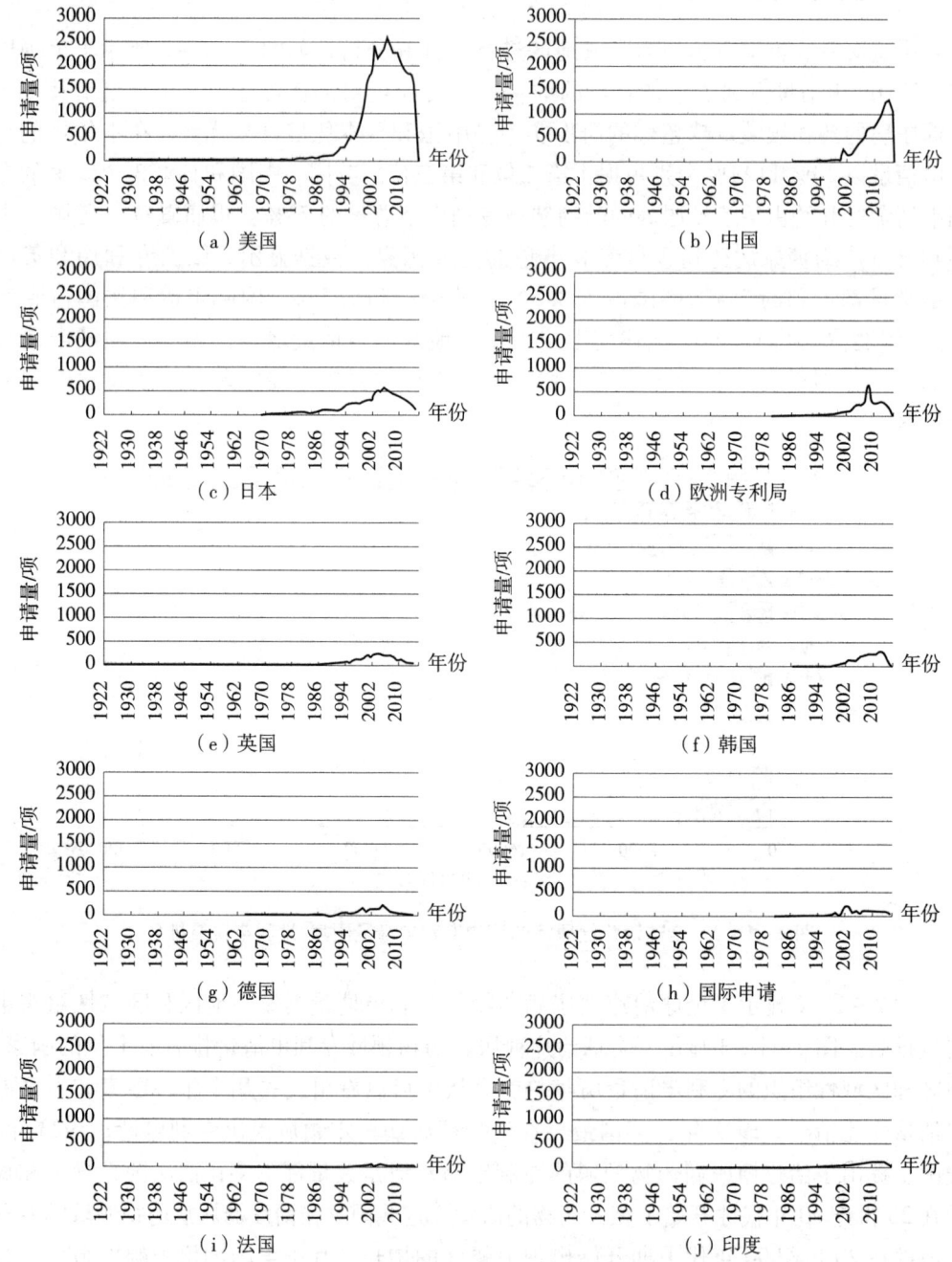

图2-1-3 全球治疗糖尿病药物领域专利申请量排名前十位的国家、地区和区域性组织的专利申请量趋势

2.1.3 主要申请人分析

在 DWPI 中检索到全球拥有治疗糖尿病药物专利申请的专利申请人（权利人）共计 9412 位，包括非标准公司。由于统计手段有限，对其中的重要申请人或权利人，根据公司股权归属状况对从属于同一母公司的子公司与关联公司进行合并统计。本小节选取全球专利申请量排名前五位的申请人及其子公司的专利申请数据，从申请量排名、活跃度等方面进行了分析。

2.1.3.1 申请人排名

图 2-1-4 描述了当前全球治疗糖尿病的药物申请量排名前 15 位的申请人及申请量情况，其中申请量以"项"为单位进行统计，即同族专利申请作为一项申请人计入申请人的总申请量中。如果一项涉及共同申请人，则共同申请人都记为有一项申请。

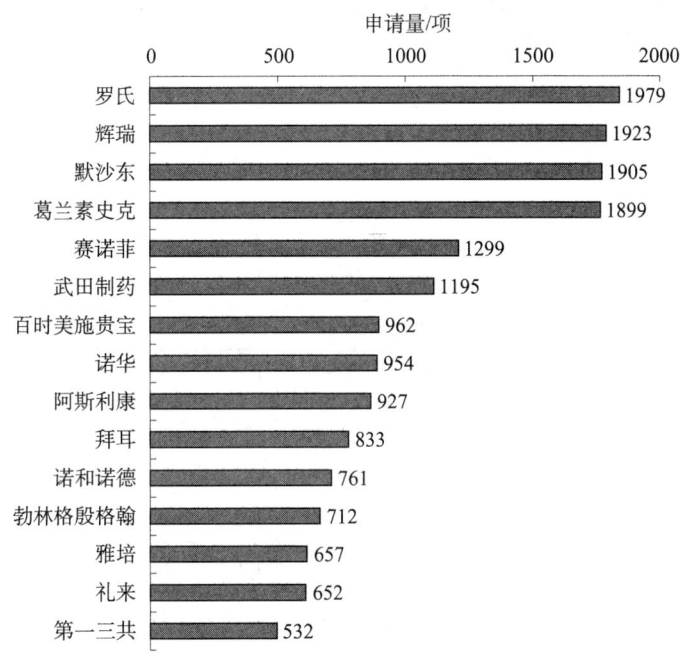

图 2-1-4 全球治疗糖尿病药物申请量排名前 15 位的申请人以及申请量分布

这里需要说明的是，以下统计中并没有将艾米林、阿斯利康和百时美施贵宝进行合并。

从图 2-1-4 可以看出，该领域排名前 15 位的申请人在并购之前主要集中在美国、日本、英国、法国、德国、荷兰、丹麦、瑞士，其中美国占据了绝对多数的席位，这与申请人所属国的分布基本一致。从申请人类型而言，全球排名前 15 位的申请人均为公司申请人，这意味着国外医药公司是推动治疗糖尿病药物研发的主要力量，也显示出治疗糖尿病药物领域广阔的市场前景和巨大的经济利益。

全球治疗糖尿病药物的申请量排名前 15 位的申请人在全球总申请量中所占份额的情况如图 2-1-4 所示，排名前 15 位申请人的申请量之和占全球总申请量的 22.1%，而排名第一位的申请人所拥有的专利申请总量只占到全球总申请量的2.54%。由此可见，在治疗糖尿病药物这一研究领域申请人数量众多，技术比较分散，即使是排名靠前的申请人，其所拥有的专利申请量仍然相对较少，整个市场处于百家争鸣的态势。

2.1.3.2 全球主要申请人的活跃度

表2-1-1显示了1994~2013年全球治疗糖尿病药物申请量排名前15位的专利申请人20年的平均申请量，以及每5年的平均申请量和活跃指数的综合分析内容，其中申请量以"项"为单位进行统计，即同族专利申请作为一项申请计入申请人的总申请量中。

表2-1-1 全球治疗糖尿病药物主要专利申请人的申请

申请人	1994~2013年平均申请量/项	1994~1998年平均申请量/项	活跃指数	1999~2003年平均申请量/项	活跃指数	2004~2008年平均申请量/项	活跃指数	2009~2013年平均申请量/项	活跃指数
罗氏	91	28.6	0.31	148.6	1.63	100.2	1.10	86.6	0.95
辉瑞	77.45	40.8	0.53	120.8	1.56	116.6	1.51	31.6	0.41
默沙东	84.4	31.6	0.37	72.8	0.86	143.4	1.70	89.8	1.06
葛兰素史克	90.25	64.4	0.71	168.2	1.86	84.8	0.94	43.6	0.48
赛诺菲	53.45	39.4	0.74	56.8	1.06	69.8	1.31	47.8	0.89
武田	61.6	28.2	0.46	100	1.62	57.8	0.94	60.4	0.98
百时美施贵宝	45.55	14.4	0.32	61.8	1.36	68.4	1.50	37.6	0.83
诺华	44.85	10.8	0.24	37.4	0.83	87.4	1.95	43.8	0.98
阿斯利康	45.25	11.2	0.25	55.2	1.22	90.4	2.00	24.2	0.53
拜耳	36.9	14	0.38	59.8	1.62	52.4	1.42	21.4	0.58
诺和诺德	32.75	24.2	0.74	37.6	1.15	47.8	1.46	21.4	0.65
勃林格殷格翰	33.35	4.2	0.13	29.8	0.89	54.2	1.63	45.2	1.36
雅培	30	8.4	0.28	26.2	0.87	43.6	1.45	41.8	1.39
礼来	26.85	30.6	1.14	38	1.42	32.6	1.21	6.2	0.23
第一三共	22.65	12.2	0.54	20.8	0.92	36.2	1.60	21.4	0.94

从表2-1-1中可以看出，治疗糖尿病药物申请量排名前15位的专利申请人，在1994~1998年的活跃度相对比较低。1999~2003年大部分公司都保持了较高的申请活跃度，其中葛兰素史克在1999~2003年，默沙东、诺华和阿斯利康在2004~2008年都出现了申请量的爆发，这些时间段正好分别是葛兰素史克的罗格列酮片（1999年获FDA批准）、默沙东的西格列汀片（2006年获FDA批准）和西格列汀/二甲双胍片（2007年获FDA批准），以及诺华的维格列汀（2007年获欧盟批准）申报获批上市前

后，这些公司都在药物显露出上市前景后抓紧进行了大量的专利布局。2009～2013年，大多数申请人申请活跃度略有降低，其中，辉瑞、葛兰素史克、阿斯利康、拜耳、诺和诺德和礼来有明显的下降，尤其是礼来，在1994～2009年一直保持了很高的申请活跃度，而最近5年却下降到不足前15年平均值的1/5，而葛兰素史克则选择在2012年收购了人类基因组科学公司，以期对公司的研发注入新的活力。勃林格殷格翰和雅培虽然排名比较靠后，在1994～2003年活跃度也一直不高，但是这两家公司在2004～2008年都有一个申请量的爆发，2009～2013年虽然有所回落，但是依然保持了比较高的活跃度。赛诺菲的申请量在1994～2013年虽然也经历了增长和回落，但整体上保持平稳，使得赛诺菲在这20年间能够不断推出新的治疗糖尿病药物，包括1995年在瑞典上市的亚莫利®（格列美脲）、2000年获FDA批准的来得时®（甘精胰岛素）、2004年获FDA批准的艾倍得®（赖谷胰岛素）、2013年获欧盟批准的利司那肽、2015年获得FDA批准的甘精胰岛素的较小容积注射剂Toujeo®和速效吸入式胰岛素Afrezza®。

2.1.3.3 全球主要申请人分析

近十几年来，各企业之间存在错综复杂的合作和并购关系。由于排名靠前的主要申请人涉及中药领域的申请量非常少，并且在1966年之前，涉及糖尿病药物的专利申请主要在生物领域，因此本节仅考察1966年之后的全球申请中申请量排名靠前的主要申请人的申请趋势以及子公司在生物领域和化学领域的申请量情况。

1）罗氏

罗氏在治疗糖尿病药物领域虽然一直没有重磅药物出现，但是糖尿病药物的高利益一直吸引着罗氏源源不断的研发投入。从申请量来看（参见图2-1-5），罗氏本身在治疗糖尿病的化学药和生物药方面申请量相当，与其合并的中外制药在治疗糖尿病的化学药和生物药方面也没有明显的差别。从申请量趋势来看，其化学药的申请量基本上高于生物药，但是在2001～2002年，其生物药的申请量有非常大的变化并且大大超过了化学药的申请量，这是由于罗氏在2009年收购了侧重于生物药研究的基因泰克。它们的合并改变了罗氏在糖尿病领域的研发格局，整体上偏向于生物药（化学药

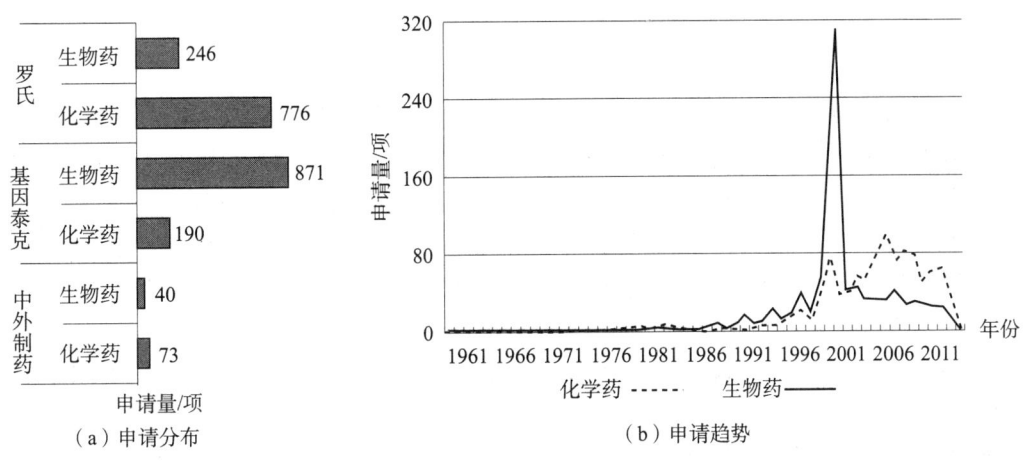

图2-1-5 罗氏糖尿病药物全球专利申请分布及趋势

1011项，生物药1114项）。具体表现在，尽管罗氏在治疗糖尿病药物的研发道路上屡战屡败，但依然在多个靶点都展开了治疗糖尿病药物的研究。例如，2010年，因为一些患者用药后出现超敏反应，罗氏停止了Ⅲ期临床GLP-1类似物（Taspoglutide）的研发；2013年，由于严重的副作用，罗氏停止了已经进行到Ⅲ期临床的PPAR双激动剂药物（Aleglitazar）的研发；2013年发布了罗氏拥有绝大多数股权的兴和（Kowa）。被罗氏并购的中外制药和赛诺菲共同开发的SGLT2抑制剂托格列净在日本获批。

2）辉瑞

图2-1-6显示了辉瑞在治疗糖尿病药物领域以化学药为主，生物药的研究相对较少，其并购的惠氏在治疗糖尿病药物领域也以化学药的研究为主（化学药1740项，生物药336项）。它们之间的合并进一步加强了辉瑞在化学药领域的研发能力。从申请量趋势来看，辉瑞的化学药的专利申请量基本都高于生物药的专利申请量，特别是在2000~2010年，其化学药的申请量都远远高于生物药的专利申请量。这表明，在很长的一段时间内，辉瑞在治疗糖尿病药物领域仍然以化学药的研究作为主要的研究方向。

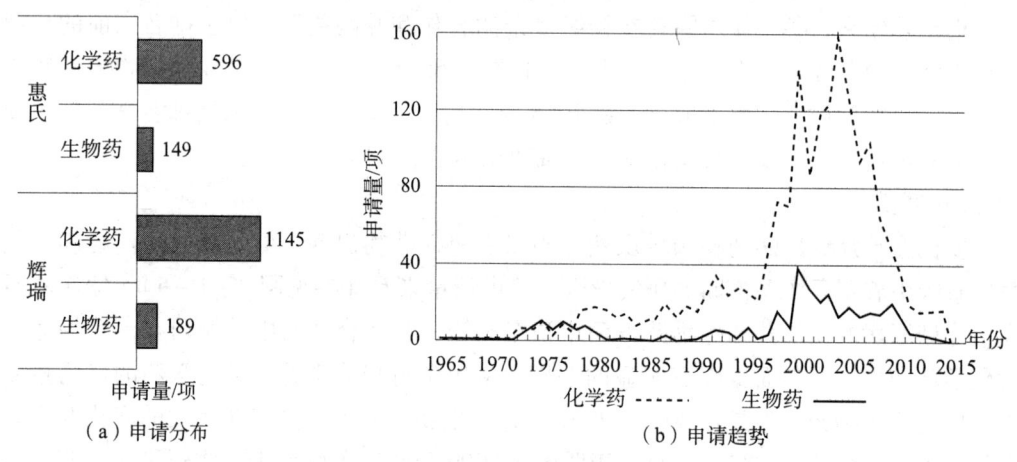

图2-1-6 辉瑞糖尿病药物全球专利申请分布及趋势

3）默沙东

图2-1-7显示了默沙东在治疗糖尿病药物领域主要以化学药为主，生物药的研究相对较少，其并购的先灵葆雅在治疗糖尿病药物领域也以化学药的研究为主（化学药1661项，生物药537项）。它们之间的合并进一步加强了默沙东在化学药领域的研发能力，从申请量趋势看，默沙东的化学药专利申请基本都高于生物药的专利申请，特别是在2000年之后，其化学药的申请都远远高于生物药的专利申请。这表明，在很长的一段时间内，默沙东在治疗糖尿病药物领域仍然以化学药的研究作为主要的研究方向。

4）葛兰素史克

如图2-1-8所示，从专利申请来看，葛兰素在糖尿病药物研究领域侧重于化学药的研究，其化学药的申请量高于生物药的申请量，与其合并的史克必成公司重点关注的也是化学药。其与史克必成的合并进一步加强了化学药领域的研发能力，并且使得其在生物领域的研发能力得到了一定的加强。从申请量来看，其化学药的申请量也基本要高于生物药的申请量（化学药313项，生物药659项），但是在2000年左右，其生物药领域专利申请量一度超过了化学药的申请量。这主要是由于葛兰素收购了在生物药领域拥有强大实力的人类基因组科学公司，因而增强了其在生物领域的研发能力，例如其自2002年开始研究的GLP-1受体激动剂阿必鲁肽在美国和欧洲获得上市批准，从而在除胰岛素外的另一治疗糖尿病生物药领域占领了一席之地。

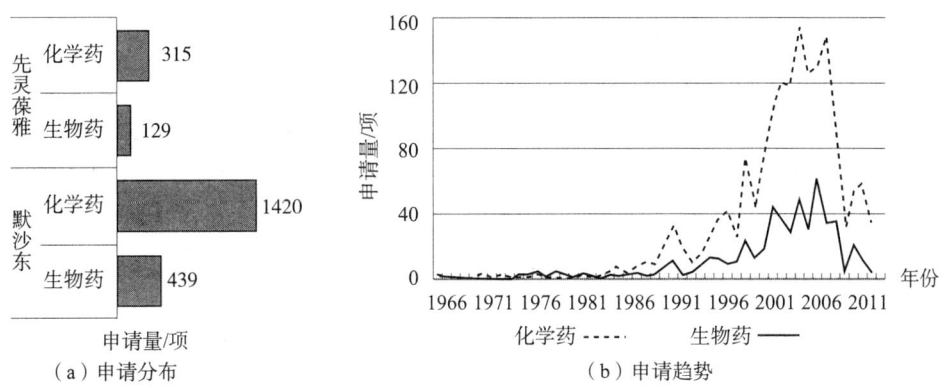

图2-1-7　默沙东糖尿病药物全球专利申请分布及趋势

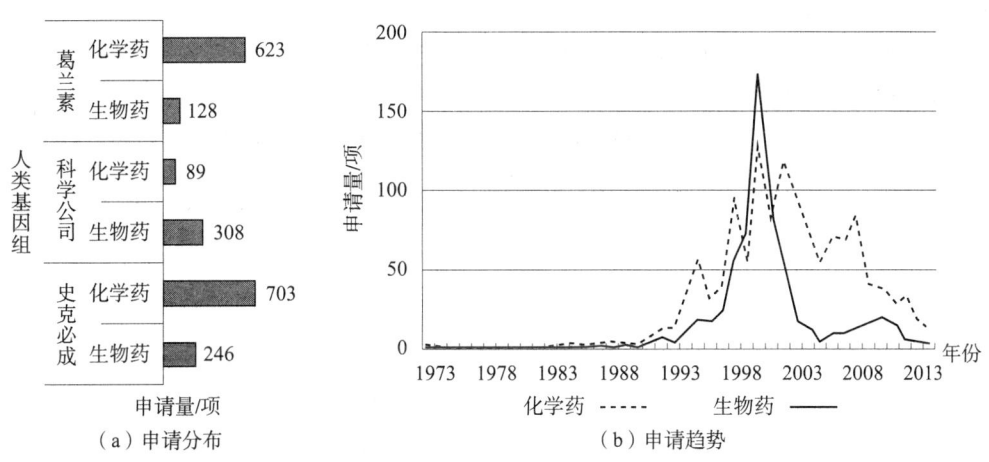

图2-1-8　葛兰素史克糖尿病药物全球专利申请分布及趋势

5）赛诺菲

图2-1-9显示了赛诺菲在治疗糖尿病药物领域主要以化学药为主，生物药的研究相对较少，其并购的安万特在治疗糖尿病药物领域也以化学药的研究为主（化学药为1033项，生物药为333项）。它们之间的合并进一步加强了赛诺菲在化学药领域的研发能力。而与其合并的赫司特在化学药和生物药上没有明显的差距，可见赛诺菲在重视其传统的化学药的基础上也开始加强对生物药的研究。从申请量趋势来看，赛诺菲的化学药的专利申请量基本都高于生物药的专利申请量，1994年之后，其化学药的申请量远远高于生物药的专利申请量。因此，在很长的一段时间内，赛诺菲在治疗糖

尿病药物领域仍然以化学药的研究作为主要的研究方向。

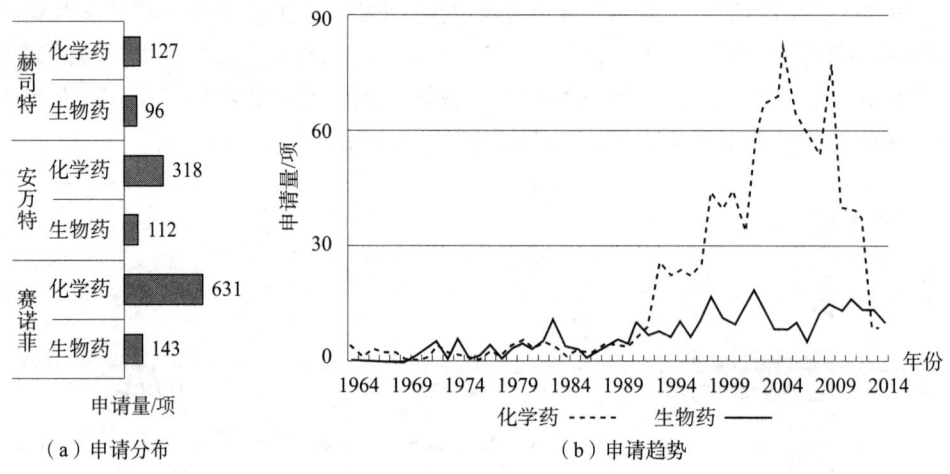

图 2–1–9 赛诺菲糖尿病药物全球专利申请分布及趋势

6）诺和诺德

市场上，诺和诺德的糖尿病明星药物是以胰岛素为主的生物药，另外也有 GLP–1 类似物。但是从申请量（如图 2–1–10 所示）上来看，诺和诺德在治疗糖尿病药物领域，生物药的申请量高于化学药的申请量；从年度趋势上看，早期诺和诺德在生物药的申请量与化学药的申请量没有明显差距。但是到 2004 年之后，其化学药的申请量均低于生物药的申请量，特别是 2009 年之后，其化学药的申请量明显小于生物药的申请量，可见诺和诺德在糖尿病领域的研发重点仍然放在了生物药领域。

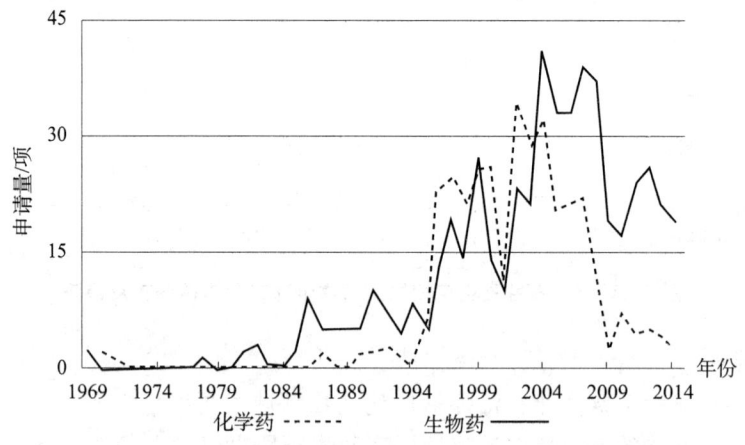

图 2–1–10 诺和诺德糖尿病药物全球专利申请趋势

2.2 中国专利申请分析

截至 2015 年 5 月 31 日，在 CNABS 中检索到涉及糖尿病药物的中国专利申请共计

17379 件。在这一数据基础上,本节从专利申请整体发展趋势、专利申请国家或地区分析、主要专利申请人分析等角度对糖尿病药物的中国专利状况进行分析。

2.2.1 发展趋势分析

本节从总体发展趋势和授权专利的角度对全部中国专利申请、国内申请和国外来华申请进行分析,研究了专利申请的发展趋势。

图 2-2-1 显示了自 1985 年以来,治疗糖尿病的药物在中国的专利申请总量、国内申请量以及国外来华申请量随时间变化的趋势。1985 年出现了 9 件治疗糖尿病的药物专利申请,其中 1 件来自国内江苏,是南京大学申请的"一种高纯度胰岛素的生产方法",另外 8 件是国外来华申请,其中拜耳 1 件,辉瑞 4 件,武田制药 1 件,礼来 1 件,默里尔多公司 1 件,申请内容均为小分子化学药。

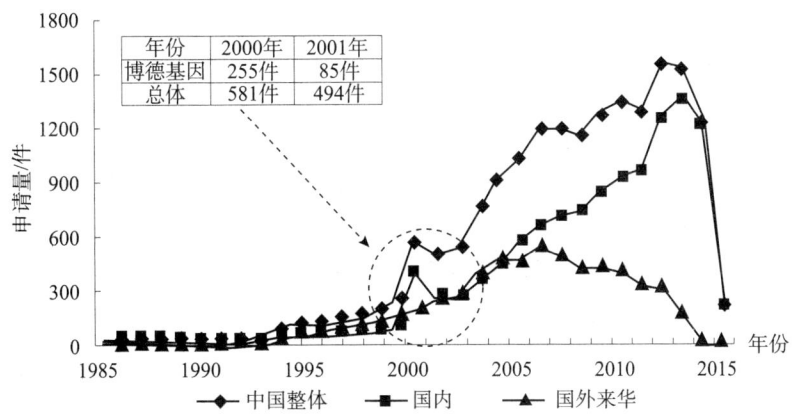

图 2-2-1 治疗糖尿病药物领域中国专利申请量趋势

从图 2-2-1 可以看出,专利申请量总体呈平稳上升趋势,特别是自 2000 年开始,国内专利申请量增长较快。从 2005 年开始,中国专利申请以国内申请为主,国外来华申请量和国内申请量差距逐渐增大。从整体来看,治疗糖尿病药物的专利申请在中国经历了以下三个阶段。

第一阶段(1985~1991 年)为萌芽期。治疗糖尿病药物的专利还处于起步阶段,中国专利每年的申请量较小。这期间共有 106 件申请,其中国内申请为 27 件,国外来华申请有 79 件。国内申请在 1992 年才突破了两位数,达到了 13 件,而国外来华申请在此期间也没有超过 13 件/年。

第二阶段(1992~2002 年)为发展期。在这一阶段,由于《专利法》第一次修改取消了对药品、食品、饮料、调味品和用化学方法获得的物质不授予专利权的规定,国外公司纷纷进入中国进行专利布局,治疗糖尿病的药物相关的专利呈现稳定增长,特别是国外来华申请保持了每年 25~35 件的增长速度。而国内申请在 2000 年有一个激增,申请总量从上一年度的 85 件增长到了 391 件,之后又回落到 250 件,这主要是因为上海博德基因,以及该公司联合复旦大学在 2000 年提出了 255 件涉及多肽、蛋白以及核苷的专利申请,该公司还在2001年申请了65件专利,在2003年申请了1件专利,但是这些专利申请除了3件(申请时间都在2000年)还在审外,其余的在进入发明实质审查之前主动撤回了,这部分申请大多仅公开了多肽、蛋白及核苷的制备,并没有用途方面的实验和数据,撤回申请的原因可能是没有公开产品的用途。除去这部分申请,国内申请也保持了比较稳定的增长。这一时期,国内申请和国外来华申请数量基本相当,国外来华申请略多,说明国内外对治疗糖尿病药物的研发都非常重视,并开始蓬勃发展。

第三阶段(2003年至今)为成熟期。这一阶段,国内专利申请量快速上升,特别是从2005年以后已经超过了国外来华的专利申请量。国外来华的专利申请量在2006年达到峰值543件,之后逐年减少,其原因可能与近年来全球金融危机等社会因素有着紧密的关系。与此同时,国内申请的数量一直不断上升,2012年更是相对于2011年增长了286件,申请量达到了1256件。这说明国内对治疗糖尿病药物的研发越来越重视,投入也在增大。

2.2.2 区域分布分析

2.2.2.1 国内申请的省区市分布

图2-2-2显示了11635件国内申请的省区市分布结果。北京的申请量最大,约占国内申请量的16%;上海、江苏、山东各占约10%,分列第二位至第四位。之后依次是广东、浙江、天津、辽宁、四川和河南,排名前十位的地区专利申请量占全国申请总量的约72.3%,专利集中度不高。此外,台湾有71件申请,香港和澳门没有国内申请。

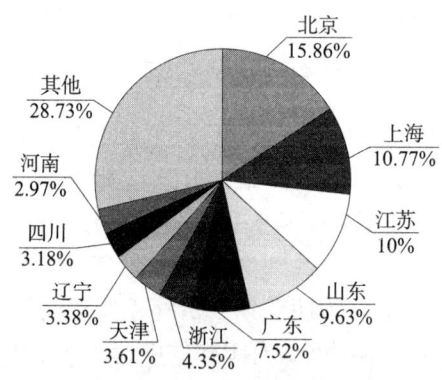

图2-2-2 治疗糖尿病药物领域国内专利申请区域分布

在排名前十位的国内省市中,江苏是国内最早申请治疗糖尿病药物专利的省份,时间是1985年,广东、北京和河南在1991年申请了治疗糖尿病药物的专利,上海、辽宁和山东在1992年申请了治疗糖尿病药物的专利,天津和浙江在1993年申请了治疗糖尿病药物的专利,四川在1995年申请了治疗糖尿病药物的专利。可以看出,国内申请人主要分布在我国东部沿海地区,这些地区也是最早开始相关研发的,这与经济发达程度以及科研教育水平密切相关。

2.2.2.2 国外来华申请的国家分布

图2-2-3显示了治疗糖尿病药物领域的5744件国外来华申请的地域分布。美国在中国的申请共计1967件,占了国外来华申请总量的34.2%,居第一位。日本以1058件的申请量,占到国外来华申请总量的18.4%,居第二位。接下来,居第三位和第四位的瑞士和德国分别占国外来华申请总量的8.5%和7.4%。国外来华申请量前十位的依次还有英国、丹麦、法国、瑞典、韩国和印度。

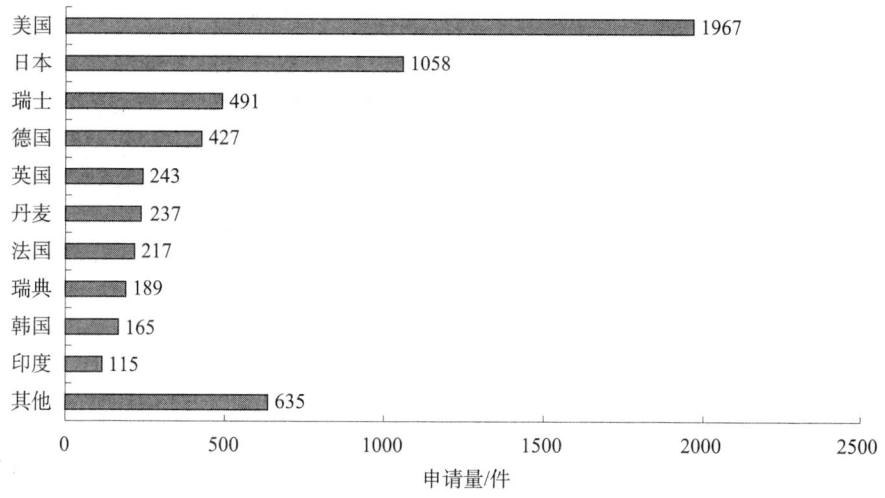

图2-2-3 治疗糖尿病领域国外来华专利申请区域分布

2.2.3 法律状态分析

图2-2-4显示了自1985年以来,治疗糖尿病药物在中国申请的专利授权总量、国内授权量以及国外来华授权量随时间变化的趋势,考虑到专利申请的审查需要一定的周期,尤其是国外来华申请的审查周期往往较长,部分申请尚未结案,近几年的授权量数据还不能准确统计。

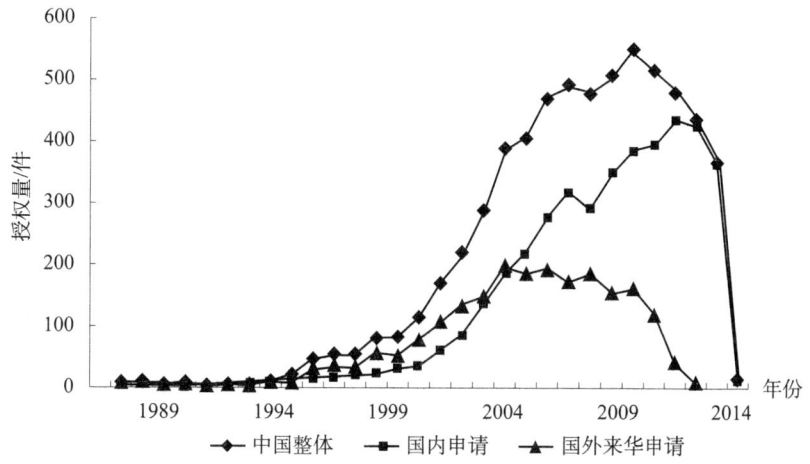

图2-2-4 治疗糖尿病药物领域历年中国专利授权量

在治疗糖尿病的药物领域，1989 年出现了第一件授权专利，是日本武田制药 1986 年提出的发明名称为"生产噻唑烷二酮的方法"的发明申请；在获得授权的专利中，申请日最早的是 1985 年由德国拜耳提出的发明名称为"1-烷基取代的 1,4-二氢吡啶内酯化合物的制备方法及其在药物中的应用"的专利申请。1996 年出现了第一件国内申请的授权专利，是治疗糖尿病的中药制剂申请。

从图 2-2-4 可以看出，专利授权量基本上呈逐年上升的趋势。1992 年以前的专利申请获得专利授权的量较少，其中国内申请仅有 5 件获得授权，国外来华申请有 49 件获得授权。从 1993 年开始，在中国提出的专利申请的授权数量稳步增长，国外来华专利申请的授权量增加更为显著。在 2003 年以前提出的专利申请中，国外来华申请的授权量大于国内申请的授权量，在 2004 年以后提出的专利申请中，国内申请的授权量超过了国外来华的申请授权量，且差距逐年增大。从图 2-2-5 可以看出，由于我国治疗糖尿病的药物领域的研究起步晚于发达国家，因此整体水平相比发达国家有较大的差距；我国专利制度起步较晚，国内申请人在专利申请方面经验不足，申请文件撰写质量较低，导致 2004 年以前提交的国内申请都较国外来华申请的授权率低。由于审查周期的原因，2009 年之后，国内申请和国外来华申请的授权率均有明显的下降趋势，其中，国内申请的授权率高于国外来华申请。但是，国内申请的驳回和视为撤回率明显高于国外来华申请，这表明国内申请人在技术水平上与国外申请人仍然有一定的差距。

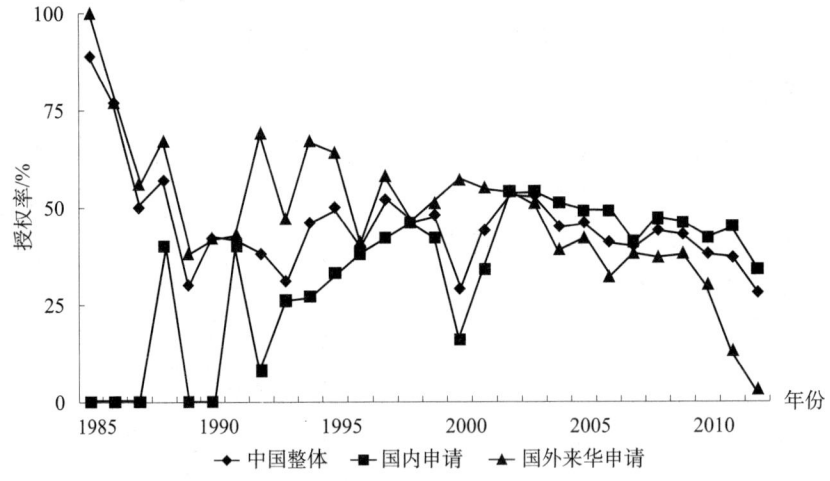

图 2-2-5 治疗糖尿病药物领域中国专利授权率趋势

我国《专利法》规定发明保护期限为 20 年，因此截止检索日处于有效状态的专利最早申请于 1995 年。如图 2-2-6 所示，1995 年以来，国外来华申请的有效率整体上高于国内申请，尤其是距离专利到期时间较短的申请，国外来华申请的有效率还能保持在接近 40%，而国内专利的有效率则有明显的下降，这表示国外来华专利具有更高的技术水平和市场价值。

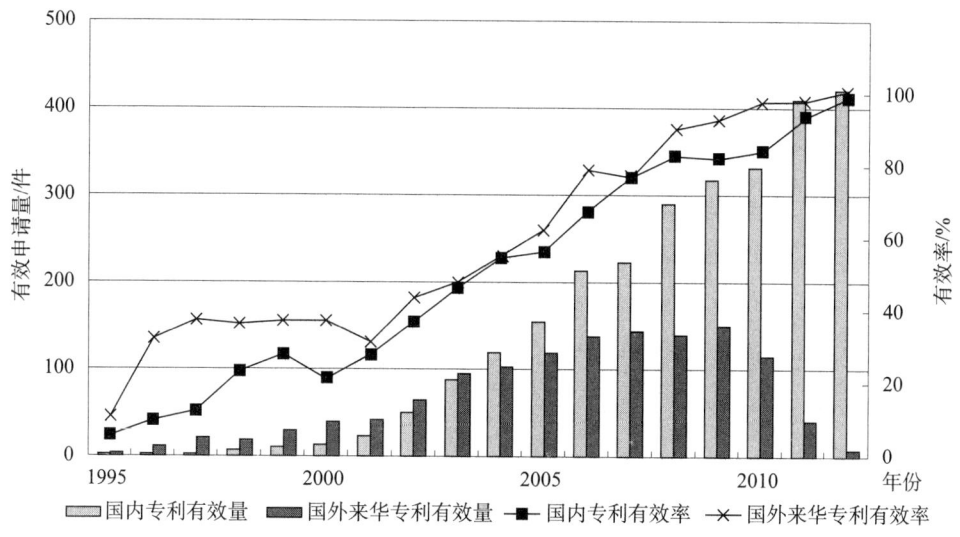

图 2-2-6 治疗糖尿病药物领域中国专利有效申请趋势

2.2.4 国内主要申请人分析

本节主要分析中国申请人的申请状况，主要从申请人、申请人排名等对中国专利申请进行分析。

2.2.4.1 国内主要申请人排名

从图 2-2-7 中可以看出，在中国专利申请中，除上海博德基因外，排名前十位的申请人中，企业有 5 位，高校和科研院所合计有 5 位。其中，企业的申请量为 781 件，与高校和科研院所的 520 件申请量相比，并没有占绝对的领先优势。排名前十位的申请人中，申请量均仅占中国申请总体的很少部分。这说明，国内申请人的技术分布广泛。在治疗糖尿病的药物领域，国内相关产业虽然具有一定的产业化程度，但是还有大部分的研发集中在高校或科研院所，有待于进一步加强科研机构与企业的联合，将技术转化为产品。

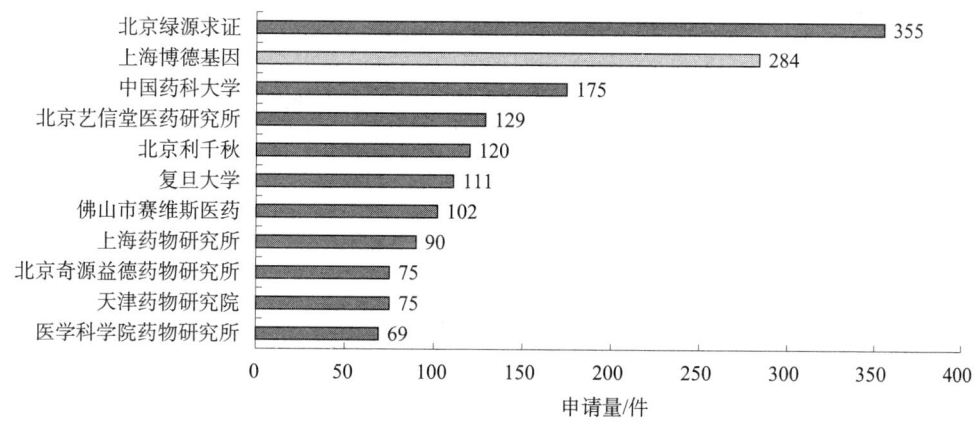

图 2-2-7 国内申请人排名前十位申请人及申请量

注：上海博德基因的部分申请只公开了基因序列且有主动撤回。

如表2-2-1所示，在申请排名前十位的申请人中，企业申请人的申请主要集中在化学药和中药领域，不涉及生物药；高校以及科研院所申请人的研究主要集中在化学药和生物药领域，较少涉及中药领域。

表2-2-1 国内排名前十位申请人的专利申请汇总　　　　　单位：件

申请人	化学药	生物药	中药
北京绿源求证	0	0	355
北京奇源益德药物研究所	60	0	73
北京艺信堂医药研究所	18	0	129
北京利千秋	120	0	96
佛山市赛维斯医药	102	0	0
复旦大学	75	89	6
中国药科大学	0	71	11
上海药物研究所	101	1	6
天津药物研究院	57	13	8
医学科学院药物研究所	50	5	20

2.2.4.2 国内重点申请人分析

如表2-2-2所示，对应于技术难度较低的领域，国内企业竞争激烈，利润微薄，例如，二甲双胍是糖尿病药物的一线用药，但是多个厂家拥有生产批文，却没有一家药厂从双胍类药物中获得超过1000万元的销售额。对于技术难度高的领域，例如阿卡波糖和胰岛素，国内可成功仿制的企业屈指可数，相关企业凭借一定的价格优势，得以挤占部分市场份额并获得较高的销售额。因此，本小节进一步分析在市场上表现突出的国内申请人的专利申请状况。

表2-2-2 2014年糖尿病用药销售额排名前十位的国内企业　　　　　单位：万元

企业	胰岛素类	双胍类	磺酰脲类	格列奈类	α-糖苷酶抑制剂类	格列酮类	复方类	合计
中美华东	—	—	—	—	15496	1748	155	17399
通化东宝（含甘李药业）	9388	—	—	—	—	—	—	9388
北京万辉	—	437	3807	—	—	—	—	4244
太极集团	—	—	—	—	—	3762	—	3762
江苏晨牌	—	—	—	—	2914	—	—	2914
江苏万邦生化	2087	—	669	—	10	38	—	2803

续表

企　　业	胰岛素类	双胍类	磺酰脲类	格列奈类	α-糖苷酶抑制剂类	格列酮类	复方类	合计
四川绿叶宝光	—	—	—	—	1741	711	—	2452
江苏豪森	—	—	2444	—	—	—	—	2444
北京太洋	—	13	—	—	8	2394	—	2415
江苏德源	—	105	—	159	—	1509	—	1775

1) 中美华东

杭州中美华东制药有限公司（简称"中美华东"）成立于1993年。其生产的卡博平（阿卡波糖片）目前为国内独家生产，拥有独立自主知识产权，该药物2014年的销售额超过1.5亿元，并使中美华东成为糖尿病用药市场中销售额最高的国内企业。

中美华东在治疗糖尿病药物领域的发明专利有：①专利ZL200710020560.3，名称为"阿卡波糖药物组合物及其制备方法"，保护了阿卡波糖的片剂配方和制备方法。②专利ZL200780036564.9，名称为"DPP-Ⅳ抑制剂的固体柠檬酸盐和酒石酸盐"，保护了一种具体的DPP-Ⅳ抑制剂及其异构体或其混合物的L-酒石酸盐水合物的固体形式，及该形式的药物组合物。该申请最初的申请人是美国的芬诺密克斯公司，于2013年变更为美国的信诺德国际联合有限公司，后于2014年变更为中美华东和杭州华东医药集团新药研究院有限公司，并获得授权。③申请CN201410059035.2（在审），名称为"一种吸水链霉菌及其在制备伏格列波糖中的应用"，公开了利用一种吸水链霉菌制备伏格列波糖中间体的方法。

从这些专利可以看出，可能是由于制备阿卡波糖的技术难度，虽然阿卡波糖是中美华东在糖尿病用药领域的重中之重，然而中美华东只申请了一项涉及片剂配方和制备方法的专利，没有其他的专利申请进行持续的保护布局，仅在最近对同属α-糖苷酶抑制剂的伏格列波糖的制备方法提出了一项申请。另外，中美华东引进了一项与DPP-Ⅳ抑制剂有关的专利，显示其计划针对新的靶点进行开发，在DPP-Ⅳ抑制剂的市场中占据一席之地。

2) 通化东宝和甘李药业

1998年，甘李药业诞生，出资人分别为通化东宝、通化安泰克和甘忠如。其中，通化东宝持有甘李药业股权高达41.50%，为控股股东；甘忠如则掌握着甘李药业的实际经营权。甘李药业的初创目标是研发自主胰岛素产品。甘李药业研制出中国第一支生物合成人胰岛素注射液，并将专利转让给了通化东宝。随后，通化东宝将其命名为基因重组人胰岛素——甘舒霖（也称"二代胰岛素"）上市。2001年和2002年，甘李药业又分别成功研制超速效人胰岛素类似物——"速秀霖"和长效人胰岛素类似物——"长秀霖"，这两种产品被称为"三代胰岛素"，专利权归甘李药业持有。2011年，通化东宝和甘李药业分家，甘李药业获得二代胰岛素的专利和专有技术，并获准在42个月后上市销售；通化东宝获得三代胰岛素的专利生产技术，并允许在42个月后上市销售。

甘李药业在治疗糖尿病药物领域的发明专利有：①专利ZL201110064530.9，名称为"快速起效且在酸性条件下稳定的胰岛素类似物及其制剂"，保护了一种快速起效且在酸性条件下稳定的人胰岛素类似物，及其该快速起效人胰岛素类似物与长效胰岛素类似物混合制成预混制剂；②专利ZL201110118026.2，名称为"甘精胰岛素结晶的制备方法"，保护了长效胰岛素类似物-重组甘精胰岛素结晶的制备方法；③专利ZL201210074163.5，名称为"一种胰岛素的制备方法"，保护了胰岛素的制备方法；④申请CN201110213185.0，名称为"重组羧肽酶B的制备方法"，公开了在毕赤酵母中制备重组羧肽酶B（CPB）的方法；⑤申请CN201310043541.8，名称为"一种重组牛源性胰蛋白酶的制备方法"，公开了一种重组牛源性胰蛋白酶、其核苷序列、表达载体及制备方法。

通化东宝在治疗糖尿病药物领域的发明专利有：以通化安泰克生物工程公司为申请人的专利ZL98813941.3，名称为"含有分子内伴侣样序列的嵌合蛋白及其在胰岛素生产中的应用"，保护了含有与胰岛素前体相连的分子内伴侣（IMC）样序列的嵌合蛋白。

从这些专利可以看出，甘李药业一直专注于胰岛素领域，不断在这一领域尝试延展性的保护，并在新技术研发方面不断有所斩获。

3）复星医药

上海复星医药（集团）股份有限公司（简称"复星医药"）成立于1994年，在上海、重庆、四川、河北、广西、江苏和辽宁七个省区市拥有18个药品生产基地。

复星医药的主要制药企业有：江苏万邦生化医药股份有限公司（江苏万邦医药营销有限公司、上海凯茂生物医药有限公司、河北万邦复临药业有限公司）；枣庄赛诺康生化股份有限公司；重庆药友制药有限责任公司（四川合信药业有限责任公司、重庆凯林制药有限公司）；湖北新生源生物工程股份有限公司；邯郸制药股份有限公司；桂林南药有限责任公司；上海朝晖药业有限公司；沈阳红旗制药有限公司；重庆康乐制药有限公司；锦州奥鸿药业有限责任公司；大连雅立峰生物制药有限公司；湖南洞庭药业股份有限公司。主要的研发企业有重庆医药工业研究院有限责任公司、上海复宏汉霖生物技术有限公司、重庆复创医药研究有限公司、上海星泰医药科技有限公司。

江苏万邦前身为成立于1981年生物化学制药厂；1998年改制为徐州万邦生化制药有限公司；2001年企业整体变更为江苏万邦生化医药股份有限公司；2004年经过改制，被上海复星医药（集团）股份有限公司间接控股。江苏万邦胰岛素系列产品的国内市场占有率在50%以上，其治疗糖尿病药物产品有：1989年上市的精蛋白锌胰岛素注射液（长效）和中性胰岛素注射液；1997年上市的低精蛋白胰岛素注射液（中效）；2001年上市的万苏平®（格列美脲片），目前该品种占全国一半以上的销售份额；2004年上市的万苏欣®（那格列奈片）、万邦笔、中性笔芯；2005年向临床提供的万苏林30R®（精蛋白锌胰岛素注射液（30R））。

江苏万邦在治疗糖尿病药物领域的发明专利或申请有：①申请 CN00112488.9（撤回），名称为"一种胰高血糖素制备工艺"；②专利 ZL02113186.4（2004 年授权，2007 年终止），名称为"胰岛素的纯化方法"，保护了一种胰岛素盐析物的纯化方法；③专利 ZL200610116408.0（2013 年授权），名称为"双时相精蛋白锌胰岛素注射液（30%）及其制备方法"，保护了一种预混的中性胰岛素和低精蛋白锌胰岛素，胰岛素部分与硫酸鱼精蛋白沉淀，具有中效胰岛素的时相，申请人于 2015 年由江苏万邦变更为徐州万邦；④专利 ZL200610117742.8（2015 年授权），名称为"一种重组人胰岛素的制备方法"，保护了一种大肠杆菌表达重组人胰岛素的制备方法；⑤申请 CN200710305247.4（撤回），名称为"伏格列波糖分散片及胶囊及其制备方法"；⑥申请 CN200710173430.3（撤回），名称为"精蛋白锌胰岛素注射液及其制备方法"；⑦申请 CN200710173648.9（撤回），名称为"盐酸吡格列酮分散片及其制备方法"；⑧申请 CN200810207446.6（驳回），名称为"格列美脲片及其制备方法"；⑨专利 ZL200810207449.X（2012 年授权），名称为"格列美脲原料的制备方法"，保护了格列美脲原料药的制备方法；⑩申请 ZL200810208089.5（2012 授权），名称为"艾塞那肽或其类似物在制备治疗或预防糖尿病合并脑梗塞药物中的用途"；⑪申请 CN200910054911.1（撤回），名称为"那格列奈片及其制备方法"；⑫申请 CN200910194745.5（撤回），名称为"艾塞那肽的新用途以及针对新用途的药物"；⑬申请 CN200910194746.X（撤回），名称为"艾塞那肽药用制剂及注射液的制备方法"；⑭申请 CN200910247708.6（撤回），名称为"双时相低精蛋白锌重组人胰岛素注射液及其制备方法"；⑮申请 CN201210565236.0（在审），名称为"阿卡波糖的新用途"，公开了阿卡波糖用于制备治疗和/或预防糖尿病合并冠心病的药物的用途；⑯申请 CN201310527159.4（在审），名称为"一种胰岛素制剂"，公开了一种速效和长效胰岛素混合物，只需每日注射一次。

上海朝晖药业有限公司前身为第二军医大学朝晖制药厂，始建于 1958 年；1998 年底根据中央军委统一部署，移交至宝山区地方政府管理；1999 年初复星医药参与企业经营，成立了上海复星朝晖药业有限公司，2007 年更名为上海朝晖药业有限公司，2008 年 12 月起划归复星医药下属上海复星医药产业发展有限公司管理。

上海朝晖药业在治疗糖尿病药物领域的发明专利有：专利 ZL200510110019.2（2008 年授权），名称为"羟苯磺酸钙胶囊及制备工艺"，保护用于预防和治疗糖尿病视网膜病变的羟苯磺酸钙胶囊剂及其制备工艺。

锦州奥鸿药业有限责任公司前身是成立于 1999 年的锦州医学院制药厂，2002 年改制为锦州奥鸿药业有限责任公司；公司于 2011 年加入复星医药。

锦州奥鸿药业有限责任公司在治疗糖尿病药物领域的发明专利申请有：申请 CN200810112376.6（驳回），名称为"七叶洋地黄双苷滴眼液的新用途"，公开了七叶洋地黄双苷滴眼液在制备预防和治疗糖尿病视网膜病变中的药物中的用途。

重庆医药工业研究院的前身为西南军区后勤卫生部西南制药厂研究室，成立于 1950 年，1964 年 6 月成立重庆医药工业研究所，2001 年由上海复星医药同重庆化医控股合资成立了重庆医药工业研究院有限责任公司，主要从事化学合成药物和中西药制剂研究开发。

重庆医药工业研究院在治疗糖尿病药物领域的发明专利或申请有：①专利CN200710092831.6（2012年授权），名称为"一种含双胍和磺酰脲的稳定的药物组合物及其制备方法"，保护了含有缓释的二甲双胍和即释的格列美脲的片剂及其制备方法；②申请CN200710092830.1（撤回），名称为"一种含有双胍、磺酰脲和噻唑烷二酮的稳定的药物组合物及其制备方法"；③申请CN200810092460.6（驳回），名称为"一种含有双胍、磺酰脲和噻唑烷二酮的稳定的药物组合物及其制备方法"；④申请CN201310152699.9（在审），名称为"一种卡格列净无定型及其制备方法"；⑤申请CN201310675536.9（在审），名称为"一种卡格列净的口服固体制剂及其制备方法"。

2.3 小　　结

通过在全球专利数据库与中文专利数据中的检索，以及对相关专利申请数据的统计与分析，对治疗糖尿病药物的专利申请状况与基本信息有了较全面的掌握，并由此得出以下主要结论。

（1）全球和中国的专利申请量维持在相对高位，处于稳中发展的阶段。

从全球范围来看，治疗糖尿病的药物的年专利申请量在1990年开始高速增长，特别是1996年之后在世界范围内的申请量开始迅速增加，2002年达到4000项/年以上，6年间申请量增长了将近4倍，随后增速放缓，2008年到达了相对的峰值5014项。此后，虽然治疗糖尿病的药物的全球专利申请量出现下降的趋势，但是仍然维持在4000项/年以上的一个相对高位。这表明，从20世纪90年代开始，糖尿病药物已经成为全球的研发热潮，并且还没有降温。特别是新靶点的糖尿病药物不断涌现仍然刺激了糖尿病药物的研发热潮。例如抗糖尿病脂肪的发现、对FGF1蛋白持续治疗、β干细胞移植等技术的不断突破、针对糖尿病及其并发症药物的开发等。因此，可以预见未来治疗糖尿病的药物仍是药物研究领域的一个重点，专利申请数量将会稳中有升。

中国专利申请经历多年的快速增长，目前处于稳定增长的阶段。中国专利申请的国内申请呈现快速增长趋势。国内申请起步较晚，在1992年才突破了两位数达到了13件。但经过七八年的稳定发展，国内专利申请量快速上升，在2005年已经超过了国外来华专利申请量。说明国内申请人对治疗糖尿病药物越来越重视，投入也在增大。

（2）全球专利申请区域相对集中，国内各省市存在明显差异，技术优势区域开始形成。

在全球治疗糖尿病药物专利申请排名前15位的国家、地区以及区域性组织中，申请人在并购之前主要集中在美国、日本和欧洲的英国、法国、德国、荷兰、丹麦、瑞士。从申请人类型而言，全球排名前15位的申请人均为公司申请人，这意味着国外医药公司是推动治疗糖尿病药物研发的主要力量，也显示出治疗糖尿病药物领域广阔的市场前景和巨大的经济利益。

在中国专利申请中，申请量排名前十位的省市，其中北京的申请量最大，占国内申请量的16%，上海、江苏、山东各占约10%，分列第二位至第四位。之后依次是广东、浙江、天津、辽宁、四川和河南。排名后六位地区的申请量与排名前四位地区的申请量存在较大差异。再次印证了在制药领域，研发能力的高低需要依靠坚实的技术基础和雄厚的经济实力。此外，在国外来华申请中，美国占到了国外来华申请总量的34.2%，居第一位。日本占到国外来华申请总量的18.4%，居第二位。接下来，居第三位和第四位的瑞士和德国分别占到国外来华申请总量的8.5%和7.4%。美国占据绝对明显的优势地位，充分反映了美国在该领域的优势地位以及对中国市场的重视程度。

（3）全球重点申请人专利集中度相对较低，国内申请人以学校以及科研院所所占比例较高。

全球治疗糖尿病药物专利申请量排名前15位的申请人，其申请量之和约占全球总申请量的22%，而全球专利申请人高达9412位，所以专利集中度较低。就申请人类型而言，全球排名前15位的申请人均为企业申请人，这意味着企业是推动糖尿病药物研发的主要力量，也意味着该领域的药物具有广阔的市场前景和经济利益。

在中国申请的国内申请人中，学校和科研院所占比例较高，例如申请量排名前十位的国内申请人中，学校和科研院所达到了5位，但是专利申请非常分散，国内学校、科研院所的研究成果有待于进一步转化为产业。

（4）国外申请并购不断，国内申请技术差异明显。

在全球专利申请中，申请量排名前十位的申请人除了不断加强自身研发以外，还运用拆分、合并、收购、建立合作关系等手段来提高其在糖尿病药物领域的研发能力，弥补其技术上的不足之处，提高其优势领域的能力。例如葛兰素公司在糖尿病药物研究领域侧重于化学药的研究，其化学药的申请量高于生物药的申请量，其与史克必成的合并进一步加强了化学药领域的研发能力，并且使得其在生物领域的研发能力得到了一定的加强。在收购了人类基因组科学公司之后，其生物领域的研发能力获得了突飞猛进的增强。同样，罗氏、辉瑞、默沙东、赛诺菲、礼来等均进行了拆分、合并、收购、建立合作关系。而国内的一些药企也开始已经有了这方面的意识。例如中美华东选择了专利引进，上海复星医药则选择了并购合作的方式。

全球主要申请人通过拆分、合并、收购、建立合作关系提高了其研发水平，相对应的，国内主要申请人在糖尿病药物领域存在明显的技术上的差异，例如申请量排名前十位的国内申请人中，企业重点关注化学药和中药，而学校和科研院所则主要集中在化学药和生物药领域。

第3章 胰岛素类药物专利分析

胰岛素是人类发现的第一个糖尿病药物，从此人们告别了痛苦万分的饥饿疗法，那些骨瘦如柴、奄奄一息的患者获得了生的希望。到今天，胰岛素类药物仍然是治疗糖尿病最有效药物的，也是最后的撒手锏。1923年10月，胰岛素被发现的第二年，其发现者班廷和麦克罗德就凭借这一发现获得了诺贝尔奖。在整个诺贝尔奖的历史上，从来没有一项科学发现能够这么快得到奖项，也许是人们在黑暗中等待糖尿病药物的时间实在是太长了。此后，将近百年的时间，出于满足糖尿病患者多方位的需求，科研人员几乎对胰岛素的每一个氨基酸都尝试过改造，对其技术改进的研发已经日臻完善，才从不计其数的失败品中筛淘出如今包括了多种类似物和衍生物在内的药物大家族，然而，对于研发历史如此悠久的药物而言，还能在哪些方面实现突破，是产业界和学界都十分关注的问题。

本章主要针对胰岛素类药物全球和中国的发展态势，对我国在该类药物研发方面的技术实力和专利实力加以分析，并以胰岛素类药物中的甘精胰岛素为例，对其原研厂和国内外仿制商的技术特点进行了深度分析，以期为我国在相关领域的技术研发提供参考。

3.1 专利申请概览

3.1.1 发展态势

截至2015年5月，在DWPI数据库和CNABS数据库中检索获得了胰岛素类药物全球专利申请技术共计4042项，其中，中国专利申请共1230件。

总体而言，胰岛素全球专利申请呈现出快速增长后高位维稳的态势（参见图3-1-1）。胰岛素全球专利申请量经过了大约3个时期。第一个时期是自1922年胰岛素被正式定名为Insulin开始直到1962年结束。技术主要集中在从猪或牛的胰腺中提取胰岛素的方法，并开始利用精蛋白制备出第一代制剂。受技术发展的局限性影响，此时仅有个别的、零星的专利申请出现，且多见于个人申请。1920年，退役军医班廷（Frederick Grant Banting，1891~1941年）在加拿大多伦多附近的伦敦市开办了一家小诊所，并在当地某医学院兼职教授生理学课程，备课的时候，他读到了一篇文章，受其启发，想到将胰腺导管结扎后再进行胰腺分泌物的提取，可以避免其中的有效成分被胰蛋白酶分解。为了验证这一想法，班廷于1921年加入多伦多大学生理学教授麦克罗德（John James Rickard Macleod，1876~1935年）的实验室，在他的学生贝斯特（Charles Herbert Best，1899~1978年）帮助下，开始寻找治疗糖尿病的特效药。同年，班廷等人从狗的胰腺中分离出可消除糖尿病病状的物质，并将其命名为"岛素"（Eyelestin）。然而由于提取方法复杂以及所获得的胰岛素纯度低、收率差等问题，仍无法用于临床试验。在面临技术困境时，麦克罗德让客座研究员克里普（James Bertram Collip，1892~1965年）参与到胰腺提取物的研究项目中，之后研究取得了重大的突破。1921年11月，班廷等人完成题为《胰腺的内分泌》的论文，发表在《实验和临床医学杂志》（Journal of Laboratory and clinical Medicine）上，成果发表时，麦克罗德用拉丁语表示"岛素"，将之正式命名为"胰岛素"（Insulin）。人们通常以此论文为发现胰岛素的时间节点❶。班廷等人也于1922年6月13日以研究成果为内容在英国提出了专利申请（GB1636022），要求保护一种利用乙醇从牛胰腺中提取胰岛素的方法。但是这并非是从胰腺中提取治疗糖尿病症状的第一篇专利，1908年申请号为GB190808514D的英国专利申请和申请号为US19080431226的美国专利均要求保护一种能够治疗糖尿病的胰腺提取物，并且其中也提到了胰腺提取物能够影响糖尿病是已知的。然而，考虑"胰岛素"名称的出现是基于班廷等人的研究，因此本书中仍以班廷等人提出的申请号为GB1636022的专利为首篇专利申请。这篇具有划时代意义的专利，后来以1.5加元的价格转让给了多伦多大学。就在1922年年初，在学术界对于胰岛素仍持审慎态度时，欲进军糖尿病药物领域的礼来就已经敏锐地捕捉到胰岛素提取物背后巨大的商业价值，并积极地开始与麦克罗德接触，希望能够促成合作，实现胰岛素药物的大规模生产。时至5月，礼来与多伦多大学达成正式的非排他许可协议，且研究力量将与生产企业联合开展胰岛素大规模生产方面的研究。之后，沃尔顿（George Walden）发现了胰岛素溶液酸碱度的最优范围，从而获得了稳定的药物制剂，到了1922年年底，礼来的产量已经达到了10万单位/每周。1923年年底，同样获得专利许可的丹麦诺和诺德，也开始在欧洲大陆生产和销售胰岛素。礼来和诺和诺德成了胰岛素发展早期的两大巨头。胰岛素药物的诞生和大规模生产，令糖尿病患者看到了生存的曙光，然而在20世纪20年代，糖尿病患者每天需要至少接受3次胰岛素注射才能完全控制症状，同时还面临着低血糖的威胁。为此，人们开始朝着如何制备出更长效、更安全的胰岛素努力。直到1936年，诺德胰岛素实验室的Hans Christian Hagedorn等人通过在胰岛素中加入鱼精蛋白和锌，制备出了具有缓释效果的"鱼精蛋白锌胰岛素"（PZI），其延长了在人体内的作用效果，并申请了美国专利（US19360063890）对该制剂进行保护。1946年，性质更为稳定的中性鱼精蛋白锌（Neutral Protamine Hagedorn，NPH）问世，诺德实验室就该项技术申请了英国专利（GB1388748A）。

第二个时期是1963~1981年，正如几乎所有的蛋白类药物的发展历程一样，为了解决动物源蛋白注射药物存在的种种弊端，胰岛素开始向人源化方向迈进。限于当时基因工程技术的不成熟，人们尝试了各种方法，甚至有些在今天看来显得有些匪夷所思，例如1976年的一件美国专利申请中公开了一种提取β细胞DNA与霉菌共孵育以

---

❶ 李昂. 春风化雨九十年，事功史实析毫端——评《胰岛素之发现》[J]. 自然科学史研究，2012，31（4）：491-500.

转化霉菌从而制备胰岛素的方法。此时占主流的是嵌合型胰岛素，例如动物胰岛素的 B 链和 C 肽以及人胰岛素的 A 链组成的嵌合胰岛素。直到 1978 年，生物技术公司基因泰克率先获得技术突破，提出了申请号为 CA315819 的专利申请，在大肠杆菌中表达人类胰岛素基因，从而首次实现了重组人胰岛素的制备，之后其将该技术许可给诺和诺德和礼来，糖尿病治疗进入了重组人胰岛素时代。

第三个时期是自 1982 年起至今，随着基因编辑技术的发展，胰岛素类似物登上了历史舞台，并衍生出了一系列明星药物。直到 2003 年，胰岛素的申请量都处在飞速增长的时期。由于基因工程技术逐步发展成熟，筛选合适的突变体能够改变生物大分子的活性成为蛋白类药物领域的通识，同时，市场也不再满足于简单的人源化产品，而是开始呼唤推出长效或速效胰岛素等具有不同功能的产品。几乎所有现在已经上市的胰岛素类似物都是在这一时期提出的，而与之配套的制备方法、制剂以及联合用药等配套的专利技术也随之进入了高速发展阶段，因而带动了这一时期的专利增长。2003 年以后，申请量趋于平稳，然而对于胰岛素类似物或衍生物技术研发仍在持续进行（参见图 3-1-2），直到 2009 年后才渐趋平缓，未能如前一时期以核心化合物带动相关配套专利的大量增加，有可能是企业出于商业战略的考虑，不急于推出新的上市药品，因而对于某些类似物或衍生物尚未展开全面研究，相关专利产出因而具有滞后性。另外，胰岛素类似物或衍生物的专利申请量在 2009 年后也有下滑的态势，这可能是由于胰岛素肽链总长有限，A 链只有 21 个氨基酸，B 链也只有 30 个氨基酸，能够进行突变的位点相对有限，因而有良好活性的新的类似物或衍生物的研发空间已越来越小。

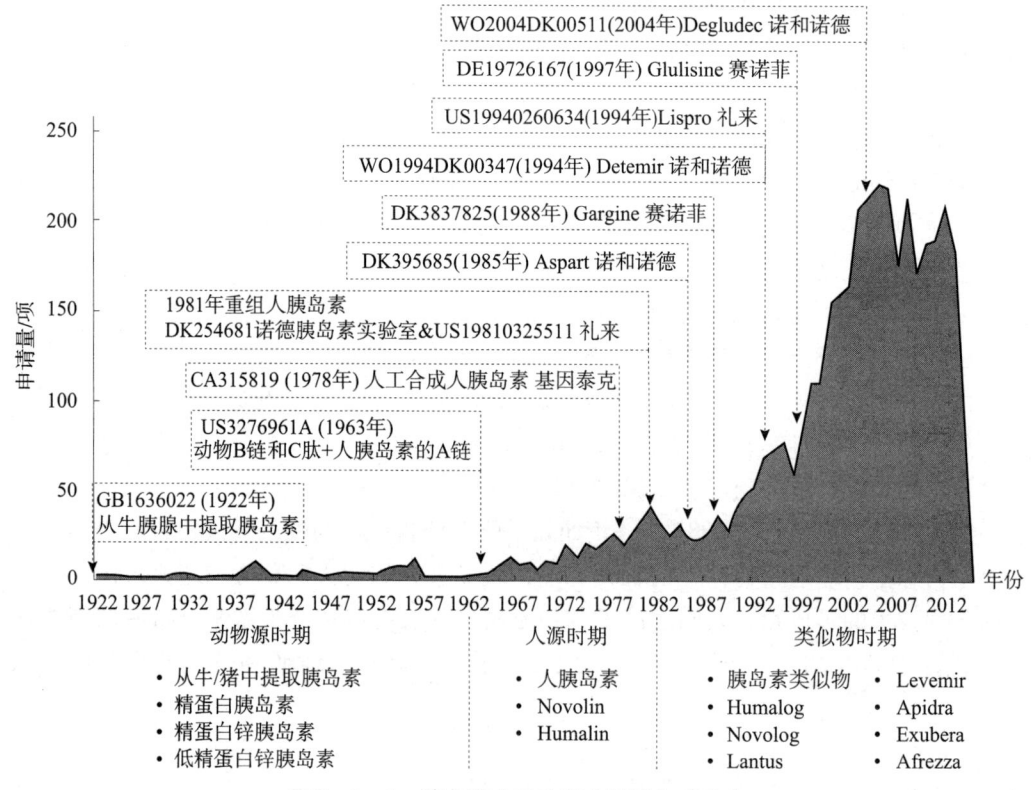

图 3-1-1　胰岛素全球专利申请量年度分布

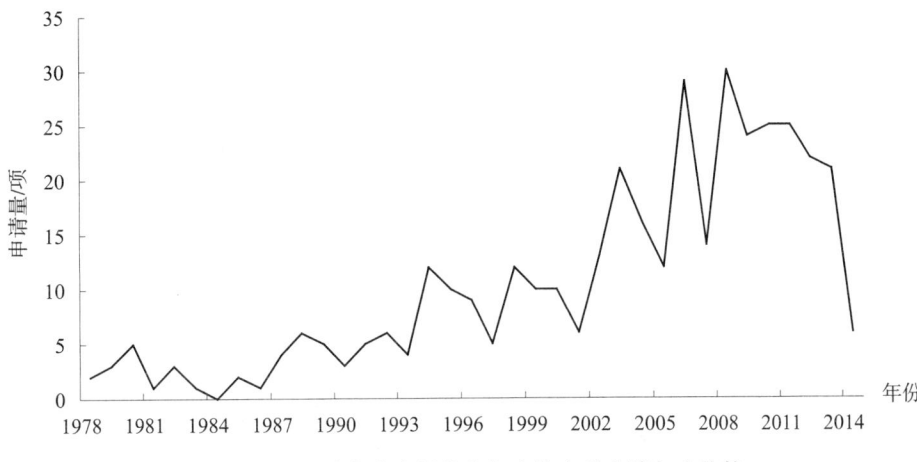

图 3-1-2 胰岛素类似物和衍生物专利申请年度趋势

3.1.2 已上市类似物

赖脯胰岛素（Lispro）是一种速效胰岛素。最早由 Ronald E. Chance 等人于 1989 年制备获得（US19890308352），其是人胰岛素 B 链 C 末端第 28 位的脯氨酸与第 23 位的赖氨酸互换，互换后分子自聚形成二聚体的倾向大大降低，从而能够使患者体内的胰岛素浓度更迅速地恢复基础水平，较快地实现血糖水平的下降。1994 年，礼来就赖脯胰岛素的制剂组合物提出了美国专利申请，要求保护一种包括六分子人胰岛素类似物、二分子锌离子和至少三分子的选自间甲苯酚、苯酚或间甲苯酚和苯酚混合的苯酚衍生物，以使得此类似物复合物是六聚体（US19940260634，中文同族申请为 CN9510656.8）。相关产品优泌乐®（Humalog®）含有赖脯胰岛素、甘油、磷酸氢二钠、间甲酚、氧化锌和苯酚，于 1995 年获得 FDA 批准上市，2010 年进入我国，2014 年全球销售额为 27.85 亿美元。

门冬胰岛素（Aspart）是一种速效胰岛素，其中人胰岛素 B 链第 28 位被天冬氨酸取代，致使胰岛素分子彼此排斥，从而降低六聚体的形成，使之能够经皮快速吸收。相关产品诺和锐®（Novolog®）是诺和诺德胰岛素产品之一，含有门冬胰岛素、甘油、苯酚、间甲酚、锌、水合磷酸氢二钠和氯化钠，于 2000 年获得美国 FDA 批准上市，2010 年进入中国，2014 年全球销售额为 27.8 亿美元。门冬胰岛素的分子专利为诺和诺德的 Jens J. Brange 等人于 1985 年提出的丹麦专利申请（DK395685，中文同族申请为 CN86106574）；1993 年 9 月 28 日，诺和诺德就晶体型鱼精门冬胰岛素提出美国专利申请（US19930127672，无中文同族），1997 年 6 月 19 日又提出了关于含有甘油/甘油醇以及氯化钠的液态制剂的 PCT 专利申请（WO1997DK00268，中文同族申请为 CN97195648.0）。

甘精胰岛素（Glargine）是一种长效胰岛素，其中，人胰岛素 A 链第 21 位天冬氨酸替换为甘氨酸以及 B 链的 C 末端添加了 2 个精氨酸，从而组织化学脱酰胺作用使得六聚体结构更稳定，并改变了胰岛素的等电点，在生理 pH 值下更难溶解吸收。原研产品来得时®（Lantus®）为赛诺菲的产品，含有 100U 的甘精胰岛素、锌、间甲酚、甘油和聚山梨酯-20,于2000年获得FDA批准上市。其分子专利是由Hoechest Aktiengesellschaft（Hochest AG,安万特的前身之一）于1988年11月8日提出的德国专利申请（DE3837825）。该分子专利因受当时我国专利制度的制约并无中文同族,从而为中国企业在甘精胰岛素方面留下了发展空间。其美国同族专利申请（US19940304593）已经于2014年9月12日到期,1997年4月16日,赛诺菲又以前述美国专利申请提交了分案申请（US19970842794）,目前该分案尚未审结。来得时®自上市以来,为赛诺菲立下了汗马功劳,长期雄踞糖尿病药物销售冠军宝座,2014年销售额更是达到84.33亿美元,因而也吸引了众多追逐者的目光。2014年欧盟委员会（EC）批准了礼来和勃林格殷格翰联合推出的甘精胰岛素Abasria®/Basaglar®,该药品也是首个通过欧洲药品管理局的生物类似物途径获得批准的胰岛素类药物。国内类似物药品长秀霖®为甘李药业公司产品,于2005年获得SFDA批准上市。此外,赛诺菲在2003年6月5日提出的含有聚山梨酯-20的甘精胰岛素制剂的专利申请（WO2003EP05887）的中国同族专利（CN03813810,要求保护pH为1～6.8的酸性胰岛素制剂）被驳回后,又提交了分案申请（CN201110056210）并最终获得授权,其保护了一种甘精胰岛素与5～200μg/ml聚山梨酯-20或聚山梨酯-80,以及防腐剂、调节剂等物质组合且pH为3.5～4.5的酸性胰岛素制剂。Toujeo®是赛诺菲研发的升级版来得时®,以应对因来得时®的分子专利到期而可能引发的专利悬崖问题,其含有300U的甘精胰岛素、锌和间甲酚。赛诺菲分别在2010年11月9日和2011年1月5日提交了美国申请号为US20100411608P和US20110429936P的临时申请,之后又在两份临时申请的基础上提交了申请号为US201113110568A的继续申请,其中公开了含有300U甘精胰岛素的制剂,其组成成分与Toujeo®完全相同,该专利并不像一般的制剂专利申请（例如,来得时®的制剂专利CN03813810）那样公开具有不同成分浓度的多个制剂配方,而是明确地聚焦到了特定的浓度300U。该专利公开了300U在生物利用度、生物功效、安全性、耐受性比来得时®具有更有益的效果。2015年Toujeo®获得美国FDA批准上市。

地特胰岛素（Detemir）是一种长效胰岛素,其将十四碳的脂肪酸（肉豆蔻酸）连接到人胰岛素B链第29位的赖氨酸残基上,并去掉B链第30位的苏氨酸,稳定自身聚合,增加在皮下组织中胰岛素与白蛋白之间的亲和力,使得其在血液循环中可与白蛋白形成可逆的胰岛素-白蛋白复合体,从而产生缓释效果。相关产品诺和灵®（Levemir®）为诺和诺德产品,含有地特胰岛素、锌、间甲酚、甘油、苯酚、水合磷酸二钠和氯化钠,其分子专利为诺和诺德于1994年9月16日提出的要求保护一种酰化的胰岛素和Zn^{2+}的复合物的PCT专利申请（WO1994DK00347,中文同族申请为CN94193852）。2005年美国FDA批准诺和灵®上市,2008年FDA又批准其可以用于治疗儿童糖尿病,从而拓宽了诺和灵®的用户群体,2009年诺和灵®获得SFDA批准,在我国上市。

谷赖胰岛素（Glulisine）是一种速效胰岛素,是将人胰岛素B链第3位的天冬酰胺替换成赖氨酸,B链第29位的赖氨酸替换成谷氨酸。所述修饰降低了等电点,增加了其在生理pH下的可溶性。B链第3位的替换引起空间构象轻度改变并诱发两个单体分子间的电荷排斥,使其更易解离为单体分子;B链第29位谷氨酸的负电荷不仅减少二聚化生成，而且通过与 A 链 N 末端发生桥连使单体分子更加稳定。但谷赖胰岛素更快起效的主要原因是其独特的无锌分子结构能更快地解离为单体分子。相关产品艾倍得®（Apidra®）为赛诺菲的产品，含有谷赖胰岛素、间甲酚、氨丁三醇、氯化钠和聚山梨酯，于 2004 年被美国 FDA 批准上市，在我国也已获批上市。其分子专利为 Hoechst Marion Roussel Deutschland 公司（安万特的前身之一）于 1997 年 6 月 20 日提出的德国专利申请（DE19726167A，中文同族申请为 CN98114950）。谷赖胰岛素之所以在不含锌的情况下能够保持稳定的状态，仰赖于其特殊的药物制剂，2001 年 3 月 23 日安万特提出的申请号为 DE10114178 的专利申请中要求保护了谷赖胰岛素的药物制剂（中文同族申请为 CN02807114），制剂中含有无锌的谷赖胰岛素、间甲酚、氨丁三醇、氯化钠、聚山梨酯-20 或泊洛沙姆，可以显著地提高药物稳定性。

德谷胰岛素（degludec）是一种超长效胰岛素，其是去掉了人胰岛素 B 链第 30 位的氨基酸，并通过 1 个谷氨酸连接子将 16 个碳的脂肪酸侧链连接到 B 链第 29 位。化学名为 LysB29（Nε-hexadecandioyl-γ-Glu）des（B30）人胰岛素。以双六聚体形式存在的德谷胰岛素制剂经皮下注射后，在注射部位因苯酚的影响而快速形成六聚体，而六聚体在锌离子和侧链结构的共同作用下易于保持稳定，加上脂肪酸侧链会与白蛋白可逆性结合，使其作用时间进一步延长，从而达到超长效作用。相关专利产品为诺和诺德的 Tresiba®，含有德谷胰岛素、甘油苯酚、间甲酚和锌，其分子专利为诺和诺德在 2004 年 7 月 22 日通过 PCT 途径提出的 WO2004DK00511，其中文同族 CN200480021733.8 在 2012 年 7 月 4 日获得授权，其授权的权利要求中保护了德谷胰岛素及其糖尿病的制药用途，但诺和诺德于 2010 年在此基础上提交的分案申请 CN201010514501.3 仍处在未决状态。2012 年 9 月 28 日德谷胰岛素首次在日本批准上市，2013 年 1 月 21 日在欧盟批准上市，同年其向美国提出的上市申请却遭到了 FDA 的拒绝，FDA 要求诺和诺德进行额外的临床实验用以评价该药物可能存在的心血管风险。2015 年 9 月 25 日，FDA 终于批准了 Tresiba® 的上市申请，同时获得批准的还有德谷胰岛素与门冬胰岛素的联用药物 Ryzodeg®。2015 年 9 月 22 日，诺和诺德向我国提出 Tresiba® 的上市申请，目前仍在审。

Exubera® 是全球首个获批上市的经肺吸入给药的胰岛素雾化吸入剂，含有胰岛素、无水柠檬酸钠、甘露醇、甘氨酸和氢氧化钠，其最初是由 Nektar Therapeutics 公司和赛诺菲合作开发的，其药物专利为 Nektar Therapeutics 公司及其前身吸入治疗系统（Inhale Therapeutic Systems）于 1995 年 2 月 7 日提出的一种含有柠檬酸钠和甘露醇的干粉胰岛素组合物及其制备方法专利申请（WO1995US01563，中文同族申请为 CN95191910）；1996 年 4 月 12 日申请的 95% 的颗粒粒径小于 10μm 的干粉药物组合物及其制备（WO1996US05070，无中文同族）；1997 年 5 月 7 日提出的含有 20% 的胰岛素、甘露醇、柠檬酸钠和甘油的可分散性生物大分子干粉的制备方法（WO1997US07779，中文同族申请为 CN97194470）。2006 年 1 月，辉瑞花 13 亿美元向赛诺菲购买了 Exubera® 的全球经营权，2006 年 2 月，Exubera® 在克服了重重困难后终于在美国和欧盟获批上市，然而上市后的销售业绩却远没有达到辉瑞的预想，获批后 2 年仅仅获得了总计不到2千万美元的全球销售额，2007年10月18日，辉瑞决定将其撤出市场，Exubera®成为胰岛素制药史上最惨重的失败案例。

Afrezza®是由MannKind公司投入数亿美元研发的吸入式口服胰岛素，属于超速效餐食胰岛素治疗产品，Afrezza®吸入式干粉是将胰岛素吸附到由二酮哌嗪（FDKP）和聚山梨酯-80组成的载体颗粒上。由于Exubera®前车之鉴的影响和可能的副作用（如肺癌）等问题，经过了3次申请，审核时间超过5年，终于在2014年6月28日获得美国FDA批准。2014年8月11日，赛诺菲和Mannkind公司宣布签署了一项世界范围的开发和商业化Afrezza®的协议，其中赛诺菲负责全球的商业化、监管和开发活动，Mannkind公司负责生产Afrezza®，两公司在必要的时候将合作以扩展生产能力来面对全球市场的需求。Afrezza®涉及多项药物专利，其中包括Emisphere Technologies公司于1995年9月28日提出的一种包括胰岛素和至少一种二酮哌嗪的递送组合物专利申请（WO1995US12887，无中文同族）；Pharmaceutical Discovery公司分别于1996年5月10日申请的经肺给药的方法，微粒包括胰岛素和二酮哌嗪，直径为0.5~10μm，在pH 6.0以上释放（WO1996US06711）；2000年6月29日申请的利用二酮哌嗪除去胰岛素中杂质的方法（WO2000US1798，无中文同族）；以及MannKind公司分别于2006年3月31日申请的适于经肺给药的胰岛素组合物在制备胰岛素相关疾病患者的药物中的用途（WO2006US12366，中文同族申请为CN200680010437）；2009年11月8日申请的利用胰岛素-FDKP治疗糖尿病的方法（WO2009US53443，无中文同族）；2010年6月11日申请的比表面积为35~67m^2/g的二酮哌嗪颗粒（WO2010US38298，中文同族申请为CN201080026116）；2010年7月6日申请的含有二酮哌嗪和聚山梨酯-80的微粒（US20100830557，无中文同族）；于2010年6月11日申请的反式异构体含量为45%~65%的富马酰基二酮哌嗪FDKP和胰岛素组合物（WO2010US38287，中文同族申请为CN201080026117）。

3.1.3 主要申请人

胰岛素领域全球排名前十位的申请人中（参见图3-1-3），除了加州大学以外，都是全球有名的跨国大型医药企业。

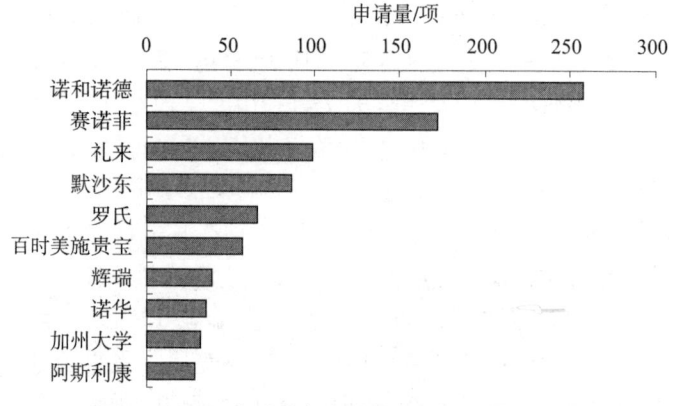

图3-1-3 全球胰岛素领域前十位申请人排名

其中，高居榜首的诺和诺德一直专注于糖尿病药物领域，是当年获得多伦多大学专利许可的两巨头之一，拥有包括早期的猪/牛胰岛素、重组人胰岛素以及门冬胰岛素、地特胰岛素和德谷胰岛素在内的丰富产品线，旗下产品在2014年全球糖尿病药物销售额前十位的药物中占有四席，其中三个是胰岛素药物，但其申请量在2006年后开始大幅下滑（参见图3-1-4），推测可能是其逐渐转为关注其他糖尿病药物，例如GLP-1类似物相关药物等。排名第二位的赛诺菲虽然起步较晚，但在1970年后持续发力，特别是2004年旗下胰岛素类似物产品，例如谷赖胰岛素上市后，推动专利申请量不断上升，而甘精胰岛素——来得时®，更是长期占据销冠的王者宝座。但随着甘精胰岛素核心专利的到期，据赛诺菲公开的2015年前三个季度的营收数额，糖尿病业务收入缩水6.6%，原因是来得时®在美国销售不佳并在欧洲遭到了仿制药的强力阻击，但赛诺菲在胰岛素领域的技术研发投入仍在持续增长，试图寻找来得时®的替代产品，其中Toujeo®已经获批上市，另有其他值得关注的甘精胰岛素衍生物的专利也已经获得了授权。另一支老牌劲旅是排名第三的礼来，当年曾与诺和诺德在胰岛素领域平分秋色，但继赖脯胰岛素后并未见有新药上市，且2004年后胰岛素相关专利申请逐渐势微，恐怕在今后胰岛素领域的市场争夺中会处于相对劣势。2011年其与勃林格殷格翰缔结了糖尿病联盟，并于2014年联手推出了来得时®的生物类似物Abasria。但究竟是借此扳回一城，还是终将被紧随其后的默沙东等大药企超越，尚未可知。

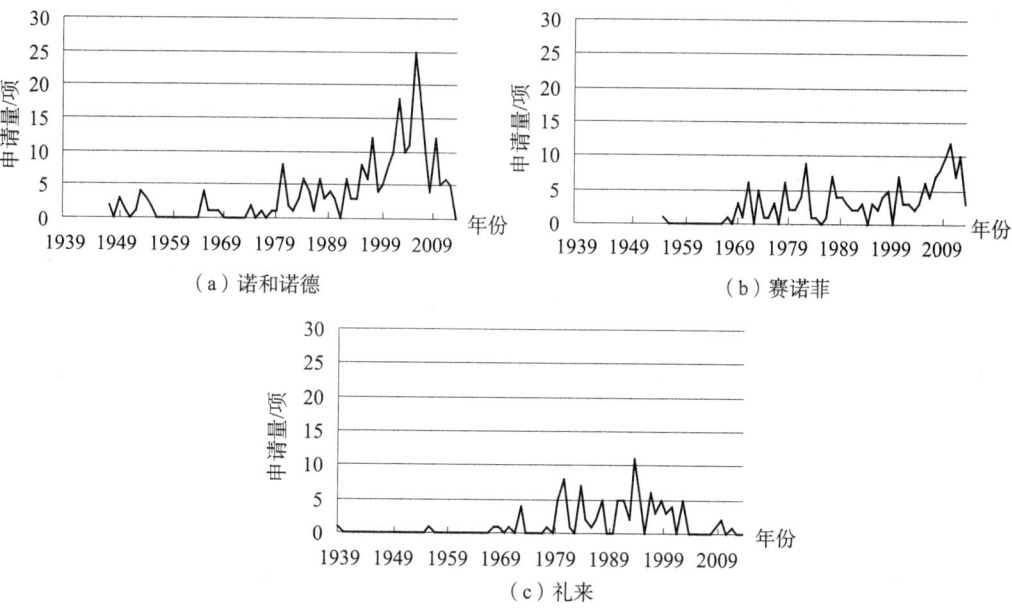

图3-1-4 排名前三位的申请人申请量年度分布

3.1.4 地区分布

胰岛素领域的专利技术主要来源于美国（参见图3-1-5），占比达到一半左右。欧洲紧随其后，约占四分之一，主要来源于德国、丹麦、英国和俄罗斯等国。我国则与日本分列第三位和第四位。从排名上看，我国在国际上已经拥有了一席之地，但整体数量仍与美欧企业有明显差距。一方面，从技术研发来看，以诺和诺德和礼来为代表的美欧企业起步早，实力雄厚，技术积累较深厚。我国技术研发时间较短，尚不具有足以与欧美等强国抗衡的实力；另一方面，受专利制度本身的影响，我国的专利技术积累量并不能全面反映药物领域的态势，特别是在研发历史较长的药物领域的技术研发实力。

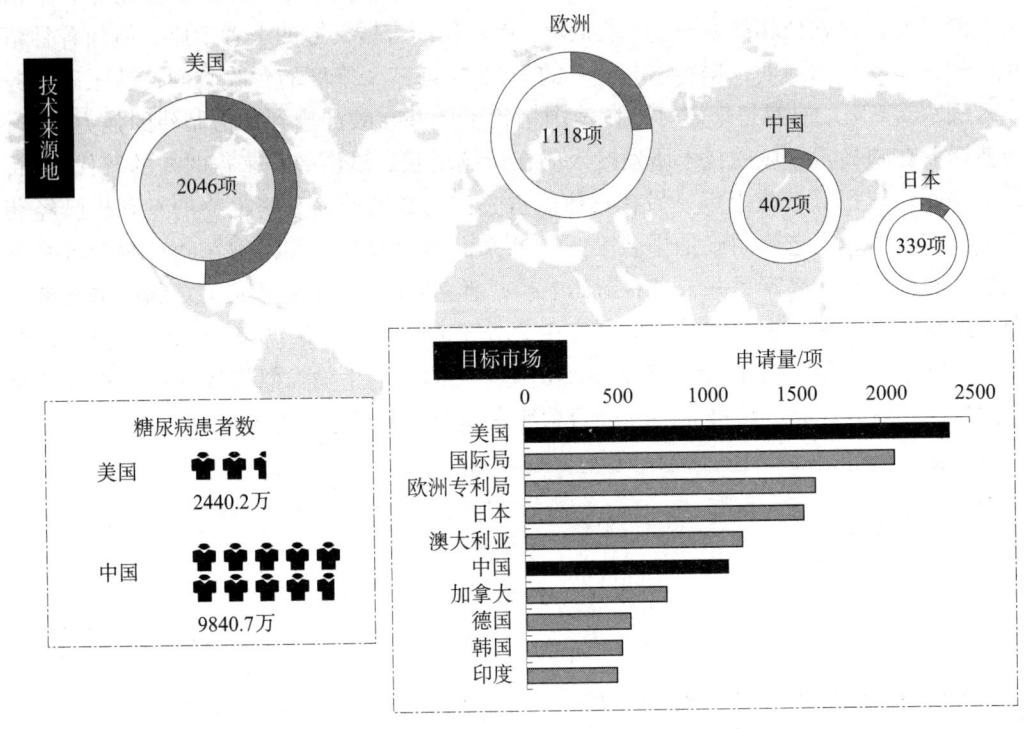

图3-1-5 胰岛素药物相关技术来源地和目标市场

从目标市场来看，胰岛素首要的目标地区主要包括两大类，一是经济较发达的西方国家与日本，二是人口基数大、患病人数多的中国和印度。其中，美国既是世界首屈一指的经济发达国家，又是糖尿病患者的人口大国，因而是专利布局的重中之重，近60%的专利都会选择在美国进行布局。此外，还有为数不少的通过国际局途径和欧洲专利局途径提交的专利申请。糖尿病是全球高发的疾病种类之一，胰岛素在不同人种之间一般不存在明显疗效区别，因此，通过国际局和欧洲专利局途径进行全球和区域布局也是许多跨国公司的首选方式。日本糖尿病的发病率在全球排名第十位，但其作为目标市场的地位却更靠前。这是因为一方面日本国民的经济收入较高，具有较高的胰岛素消费能力；另一方面日本的生物技术也较为发达，胰岛素生产的技术门槛对该国药企来说并不能成为研发障碍，因此专利布局量较高也可能是出于专利战略遏制的目的。我国糖尿病患者人数世界第一，随着经济的发展，胰岛素的市场需求会更加旺盛，同时我国已经具备了一定的研发实力，而专利布局数量相对较少，仍有发展的空间。

3.1.5 中国专利申请

总体来讲，胰岛素药物相关的中国专利申请呈现出一路上行的态势（参见图3-1-6），上行速率与全球总体情况相当。2005年前的专利申请量主要来自于国外来华申请人，国内申请人缓慢攀升。2005年后，国外来华申请增长量放缓，国内申请量仍在持续地缓慢上涨，呈现出追击态势，但总量仍然是国外来华申请占优。

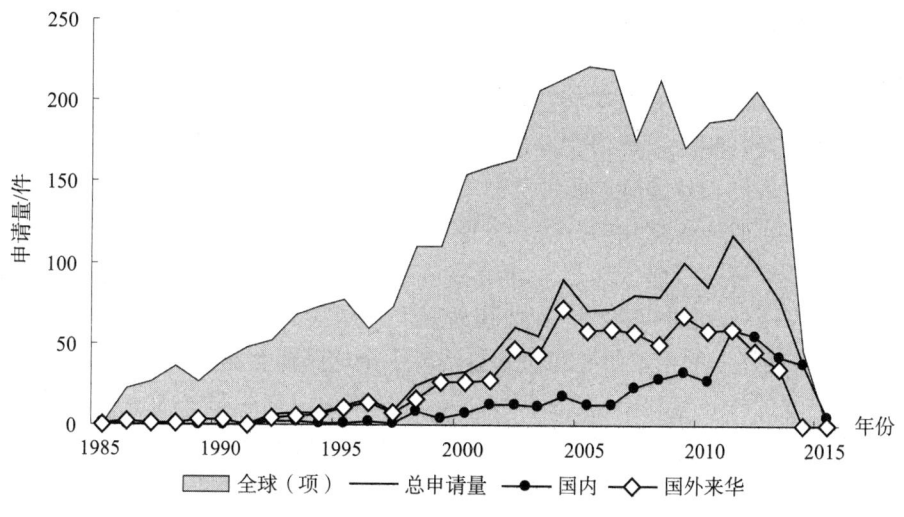

图3-1-6 胰岛素相关中国专利申请年度趋势

国外来华申请人中仍然以诺和诺德、赛诺菲和礼来为领跑者（参见图3-1-7），默沙东、曼金德、默克、百奥康等公司紧跟其后。然而，对默沙东等企业的胰岛素药物相关专利深入分析后发现，除了曼金德和百奥康外，其他企业的专利技术几乎仅涉及其他药物与胰岛素的联用，实质上是针对其他药品进行的技术研发。这是由于胰岛素药物在糖尿病治疗中的基础性地位和关键性作用，使得涉及糖尿病药物的企业往往

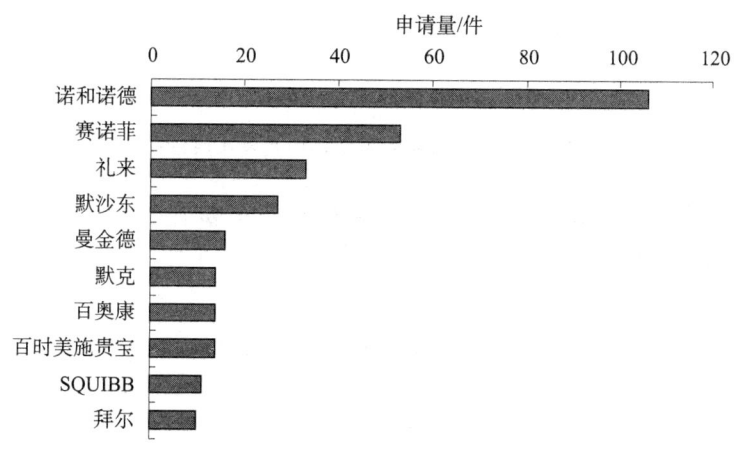

图3-1-7 国外来华主要申请人排名

会将与胰岛素配合使用的方式纳入保护范围中,以避免竞争对手以联用的方式对自家产品的专利控制力造成不良影响。同时也反映出,在胰岛素药物领域,技术主要掌握在三巨头手中,具有较高的技术集中度。同时,对国内申请人提出的相关专利申请进行进一步分析后还可以发现,国内不论是科研机构还是相关企业,专利技术的数量都难以与三巨头相抗衡,技术研发力量较为分散。

3.2 甘精胰岛素

胰岛素作为问世已久的糖尿病药物之一,已经有了完整的研发体系,也研发了多种成熟的胰岛素及其胰岛素类似物产品。就胰岛素类药物的作用类型而言,至今已有速效、短效、中效和长效胰岛素四种类型。甘精胰岛素作为一种安全有效的基础长效胰岛素类药物,24小时内仅需注射一次,方便有效,因此其药物产品来得时®(Lantus®)一经面世就大受欢迎,目前依然是全球销售最好的糖尿病药物,同时也是全球畅销药物TOP10中唯一一个糖尿病药物。甘精胰岛素无疑是胰岛素药物领域的"超级重磅炸弹"。对于甘精胰岛素的相关研究和仿制自然成了全球医药企业的关注热点。

甘精胰岛素的核心专利申请HU578388A于1988年11月11日第一次向匈牙利提出,这标志着甘精胰岛素正式登上历史舞台。1994年赫彻斯特公司向美国专利商标局提交了同族申请,涉及在A21位突变的胰岛素的B链末端添加两个精氨酸,其结构通式如图3-2-1所示。

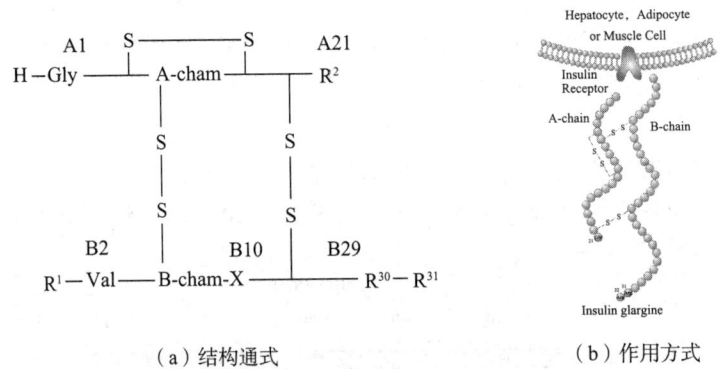

(a)结构通式　　　　(b)作用方式

图3-2-1　甘精胰岛素结构通式及作用方式

其中,A1～A20位、B1～B9位、B11～B29位是猪胰岛素、牛胰岛素,特别是人胰岛素的原始序列,R2位(即A21位)是L-氨基酸,可选自甘氨酸(Gly)、丙氨酸(Ala)、丝氨酸(Ser)、苏氨酸(Thr)、谷氨酸(Glu)或天冬酰胺(Asp)等,R30位可选自丙氨酸(Ala)、丝氨酸(Ser)、苏氨酸(Thr),R31位是精氨酸(Arg)-OH或者精氨酸-精氨酸-OH,X是天冬酰胺(Asn)或谷氨酰胺(Gln),并提供了实验证据表明A21-人胰岛素-ArgB31-Arg-B32-OH在动物体内具有良好的维持血糖稳定作用,并且作用效果更长效稳定。其进入体内后,与肝细胞、脂肪细胞或肌细胞上的胰岛素受体结合来发挥作用。

上述分子专利的欧美专利权已经到期，仿制药已经成为各制药公司激烈角逐的对象。因此，本课题组选取了甘精胰岛素作为胰岛素类药物的代表，对其专利技术进行了详细地分析，以期对我国胰岛素类糖尿病药物行业的发展提供参考。

3.2.1 总体发展趋势

分别在 DWPI 数据库和 CNABS 数据库中检索甘精胰岛素相关全球专利数据和中国专利申请。截至 2015 年 5 月 31 日，涉及甘精胰岛素的全球专利申请共计 183 项，中国专利申请共 92 件。在此基础上对专利申请整体发展趋势、专利申请国家或地区分布、主要专利申请人等角度对甘精胰岛素专利申请进行分析。

3.2.1.1 申请分布趋势

甘精胰岛素的技术研发已经过了探索期和高速增长期，平台期已现端倪（参见图 3-2-2）。与甘精胰岛素相关的最早专利申请是赛诺菲提出的分子专利申请，其最早优先权日为 1987 年。之后大约经过了 15 年的前期探索，每年申请量均在 5 项以下。2000 年，赛诺菲的来得时被 FDA 批准之后，药品上市的信息极大地刺激了技术研发力量的投入，对甘精胰岛素的研究呈现出整体高速发展阶段，2001～2009 年，申请量基本上逐年递增，至 2012 年时达到最高峰 23 项，之后申请量略有下降。由于专利申请的延迟公开制度，2014～2015 年的申请量还不完整，不能直接反映出这几年申请量的情况。但是，仍可看出从 2009 年开始申请量已经大致进入平台期。

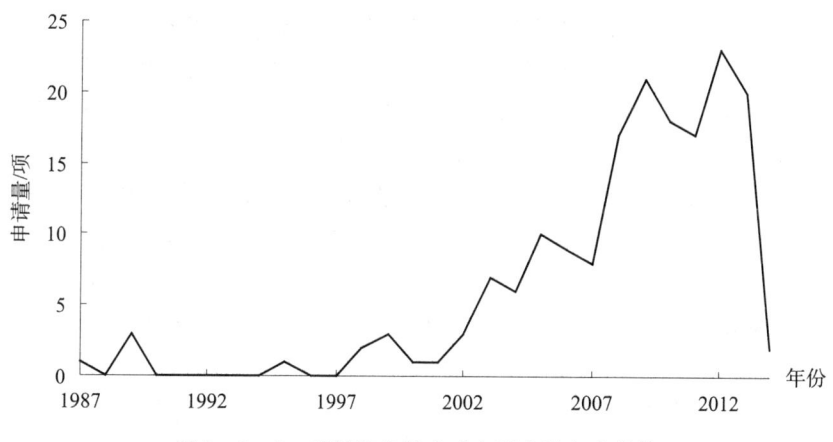

图 3-2-2 甘精胰岛素全球专利申请年度趋势

3.2.1.2 区域分布态势

以优先权所在地作为技术来源国家和地区的评判标准的话，美国是甘精胰岛素技术研发领域最大的技术来源国，美国的技术申请量共 146 项，占 55%，具有绝对的技术优势。第二位是通过欧洲专利局途径提交的专利申请，德国排在第三位，我国则位列第四，印度、丹麦、澳大利亚和法国紧随其后（参见图 3-2-3）。

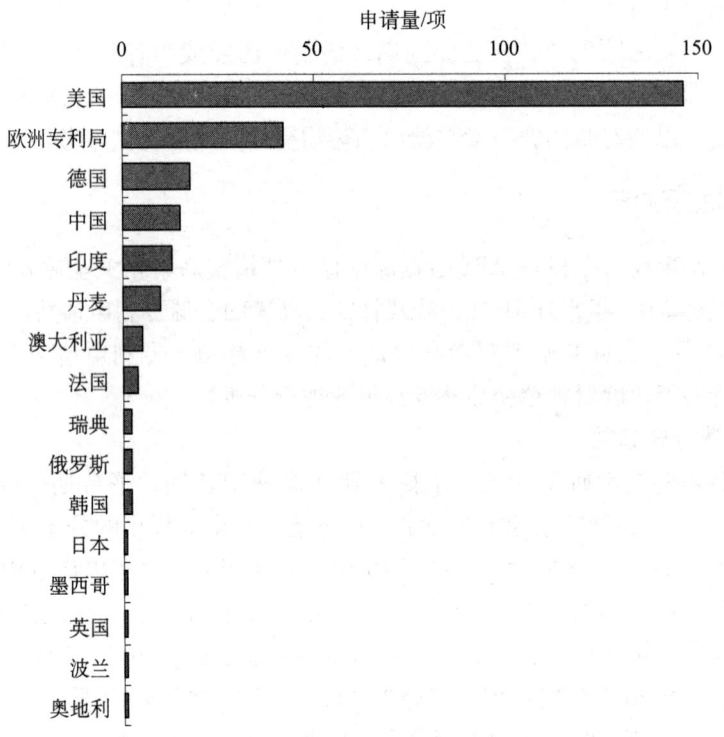

图3-2-3 甘精胰岛素相关专利申请量区域分布

美国在药物领域和生物技术领域都有相当的技术实力，相关领域的全球专利申请量往往有不俗的表现，而且美国的临时申请制度和继续申请制度也吸引了大批药企通过提交美国专利申请途径抢占申请日。由于原研药企赛诺菲以及胰岛素药物领域的先驱之一诺和诺德都属于欧洲公司，因此通过欧洲专利局提交的专利申请量也占据了相当的比例，德国赫司特（已被赛诺菲收购）是最早提出甘精胰岛素分子专利的公司，因而也使得德国与其他欧洲国家相比，在甘精胰岛素方面显得格外突出。此外，我国是世界上糖尿病患病人数最高的国家，印度则紧随其后，如此庞大的市场需求以及维护人民健康方面的社会需求，都促使着药物领域的商业主体和研发机构投入相当技术研发力量，从而表现为专利申请量方面的相对实力。

由于甘精胰岛素作为人体自身胰岛素类似物药物，其对不同人种的作用效果并无显著差异，且糖尿病普遍存在于全球各个国家和地区，且在多个国家和地区都属于高发病种，因而，大量的相关专利申请都会通过国际局和欧洲专利局途径提交，以期为后续进入各个国家布局留下余地（参见图3-2-4）。而作为经济发达国家和糖尿病患病人口大国，大多数甘精胰岛素相关专利技术都会选择在美国进行专利布局，其次则是同为患病人口大国的中国，日本虽患病人数并不靠前，但是，日本经济较为发达，对于慢性病治疗药物的市场接受度较高；另外，日本的生物药物技术也相对较为发达，因此相关药物企业倾向于在此进行专利布局。

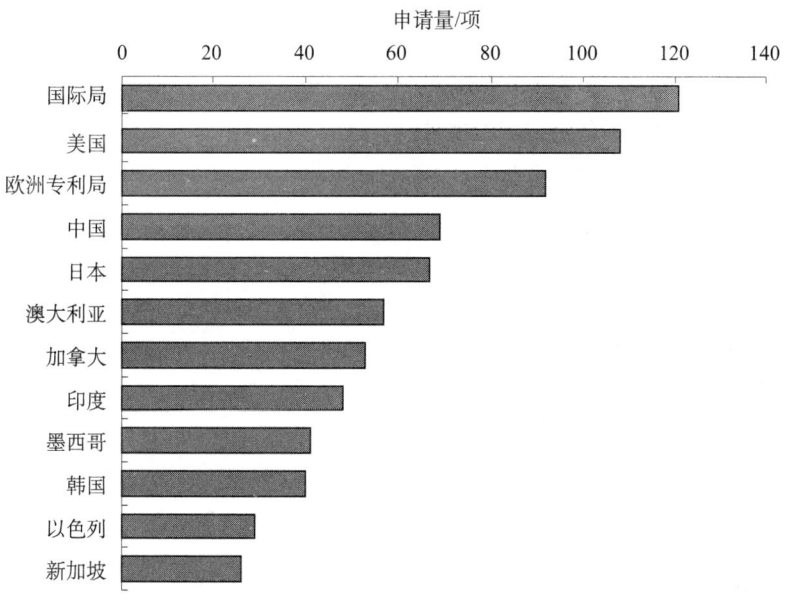

图 3-2-4 甘精胰岛素相关专利地区分布

3.2.1.3 主要申请人

甘精胰岛素的主要申请人呈现出原研药企一枝独秀的局面（参见图3-2-5）。作为甘精胰岛素的原研药企，赛诺菲以38项申请占领了甘精胰岛素研发的绝对优势，作为最老牌的胰岛素药厂和甘精胰岛素前身的研发单位，诺和诺德仍然持续对甘精胰岛素相关技术保持研发热情。印度生物制药公司百奥康（BIOCON）抢占了甘精胰岛素研发领域的第三把交椅。印度作为世界上第二人口大国和糖尿病发病国，在仿制药领域技术十分领先。从申请人统计亦可窥见一斑。除了百奥康之外，沃克哈特（WOCKHARDT）这一印度最大的医药和生物科技企业，也有相应的甘精胰岛素生物类似物进入临床实验阶段，其申请量排名第八。礼来和勃林格殷格翰于2011年缔结了糖尿病联盟，分别占据申请人排名第五位和第六位。该联盟于2014年联手推出了来得时®的生物类似物Abasria，已在欧洲上市，具有很强的行业竞争力。法国生物技术公司ADOCIA也颇为关注糖尿病药物的研发，该公司于2014年与礼来签署了合作协议，联手开发胰岛素类药物。美国SMARTCELLS公司则开发只在特定葡萄糖范围内响应的胰岛素产品。同为美国公司的BIODEL也在开发甘精胰岛素类药物Linjeta。鲁南制药是唯一上榜的中国医药企业，该公司于2014年入选中国医药工业百强企业，其研创的"重组甘精胰岛素项目"入选国家战略性新兴产业专项名单，即将批量上市。甘精胰岛素在美国市场的专利已经到期，其核心专利因制度原因而未在我国布局，使得国内产品有机会与来得时®形成分庭抗礼的局面。目前已上市的产品有甘李药业的长秀霖®，相信不久以后，还会出现其他甘精胰岛素的生物类似物产品。

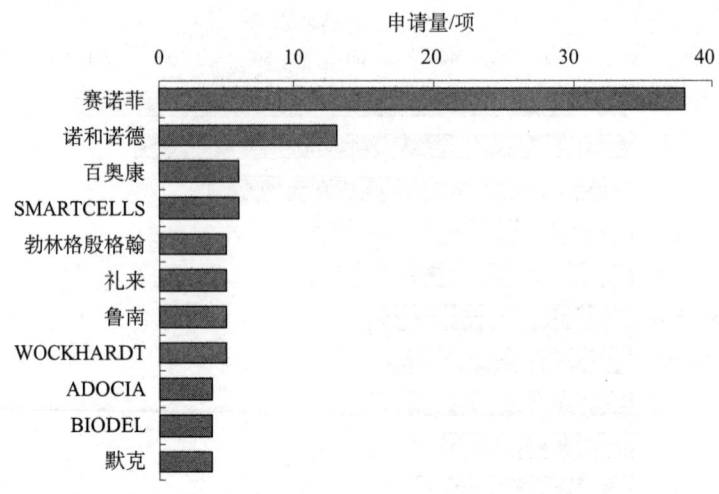

图 3-2-5 全球甘精胰岛素申请人申请量排名

3.2.1.4 技术研发热点

甘精胰岛素以其辉煌的市场战绩,吸引了众多的研发力量投入这一领域,从结构本身的改进,到配套的制备方法和制剂以及联用形式,各个技术改进点都有相关专利申请(参见图 3-2-6)。

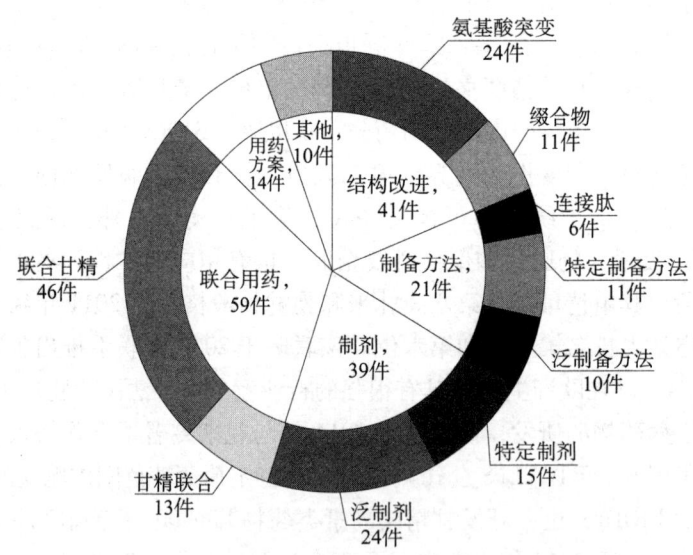

图 3-2-6 甘精胰岛素技术改进分支申请量分布

作为提高胰岛素乃至甘精胰岛素竞争力的根本之道,有 41 项专利申请关注于胰岛素分子结构改进。其中 24 项涉及氨基酸序列突变,11 项涉及与胰岛素连接的缀合物(例如增加糖链等),6 项涉及 A 链、B 链之间的连接肽的改进。而通过氨基酸突变以寻求新的类似物是最主要的结构改进方式,也是胰岛素领域最常见的分子改进思路。

以甘精胰岛素为研究对象的制备方法（11 项）、制剂（15 项）和药物联用（13 项）的专利申请量较为接近并无显著区别。此外，还有相当数量的普遍适用于各种胰岛素产品的制备方法和制剂改进的专利技术，其通过权利要求的撰写将甘精胰岛素纳入了保护范围。其中，制剂改进的技术门槛相对较低，也因此成为关注的热点之一，共有 39 项专利申请。然而尽管是"小改进"也会取得"大成绩"，原研药企赛诺菲正是通过改进制剂配方，增加了药物浓度，从而推出了来得时® 升级换代产品 Toujeo®，以延续其市场盈利能力。制备方法则由于一方面可以通过技术秘密的形式加以保护，另一方面也由于胰岛素类产品的制备方法基本限于大肠杆菌或酵母发酵生产，因而相关专利申请的总量相对较少。联合用药则在整个药物领域都已成为研发热点之一，因而在甘精胰岛素相关专利申请中占据最大的比例，共计 59 项。通过将不同效果或不同机理的糖尿病药物，例如其他胰岛素类似物、GLP-1 受体激动剂、DPP-Ⅳ抑制剂等药物与甘精胰岛素进行联用，以增强其治疗效果和专利保护效果，是常见的研发和保护策略。其中，联合甘精的药物联用形式占比最大，考虑甘精胰岛素的市场影响力，当糖尿病药物研发主体以其他药物为研究对象时，往往会在专利的保护范围中包括与甘精胰岛素的联用形式。

此外，还涉及了部分用药方案等技术改进，共有 24 项。其中，用药方案主要涉及疾病的治疗方法的保护主题，该保护主题在除美国以外的其他国家和地区受专利法相关规定的限制而较难获得授权，因此申请量相对较少。

3.2.1.5 中国专利申请

甘精胰岛素的中国专利申请总体呈现与全球基本类似的发展态势（参见图 3-2-7）。1990 年开始，礼来首先在中国就甘精胰岛素进行了布局，其权利要求中以马库什的形式保护了多种胰岛素类似物的制备方法，其中包括了甘精胰岛素，尽管说明书中实际完成的仍主要是其麾下的赖脯胰岛素。之后，随着专利法的修改，化合物分子在我国受到了专利法的保护，于是，赛诺菲在 1997 年提交了申请号为 CN01143664.6 的专利申请，公开了一种新开发的以 A21G-B31H-B32H 为核心结构的胰岛素类似物，并要求其与甘精胰岛素的联用形式，可能是因为新开发的胰岛素类似物的效果不尽如人意，最终赛诺菲放弃了该申请。来得时® 上市后，一方面国外申请人在推动结构改进、制剂改进和药物联用等技术研发的基础上，加紧了在我国的专利布局；另一方面随着"专利悬崖"的临近，我国申请人也开始尝试通过制剂和联用等形式使甘精胰岛素焕发"新生"，双方合力使得我国的专利申请量在 2002~2008 年基本呈现逐年上涨，并在 2008 年左右进入了相对平缓的稳定发展时期。

中国专利申请量中排名前三位的仍然是胰岛素领域的三巨头：赛诺菲、诺和诺德和礼来-勃林格殷格翰联盟（参见图 3-2-8）。其中，赛诺菲作为原研药企，由于在技术研发方面具有先发优势，同时也非常看重中国市场，因此其在中国进行了相当数量的专利布局。诺和诺德是糖尿病领域的领跑者之一，旗下有多款胰岛素类药品，尽管并非是甘精胰岛素的生产厂商，但也通过联用形式将甘精胰岛素纳入其权利范围，例如专利申请 CN101778862A 等要求保护了速效胰岛素类似物和甘精胰岛素联用，由此可见，诺和诺德主要通过联用形式，以自家产品为保护核心，对甘精胰岛素进行外围布局。排名第三的礼来－勃林格殷格翰联盟，在2014年联合研发的首个胰岛素类生物仿制药已在欧洲上市，其在我国的专利布局与诺和诺德思路相近，也是以自身产品为核心进行外围布局。

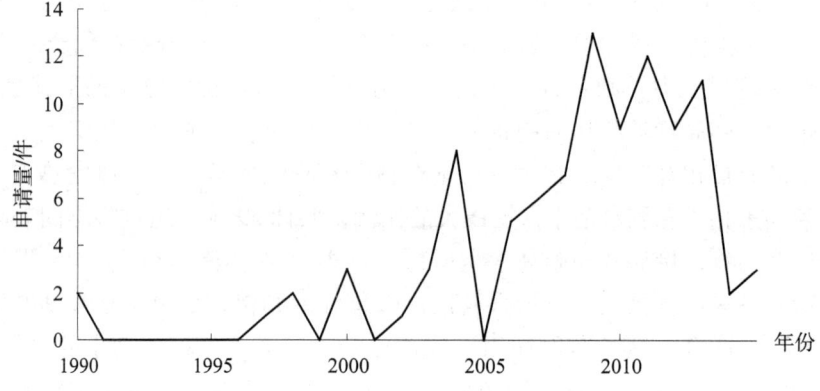

图3-2-7 甘精胰岛素中国专利申请年度趋势

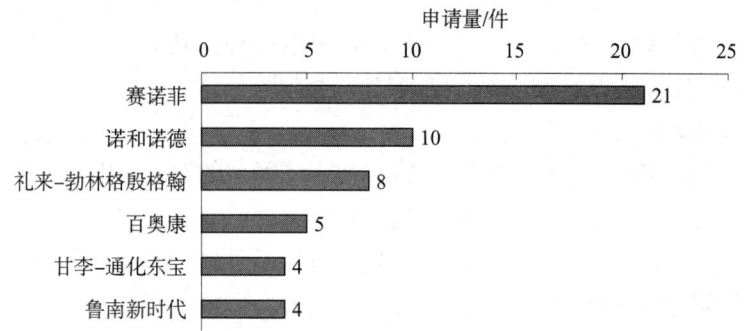

图3-2-8 甘精胰岛素中国专利申请前六位申请人

由于受到1993年前专利法相关规定的限制，甘精胰岛素的分子专利并未能在我国获得相关权利，因而为我国企业在甘精胰岛素生产方面留下了发展的空间，使得我国企业有机会进入甘精胰岛素的领域发展。其中，甘李药业是目前唯一一家具有甘精胰岛素上市产品的国内企业，虽然专利申请总量有限，但通过制备方法等改进，有效避开了赛诺菲的专利保护网络，成功实现突围。之后，通化东宝和甘李药业达成专利许可，并在原有技术基础上进行了进一步的技术开发，也申请了2件专利。2003年山东鲁南制药集团自筹资金建设了山东新时代药业有限公司（以下简称"鲁南新时代"）进行生物制药研发，包括甘精胰岛素产品，其也提交了4件专利申请，从而对研发成果进行保护。其他申请人则申请数量较少，仅有两件，其中个人申请1件，中国药科大学2件，其余均为企业（参见图3-2-9）。

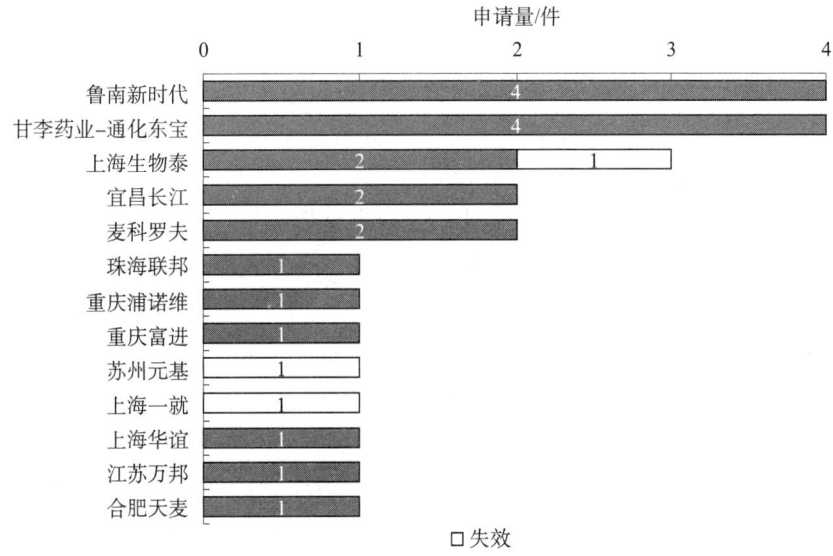

图 3-2-9 甘精胰岛素中国专利申请分布

从甘精胰岛素领域专利的法律状态来看（参见图 3-2-10），来自国外申请人的专利申请总量（76 件）接近国内申请人（26 件）的 3 倍。其中过半数审结，有效 26 件，无效 25 件，无效中有 16 件是撤回，仅有 3 件为驳回。在有效的 26 件专利中有 8 件是国内申请人的申请，无效的 25 件中有 4 件是国内申请人申请，说明国内申请人虽然总数少，但获得授权的比例较高，专利质量较高。国内申请人因为申请时间晚，有接近一半的申请还在审查过程中。已经审结的申请中有 4 件失效，其余 8 件都得到了授权。这 4 件失效的分别是上海生物泰的 CN1699420A，上海一就的 CN101519446A，苏州元基的 CN102504022A，麦科罗夫的 CN102628070A。8 件授权专利至今维持有效，几乎没有因申请人主动放弃或因未缴费而终止的情况。以上情况说明甘精胰岛素相关技术的进入门槛高、技术含量高、创新主体对甘精胰岛素技术的重视程度高。近年来，国内企业专利水平的提高，可以预期授权率也将进一步提高。

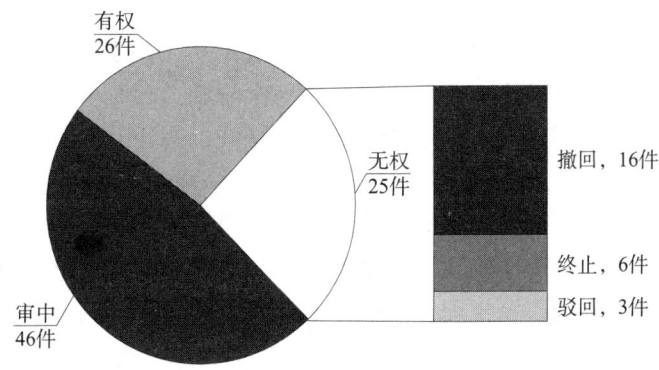

图 3-2-10 甘精胰岛素中国申请的法律状态分布

3.2.2 原研药企

甘精胰岛素属于注射型长效胰岛素，具有作用曲线平坦、持续作用时间可达24小时、每天仅需注射1次、血糖控制效果可靠、低血糖事件发生风险更低、体内变异性低及体重量增加较少等优点，深受糖尿病患者青睐，早在2010年销售额已达到47亿美元，而据赛诺菲2013年的年报，来得时®的全年销售额更达到75.92亿美元，2012~2013年销售增长了20%，2014年年销售额则攀升至84亿美元，是目前全球销售最好的糖尿病药物，位列全球最畅销药物第五名。因此，甘精胰岛素也成为各大企业研发的热点和市场争夺地。

原研企业赛诺菲是在不断并购中将甘精胰岛素收入囊中的。甘精胰岛素最早是由德国的赫司特（Hoechst）公司研发的。赫司特与法国的罗纳普朗克（Rhone-Poulenc）公司在1999年合并后，成立了安万特。2004年，法国赛诺菲（Sanofi）制药公司与法国（Synthélabo）制药公司合并产生的赛诺菲-圣德拉堡制药集团与安万特合并成为赛诺菲公司，后更名为赛诺菲。目前，赛诺菲已是世界第三大制药公司，在欧洲排名第一，其业务遍布世界100多个国家，现拥有约11000名科学家及10万名服务于健康事业的员工。

作为甘精胰岛素的原研药企业和第一个甘精胰岛素药物产品上市公司，赛诺菲在甘精胰岛素的技术研发方面占据了绝对的优势，共有38项专利申请。通过对其重点专利技术进行详细解读，可以总结出赛诺菲对于甘精胰岛素的改进思路和专利布局策略。

3.2.2.1 原研技术路线

从原研技术研发路线可以看出（参见图3-2-11，见文前彩色插图第2页），在技术研发早期，赛诺菲完成了从化合物的发现到药物的开发之后，通过分子专利和配套的制剂与方法专利使药品得到了基本的保护，就很少进行专利申请了。直到2006年之后，距甘精胰岛素的分子专利到期前10年左右，原研药企开始发力，在分子改进、剂型改进、药物联用和制备方法各方面多点开花，试图通过技术改进获得替代产品，以延长市场收益期和市场控制力，从而稳固其霸主地位。

1) 结构改进仍在继续

甘精胰岛素分子的发现，是从人胰岛素出发，经历了两次改进而成的。虽然甘精胰岛素是赛诺菲的明星产品之一，然而甘精胰岛素的雏形却诞生于诺和诺德。1987年诺和诺德提交了一份PCT国际申请WO1988DK00033[1]，公开了在A链第21位具有突变的一系列胰岛素类似物，其中包括了A21G的突变体，并公开了上述类似物具有作用时间延长的效果。但是，在研发和实验过程中，诺和诺德发现这种类似物的作用时间延长的机理是经皮注射后，易于在皮下形成结晶沉淀，导致吸收延缓，从而延长了胰岛素入血时间。同时也发现，该机理方式产生的缓释效果也可能对患者会造成一定的痛苦（极轻微，甚至没有痛苦），故诺和诺德放弃了这一潜在药物分子的继续研发，转让

---

[1] 本小节中，全球专利申请所述年份均为最早优先权日所在年，中国专利申请所述年份为实际申请日所在年。

给了赛诺菲。

赛诺菲接手后，在人胰岛素分子结构的 B 链上又进行了一系列的结构改进，最终通过 B 链羧基末端增加了两个精氨酸实现了长效效果，从而形成了目前上市的甘精胰岛素——来得时®。原研药企于 1988 年 11 月 8 日申请了 DE3837825 的专利申请，该专利在实施例中公开了包括式为 Gly（A21）- human Insulin Arg（B31）- Arf（B32）- OH 的人胰岛素类似物，即甘精胰岛素，在 B 链末段增加了两个精氨酸，即添加了 Arg（B31）- Arg（B32）- OH 的胰岛素类似物显示了稳定长效的血糖控制效果，即显示出作为基础胰岛素的可能性。通过上述氨基酸结构的改进，改变了胰岛素的等电点（pH = 5.4~6.7），这使甘精胰岛素在酸性溶液（pH = 4.0）中完全溶解，保持结构稳定；在中性溶液中溶解度很低，注射到皮下组织（pH = 7.4）后可形成细小的胰岛素微沉淀物，可延长吸收和作用时间❶，这一改变显著改善了甘精胰岛素的生物活性，并使其六聚体结构更稳定，可较慢持续地释放药物，不产生血浆峰浓度值，药物释放比传统胰岛素制剂更接近正常基础的人胰岛素，同时在夜间发生低血糖的概率较低。由此可见，作为销售额最高的胰岛素类药物来得时®，其市场地位是凭借着良好的治疗效果从而得到医患认可的。分子结构得到专利保护后，赛诺菲并没有很快提出与甘精胰岛素相关的其他专利，而是经过了长达十年的研发期，直到 1999 年，才申请了与分子专利配套的制剂专利（EP10178882），完成了从甘精胰岛素分子到甘精胰岛素药物的华美蜕变。

当有了分子专利和制剂专利的共同保护之后，赛诺菲再次进入了十年沉寂期。直到 2006 年，距离来得时® 分子专利到期已不足 7 年，跟随者开始或者准备行动时，赛诺菲才重新启动了专利布局，用产品的更新换代应对即将到来的专利悬崖。能否在甘精胰岛素的基础上，进行再进一步的结构改进，从而获得具有更好的治疗效果的类似物，是赛诺菲应对即将到来的专利悬崖的技术研发思路之一。

首先，在 2006 年申请的 EP07785902 中对甘精胰岛素 B 链末端进行了酰胺化，即改造为 Gly（A21），Arg（B31），Arg（B32）- NH₂ 人胰岛素。酰胺化的甘精胰岛素相比普通甘精胰岛素具有开始作用平缓且没有明显血糖低值的特点，药效更为平缓，减少了低血糖事件的发生。这对于长效胰岛素来说，是更进一步的效果改进。此后对甘精胰岛素氨基酸序列的突变改造也都延续了 N 末端酰胺化的技术路线。由此可见，B 链末端酰胺化的效果得到了验证，是原研药企对甘精胰岛素进行分子改造的第一个方向。

随后，赛诺菲开始在酰胺化的甘精胰岛素的基础上作出进一步的结构改进，提出了 A8 位点的突变，以及在 A8 位点突变为组氨酸的基础上再进一步对氨基酸进行突变改造，从大量的突变体中筛选获得了比甘精效果更好突变体，并完成了配套制剂的研发。这是原研药企对甘精胰岛素分子改造的第二个方向。DE102008003566 中公开了多

---

❶ Rather RE, Hirsch IB, Neifing JL, et al. Less hypoglycemia with insulin glargine in intensive insulin therapy for typed diabetes [J]. Diabetes Care, 2000, 23 (5): 639 – 643.

个甘精胰岛素类似物，并验证了其中两个类似物的功能。其中之一是将甘精胰岛素的A8位突变为组氨酸（His），从而获得了式为His（A8），Gly（A21），Arg（B31），Arg（B32）-NH$_2$人胰岛素类似物（研发代号YKL203）的甘精胰岛素类似物，另一个则是在YKL203的基础上进一步进行结构改进，在A链的N端再增加一个精氨酸的甘精胰岛素类似物，从而获得了式为Arg（A0），His（A8），Gly（A21），Arg（B31），Arg（B32）-NH$_2$的人胰岛素类似物（研发代号YKL202）。相较于甘精胰岛素，这两种胰岛素类似物具有作用开始延迟、作用持续时间更长且均一的特点。之后，DE102008003568中又公开了在YKL202的基础上，再增加A15和A18两个突变，从而获得了式为Arg（A0），His（A8），Glu（A15），Asp（A18），Gly（A21），Arg（B31），Arg（B32）-NH$_2$人胰岛素类似物（研发代码YKL205），其与甘精胰岛素相比，延迟了作用开始并使作用持续时间更长且均一，低血糖事件更少，并且在锌含量较高时，维持时长超过24小时的技术效果。

由此可见，在甘精胰岛素的基础上，赛诺菲尝试着对其进行分子结构的改进以获得新的突破，其中，胰岛素A链的第8位应该是赛诺菲较为看好的关键位点，其在此基础上，还进一步对A链的其他位点进行突变改造以期获得超延迟时效的胰岛素类似物。

对于赛诺菲而言，虽然没有任何对甘精胰岛素的序列突变类似物进入产业生产和市场，但是由于药品研发周期较长，分子专利的提前布局和产品上市时间的时间差往往长达8~10年，甘精胰岛素A8位突变体是否会成为下一个胰岛素类似物产品的"巨星"仍未可知。但是，对于原研药企而言，除了对上述突变体的分子提出专利保护（DE102008003566和DE102008003568）之外，还对其制剂（AU2010270325）进行了申请和保护，不难看出企业对每一个改进的重视程度以及专利先行的布局策略。即使短期内没有重磅产品的上市，这肯定与原研药企的专利、产业策略和布局相关，但是我们仍然可以对甘精胰岛素的序列和结构改造的成效拭目以待。

之后，WO2014EP56496还公开了在甘精胰岛素的基础上，将B32和/或B31位的精氨酸突变为D-精氨酸，以增加胰岛素类似物的血清稳定性，可见赛诺菲也在尝试利用氨基酸的对映异构体进一步拓宽结构改进的思路，但目前该国际申请尚未进入任何国家阶段。

除此之外，赛诺菲还就胰岛素前体的连接肽（DE102004015965）以及胰岛素制剂中衔接缀合物（WO2010EP61160）进行了技术探索和改进，其中，WO2010EP61160公开了将胰岛素通过共价连接到聚合物凝胶形成的贮药库中，利用衔接物将胰岛素与非生物活性物质的大分子连接从而形成缓释的药物分子，能够维持更长效（至少80小时）的稳定治疗活性。这一结合了制剂和衔接缀合物的产品取得了超长效的效果。

通过赛诺菲的上述研发过程，可以看出，对于胰岛素这一结构和功能都十分清楚的小分子肽而言，想对其作出卓有成效的序列改造是非常困难的，但赛诺菲仍然通过大量的突变体筛选方式寻找到了关键的A8位点突变，并通过酰胺化、对映异构体替换、缀合物凝胶化开拓出了除氨基酸突变以外的其他结构改进方式，由此可见胰岛素分子结构改造仍有可为的空间。

2）制剂改进成功接力

通过甘精胰岛素产品上市之前的专利申请可见，除了分子专利之外，对于药物而言，制剂专利保护效果基本与分子专利效果类似。在原研药企对甘精胰岛素的接力研发可见，当没有新的药物分子推出时，从应用角度对制剂改进首当其冲。

胰岛素需要被患者随身携带，因此要求在常温及体温下稳定。作为皮下注射剂，需要与皮下pH值相近，而且保持澄清，聚集沉淀会堵塞针头。早期的观点认为胰岛素在酸性条件下稳定，这是由于早期的商品胰岛素中含有定量的蛋白水解酶，酸性条件可抑制水解酶对胰岛素的降解。随着胰岛素纯化技术的提高，胰岛素制品中水解酶的含量已大大降低，此时水解酶对胰岛素的降解已变成次要因素，而胰岛素在酸性溶液中不稳定，主要是引起A21位天门冬酰胺的脱氨基反应，从而导致胰岛素的活性降低和不均一性增加则变成主要因素。而甘精胰岛素在A21位突变为甘氨酸，在一定程度上克服了在酸性溶液中不稳定的技术问题，使得胰岛素的作用时间有效延长，形成了"长效胰岛素"。EP10178842中通过加入聚山梨酯-20或聚山梨酯-80制成酸性胰岛素制剂，在分子专利的基础上，从制剂的角度进一步完善了对甘精胰岛素药物的专利保护。该专利进入了中国，其分案申请获得了授权。

2009年，赛诺菲对甘精胰岛素的序列改造后的甘精胰岛素类似物也申请了相应的制剂保护。AU2010270325就研发代码为YKL202（式为Arg（A0），His（A8），Gly（A21），Arg（B31），Arg（B32）-NH$_2$）的人胰岛素类似物和甲硫氨酸的含水药物制剂申请了专利；WO2010EP59436就研发代码为YKL202、YKL203（式为His（A8），Gly（A21），Arg（B31），Arg（B32）-NH$_2$）和YKL205（式为Arg（A0），His（A8），Glu（A15），Asp（A18），Gly（A21），Arg（B31），Arg（B32）-NH$_2$）的人胰岛素类似物和甲硫氨酸的含水药物制剂申请了专利，EP10730441就研发代码为YKL202、YKL203和YKL205的人胰岛素类似物申请了粉针剂型的专利，具体公开了固态的甘精胰岛素类似物和溶剂分别包装，使用时再混合成水剂，这样使胰岛素类似物更利于保存和运输。随后，AU2010270325就人胰岛素类似物YKL202又进一步申请了含有甲硫氨酸的水性制剂的专利。可以看出，在这一时期，赛诺菲的制剂专利中，多次使用到了甲硫氨酸。

虽然赛诺菲对甘精胰岛素序列改进所得到的突变体已经完成了从分子专利到制剂专利的布局，也许是由于在后续研发中发现其效果未能达到预期，也许是出于企业的商业策略考虑，赛诺菲并没有将相关序列改造的升级产品投入市场，而是选择了保持甘精胰岛素分子不变，仅改进制剂产品的路径。

赛诺菲于2010年和2013年提交了两项申请。US2014142205562要求了包含200～1000U/ml（等摩尔于200～1000IU人胰岛素）的甘精胰岛素的水性制剂及其用途，优选300U，且相比浓度为100U的甘精胰岛素制剂，降血糖时间-作用分布具有更平坦和延长的活性变化。WO2014EP56498要求了包含200～1000U/ml（等摩尔于200～1000IU人胰岛素）的甘精胰岛素的水性制剂及其用途，优选300U，且实施例中公开了更多药效实验，同时还公开了该水性制剂可以和 Exendin-4 类 GLP-1 受体激动剂联用。

上述两项专利产品相比较来得时® 而言，其核心改进点为增加了甘精胰岛素的浓度，从 100U/mL 增加到 300U/mL，并适应性地对制剂其他组分进行了调整。对于浓度的增加，其效果不可小觑，赛诺菲的后期临床试验数据显示，U300 与来得时® 相比，在控制血糖水平方面有更好的效果，并且低血糖事件的发生率也更低。该产品已于今年上半年相继获得美国、欧盟、加拿大批准。近日，该产品成功获得首个亚洲国家——日本批准，将以品牌名 Lantus XR 销售；而在美国和欧洲市场中，U300 以品牌名 Toujeo® 销售。由于来得时® 的专利已于 2015 年 2 月到期，礼来的来得时® 仿制药 Basaglar® 已在欧盟上市；同时，礼来新一代基础胰岛素 Peglispro 原计划 2015 年首季度向美国及欧盟提交申请，但在 2015 年 2 月因药物安全性推迟，可能要到 2016 年才会提交。不过，诺和诺德的新一代胰岛素 Tresiba® 已在 FDA 获批。因此，U300 成了赛诺菲在长效胰岛素市场上接力来得时®，对抗其他巨头，稳固霸主地位的有力武器。

我们认为，赛诺菲之所以选择了以活性成分含量改变为核心的 Toujeo® 作为来得时® 的接力者，而非其他替代产品，很可能是考虑到来得时® 的安全性已经被证实，市场接受度高，药物审批程序更简捷，药效结果更易接受，因而选择了对改变最少的方案作为升级产品。

除了前面提到的甲硫氨酸以外，赛诺菲还关注了以环糊精类物质为辅料的制剂改进，也取得了不错的技术效果。并于 2010 年前后申请了 3 项专利，分别为 WO2011EP58081、WO2011EP70160 和 WO2011EP70371，内容涉及甘精胰岛素与环糊精类产品联用制备药物制剂以增强甘精胰岛素的药代动力学，都获得了更好的药理、药代动力学性质的技术效果，较少了药物毒性，甚至能够以更为缓释的方式维持血糖稳定。环糊精能够帮助其他分子形成包涵体，因此具有缓释等药代动力学效果。WO2011EP58081 公开了以磺丁基醚 7-β-环糊精作为辅料，增加了甘精胰岛素的药代动力学性质、生物药效率并减少了药物毒性；WO2010EP70160 公开了以糖醇-β-环糊精（100nM）作为辅料，增加了甘精胰岛素的药代动力学性质；WO2011EP58081 公开了以磺丁基醚 4-β-环糊精作为辅料，可以更好地维持血糖稳定。

此外，EP02729985 涉及无锌或低锌的甘精胰岛素制剂，其技术手段也是采取加入表面活性剂，但制剂溶液呈中性或弱碱性，所达到的技术效果也是维持胰岛素或其类似物的稳定性；以及 US20140925472P 涉及含有锌离子和鱼精蛋白这两种常规胰岛素稳定剂的药物制剂的专利。

综合来看，赛诺菲在进行分子结构改进的同时，也在试图通过制剂的改进，提高甘精胰岛素的疗效，尝试了多种辅料，其中甲硫氨酸和环糊精类化合物是其主要的关注方向。

3）联合用药协同增效

因 II 型糖尿病是进展性的疾病，多数患者在采用单一的口服降糖药物治疗一段时间后都可出现治疗效果的下降。因此常采用两种不同作用机制的口服降糖药物进行联合治疗。如果口服降糖药物的联合治疗仍不能有效地控制血糖，可采用胰岛素与一种口服降糖药物联合治疗或三种降糖药物之间的联合应用。由于胰岛素类药物和其他糖尿病类药物的联合使用已是常规操作手段，那么甘精胰岛素的药物联用研究也是水到渠成的。赛诺菲在甘精胰岛素的药物联用领域共申请了14项专利，可以窥见，采用联合用药形式，增强胰岛素的治疗效果，已成为赛诺菲针对糖尿病药物治疗的新的研发重点之一。早在1998年，赛诺菲就提交了申请WO1999EP03490，要求保护一种具有增强的锌结合力的胰岛素类似物与甘精胰岛素联用的技术方案。虽然药物联用已成为制药领域的常规研发思路，但结合血糖代谢和胰岛素作用机理，选择哪些药物联合使用，如何能够产生更高的治疗效果才是真正的问题。

随着对Ⅱ型糖尿病病理生理机制的更深入认识，基于肠促胰岛素（Incretins）的药物因具有能够恢复和改善胰岛α细胞和β细胞功能、重建胰岛素和胰高血糖素间的平衡等特点而成为医药领域的研究热点之一。这类药物主要包括GLP-1受体激动剂和DPP-Ⅳ抑制剂，目前已获准用于Ⅱ型糖尿病的单药和联合治疗。Lixisenatide（利司那肽）是赛诺菲开发的GLP-1激动剂类药物，欧盟委员会于2013年2月初率先批准，随后FDA也接受了该药的上市申请。利司那肽具有显著的餐后血糖降低作用，与基础胰岛素的空腹血糖（FPG）降低作用互补，可以说，利司那肽就是为甘精胰岛素量身定做的GLP-1类药物，二者同为赛诺菲的旗下产品，相互联用已成必然。

2008年，赛诺菲提交的德国专利申请DE102008051834中涉及了含有甘精胰岛素与GLP-1受体激动剂的药物组合物，其中GLP-1受体激动剂是desPro36-exendin-4(1-39)-Lys6-NH2，即利司那肽。2009~2013年的10项申请均是甘精胰岛素与利司那肽联合用药，或甘精胰岛素与利司那肽和二甲双胍联合用药。其中WO2009EP63195公开了包含胰岛素类似物甘精胰岛素与GLP-1受体激动剂利司那肽联合使用的药物组合物（该申请要求DE102008051834作为优先权之一）；US20090617805公开了包含利司那肽或/和其药用盐、基础胰岛素或/和其药用盐和二甲双胍或/和其药用盐的药物组合物；JP2009259480公开了包含利司那肽或/和其药用盐、基础胰岛素或/和其药用盐和二甲双胍或/和其药用盐的药物组合物；EP10776998公开了包含利司那肽、甘精胰岛素和甲硫氨酸的药物组合物；EP10164368公开了包括GLP-1受体激动剂利司那肽和甘精胰岛素的药物组合物；KR20090109765公开了包括利司那肽或其盐，二甲双胍或其盐和甘精胰岛素或其盐的药物组合物；WO2012EP71271公开了包括利司那肽（AVE0010）或/和其药学可接受盐、甘精胰岛素或/和其药学可接受盐和二甲双胍或/和其药学可接受盐的药物组合物；WO2012EP58749公开了包含利司那肽或/和其药用盐、基础胰岛素或/和其药用盐和任选的二甲双胍或/和其药用盐的药物组合物，其中基础胰岛素是甘精胰岛素；US201414303895公开了包括利司那肽和甘精胰岛素的药物组合物；AU2009238271公开了利司那肽、甘精胰岛素和二甲双胍联合使用，三者每天的使用量分别是利司那肽10~15μg/剂量，甘精胰岛素至少10U/天，二甲双胍至少1.5g/天；EP11723919公开了利司那肽与甘精胰岛素联合用药，限定了组合物中利司那肽和甘精胰岛素的含量配比，以及使用浓度，甘精胰岛素0.25~1.5U/kg，利司那肽

0.05～0.5μg/kg。赛诺菲对利司那肽和甘精胰岛素联合使用的复方药物已经进入临床实验阶段，据称，已准备进入FDA优先审批程序。由此不难看出，专利布局数量反映了研发重点和上市产品的关系。这一联用复方药物能否延续来得时®的霸主地位尚不得而知，但其无疑也是赛诺菲想打好的一张王牌。

此外，WO2011EP55823还公开了用于治疗糖尿病的包括胰岛素和siRNA的嵌合组合物，胰岛素类似物可以是甘精胰岛素，发明点在于将二者共价连接的连接物（Linker），该连接物的结构通式为（X1）q-（L1）p-（D）d-（L2）r（X2）s-（Y1）tZ）。

赛诺菲申请的14项联用专利中，6项是甘精胰岛素与利司那肽联合使用，6项是甘精胰岛素与利司那肽、二甲双胍联合使用。由此也可看出，赛诺菲仅仅将自家研发的"新"药利司那肽和"老"药来得时®双剑合璧，并未涉及其他热门的GLP-1类产品或DPP-Ⅳ类产品，至多与"老药"二甲双胍联用，既规避了侵权风险，又开拓了联用使用方案，还加强了自身产品的交叉保护。

赛诺菲在不同种类新药研发的基础上，还着眼于药物作用机理和药物联用。这对自身研发产品的组合保护而言，是十分有利的，将不同的药品专利布局网通过连用的方式交织在一起，形成覆盖各类糖尿病药物的大网，即使重点重磅产品专利到期，仍有联用新药物组合物跟上，当新的药物组合物取得了更好的临床效果时，也无形中更有效地延长重磅药的专利保护期阻止专利悬崖的到来，终其所向，无外乎获得更强大的市场竞争力。

对于具有较强研发实力大型药企而言，当其不止具备一种针对某一适应症的产品时，对具有自主知识产权的产品进行联用进而申请专利保护不失为一种很好的保护策略，能有效延长产品保护期限，更能把重点产品一维的点连成二维的线或者面，这是大型医药企业常用的成熟专利保护策略。但是对于小型医药企业来说，往往不具备较强的研发实力，但是可以对某类仿制产品进行新的联合使用的开发，这有可能带来交叉许可或者专利权转让等，为企业发展和拓宽市场带来更好的机会。

4）制备方法保密为主

甘精胰岛素属于重组人胰岛素类似物，常规的制备方法即重组发酵。赛诺菲就甘精胰岛素的制备方法提出的专利申请数量并不多。

人胰岛素蛋白具有两条氨基酸链，总共具有51个氨基酸残基。两条氨基酸链中含有6个半胱氨酸残基，每两个半胱氨酸残基通过二硫键彼此连接。具有活性的人胰岛素，其A链和B链通过两个胱氨酸键连接。从统计学看有15种连接方式，但实际只有一种连接有活性。因而其制备方法专利主要围绕着提高活性产物的产量。

传统的重组胰岛素制备是以大肠杆菌为宿主菌进行重组表达，一般步骤为微生物发酵—细胞破碎—融合蛋白分离—卤化氰裂解融合蛋白—含有胰岛素原序列的裂解产物的分离—S-磺酸基对胰岛素原中胱氨酸残基的保护—S-磺酸基的色谱提纯—正确键合的胱氨酸键的形成—胰岛素原的脱盐—含有正确键合的胱氨酸键的胰岛素原的色谱提纯—胰岛素原溶液的浓缩—胰岛素原浓缩溶液的色谱提纯—酶裂解胰岛素原以获得人胰岛素—所获得的人胰岛素的色谱提纯。该方法由于步骤较多且每一提纯步骤中都有产物损失,结果导致胰岛素的产率很低。1997 年申请的 EP0906918 中公开了利用半胱氨酸或盐酸半胱氨酸以及尿素使胰岛素前体发生正确折叠,从而提高正确折叠的前体的产率,并减少折叠反应所需的时间。2005 年的申请 WO2006EP08380 中公开了一种新型猪胰蛋白酶变体 Ser172Ala,用于切割前胰岛素原,应用于胰岛素、胰岛素类似物,特别是甘精胰岛素的制备,获得了重组产物产量提高的效果,该项申请也在中国、欧洲、美国、日本、韩国五局都获得了授权。2006 年申请的 EP07785903 提供了甘精胰岛素的制备方法,将被酰胺化或用 Boc 保护基 C-末端保护的精氨酸,在具有胰蛋白酶的生物学活性的酶存在时被添加到 Gly(A21),Arg(B31)末尾,从而产生受保护的末端残基,进而制备胰岛素。该申请在中国、欧洲、美国、日本、韩国五局都获得了授权。DE102004015965 则公开了一种生产正确连接半胱氨酸桥的甘精胰岛素前体的方法,其在美国、日本、欧洲三局都获得了授权。

从数量上看,涉及甘精胰岛素制备方法的专利较少,这极有可能是申请人提出该类型申请的动力不足。究其原因,大致有以下两个方面:一方面,重组多肽的制备方法属于一项基础平台技术,其不仅适用于胰岛素乃至甘精胰岛素的制备,也适用于多种生物大分子的制备,而且能够广泛应用于医药生物领域的其他技术分支、生物制品,如医用蛋白、疫苗等的制备。一旦基础性技术平台搭建完备之后,对于其他技术分支比较容易举一反三、触类旁通,因而特定针对甘精胰岛素的技术改进并不多。另一方面,专利制度对信息公开有着严格的规定,使得具体的制备方法一旦公开,竞争对手便可以进行分析利用,对方法进行重复;然而对于重组技术和发酵技术而言,侵权人的"侵权"生产行为往往仅发生在自己的实验室、车间和厂房,专利权人很难获得相应的侵权证据,一旦发生专利权纠纷,专利权人将面临举证困难的问题,进而难以使法院作出对专利权人有利的判决,即方法专利的侵权可显示度较低。

因此,在专利保护之外,商业秘密成了另一种技术保护策略。虽然专利制度的核心是以公开换取保护,但这并不意味着全部技术,包括核心技术、技术秘密等必须毫无保留的作出公开。专利法对于产品的保护是绝对保护,只有多维度、渐进式的专利申请才能够最大限度地保护申请人或发明人的利益。在甘精胰岛素制备方法这一领域,可以看出,甘精胰岛素的改进产品、剂型改进以及药物联用领域申请量都比较大,但是对于产品的制备方法的申请量则较少。二者反差可以看出,赛诺菲为实现利益最大化而采取的"公开"与"隐蔽"并重的技术保护策略。赛诺菲公开了甘精胰岛素的结构信息,但是竞争对手或仿制药企却难以洞悉赛诺菲制备甘精胰岛素的生产工艺。这不但有利于成本控制,更有利于质量控制,例如拜耳的拜阿斯匹灵就是最好的例子。这使得"来得时®"比同类产品(如"长秀霖®"等)具有更好的临床效果,这无形中提高了仿制的技术门槛,增加了原研药的利润空间。

就赛诺菲申请的与甘精胰岛素相关的制备方法类专利来看,原研药企并没有涉及发酵培养方法和重组技术等具体生产技术指标的申请,仅就甘精胰岛素前体的制备、末端氨基酸残基的保护以及工业化发酵生产过程中切割前胰岛素原的胰蛋白酶等方面申请了专利。其中,胰岛素前体的制备、在 B 链末端增加氨基酸保护残基是针对甘精胰岛素本身的特定制备方法，而突变的胰蛋白酶则是针对所有重组胰岛素或胰岛素类似物的制备方法。从这三个申请可以看出，作为赛诺菲对甘精胰岛素专利布局的一部分，其主要是以制备过程中使用的保护剂和酶为着眼点对制备工艺进行保护，既实现了保护关键性的制备方法，同时也没有公开制备方法中例如工艺参数等技术秘密，这也为仿制药企实施跟随战略带来了难度。

5）用药方案偶有申请

作为一个新产品，赛诺菲对甘精胰岛素的专利布局历程自然没有错过用药方案这一环节。但是对于用药方案而言，由于主题涉及疾病的诊断和治疗方法，出于人道主义的考虑和社会伦理的原因，医生在诊断和治疗过程中应当有选择各种方法和条件的自由；另外，这类方法直接以有生命的人体或动物体为实施对象，无法在产业上利用，因此这一主题在很多国家和地区都不能被授予专利权。因此，这一类型的专利申请量不大，其中还包括了甘精胰岛素和其他药物联用时的剂量控制的方案。

由表 3-2-1 可见，2003 年，赛诺菲就甘精胰岛素的有效施用剂量进行了申请（EP13155801），在美国获得了授权。2009～2010 年，赛诺菲就利司那肽与甘精胰岛素的联用以及利司那肽、甘精胰岛素与二甲双胍的联用申请了两项专利（AU2009238271 和 EP11723919），其中具体限定了有效成分的施用剂量或浓度。2012 年以后，赛诺菲的用药方案回归甘精胰岛素本身，将目光着眼于药物用途这一药物领域常见的保护方式。首先将甘精胰岛素用作治疗早期 Ⅱ 型糖尿病的初始胰岛素类药物（WO2012EP74150 和 US20120624598P），而申请号为 US20120624598P 的申请还披露了甘精胰岛素可以用于治疗新发心绞痛，目前该专利在中国处于在审状态。

表 3-2-1　赛诺菲甘精胰岛素用药方案专利申请

序号	申请信息		
	申请号	最早优先权日	主要技术内容及发明点
1	EP13155801	2003-01-14	施用有效剂量的甘精胰岛素，剂量为 2~40IU/天
2	AU2009238271	2009-11-13	利司那肽、甘精胰岛素和二甲双胍联合使用，三者每天的使用量分别是，利司那肽 10~15μg/剂量，甘精胰岛素至少 10U/天，二甲双胍至少 1.5g/天
3	EP11723919	2010-05-28	利司那肽与甘精胰岛素联合用药，限定了组合物中利司那肽和甘精胰岛素的含量配比，以及施用浓度，甘精胰岛素 0.25~1.5U/kg，利司那肽 0.05~0.5μg/kg
4	WO2012EP74150	2011-12-01	将甘精胰岛素用作早期 Ⅱ 型糖尿病治疗药物，即患者虽使用过其他口服降糖药，但没有使用过其他胰岛素类药物
5	US20120624598P	2012-03-28	甘精胰岛素的给药方法，用于仅使用过口服降糖药或者未使用过药物的情况，治疗糖尿病或新发心绞痛

分析不难发现，在甘精胰岛素上市之初，为配合新药使用，就其有效施用剂量进行了保护，从方法角度加强了对早期产品的专利保护，为药品专利打造了全方位的保护。随着2008年以后的"联用热"，赛诺菲将关注点集中在已上市药品和将要上市药品的联用上，因此对于联用药物组合物的各组分剂量和施用浓度进行了重点关注，从申请量上不难发现其研发投入和力度，多角度保护联合使用的药物组合物，力图为"老药""新药"结合使用的市场扫清障碍，在发展新的结合药物组合物的同时，有效延长药物核心专利的有效保护期。随着对甘精胰岛素研发和药效研究的不断深入，赛诺菲又把关注点拉回甘精胰岛素本身，从产品用途角度转化视角，发现其不但可以用作早期Ⅱ型糖尿病的治疗，同时还对新发心绞痛有疗效，试图从新用途角度重复辉瑞万艾可®的神话。

众所周知，推出一个新药所花费的资源是惊人的：成本高达13亿美元以上，时间周期长达10～15年，但这样的高额投入却多数打了水漂——新药研发失败率高达95%。这也是制药公司对于挖掘已有小分子药物的新用途感兴趣的原因之一。老药新用在药物领域不是鲜见的现象，最著名的当属辉瑞的万艾可®产品。关于辉瑞的重磅炸弹级药物万艾可®（枸橼酸西地那非）的传奇研发经历在业内被誉为佳话。枸橼酸西地那非是一种5-磷酸二酯酶（PDE-5）抑制剂，最初作为肺动脉高压治疗药物进行开发。1998年，FDA批准上市的西地那非却用于男性勃起功能障碍的治疗。这也是目前制药行业内最为著名的"副作用"事件。在糖尿病领域，这一现象也不鲜见。在我国，二甲双胍是治疗糖尿病的一线药物，近年来的研究表明，二甲双胍除降血糖作用外，还具有抑制多种肿瘤细胞增殖的作用，包括乳腺癌、肺癌、前列腺癌、胃癌等，最新研究表明，二甲双胍甚至具有抗衰老作用。因此，赛诺菲将研发着眼于甘精胰岛素的新用途，用于新发心绞痛，对于原研药企来说，不仅是个省钱的做法，还是个聪明的选择。

此外，赛诺菲还在2013年申请了3项关于注射笔以及注射笔连接的辅助计量装置专利。目前胰岛素使用的方法主要是皮下注射，患者在自我注射的过程中，往往会因为胰岛素注射所产生的疼痛而抵触治疗。越来越多的糖尿病患者对胰岛素无痛注射技术倍加关注，无痛、安全、便捷成为胰岛素注射的最大需求。需求是市场的导向，市场又是研发的风向标。因此相应的专用注射装置——注射笔也成为了原研药企的开发对象。虽然是医药企业，但是涉及市场的相关产业领域也会成为企业的关注点，以注射甘精胰岛素为核心，全面开花的研发模式和专利策略才能使生物医药企业立于市场的不败之地。

3.2.2.2 原研药企在中国的布局

甘精胰岛素的分子专利受当时的制度影响并未能够进入中国，而相关配套的制剂专利申请也是命运多舛，2003年提出的CN03813810.7专利申请中请求保护了pH为1～6.8的酸性制剂，但最终因创造性原因未能获得授权，于2009年被驳回。之后赛诺菲并没有放弃，而是提交了复审请求并提供了一系列的相关证据，但是专利复审委员会经过审理后，于2010年作出维持驳回的复审决定，认为权利要求仍然存在创造性的缺陷，2011年赛诺菲又以上述专利申请为基础提出了分案申请CN201110056210.9，该分案几经修改后，最终于2014年获得了授权，授权的权利要求1保护了含有甘精胰岛素、5~200μg/ml的吐温-20或吐温-80，pH为3.5~4.5的药物制剂。

之后，赛诺菲围绕甘精胰岛素进行的技术研发所涉及的重要专利，在进入欧美国家布局的同时，几乎都在我国进行了专利布局（参见表3-2-2）。保护主题涵盖了新的变体及其制剂、制备方法、制药用途以及联合用药等。

表3-2-2 赛诺菲甘精胰岛素相关中国专利申请

序号	申请号	申请日	主要内容	法律状态
1	CN98117909.6	1998-08-17	甘精胰岛素制备方法，利用盐酸半胱氨酸使大肠杆菌包涵体正确折叠	有权
2	CN03152330.7	1998-08-17	CN98117909.6的分案，进一步包含了羧肽酶和胰酶，限定了胰岛素通式	有权
3	CN200610100062.5	1998-08-17	CN98117909.6的分案，限定了胰岛素的具体序列	有权
4	CN03813810.7	2003-06-05	pH为1~6.8的酸性制剂	无权
5	CN201110056210.9	2003-06-05	CN03813810.7的分案，限定为甘精胰岛素，吐温-20和吐温-80，浓度5~200μg/ml，pH为3.5~4.5	有权
6	CN200680031396.X	2006-08-26	猪胰蛋白酶变体在制备甘精胰岛素中的用途，前胰岛素原正确切除	有权
7	CN200780026138.7	2007-07-05	将A21GB31Y用精氨酸酰胺、叔丁氧羰基修饰的精氨酸（H-Arg(Boc)2-OH）转化为甘精胰岛素	有权
8	CN200980101942.6	2009-01-06	YKL202（Arg（A0）His（A8）Gly（A21）Arg（B31，B32））/YKL203（His（A8）Gly（A21）Arg（B31，B32）），降糖更平稳，持续时间更久。公开了大量的变体	有权
9	CN200980101962.3	2009-01-06	YKL205（Arg（A0）His（A8）Glu（A15）Asp（A18）Gly（A21）Arg（B31）Arg（B32）），降糖更平稳，持续时间更久，并公开了大量的其他变体	未决
10	CN200980150799.X	2009-10-09	甘精胰岛素+（GLP-1）的药物，实际完成甘精胰岛素+AVE0010（des pro36毒蜥外泌肽-4（1-39）-Lys6-NH$_2$）	未决

续表

序号	申请号	申请日	主要内容	法律状态
11	CN201310652176.0	2009-10-09	要求了甘精胰岛素+（GLP-1）的制药用途，实际完成甘精胰岛素+AVE0010（des pro36 毒蜥外泌肽-4（1-39）-Lys6-NH）	未决
12	CN201080039488.9	2010-07-02	甲硫氨酸可以提高胰岛素的稳定性，并涉及YKL205（Arg（A0）His（A8）Glu（A15）Asp（A18）Gly（A21）Arg（B31，B32））	未决
13	CN201310726246.2	2010-07-02	甲硫氨酸可以提高胰岛素的稳定性，并涉及YKL202（Arg（A0）His（A8）Gly（A21）Arg（B31，B32））/YKL203（His（A8）Gly（A21）Arg（B31，B32））	未决
15	CN201080061411.1	2010-11-11	甲硫氨酸+胰岛素（甘精）+（GLP-1）（AVE0010）	未决
16	CN201110225117.6	2011-05-019	200~1000U/ml 的甘精，不含 684U/ml（被 Nektar 公司的 WO2008013938 公开）	未决
17	CN201410220537.9	2011-05-19	CN201080061411.1 的分案，权利要求相同	未决
18	CN201410818149.0	2011-05-19	CN201080061411.1 的分案，权利要求限定为 270~330U/mL	未决
19	CN201280034316.1	2012-05-11	胰岛素+lisxisenatide（AVE0010，利司那肽）+任选二甲双胍	未决
21	CN201280065132.1	2012-10-26	甘精胰岛素+利司那肽+二甲双胍的药物组合物，包括具体给药方式	未决
22	CN201380028029.4	2013-03-28	利用甘精胰岛素降低血糖受损和糖耐受损患者进展到糖尿病、心绞痛或微血管疾病的风险	未决

其中，有9件较为有特色的专利申请：CN200980101942.6 公开了研发代码为 YKL202/YKL203 的甘精胰岛素变体；CN200980101962.3 公开了研发代码为 YKL205 的甘精胰岛素变体。在这两种变体的基础上，结合制剂辅料甲硫氨酸，CN201080039488.9 公开了甲硫氨酸与 YKL205 变体的制剂，CN201310726246.2 公开了甲硫氨酸与 YKL202/YKL203 变体的制剂；结合进入临床实验的利司那肽和甘精胰岛素的复方药物进行分析

可以发现，CN200980150799.X公开了甘精胰岛素与利司那肽组成的药物组合物，CN201310652176.0公开了甘精胰岛素和利司那肽联合用药的制药用途，CN201280034316.1公开了甘精胰岛素与利司那肽和任选的二甲双胍的药物组合物，CN201280065132.1公开了甘精胰岛素与利司那肽和二甲双胍联合用药具体给药方式，CN201080061411.1公开了甲硫氨酸与甘精胰岛素和GLP－1受体激动剂利司那肽的药物制剂。综合来看，这9件专利申请中包括了赛诺菲对甘精胰岛素改进的3个主要方向：结构突变、制剂改进（例如含有甲硫氨酸）、药物联用（例如与GLP－1受体激动剂）。这3个方向彼此之间并非是孤立地推进的，而是通过交织的方式以寻找最佳的组合，同时也利用专利组合对相似技术进行交叉覆盖，从而增强专利保护网络的密度，防止竞争对手从中占位。此外通过撰写组合物或者用途等不同的技术主题，多角度加强专利的覆盖程度，利用限定具体品种和给药方式等进行选择发明，尽可能延长实际的保护时间（参见图3－2－12）。

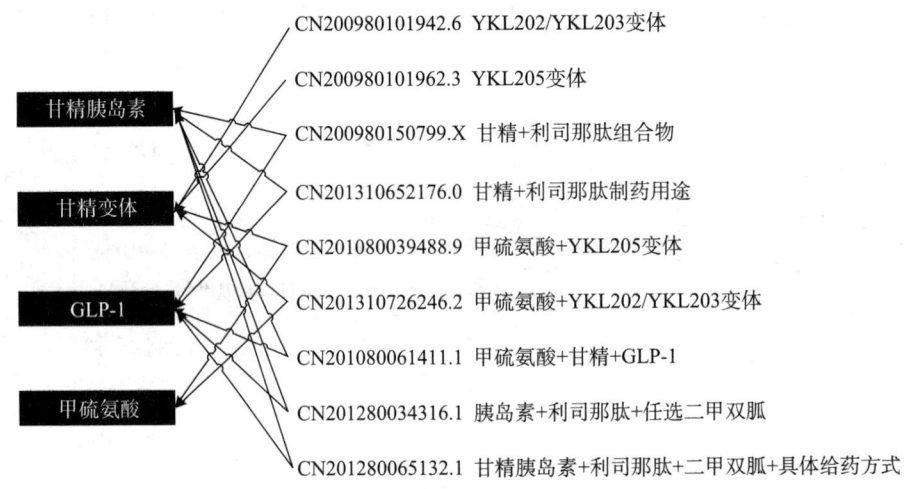

图3－2－12　赛诺菲在华申请专利的交叉保护

赛诺菲也非常善于利用专利制度不断争取权利，甘精胰岛素相关专利共有3组分案（参见图3－2－13）。第一组分案，在母案获得授权后，仍通过不断增加技术特征，对制备方法进行进一步的限定，从而获得了分案申请的授权。第二组分案，即前面提到的制剂专利，是在母案被驳回和复审维持驳回后，通过分案缩小范围，从而获得授权。第三组分案，不论母案还是分案均在审查过程中，两件分案中，其一仍然保持了与母案相同的权利要求，为后续争取更大的范围留下了充足的余地，另一件则主动将其限定为更小的范围。可以看出，赛诺菲一方面是"被动"利用分案制度，从而使授权无望的专利申请"起死回生"；另一方面，则是"主动"利用分案制度，不断缩小保护范围，搭建了层次丰富的权利要求保护网络，既保护了自身的产品，又争取了最大限度的保护范围。特别是第三组分案，在Toujeo®上市前一年，申请的分案中将胰岛素含量限定到包括300U在内的相对较窄的范围，可以看出，赛诺菲为了保护上市产品，此时的布局策略更倾向于追求权利的稳定性。

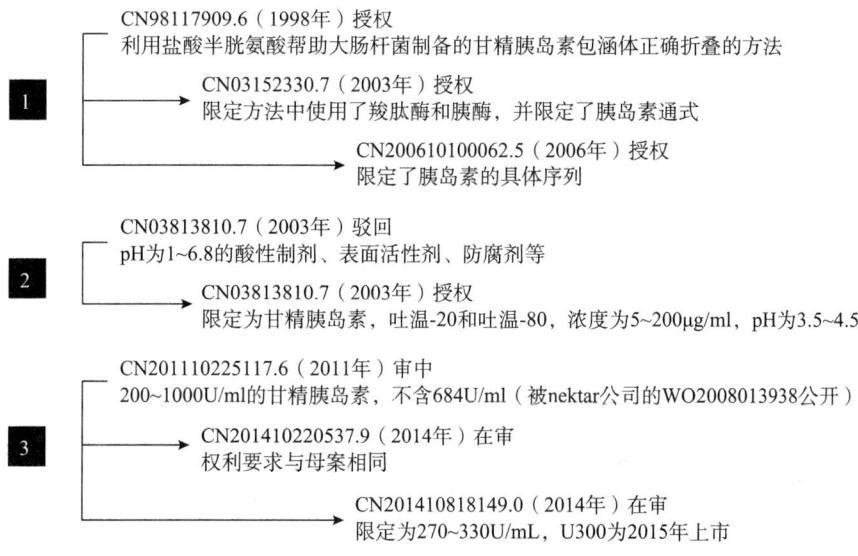

图3-2-13 赛诺菲在华申请专利的分案申请

尽管赛诺菲在我国进行了相当数量的专利布局，但仍有部分专利申请并未进入我国（参见表3-2-3），专利的地域性则决定了这部分专利技术已经或者可能成为公有技术，这为我国企业进行技术借鉴留下了发展空间。

表3-2-3 赛诺菲甘精胰岛素未进入中国专利列表

申请号	最早优先权日	主要技术内容	技术主题分类
DE3837825	1988-11-08	Gly（A21）-human Insulin Arg（B31）-Arf（B32）-OH 的人胰岛素类似物	分子专利
EP07785902	2006-07-11	酰胺化甘精胰岛素，具有开始作用平缓、没有明显的血糖低值的效果	结构改进
WO2014EP56496	2013-04-03	将甘精胰岛素 B32 和/或 B31 位的精氨酸突变为 D-精氨酸的，以增加胰岛素类似物的血清稳定性	结构改进
DE102004015965	2004-04-01	一种生产正确连接半胱氨酸桥的甘精胰岛素前体的方法	结构改进制备方法
WO2010EP59430	2009-07-06	YKL202、YKL203 和 YKL205 的固态粉针剂	制剂
WO2011EP58081	2010-05-20	甘精胰岛素与磺丁基醚 4-β-环糊精的制剂，可以更好地维持血糖稳定，使甘精胰岛素更加缓释	制剂
WO2011EP70160	2010-11-15	甘精胰岛素与糖醇-β-环糊精（100nM）制成药物配制物，其可增加甘精胰岛素的药代动力学性质	制剂

续表

申请号	最早优先权日	主要技术内容	技术主题分类
WO2011EP70371	2010-11-17	甘精胰岛素与磺丁基醚7-β-环糊精联合用药,增加甘精胰岛素的药代动力学性质、生物药效率,减少毒性	制剂
WO2014EP56498	2013-04-03	包含200~1000U/mL的甘精胰岛素的含水药物制剂及其用途,优选300U/mL,给出了更多药效数据,该制剂还可包括exendin-4类似物	制剂
US20140925472P	2014-01-09	含有锌离子和鱼精蛋白这两种常规胰岛素稳定剂的药物制剂	制剂
DE102008051834	2008-10-17	药物组合物,包含甘精胰岛素与GLP-1抑制剂利司那肽	药物联用
KR20090109765	2009-11-13	药物组合物,包括利司那肽或其盐、二甲双胍或其盐和甘精胰岛素或其盐	药物联用
US20090617805	2009-11-13	药物组合物,包含利司那肽或/和其药用盐、基础胰岛素或/和其药用盐和二甲双胍或/和其药用盐	药物联用
JP2009259480	2009-11-13	药物组合物,包含利司那肽或/和其药用盐、基础胰岛素或/和其药用盐和二甲双胍或/和其药用盐	药物联用
WO2011EP55823	2010-04-14	包括胰岛素和siRNA的嵌合组合物,胰岛素类似物可以是甘精胰岛素	药物联用
EP10164368	2010-05-28	药物组合物,包括利司那肽和甘精胰岛素	药物联用
US201414303895	2013-06-17	包括利司那肽和甘精胰岛素的药物组合物	药物联用
EP13155801	2003-01-14	施用有效剂量的甘精胰岛素,剂量为2~40IU/天	用药方案
AU2009238271	2009-11-13	利司那肽、甘精胰岛素和二甲双胍联合使用,以及用药剂量	药物联用 用药方案
EP11723919	2010-05-28	利司那肽与甘精胰岛素联合用药,以及用药剂量	药物联用 用药方案
WO2012EP74150	2011-12-01	将甘精胰岛素用作早期Ⅱ型糖尿病治疗药物	用药方案

具体而言,就分子结构改进来说,其涉及对胰岛素分子氨基酸本身改进的专利都进入了中国,即YKL202、YKL203和YKL205相关的专利。但是其在后续持续使用的末端酰胺化的专利(EP07785902)并没有进入中国。虽然除了赛诺菲外,其他企业或研发机构对甘精胰岛素氨基酸序列的改进关注都不足,但我国企业可以加强新的甘精

胰岛素衍生物的研发，从而根本上提高竞争力。

在制剂方面，与甘精胰岛素以及后续结构改进的突变体配套的相关制剂专利都完成了在我国的布局，但还有多项专利申请并未在中国布局，特别是以环糊精类作为辅料的药物制剂。这对于国内企业不啻为大好时机。由于制剂改进门槛相对较低，研发难度小，资本投入少，国内研发力量可以围绕制剂改进为核心，提高仿制药的药效和质量，参考和借鉴原研药企在环糊精类辅料方面的研发思路，开发新的辅料成分。

虽然上述专利申请中还有不少药物联用和用药方案的专利并没有在中国布局，其中也包括甘精胰岛素和利司那肽的联用形式。但是，这并非赛诺菲放弃了该技术方案在中国的权利，而是一种布局策略。因为甘精胰岛素联合利司那肽的组合疗法正是赛诺菲迎战诺和诺德的 Xultophy（德谷胰岛素/利拉鲁肽）的重要法宝，2015 年 6 月，赛诺菲甚至从美国一家小型药企 Retrophin 手中购买了一张价值 2.45 亿美元的优先审评券，并将其用在了 Lixilan 的评审上。而优先审评券可以使得 FDA 原先 10 个月的审评期缩短至 6 个月。赛诺菲肯将这张价值 2.45 亿美元的优先审评券押到 Lixilan 这款产品上，也就意味着赛诺菲对该产品寄予厚望，因而其不可能放弃在中国这样一个庞大市场上进行布局。事实上，赛诺菲就甘精胰岛素和利司那肽的联合使用进行了为数不少的专利布局，通过阅读其申请文件可知，大部分申请文件中公开的技术内容和权利要求的保护范围都较为接近。可能是出于企业商业和专利布局策略、竞争对手技术和专利实力以及各国专利制度差异的考虑，赛诺菲并没有选择让这些专利申请全部进入中国，而是选择了不同的专利申请进入不同的国家，进入中国的专利申请的保护范围中已经能够覆盖甘精胰岛素和利司那肽的联合用药方式。

3.2.3 勃林格殷格翰 & 礼来联盟

随着赛诺菲甘精胰岛素产品来得时®的核心专利于 2015 年 2 月在美国到期，原研药企迎来了重大专利悬崖。就目前市场销售额来看，已呈现"跳水"态势，这与仿制药企的奋起直追不无关系。

礼来与勃林格殷格翰于 2011 年缔结了糖尿病联盟（简称"勃 & 礼联盟"），并于 2014 年联手推出了来得时®的生物类似物 Abasria，该药物已在欧洲上市，虽然在美国药品审批过程中，被赛诺菲发起了侵权诉讼，使得目前 FDA 审理程序已经停滞，但不难看出该糖尿病联盟在甘精胰岛素这一领域对原研药企的有力威胁。

礼来在涉及甘精胰岛素的专利申请 DE69025210 中，公开了一种在 B28 和 B29 位突变的胰岛素类似物，且该胰岛素类似物可以是在甘精胰岛素的基础上进行进一步突变，但实际上，其主要的改进点在于胰岛素的 A21、B28 和 B29 位上，并没有直接给出甘精胰岛素在 B28 和 B29 位突变后的技术效果，因此其发明点不在于对甘精胰岛素的改进，而是试图获得新的胰岛素类似物（参见图 3-2-14）。该专利在中国授权后被甘李药业提出无效宣告请求，礼来在授权的权利要求中删除了其中涉及甘精胰岛素的突变位点的部分，维持了部分专利权有效（具体见本书第 6 章）。

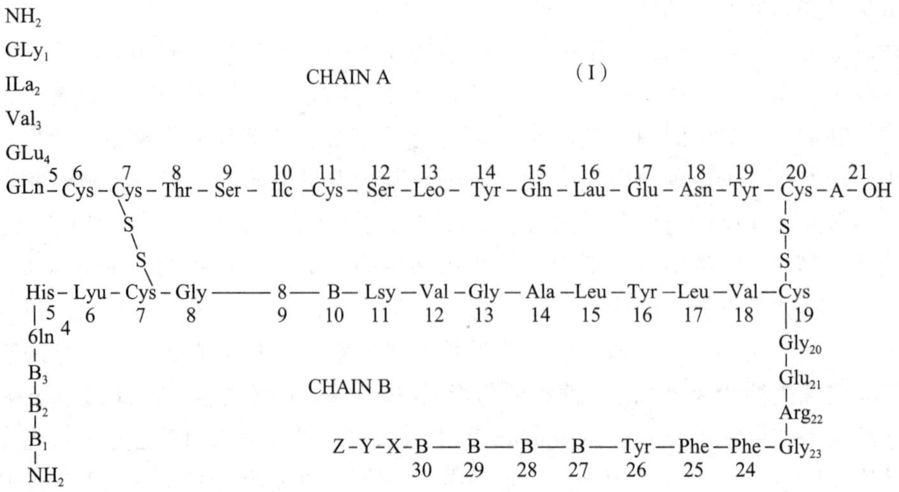

```
NH₂
GLy₁
ILa₂
Val₃                      CHAIN A              (Ⅰ)
GLu₄
   5   6     7      8      9    10    11    12    13    14   15    16    17    18   19    20    21
GLn—Cys—Cys—Thr—Ser— Ilc —Cys—Ser—Leo—Tyr—Gln—Lau—Glu—Asn—Tyr—Cys—A—OH
         |S                     |                                            |S
          \\S                                                                 |S
   His—Lyu—Cys—Gly——8——B—Lsy—Val—Gly—Ala—Leu—Tyr—Leu—Val—Cys
    |  5   6   7   8    9   10  11  12  13  14  15  16  17  18   |19
   6ln 4                                                         Gly₂₀
    |B₃                                                          Glu₂₁
    |B₂                    CHAIN B                               Arg₂₂
    |B₁           Z—Y—X—B——B——B——B—Tyr—Phe—Phe—Gly₂₃
   NH₂           30  29 28 27  26  25  24
```

图 3-2-14 礼来人胰岛素类似物突变位点示意图

勃林格殷格翰涉及甘精胰岛素的相关技术研发和专利申请中主要涉及了药物联用方面。从 2004 年开始，其共申请了 5 项涉及与甘精胰岛素联用的专利申请，其中 WO2006EP05980、WO2005EP13907 和 US201313855835 均涉及大环化合物与甘精胰岛素的联合用药的技术方案，US201113287216 涉及甘精胰岛素与 SGLT2 抑制剂的联合使用，WO2011EP60449 涉及 DPP-Ⅳ抑制剂利格列汀联合使用。利格列汀是勃&礼联盟推出的新型 DPP-Ⅳ抑制剂类重磅产品，该联盟还推出了 SGLT2 抑制剂 Empagliflozin（Jardiance），该产品已于 2014 年获批上市。

由此可见，勃&礼联盟对甘精胰岛素进行的技术研发，实质上仍然是围绕自家产品开展的研究，并非特意针对甘精胰岛素进行的改进。同时，两家也均未对甘精胰岛素制剂等其他外围专利进行布局。据此可以推测，该联盟主要是将药品品质和价格作为挑战武器，而非制剂改进等微创新。同时也可看出，通过药物联用的方式为仿制药增值也已经成为仿制药企的可行策略之一，这一策略也同样值得我国药企业学习和借鉴。特别是当仿制药企业具有自己研发的糖尿病药物产品时，利用这一策略就成了多重保护和产品增值的有效手段。

3.2.4 印度仿制商

作为全球第二人口大国和糖尿病发病国，印度在甘精胰岛素研发领域申请量排名前十位的申请人中占据了两席。同样是由于制度原因，甘精胰岛素的分子专利 DE3837825 也未在印度进行布局，因此也为印度药企开发甘精胰岛素产品提供了机会。百奥康（BIOCON）和沃克哈特（WOCKHARDT）都已经推出了各自的甘精胰岛素产品。由于印度公司在药品仿制领域通常具有较为强劲的实力，因此本课题组以这两家印度企业的专利信息为线索，梳理其技术特点和专利申请情况，以期为国内仿制企业提供技术研发和专利保护的思路。

3.2.4.1 百奥康

百奥康作为印度本土企业，致力于减少慢性疾病如糖尿病和癌症，着眼于本土市场，试图为印度患者与合作伙伴提供负担得起的医疗保健解决方案。其研制了包括世界上第一个基于毕赤酵母重组人胰岛素 INSUGEN®、甘精胰岛素类似物 BASALOG® 以及胰岛素给药装置 INSUPen®。甘精胰岛素类似物 BASALOG® 是世界上最便宜的甘精胰岛素产品（参见图3-2-15）。

```
IN2008CHE000310（2008年）
毕赤酵母发酵方法

IN2008CHE000420（2008年）
适于毕赤酵母表达的胰岛素前体序列

IN2009CHE001908（2009年）
IN2009CHE001639（2009年）        以制备方法为主
纯化方法

IN2012CHE001228（2012年）
毕赤酵母表达甘精

WO2014IB58171（2013年）
毕赤酵母发酵方法改进
```

图3-2-15 百奥康甘精胰岛素相关专利

原研企业赛诺菲推出的甘精胰岛素产品是通过大肠杆菌进行重组发酵制备获得的，众所周知，大肠杆菌作为原核表达宿主菌株，其产物会形成包涵体，无法形成正确的有活性的折叠形式，因此需要经过后续的变性、复性和纯化等一系列过程，从而导致活性产物的损失。百奥康选择了以宿主菌株的种类为突破口，从而构建了属于自己的甘精胰岛素制备方法，开发了全套基于毕赤酵母的发酵工艺，从而获得了真核表达的甘精胰岛素。其中，申请号为 IN2008CHE000310（中文同族 CN2009801120597 已授权，分案申请 CN201310522914.X 仍然在审）的专利申请涉及利用甲醇诱导型酵母中发酵产生重组蛋白的方法，其是以尿素作为补料添加剂，从而增加甘精胰岛素的产量。实验表明，当培养表达甘精胰岛素的重组酵母时，对照组仅补充甲醇并以 $8g/(L·h)$ 的给料速率补料时，发酵持续10天，最大产物浓度在10天达到 $1.03g/L$ 并稳定化；实验组向初始发酵培养基中加入 $0.1M$ 尿素，在分批运行后，甲醇连同4%尿素一起补料，发酵持续9天。最大产物浓度在9天达到 $1.75g/L$。申请号为 IN2008CHE000420 的专利申请（中文同族 CN200880127098.X 已授权）涉及新的胰岛素前体多肽序列，该序列的代表式为 X-[甘精胰岛素B链（B1~B30）]-Y-[甘精胰岛素A链（A1~A21）] 的甘精胰岛素前体，其中X是前导序列，B链是甘精胰岛素B链序列B1~B30，Y是B链和A链之间的连接肽序列，A链是甘精胰岛素的A链，该序列可以不含前导或其他前导肽。连接肽Y可以是RR、RRDADDR中任一个，经表达纯化，最终获得纯度至少为96%且含有低于1%的糖基化杂质的纯化的甘精胰岛素，从而解决了毕赤酵母体系存在的糖基化修饰影响产物构象稳定性、免疫原性、清除率等性质的问题。申请号为 IN2009CHE001908 的专利申请（中文同族 CN201080035701.9 被驳回）涉及一种利用反相高效液相色谱（RP-HPLC）纯化甘精胰岛素的方法，孔径100Å的树脂能降低胰岛素前体含量而不降低 DesB32-R 甘精胰岛素含量，从而使得甘精胰岛素类似物总体纯度约为97.5%。申请号为 IN2009CHE001639 的专利申请（中文同族 CN201080030652.X 已视撤失效）同样涉及一种反相高效液相色谱纯化甘精胰岛素的方法，限定了反相高效液相色谱的具体反应参数条件。例如，将酶促反应后的胰岛素晶体溶解在 2M HOAc 和10%乙腈中，使负载的浓度在 0.8~0.95g/L，过滤该负载时在 5.4g/L（每升树脂5.4克的胰岛素）的负载容量下负载在基于 C18 硅胶树脂的 RP 柱上，负载纯度为 35%~40%，通过该纯化手段，最终蛋白纯度为96.02%。对于80.97%的总纯度，阶段产率增加至86.7%。申请号为 IN2012CHE001228 的专利申请（未见中文同族）涉及构建的重组表达载体，具体公开了利用毕赤酵母中重组表达甘精胰岛素前体和蛋白酶，在甘精胰岛素 B 链末端过表达 Kexin 内切蛋白酶（Kex2p），该酶的启动子为甲醛脱氢酶（FLD）1启动子，在宿主中高效共表达出具有完全折叠生物活性的甘精胰岛素。申请号为 WO2014IB58171 的专利申请涉及发酵生产的新方法（未见中文同族），具体公开了在毕赤酵母中重组表达胰岛素前体时，通过控制"临界养分比 C/N"和加入大豆水解物粉及 EDTA 调控发酵过程中产物合成和降解的平衡。当提高调控临界养分比时，甘精胰岛素的胞外表达积累量增加了140%，甘精胰岛素的蛋白胞外降解量从32.3%降低到23.3%，而胞外生成量从18.2%提高到37.9%。

综上所述，百奥康申请的专利涉及甘精胰岛素表达中胰岛素前体的序列结构、重组表达载体、发酵方法和蛋白纯化等几个方面，基本上涵盖了甘精胰岛素制备方法的几个主要环节，构建了体系完整的工艺流程；且除了最新的两件专利申请以外，基本上已经在印度、美国、日本、欧洲、韩国、中国、俄罗斯等多个国家进行了同步的布局，其海外专利保护之路已经基本铺就。

3.2.4.2 沃克哈特

沃克哈特成立于1960年，是印度最大的医药和生物科技企业，提供包括药物配方、营养素产品和疫苗、活性药物成分以及生物制药等领域的产品和服务。该公司还是印度唯一获得"超级品牌"称号的医药企业。其研发的甘精胰岛素类似物正处于临床实验阶段，为了仿制药品的上市，其必然会在本国进行专利布局。

与百奥康专注于制备方法不同，沃克哈特的研发着眼点是胰岛素制剂。公开号为 IN200801056I3 的专利申请（未见中文同族）公开了使用剂量为40IU 的甘精胰岛素和注射笔。申请 WO2013IB53093（中文同族 CN201380064746.2 仍待审）公开了包含使用剂量为100IU 的甘精胰岛素与间甲酚、氯化钠、锌、甘氨酸、氢氧化钠、盐酸等的药物制剂，该制剂稳定性增强。申请 WO2013IB54286（中文同族 CN201380063726.3 仍待审）公开了包含使用剂量为100IU 的甘精胰岛素与选自氨基酸、尿素或表面活性剂的增溶剂及其他配体的药物制剂，该制剂是稳定的水性制剂。申请 WO2014IB64922（未见中文同族）公开了包含使用剂量为100IU 的甘精胰岛素100IU 与甲基丙烯酸酯及其他溶剂组成的水溶剂，通过调节等电点和 pH，使得制剂稳定，甚至可以使高浓度的甘精胰岛素（300IU）在注射后释放稳定可控。申请 WO2011IB51247（未见中文同族）公开了含有胰岛素或其类似物与植物油（芸苔或蓖麻）以及表面活性剂或其他药物成分的制剂，具有透皮或跨膜性好、稳定性高的特点。

结合第 3.2.2 节对原研药企的制剂分析可以发现，沃克哈特在原研药企之外开辟了新的制剂方式，无论是添加甘氨酸还是甲基丙烯酸酯，甚至植物油，其涵盖了原研药企 100U 和 300U 的使用剂量，又增加了新的研发亮点，不但妥善保护了自家仿制产品的剂型，又开辟了新产品的市场。

百奥康以宿主菌株为突破口，成功避开了原研厂的专利阻碍，开发了全球首个基于毕赤酵母的甘精胰岛素产品，并构建了属于自己的专利保护网络，实现了以创新为核心力量，以专利保驾护航的良性发展。而沃克哈特则以制剂组方为突破口，既沿袭了原研药已被验证的甘精胰岛素使用剂量，又开发了组成不同且更具稳定性的制剂组合物，真正地实现了"仿中有创"。

3.2.5 中国申请人

截至 2015 年 5 月 31 日，我国国内申请人提出的甘精胰岛素相关中国专利申请共计 26 件。2004 年，我国企业提出了第一件关于甘精胰岛素的中国专利申请，在随后的 10 余年里一些有志于进军甘精胰岛素市场的中国本土企业开始了技术研发和专利布局工作。

3.2.5.1 国内研发方向

与分子量大、结构复杂、技术研发史较短的单抗等其他大分子生物药物相比，胰岛素类药物的技术门槛上并不算高，仿制难度相对较低。从 2004 年第一件甘精胰岛素结构改进的专利开始，多家国内企业从结构、制备方法、制剂和药物联用等主题入手，围绕甘精胰岛素产业的各方面技术均进行了探索，共提出了 23 件涉及甘精胰岛素的专利申请。其中，2 家企业对甘精胰岛素的结构进行改造，提出了 3 件专利申请；9 家企业提出了 12 件与制备方法相关的专利申请，在总申请量中占比最大；3 家企业在制剂方面开展了研究并提出了 5 件专利申请；药物联用方面，与分子结构改进一样，相对数量较少，3 家企业分别提出了 1 件专利申请。其中，甘李药业和山东新阳光药业在制备方法、制剂和药物联用 3 个领域进行了布局（参见图 3-2-16，见文前彩色插图第 3 页）。

1）结构改进面临困境

甘精胰岛素的序列结构改进是药品改进中最为基础和核心的关键性突破，往往可以从根本上突破原研药企的专利防护，实现基础创新。但是，序列结构的改进也就意味着，胰岛素类似物药物的疗效和性质可能会大受影响，从而极大地降低了技术研发和企业发展的风险可控性，可谓是"一步天堂，一步地狱"。

尽管结构改进面临着困难和风险，但我国企业还是在这方面进行了一定的研发投入。上海生物泰首先在 2004 年提出了甘精胰岛素相关专利申请，其是将胰岛素 B 链第 23～27 位替换为 GFFYK，从而得到了免疫原性低、副作用低的类似物（公开号为 CN1699420A，以下皆为公开号）。3 年后，其又提出了申请（CN101062948A），是将去 B30 胰岛素 B22 位由碱性氨基酸突变为酸性氨基酸后得到了新的类似物，该类似物具有在生理 pH 值且浓度较高时不聚合的效果以及良好的生物利用度。然而，考虑到创新的难度与风险，很少有企业愿意投身到结构改进这一方面，因此在早期提出零星申请后，直到2014年，重庆浦诺维才在结构改进方面提出了专利申请（CN104447981A），但该专利并非在胰岛素序列本身上进行氨基酸突变，而是在胰岛素分子上加缀了缀合物 $\{[HO-(CH_2CH_2O)_n]_p-L\}_t-Y$，其中 Y 为胰岛素类似物，获得了聚乙二醇化的人胰岛素类似物，该缀合物显著地降低了聚乙二醇本身带来的免疫原性，也进一步降低了胰岛素类似物的免疫原性，对于长期用药的安全性有益。尽管同样是结构改进，但重庆浦诺维选择了对分子结构改动较小的 PEG 化路线，这条路线也是近年来礼来正在探索的改造路线，跟随国外大企业的已有经验能够有效降低研发的风险。但是追踪相关企业，目前仍未发现有新药申请，也未进行后续的研发。从该图中可以看出，近年来，国内研发重点已经从结构改进向其他方向转移，主要集中在生产方法的改良和制剂成分改进，属于在不触及分子结构的基础上，对现有药物的微创新。这可能与新结构药物开发难度和风险较大密切相关。

2）已经突破制备难关

随着药品的上市，甘精胰岛素分子结构已完全清楚，而且其分子专利申请未能在我国获权，甘精胰岛素的仿制药在我国有了良好的发展契机，然而目前国内仅有一家企业实现了相关产品的上市，这也表明我国企业在技术储备和技术创新方面仍显不足，尤其是甘精胰岛素的制备方法和制剂均在我国进行了专利布局，对我国企业的发展也造成了一定的阻碍。

制备方法作为国内企业专利的突破口，共有12件申请，是4个主题中申请量最多的主题。主要分为以下三个方面：

第一，对发酵过程进行了改进，共4件专利申请，其中3件是围绕提高产率。宜昌长江药业有限公司一方面通过向发酵培养基或培养液中添加精氨酸，为细胞表达蛋白提供前体物质，从而使重组蛋白产量提高36%及以上（CN103589767A）；另一方面则通过将甘精胰岛素前体蛋白发酵液加酸调节 pH 为1~4，然后离心取上清液即得甘精胰岛素前体蛋白，弥补了直接离心去除菌体导致目的蛋白损失的缺陷，提高了甘精胰岛素产率（CN103833828A）。而麦科罗夫（南通）生物制药有限公司则提出将柠檬酸、硫酸铁、磷酸氢二铵、磷酸二氢铵等混合，得到发酵生产甘精胰岛素前体的培养基，将菌株接种于上述培养基，实现了产量的大幅提升，达到了目前国内工业水平的10多倍（CN104726524A）。此外，该公司还另辟蹊径地开发了一种胰岛素前体的表达载体转化方法，据称在生产过程不需要抗生素，可连续培养，不需要化学诱导物（CN102628070A），但该申请最终未能获得授权。

第二，优化了发酵产物的处理。使用原核发酵系统（例如大肠杆菌）生产甘精胰岛素得到的初级产物形式是包涵体，只有将包涵体经过变性-复性后才能得到有活性的甘精胰岛素。如何通过改进复性方法提高复性效率是这一步骤的关键。相关专利共有3件，其中珠海联邦作为目前国内二代胰岛素市场上4个有能力生产重组胰岛素的国内企业之一，申请了一种甘精胰岛素前体的复性方法，将甘精胰岛素前体溶解于变性剂溶液中,加入还原剂进行还原,调节pH为9.5~11.5,控制反应体系的温度为35~45℃,反应30~60min,获得变性后的甘精胰岛素前体溶液;将变性后的甘精胰岛素前体加入稀释缓冲液中,再加入蛋白质折叠添加剂,调节pH为9.5~11.5,向溶液中持续通入空气,控制反应体系的温度0~20℃,反应2~40h,获得甘精胰岛素复性液。该申请缩短了复性反应时间,提高了正确折叠的蛋白含量,复性效率提高至51%~62%(CN103694339A)。鲁南新时代则发明了一种酶切复性方法,采用如下反应体系:缓冲液pH为8~11,温度为0~37℃,按胰蛋白酶与甘精胰岛素前体的质量比为1:1000~10000加入胰蛋白酶,反应2~40h,能使产生的甘精胰岛素量显著增加,同时显著减少副产物(CN102994600A)。

第三,改进了酶切过程和后处理。甘精胰岛素前体分子需要经过酶切过程,去掉C肽,形成由A链、B链组成的活性分子。如何提高酶切的特异性,减少不正常酶切杂质的量,是影响最终产品收率和纯度的重要因素。改进方向之一是避免错误的酶切,例如,苏州元基将B链第29位引入Nε-(叔丁氧羰基)-赖氨酸,在制备过程中加入化学官能团保护,避免产生DesB30-胰岛素(CN102504022A)。上海华谊生物技术利用氨基酸侧链保护剂使胰酶特异性识别精氨酸,在保护剂、胰酶的作用下获得带保护基团的甘精胰岛素;或者直接使用特异作用于Arg的梭菌蛋白酶或特异作用于Lys的胞内蛋白酶Lys C提高酶切特异性(CN102816785A)。上海生物泰则是在B链N端引入间隔肽YVEFK、EAEAYVEFK,避免B链N端被误切(CN1699412A)。另一改进方向则是将未酶切或错误酶切的杂质去除,例如,重庆富进在2004年提交了通过在甘精胰岛素连接肽N末端添加His标签,从而在层析过程中除去未酶切和酶切不彻底的片段的专利申请(CN1663960A)。

此外,上海一就在胰岛素前体的N端加入导肽元件MSR,在大肠杆菌表达体系中实现高表达量的表达,在转化为胰岛素类似物只需用胰蛋白酶和羧肽酶B就能释放正确折叠二硫键的胰岛素类似物分子,不使用现有技术中有害物质溴化氰(CN101519446A)。甘李药业还申请了一件关于甘精胰岛素结晶的方法,用于重组甘精胰岛素纯化后的精制(CN102219851A)。

由此可以看出,我国的企业在制备方法的改进时,主要关注了发酵步骤、变性-复性步骤和酶切步骤,核心的目标是提高活性产物的产率和收率。然而专利技术分散持有在多个不同市场主体手中,且各个技术改进点相对较为零散,未能形成如同印度仿制商百奥康成体系的完整解决方案,在制备方法方面虽然改进不断,但缺少突破性改进。当然,这也可能是由于制备方法可以通过技术秘密的方式加以保护,因此单纯基于专利信息难以判断各市场主体在制备方法改进方面的真实实力。

3)渐入制剂为王时代

随着制备方法实现了技术突破之后,近年来,我国在相关的制剂开发方面给予了更多的关注。剂型方面仍重点关注的是注射液,通过对制剂组方的改进,从而提高药品的稳定性。鲁南新时代制备的甘精胰岛素注射液中,除了含有锌和防腐剂,还加入了0.5w/v%~50w/v%PEG,并用枸橼酸调节药液的pH为3.8~4.2(CN102188367A)。

通化东宝也积极研发甘精胰岛素新制剂，申请了2项相关专利，一是通过添加锌10～100μg/mL、间甲酚1.5～3.5mg/mL、苯酚0.7～1.7mg/mL、甘油15～20mg/mL、盐酸和/或氢氧化钠及注射用水增加甘精胰岛素注射液的制剂稳定性（CN104688677A）；二是将甘油溶液分为3份，分别加入甘精胰岛素、间甲酚、氯化锌，所述甘精胰岛素-甘油溶液与间甲酚-甘油溶液混合，调节pH为3.1～3.2，再加入氯化锌-甘油溶液，调节pH为4.0，缩短了制备时间，减少了杂质，且不含表面活性剂（CN104688678A）。合肥天麦则选择了在重组甘精胰岛素注射液中加入磺丁基-β-环糊精作为增溶剂，添加量降低至常规用量的1/10时，甘精胰岛素溶解度有了显著提高。其中的重组甘精胰岛素在注射液中的浓度为50～200IU/mL，磺丁基-β-环糊精在注射液中的浓度为0.01～0.05g/mL，也解决了稳定性问题（CN104689304A）。采用环糊精类辅料也是赛诺菲近年来重点关注的方向。

此外，鲁南新时代还与众不同地制备由独立存放的重组甘精胰岛素冻干粉针和专用溶剂两部分组成的新剂型。其中，所述重组甘精胰岛素冻干粉针是将重组甘精胰岛素于西林瓶中冻干而得；专用溶剂分装于笔式注射器用中性硼硅玻璃套筒中；使用时，抽取专用溶剂，将主药溶解后，混合均匀即可使用，有效地缩短了甘精胰岛素在溶液中的存放时间，最大限度地保证了主药稳定（CN103830189A）。

综合来看，国内企业在制剂方面可谓是各走各的路，彼此之间共性少，相互独立，特点明显，这也是制剂领域本身的一般特点，但相对而言，也缺少专注于制剂方面进行系统研发的创新主体，研发成果更具实用性，而非普适性。

4）药物联用亦有涉及

不论是原研药企赛诺菲，还是追随者勃＆礼联盟，都在药物联用方面投入了大量的精力，然而通过前面的分析可以发现，其实质上都是在利用联合用药的保护形式将自家的产品与甘精胰岛素相互关联。然而，国内企业在这方面，由于少有原创型药物，因而主要是将市售不同胰岛素进行相互配合。例如，江苏万邦生化提供了一种由甘精胰岛素溶液以及赖脯胰岛素溶液混合的制剂，在无需添加过多的添加剂的情况下，仅以pH条件和酚类稳定剂就可以得到稳定的胰岛素临床应用（CN104587455A）。甘李药业也仅仅是将速效胰岛素类似物和甘精胰岛素相互组合，形成速效、长效胰岛素预混产品（CN102199206A）。但与前两者不同的是，鲁南新时代提供了一种含有胰岛素类似物和低分子肝素或它们的可药用盐的药物组合物。与单独给药相比，该发明的药物组合物在改善GK大鼠血糖、尿糖和糖化血清蛋白水平方面具有显著的优势，并具有很好的协同作用，在改善血清CRP水平、抑制补体C3激活方面也具有很好的协同作用，因此可以用于预防和/或治疗糖尿病及其并发症（CN102580060A）。

综上所述，国内企业对甘精胰岛素相关的几大主题均有涉及，但技术改进相对较为分散，研发热点先是从分子结构改造迁移到制备方法的改进，近年来又主要关注了制剂领域，总体来看，有几家企业可能已经完成了整套药品制备技术的开发，也有部分企业仍着重于前期制备方法的研发，后续制剂工艺的开发尚未启动，但总体而言，赛诺菲与甘李药业两驾马车的时代恐将结束，群雄逐鹿的时代即将来临。

其中，值得关注的有两个企业：（1）告别甘李药业的通化东宝；（2）鲁南旗下的山东新时代。

目前中国市场中，只有赛诺菲和甘李药业两家企业生产甘精胰岛素，分别占有81.6%和18.4%市场份额。1998年，甘李药业诞生，出资人分别为通化东宝、通化安泰克和甘忠如。其中，通化东宝持有甘李药业股权高达41.50%，为控股股东。2005年，甘李药业研发的重组甘精胰岛素长秀霖®上市，是中国第一支超长效人胰岛素类似物，也是全球少数几家的第三代胰岛素产品。长秀霖®的研制成功填补了国内重组胰岛素的空白，结束了中国靠引进国外胰岛素及类似物的历史。长秀霖®是甘李药业率先将先进的"分子伴侣"理论应用于生物合成人胰岛素技术的结晶，即其核心专利CN1197876C（发明名称为"含有分子内伴侣样序列的嵌合蛋白及其在胰岛素生产中的应用"，2005年授权）。同年，长秀霖®成为中国第一种打入国际市场的胰岛素类似物，甘李药业与俄罗斯企业合作，与埃及和巴基斯坦政府签订供货协议。2005年底，甘李药业研发的长秀霖®在国内上市第一年即实现销售额1000万元，几乎打破所有治疗糖尿病类药物单产品单规格单年销售额的纪录，占据中国胰岛素市场近1%的份额。2006年，甘李药业又与韩国LG株式会社合作共同向东南亚和非洲市场推广。该专利的发明人是甘李药业的创始人甘忠如，因其具有突破而在2013年获得第十五届中国专利金奖。

甘李药业在甘精胰岛素方面拥有的专利数量不多，共有2件专利申请，且仅仅是近年刚刚申请的，一件是甘精胰岛素的结晶方法（CN102219851A），另一件是甘赖脯胰岛素和甘精胰岛素的联合制剂（CN102199206A）。此外该公司还有一件关于制备胰岛素类似物中使用的重组羧肽酶B的制备方法的专利（CN102286502A）。甘李药业在生产第三代胰岛素上已经非常成熟，也是国内唯一一家能够生产销售第三代胰岛素的企业，将三巨头垄断的第三代胰岛素市场撕开一个空隙。甘李药业的PCT申请已进入美国、澳大利亚、韩国、日本、俄罗斯、欧盟等20多个国家和地区，其以自主知识产权和强大的研发实力作为后盾，通过无效、诉讼等手段，达到维权的目的。

甘李药业成立不久，甘忠如及其团队就不负众望研制出中国第一支生物合成人胰岛素注射液，并将专利（CN1197876C）卖给了通化东宝。随后，通化东宝将其命名为基因重组人胰岛素——甘舒霖®（也称"第二代胰岛素"）上市。至今，通化东宝已凭借甘舒霖®成为国内生产能力、销售额第一的胰岛素企业，也是全球少数几个产能超过3000公斤的胰岛素企业之一。2011年3月1日，通化东宝公告，称根据甘李药业上市要求，依照保荐机构关于消除同业竞争的建议，公司拟将所持有的甘李药业29.43%的股权转让给甘李药业其他股东一致认可的第三方。转让后，公司将不再持有甘李药业股权。同年4月，该笔股权转让实现，产生了3亿多元投资收益进入通化东宝当期利润，并且，通化东宝在"分家"时也为自己争得了市场空间。根据"分家"协议，此前仅拥有第二代胰岛素生产和销售权的通化东宝，将被许可使用第三代胰岛素专有技术，但于该协议签署之日起42个月内，通化东宝不得在境内外销售通过实施上述第三代胰岛素专有技术所得到的第三代胰岛素中间体、原料及制剂；同时，之前仅拥有第三代胰岛素生产和销售权的甘李药业,将被许可使用第二代胰岛素专有技术,但于本协议签署之日起42个月内,甘李药业不得在境内外销售通过实施第二代胰岛素专有技术所得到的第二代胰岛素中间体、原料及制剂。这就意味着,在2014年11月之前,通化东宝以生产和销售第二代胰岛素为主,甘李药业以生产和销售第三代胰岛素为主;但之后,也就是甘李药业上市后,理论上双方将迎来面对面的市场角逐。

在和甘李药业"分家"后的日子里,通化东宝积极研发甘精胰岛素新制剂,申请了2件甘精胰岛素的制剂专利,其中,一件使用锌、间甲酚等组分得到稳定注射剂,另一件采用特定的甘油溶液配制步骤避免使用表面活性剂。目前,42个月限制期已过,通化东宝已经完成了3个甘精胰岛素产品的报批,已经准备上市(参见表3-2-4)。

表3-2-4 通化东宝甘精胰岛素药物审批情况

药品名称	受理号码	申请类型	承办日期	企业名称	办理状态	状态开始日期
甘精胰岛素	CXSL1200107吉	新药	2013-02-19	通化东宝药业股份有限公司	制证完毕-已发批	2014-06-17
甘精胰岛素注射液	CXSL1200108吉	新药	2013-02-19	通化东宝药业股份有限公司	制证完毕-已发批	2014-06-17
甘精胰岛素注射液	CXSL1200109吉	新药	2013-02-19	通化东宝药业股份有限公司	制证完毕-已发批	2014-06-17

山东新时代隶属于鲁南制药集团,是国内申请人中申请数量最多的企业,2001~2014年共申请了4件甘精胰岛素相关专利。其中,1件为制备方法,聚焦酶切复性步骤,能使产生的甘精胰岛素量显著增加,同时显著减少副产物(CN102994600A)。2件为制剂,一件是常规的注射液,含有锌、防腐剂和PEG,pH为3.8~4.2(CN102188367A);另一件则是新剂型,由独立存放的重组甘精胰岛素冻干粉针和专用溶剂两部分组成,能够有效缩短甘精胰岛素在溶液中的存放时间,最大限度地保证主药稳定(CN103830189A)。此外,还有1件为药物联用,含有胰岛素类似物和低分子肝素或它们的可药用盐的药物组合物,可以用于预防和/或治疗糖尿病及其并发症(CN102580060A)。可以看出,虽然山东新时代甘精胰岛素相关专利技术的总数不多,但是已经完成了制备方法的开发和药物制剂的研制,具备了甘精胰岛素的生产能力;而且也已经开始进行新药报批,说明该企业已积极准备产品上市(参见表3-2-5)。

表 3-2-5 山东新时代甘精胰岛素药物审批情况

药品名称	受理号码	申请类型	承办日期	企业名称	办理状态	状态开始日期
重组甘精胰岛素注射液	CXSS1100016 鲁	新药	2011-08-31	山东新时代药业有限公司	在审评	2011-08-29

此外，还有多家国内企业已经提出了甘精胰岛素新药报批（参见表 3-2-6）。其中珠海联邦、宜宾长江（长江东阳光）的专利技术主要涉及制备方法的改进，江苏万邦生化则关注了药物联用。

表 3-2-6 国内甘精胰岛素品种新药报批情况

药品名称	受理号码	申请类型	承办日期	企业名称	办理状态	状态开始日期
甘精胰岛素注射液	CYSB1400069 粤	补充申请	2014-05-19	珠海联邦制药股份有限公司	在审评	2014-05-16
甘精胰岛素注射液	CXSS1300001 粤	新药	2013-02-27	珠海联邦制药股份有限公司	在审评	2013-02-26
甘精胰岛素	CXSS1300002 粤	新药	2013-02-27	珠海联邦制药股份有限公司	在审评	2013-02-26
重组甘精胰岛素注射液	CXSL1300007 苏	新药	2013-07-01	江苏万邦生化医药股份有限公司	在审评	2013-06-28
重组甘精胰岛素	CXSL1300006 苏	新药	2013-07-01	江苏万邦生化医药股份有限公司	在审评	2013-06-28
甘精胰岛素注射液	CXSL1400035 鄂	新药	2014-04-28	宜昌长江药业有限公司	在审评	2014-04-25
甘精胰岛素	CXSL1400034 鄂	新药	2014-04-28	宜昌长江药业有限公司	在审评	2014-04-25
重组甘精胰岛素注射液	CXSL1300053 浙	新药	2013-10-28	浙江海正药业股份有限公司	在审评	2013-10-24

3.2.5.2 国内外对比

从专利申请数量（参见图 3-2-17）来看，国外来华企业明显具有优势，外国申请人的申请量超过 70%，是国内申请人的 2 倍多，在经过了 2002~2009 年的增长期后，逐渐回落，但至 2013 年仍较国内申请人更多，2014~2015 年的申请量受 PCT 途径申请公开和进入国家阶段的影响而无参考价值。

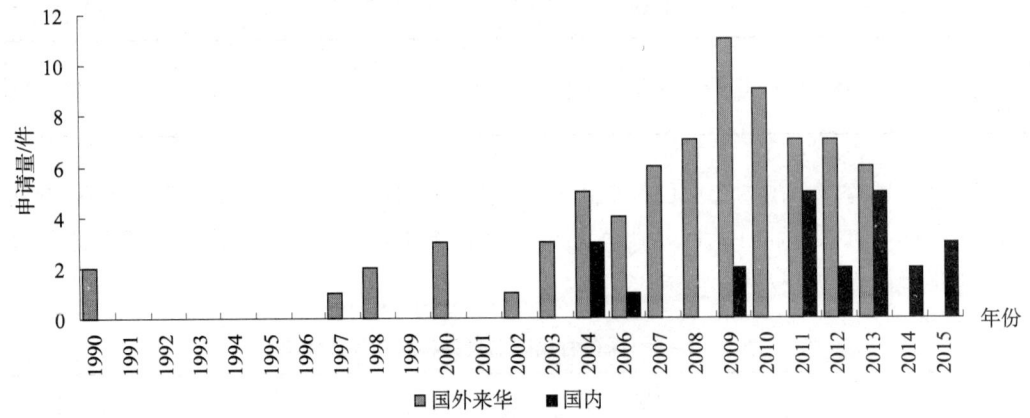

图 3-2-17　国外来华/国内申请人的中国专利申请年度分布

我国企业进入甘精胰岛素领域的时间较晚，虽在近年来有了一定数量的申请，但总体而言，与国外仍有相当的差距，短期内恐难以超越。一方面，甘精胰岛素原研药企是国外的赛诺菲，其在中国的布局在申请总量中占有相当大的比例，其他国外药企基于其在糖尿病药物领域的研发实力和甘精胰岛素在糖尿病治疗领域的商业地位，以药物联用方式进行了大量的布局，因而使得国外企业专利申请数量比较突出；另一方面，甘精胰岛素作为生物药，其生产的工艺要求较高，从分子到药品的开发历程也较一般的化学药更为复杂，国内生物药企业的技术实力尚不足以支撑其在甘精胰岛素方面有太多的创新，同时我国自主研发的糖尿病药物数量也相对较少，采用药物联用形式将甘精胰岛素纳入其中的也不多，使得国内企业与国外来华企业在申请总量方面表现出明显的落差。

从技术主题（参见图 3-2-18）来看，国外来华申请人由于甘精胰岛素研发的先发优势，在胰岛素类似物研发乃至糖尿病药物研发方面的技术实力较为雄厚，因此在结构改进和联合用药方面均占据了主动，而我国国内企业在这些方面尚不具备与之抗衡的实力。不论是国外来华申请人，还是国内申请人，对于结构改进的兴趣都在"降温"，国外来华企业转向了联合用药方面，主要是 GLP-1 受体激动剂与甘精胰岛素的配合；国内企业则转向了制备方法和制剂方面（参见图 3-2-19）。能够与国外来华申请人平分秋色的是甘精胰岛素制备方法的研发，但考虑到制备方法的可保密性以及国外企业在华布局策略等，与其说国内企业在制备方法方面已经具备了与国外来华企业一较高下的实力，倒不如说，随着甘精胰岛素欧美专利的到期，致力于开展甘精胰岛素生产的国内企业日渐增多，因而研发了各自的制备体系，从而使得国内企业在制备工艺方面有了一定数量的了专利技术储备。制剂方面，虽然目前国外来华企业仍然占据优势，随着国内企业制备工艺开发的逐渐完成，有意向推动产品上市的企业必然也会尝试研发属于自己的制剂组方，以避开原研药企尚未到期的制剂专利的影响。

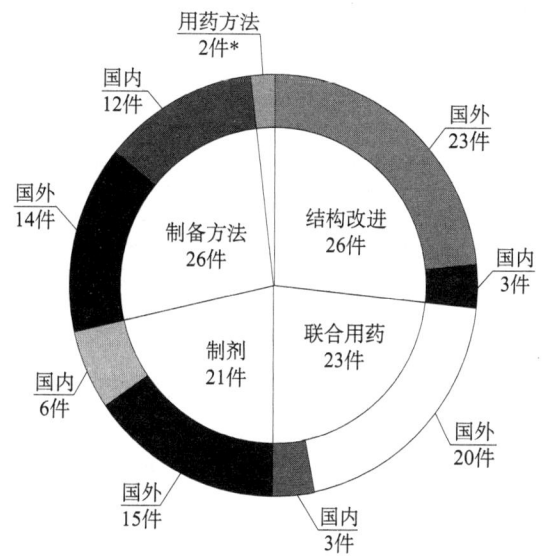

图 3-2-18 国外来华/国内申请人技术主题对比

注：* 2 件均为国外申请。

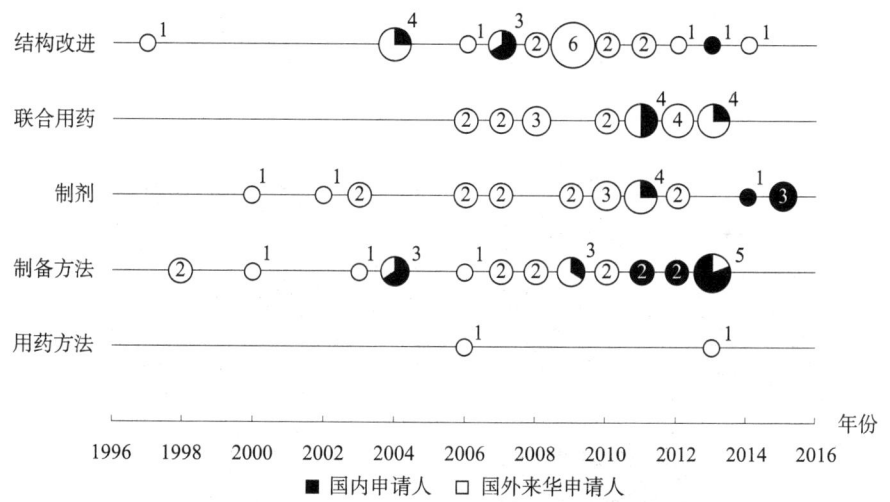

图 3-2-19 国外来华/国内专利技术主题申请分布

注：图中数字表示申请量，单位为件。

将国内企业、赛诺菲与国外追随者在各个技术主题的技术特点进行比较分析（参见表 3-2-7）可以发现，对于核心分子的结构改进，国内和其他仿制商均较少涉及，而赛诺菲则进行了持续的有计划的改进工作，这可能与新衍生物投入高、风险大有关。制备方法上，赛诺菲基本不申请专利，而是将其作为商业秘密加以保护，国内企业虽较为热衷，但均是在原有基础上的参数调整，而国外仿制商百奥康则推出了全新的制备工艺，说明我国在创新高度方面仍有追赶的空间。制剂则由于创新门槛相对较低，是国内企业研发的热点，且国内企业开发了自己独特的制剂配方，同时也在跟踪赛诺菲的环糊精类辅料。药物联用方面，赛诺菲和勃林格殷格翰都基于其拥有的其他专利药开展相关联用研究，而国内企业较少拥有新化合物专利，若申请联用形式的新药则成本与收益不相匹配，因而，主要是与其他成熟的上市产品相互联用。

表3-2-7 国内企业、赛诺菲与国外追随者对比

	国内企业	赛诺菲	追随者
结构改进	较少	有持续改进	基本不涉及
制备方法	数量多，在原有基础上改进	基本不申请	整套新的制备工艺
制剂	甘油、PEG、环糊精等多种	集中在甲硫氨酸、环糊精	未涉及
药物联用	与已上市其他药品	与自家上市药品	与自家上市药品

总体而言，对于我国甘精胰岛素生产厂家而言，机遇与威胁并存（参见图3-2-20）。一方面，赛诺菲的核心专利失效，制剂专利相对易于规避，国内市场又已经接受了国产仿制药，旺盛的市场需求需要国内产品加以满足，且国内企业在在制剂改进和制备方法优化这两个技术方向上已经具备了一定的研发实力和技术积累；另一方面，赛诺菲推出了甘精胰岛素的升级版，其他国际巨头也已推出或可能推出仿制药，从赛诺菲的专利申请来看，如果Toujeo®销量不好，还可能会推出新的效果更好的衍生物，国内企业对结构改进的研发较弱，靠品质和价格恐难以与国际巨头抗衡。

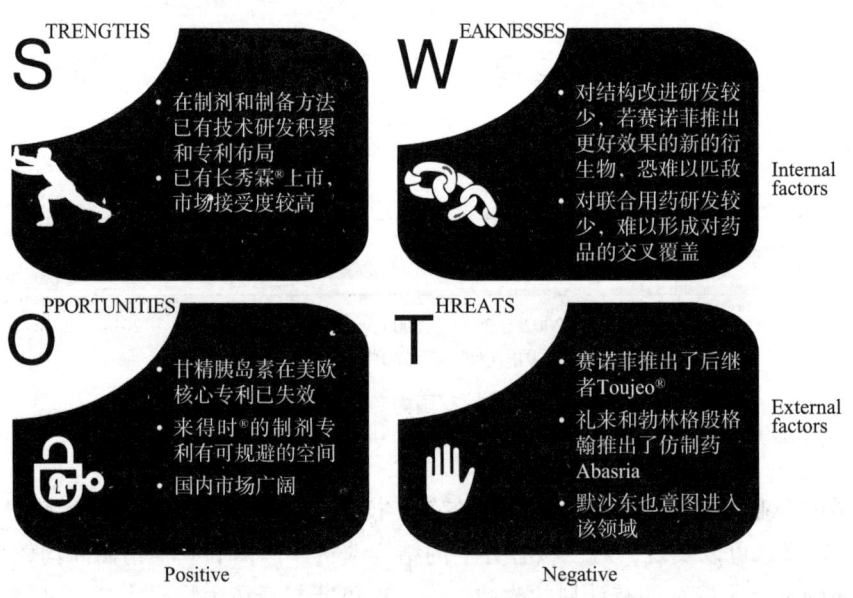

图3-2-20 甘精胰岛素领域SWOT分析

因此，结合我国实际，甘精胰岛素领域的发展可以采取"三步走"发展思路。第一步，在现有的制剂和制备方法的技术积累的基础上，以技术门槛较低的制剂改

进为核心进行研发，以提高仿制药的药效和质量为目标，实施"制剂先行"的微创新，具体可参考原研药企在环糊精类辅料方面的研发思路；第二步，对于已经具有一定技术和经济基础的企业，在第一步的基础上还应及时加大结构改进方向的研究力度，以便从根本上提高竞争力，实施"结构突围"，其中 A8 位点值得关注；第三步，对于在其他糖尿病药物上有新药研发的企业，还可以考虑开展自身产品与甘精胰岛素联合用药的研究，利用药物组合物的形式，将甘精胰岛素纳入专利控制的范围，实现"交叉保护"。

第4章 DPP-Ⅳ抑制剂专利分析

随着近年来对Ⅱ型糖尿病发病机理的深入研究和认识，DPP-Ⅳ成为治疗Ⅱ型糖尿病的新靶点，在此基础上开发的DPP-Ⅳ抑制剂具有良好的降血糖效果，不良反应轻微，不会引起体重增加及水肿，而且导致低血糖风险也非常小，其以独特的作用机制及良好的耐受性成为近年来医药界研发的热点和重点，并被广泛应用于临床治疗。近年来，DPP-Ⅳ抑制剂家族又涌现出一周口服一次的超长效药物，极大地改善了用药依从性，给需要长期用药的糖尿病患者带来了福音。DPP-Ⅳ抑制剂也越来越受到国内外制药企业重视，成为糖尿病治疗药物领域冉冉升起的新星。

本章介绍了DPP-Ⅳ抑制剂及其代表性药物的概况，重点分析了DPP-Ⅳ抑制剂的专利现状，以全球上市的首款超长效DPP-Ⅳ抑制剂——曲格列汀为例，对其专利现状、原研企业策略以及技术发展等方面进行了针对性研究，并对DPP-Ⅳ抑制剂未来的专利保护进行了展望。

4.1 DPP-Ⅳ抑制剂的重点药物情况

自2009年至今，我国相继批准引进了全球新一代DPP-Ⅳ抑制剂类药物，目前已有西格列汀、维格列汀、沙格列汀、利格列汀、阿格列汀和西格列汀双胍6个品种上市。2015年3月26日，曲格列汀琥珀酸盐（商品名Zafatek®）获日本卫生劳动福利部（MHLW）批准上市，在我国曲格列汀还没有上市。在这些DPP-Ⅳ抑制剂中，除曲格列汀可以1周内仅服用1次外，其他药物大多为每日1次或2次用药。这些小分子抑制剂对DPP-Ⅳ具有高度的亲和力，其半数抑制浓度（IC_{50}）为纳摩尔级。其中，阿格列汀、利格列汀和西格列汀通过非共价键与DPP-Ⅳ酶催化区域结合。相反，沙格列汀则通过共价键形成酶-抑制剂复合物，利格列汀的生成和分解速度均非常缓慢，即使原药已从循环系统清除后仍对DPP-Ⅳ具有抑制作用。这类口服降糖药物具有良好的耐受性、安全性及临床疗效，特别适于轻度、中度空腹高血糖症老年患者的治疗。[1]
图4-1-1是截至2014年已批准上市的5种列汀类药物的全球销售情况，销售额最高的是默沙东的西格列汀，销售额增长最快的是阿斯利康的沙格列汀。

---

[1] 贾雪冬，张俊. 五种上市DPP-4抑制剂的临床药动学比较[J]. 国外医药：抗生素分册，2014（1）：23-27.

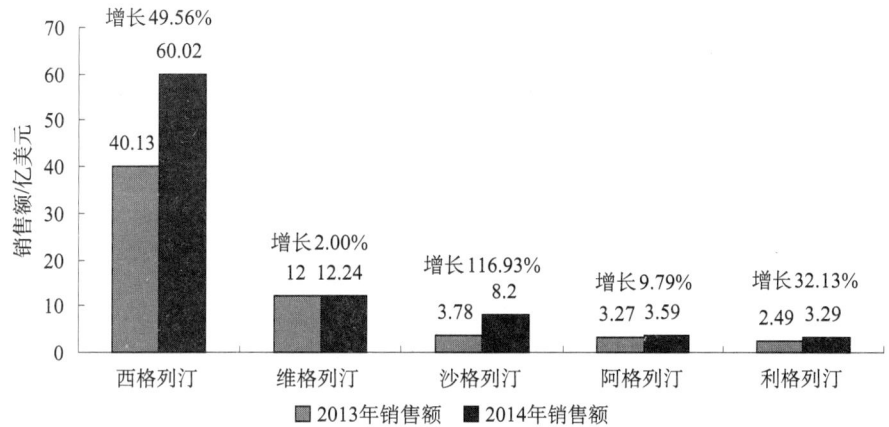

图 4-1-1　已批准上市的 5 种列汀类药物全球销售情况

注：除默沙东外，其他数据来源于各公司年报。

下面就几个重要的药品围绕其药品上市以及专利情况进行简要介绍。

4.1.1　西格列汀

2006 年 10 月 16 日，FDA 批准了默沙东的西格列汀以商品名 Januvia® 上市，该药物的化合物专利以 PCT 申请 WO03004498A1 的方式进行了公开，先后在美国、欧洲、日本及中国获得了专利权。该药物的上市距离专利申请日仅仅过去了四年左右的时间，这就意味着它有着相当长的专利保护期。随后，2007 年该产品在欧洲上市，2009 年在日本也获批上市，同年该产品获得中国国家食品和药物监督管理局批准，中国上市的药品名为捷诺维®。从此，Januvia® 在全球降糖药的主要市场陆续上市。在制药领域，开发一个产品的周期一般是十年或更长，可以看出，Januvia® 从化合物专利的申请到产品在全部药品主流市场上市仅用了 7 年时间。Januvia® 化合物专利在药品主流市场的保护情况如表 4-1-1 所示。

表 4-1-1　Januvia® 化合物专利在药品主流市场的保护情况

国家代码	公开/公告号	申请日	授权公告日	专利失效日	上市时间
WO	WO03004498A1	2002-07-05	—	—	—
US	US6699871B2	2002-07-05	2004-03-02	2022-07-26	2006-10-16
EP	EP1412357B1	2002-07-05	2006-03-22	2022-07-05	2007-03-21
JP	JP3762407B2	2002-07-05	2006-01-20	2026-03-30	2009-10-16
CN	CN1290848C	2002-07-05	2006-12-20	2022-07-05	2009-09-29

在后期的研发中，默沙东陆续申请了 Januvia® 的外围专利，在通式化合物的基础上又申请了制备方法和药物制剂方面的专利。结合 DPP-Ⅳ抑制剂的临床特点，其又将西格列汀与其他抗糖尿病药物联合开发了相关制剂，重点布局了与二甲双胍的联合

用药。2007年4月，西格列汀与二甲双胍的复方制剂（Janumet®）在美国获得上市批准。2012年7月，中国国家食品和药物监督管理局批准了Janumet®复方制剂在中国注册，商品名为捷诺达®。目前，西格列汀及其复方制剂已在全世界近百个国家获批使用。

捷诺维®自2006年上市后表现一直相当稳健，在DPP-Ⅳ抑制剂类药物中最为突出。该药物具有全新的作用机制，它能通过双重机制来获得降低血糖的作用，在抑制了肝糖原产生葡萄糖总量的同时，它还能促进胰腺分泌更多的胰岛素。西格列汀能够减少体内GLP-1的降解，从而延长其活性，使得胰岛素分泌增加并提高葡萄糖耐受水平。该药物每日给药1次，口服吸收迅速，服药1~4小时后血浆药物浓度达峰值，绝对生物利用度约87%，主要通过肾脏排出体外。❶ 临床研究表明，西格列汀能使2/3的糖尿病患者的糖化血红蛋白控制在7%以下，从而减少了肾功能衰竭和糖尿病足等并发症的发生。西格列汀单用或与其他口服降糖药联用均能有效控制血糖指数，可增强患者自身控制血糖的能力，同时没有体重增加和水肿等副作用。

美国糖尿病学会（ADA）和欧洲糖尿病研究协会（EASD）达成共识，DPP-Ⅳ抑制剂在糖尿病治疗指南中有快速的进展，西格列汀作为治疗Ⅱ型糖尿病使用二甲双胍治疗之后的二线降糖药物，与其他（磺脲类、GLP-1受体激动剂、噻唑烷二酮、胰岛素等）有效抗高血糖药物的地位相同，无明显诱发低血糖、体重增加、心脑血管疾病及胰腺相关疾病的风险。经过几年的推广使用，西格列汀全球市场销售额迅速上扬，2011年的全球销售额高达33.24亿美元，远远高于诺华生产的佳维乐®（维格列汀）和百时美施贵宝生产的安立泽®（沙格列汀）。2013年，西格列汀及西格列汀与二甲双胍复方制剂市场已达到了58.33亿美元，同比上一年增长了1.53%，跻身治疗糖尿病药物全球销售额的前十位。

西格列汀的巨大成功也获得了医药科技界的广泛赞誉，并获得了2007年度的"爱迪生奖"和"盖伦奖"。"爱迪生奖"是美国发明领域里的大奖，用以表彰对美国社会和经济作出重要贡献的创新和发明；而"盖伦奖"被誉为制药界的"诺贝尔奖"。可见，西格列汀在DPP-Ⅳ抑制剂中具有里程碑的意义。

4.1.2 利格列汀

利格列汀属于黄嘌呤类衍生物，2011年5月，美国FDA宣布批准利格列汀上市，商品名Ondero®，该药物由德国勃林格殷格翰和美国礼来共同销售。通过临床的实践已经证实，利格列汀单药治疗或与二甲双胍、格列美脲、吡格列酮联合治疗Ⅱ型糖尿病，可降低患者的糖化血红蛋白水平，更好地控制血糖。

2013年3月，中国国家食品和药物监督管理局批准勃林格殷格翰的利格列汀进口注册，商品名为欧唐宁®（Trajenta®）。利格列汀的特点是不经过肾脏代谢，是目前首个适用于肾脏受损的Ⅱ型糖尿病患者的DPP-Ⅳ抑制剂。多数患有分泌代谢疾病的中

---

❶ 许慧，杨星林，孙凤娟. 西格列汀临床应用最新研究进展［J］. 济宁医学院学报，2014（1）：59-61.

老年人，同时伴有高血压、高血脂和高血糖症，长期控制不良导致肾脏受损，肾小球滤过率也会随着年龄增加而衰退，肾脏的代谢功能变差后，容易累积残留药物，引发严重的不良后果。因此该药物特别适用于不同程度肾功能损害及老年患者，从而扩大了用药人群范围，提高了患者用药的依从性。

利格列汀的化合物专利以PCT申请（WO2004018468A1）的方式进行了公开，先后在欧洲、日本及中国获得了专利权。其在美国通过单独提交专利申请的方式同样获得了专利权。Trajenta®化合物专利在药品主流市场的保护情况如表4-1-2所示。

表4-1-2 Trajenta®化合物专利在药品主流市场的保护情况

国家代码	公开/公告号	申请日	授权公告日	专利失效日	上市时间
WO	WO2004018468A1	2003-08-18	—	—	—
US	US7407955B2	2003-08-12	2008-08-05	2023-08-12	2011-05-02
EP	EP1532149B1	2003-08-18	2009-12-30	2023-08-18	2011-08-24
JP	JP4233524B2	2003-08-18	2008-12-19	2026-03-01	2011-07-01
CN	CN100522962C	2003-08-18	2009-08-05	2023-08-18	2013-03-26

在研发过程中，勃林格殷格翰申请了与Trajenta®相关的外围专利，申请方向为盐类、晶型、联合用药以及制剂，特别是申请了与二甲双胍和其他抗糖尿病靶点药物的联合用药以及复方制剂。其中，利格列汀与二甲双胍的复方制剂以及利格列汀与依帕列净的复方制剂在FDA也获得了批准，其中二甲双胍为糖尿病的基础一线用药，而依帕列净为SGLT2抑制剂的品种。勃林格殷格翰针对Trajenta®铸造了较为坚固的专利壁垒。

4.1.3 阿格列汀

阿格列汀是日本武田药品工业株式会社（以下简称"武田制药"）研发的一种DPP-Ⅳ抑制剂。2010年4月，阿格列汀在日本被批准用于治疗Ⅱ型糖尿病，商品名Nesina®。2011年7月，阿格列汀与吡格列酮的复方制剂也被批准该适应证，商品名Liovel®。据《新英格兰医学杂志》的EXAMINE研究显示，阿格列汀不会升高Ⅱ型糖尿病患者的心血管疾病风险，在帮助糖尿病患者实现强效降糖的同时，提供了心血管安全的基石。

随后，武田制药经过长达3年艰苦卓绝的努力，终于在2013年1月25日被美国FDA批准阿格列汀上市；而阿格列汀与吡格列酮的复方制剂受到吡格列酮相关致癌风险的曝光，上市前景暗淡。由于原研厂商前期铺垫工作充分，阿格列汀在中国上市较快。据相关报道，2013年4月，赛诺菲公司与武田制药就联合推广阿格列汀达成协议，以确保阿格列汀在获批后能够尽快上市掘金。2013年7月，中国国家食品和药物监督管理局颁发了阿格列汀的进口注册批文，商品名为尼欣那®。在2013年中华医学会糖尿病学分会第17次全国学术会议期间，武田制药（中国）和赛诺菲（中国）宣布阿格列汀正式在中国上市。

阿格列汀的化合物专利以 PCT 申请（WO2005095381A1）的方式进行了公开，Nesina® 化合物专利在药品主流市场的保护情况如表 4-1-3 所示。

表 4-1-3　Nesina® 化合物专利在药品主流市场的保护情况

国家代码	公开/公告号	申请日	授权公告日	专利失效日	上市时间
WO	WO2005095381A1	2004-12-15	—	—	—
US	US780768B2	2005-03-15	2010-10-05	2028-06-27	2013-01-25
EP	EP1586571B1	2004-12-21	2008-07-16	2024-12-16	2013-07-26
JP	JP3895349B2	2004-12-17	2007-03-22	2029-02-17	2010-04-16
CN	CN1926128A	2004-12-15	驳回	—	2013-07-16

截至目前，阿格列汀的化合物专利在中国尚未获得专利权，对于国内企业似乎是一个天赐良机，在武田进行进口申请前，合肥立方制药股份已开始抢仿工作。正大天晴药业也已提交了阿格列汀的临床试验申请。

4.2　DPP-Ⅳ 抑制剂全球专利分析

截至 2015 年 5 月 31 日，涉及 DPP-Ⅳ 抑制剂的全球专利申请共计 2795 项，在此基础上利用中国专利分析系统从专利整体发展趋势、专利申请国家或地区分布、主要申请人分析等对 DPP-Ⅳ 抑制剂专利申请进行分析。

4.2.1　发展趋势分析

图 4-2-1 显示了与 DPP-Ⅳ 抑制剂相关专利在全球的申请概况。DPP-Ⅳ 抑制剂全球专利申请量大致经历了以下 4 个主要发展阶段。

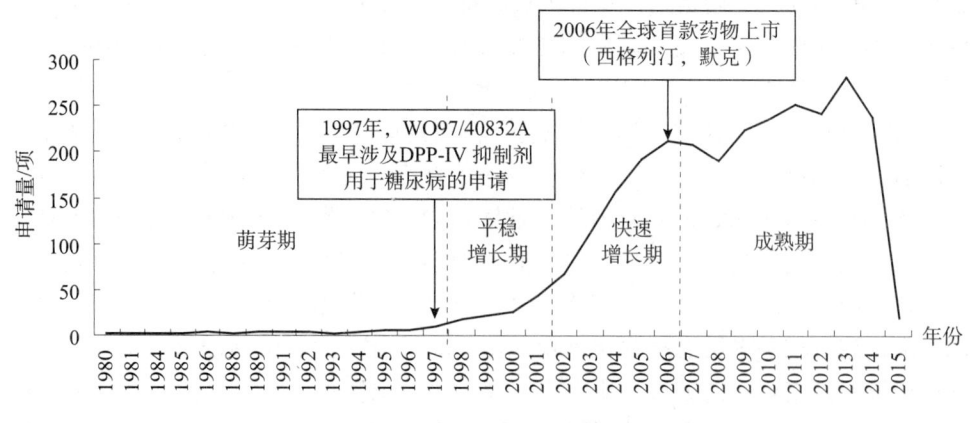

图 4-2-1　DPP-Ⅳ 抑制剂全球专利申请趋势

1）第一阶段：萌芽期（1980~1997年）

1980年，第一次出现了涉及DPP-Ⅳ抑制剂的专利申请，此后直到1997年，涉及DPP-Ⅳ抑制剂的专利申请主要关注于DPP-Ⅳ抑制剂的抗病毒活性以及对免疫系统和造血细胞等的作用，均未涉及糖尿病治疗领域。当时的研究水平并没有认识到DPP-Ⅳ抑制剂在糖尿病领域的价值，因此该阶段全球申请量较小，每年申请量一直为个位数，发展速度维持在较低水平，属于专利技术发展的萌芽期。最早涉及DPP-Ⅳ抑制剂用于糖尿病的申请出现在1997年，国际公开号为WO97/40832A1，是申请人为普罗西迪恩有限公司（Prosidion Ltd.）、生物药品股份公司（Biological Drug Reagents Pharm Res Co.）和皇家医药投资公司（Royalty Pharma Collection Trust）等的联合申请。该申请中指出DPP-Ⅳ抑制剂异亮氨酰-四氢噻唑化合物可以用于降低哺乳动物血糖。

2）第二阶段：平稳增长期（1998~2001年）

1998~2001年，DPP-Ⅳ抑制剂的专利申请量平稳增长，这一时期，医药领域研发人员逐步认识到DPP-Ⅳ抑制剂在糖尿病治疗领域的广阔应用前景，医药企业开始着手加紧在DPP-Ⅳ抑制剂领域的研发工作。1999年，诺华申请了4个DPP-Ⅳ抑制剂化合物专利，在US19990339503A1中公开了DPP-Ⅳ抑制剂N取代3-甘氨酰-4-氰基-噻唑烷衍生物，其中包含诺华的重磅药物维格列汀。2000年，百时美施贵宝与默沙东先后提出了涉及DPP-Ⅳ抑制剂的专利申请，2001年，勃林格殷格翰和武田制药也加紧了在DPP-Ⅳ抑制剂方面的专利布局。

3）第三阶段：快速增长期（2002~2006年）

从2002年起，DPP-Ⅳ抑制剂的申请量进入快速增长期，并于2006年到达第一个峰值，也是在这一年，默沙东研发的全球首个治疗糖尿病的DPP-Ⅳ抑制剂西格列汀在墨西哥和美国先后被批准上市。这一阶段的专利申请，不但涉及各种新的DPP-Ⅳ抑制剂的开发，还包括各大医药企业围绕化合物的晶体、医药用途、制剂等多种保护主题开始的全面布局，这一阶段的专利申请量呈现快速上升的趋势。

4）第四阶段：成熟期（2007年至今）

2007~2013年，DPP-Ⅳ抑制剂的专利申请量一直维持在较高的水平，但是增长趋势放缓。在此期间，诺华、武田制药、百时美施贵宝等大型原研医药企业的在研DPP-Ⅳ抑制剂产品陆续完成Ⅱ期/Ⅲ期临床试验，并陆续获批上市。2014~2015年的申请量呈下降趋势，主要是与2014年后的申请尚未公开有关。

4.2.2 专利产出与输入分布

1）全球分布情况

对检索到的DPP-Ⅳ抑制剂专利申请按照申请国家的国别地区分别统计申请量。专利的优先权国别和最早申请国别一般是该专利技术的研发产地，统计这项数据可以看出各国或地区的科研实力与专利保护意识。欧洲数据是指首次申请是通过欧洲专利局递交，这部分申请主要来自欧盟国家。

如图 4-2-2 所示，美国、欧洲专利局、中国、日本、印度的专利申请量位于全球前五位，这五个国家和地区的专利申请量之和占全球总申请量的 87%。这也说明全球 DPP-Ⅳ抑制剂的专利申请集中度相当高，DPP-Ⅳ抑制剂技术主要集中在这五个国家和地区。美国在 DPP-Ⅳ抑制剂领域的申请量全球排名第一位，占全球申请量的 50%，美国不仅是全球最主要的 DPP-Ⅳ抑制剂药物研究基地，也是全球最大的糖尿病药物消费市场，可见广大的市场需求是研发的不竭动力。

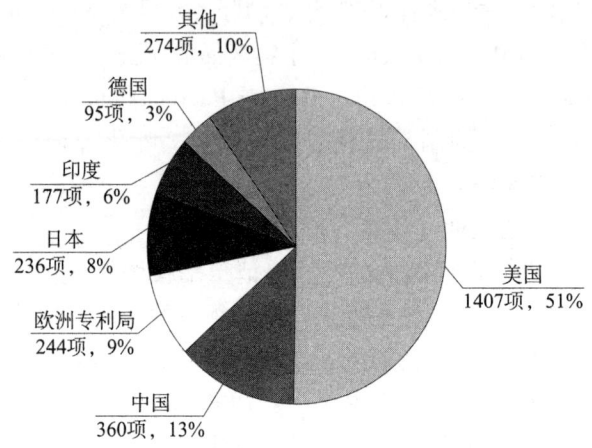

图 4-2-2　DPP-Ⅳ抑制剂国家和地区专利申请分布

从图 4-2-3 中可以看出，美国的 DPP-Ⅳ抑制剂专利申请量从 2002 年开始明显增长，2010 年到达最高峰后，2011~2015 年有所下降，后期的专利申请量有所下降主要是与 2014 年后的申请尚未公开有关。日本、德国的专利申请量均在 2004 年左右达到最高峰，近年来的申请量相对较低。而中国的 DPP-Ⅳ抑制剂专利申请在 2011 年后却有了明显的增长，这说明中国的 DPP-Ⅳ抑制剂研究与欧美国家相比还存在一定的滞后性，而同为发展中国家的印度的申请变化趋势和中国十分相似。

2）目标市场分析

专利输入地排名高低体现了专利申请人对该国家或地区的重视程度。一方面，可能在输入地存在专利申请人的竞争对手或潜在的竞争对手，在该地区输入专利申请是对地区内可能的竞争对手技术研发的限制和干扰；另一方面专利输入地是该专利技术的重要市场或潜在重要市场，专利申请的进入可以为未来产品或服务的竞争力提供保障。

图 4-2-4 展示了 DPP-Ⅳ抑制剂领域排名前 15 位的输入国家/地区，前四位输入地包括美国、欧洲、中国和日本。中国不仅是 DPP-Ⅳ抑制剂的第二大技术产出地，也是第三大技术输入地，说明中国庞大的糖尿病患病人口使得中国市场越来越受到国内外申请人的重视。

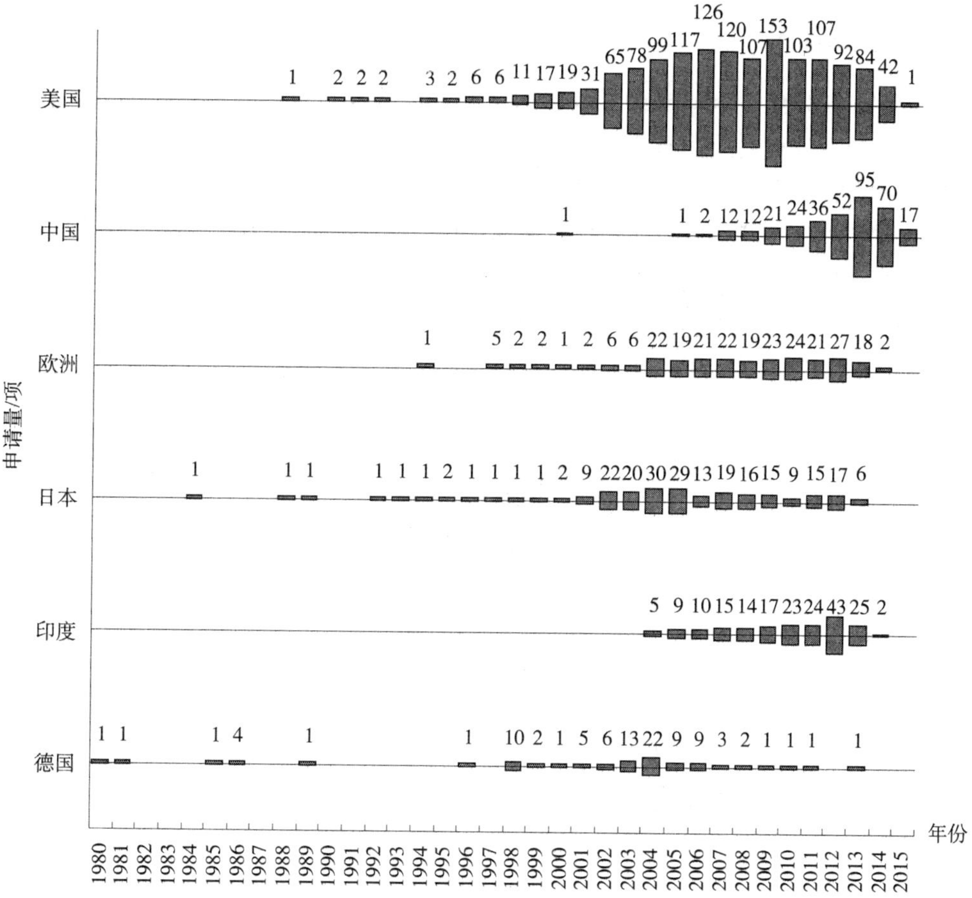

第4章 DPP-Ⅳ抑制剂专利分析

图4-2-3 DPP-Ⅳ抑制剂区域专利申请趋势

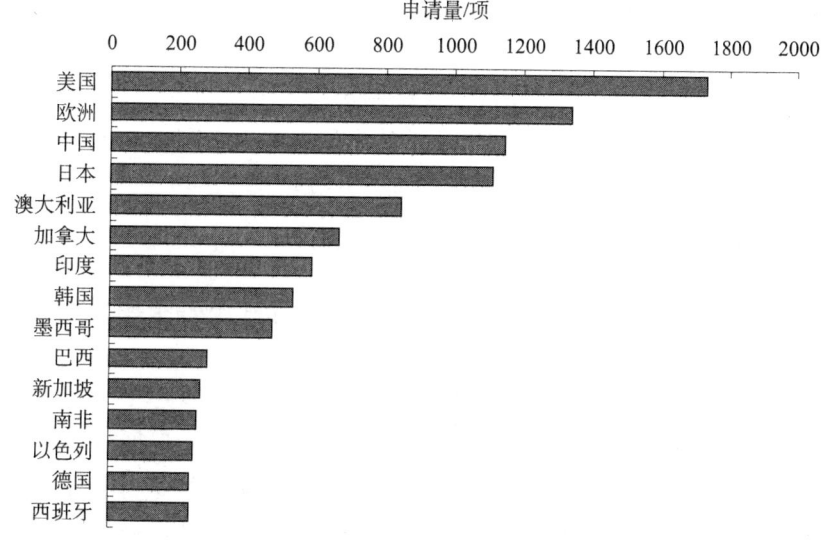

图4-2-4 DPP-Ⅳ抑制剂全球专利申请目标市场排名

4.2.3 主要申请人分析

图4-2-5列出了全球申请量排名前十位的申请人。可以看出重要申请人多为欧美申请人,只有武田制药为日本公司。已上市列汀类药物的原研企业默沙东、勃林格殷格翰、百时美施贵宝、诺华和武田制药,分别位列第一位、第二位、第三位、第四位、第七位。而前100名申请人中仅有4家中国企业,分别是山东竹轩(16项申请),列第22位,佛山市赛维斯医药(14项申请),列29位,广东东阳光(11项申请),列37位,江苏恒瑞(8项申请),列第75位。由此可见,虽然我国在DPP-Ⅳ抑制剂领域的专利申请量排名全球第二位,但是并没有集中在医药企业中,申请人相对分散。

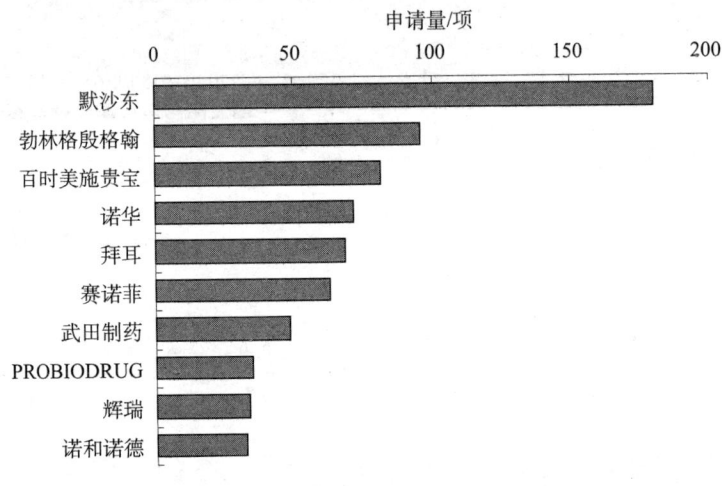

图4-2-5 DPP-Ⅳ抑制剂全球专利前十位申请人专利申请

4.3 DPP-Ⅳ抑制剂中国专利分析

截至2015年5月31日,涉及DPP-Ⅳ抑制剂的中国专利申请共计1356件。在此基础上利用中国专利分析系统从专利申请整体发展趋势、专利申请国家或地区分布、主要专利申请人等角度对曲格列汀专利申请进行分析。

4.3.1 发展趋势分析

从图4-3-1可以看出DPP-Ⅳ抑制剂中国专利申请趋势与全球专利申请趋势非常相似,主要经历以下3个主要发展阶段。

1)第一阶段:起步期(1992~2001年)

此阶段相当于全球专利申请的萌芽期和平稳增长期。DPP-Ⅳ抑制剂领域的首项中国专利申请为国际申请号为WO9310127A1进入中国国家阶段的专利申请,其中国专利公开号为CN1073946A,申请日为1992年11月23日,申请人为勃林格殷格翰,该申请中公开了制备脯氨酸硼酸酯的方法,以获得需要的脯氨酸硼酸酯。这些硼酸酯类似物可用于抑制DPP-Ⅳ，目前该申请已视撤失效。

2）第二阶段：快速发展期（2002~2006年）

2002~2006年，中国专利申请量快速增长，这也是全球专利申请量快速增长的时期。在这段时间，各大医药企业相继研发出新的DPP-Ⅳ抑制剂，并在药物上市前进行各种保护主题的专利布局，特别是在中国进行专利布局，以保障其在糖尿病领域的市场份额。

3）第三阶段：成熟期（2007年至今）

2007年开始，与同时期的全球申请趋势相同，中国DPP-Ⅳ抑制剂领域专利申请量一直维持在较高的水平，但增长趋势放缓。在此期间国外多种DPP-Ⅳ抑制剂类糖尿病药物陆续被开发或上市，国内申请人也开始关注DPP-Ⅳ抑制剂药物的研发，也纷纷提出了专利申请，使得此阶段中国申请人在该领域的专利申请量显著增加。2013年后申请量呈下降趋势，这与国外申请进入中国有一定的滞后有关。

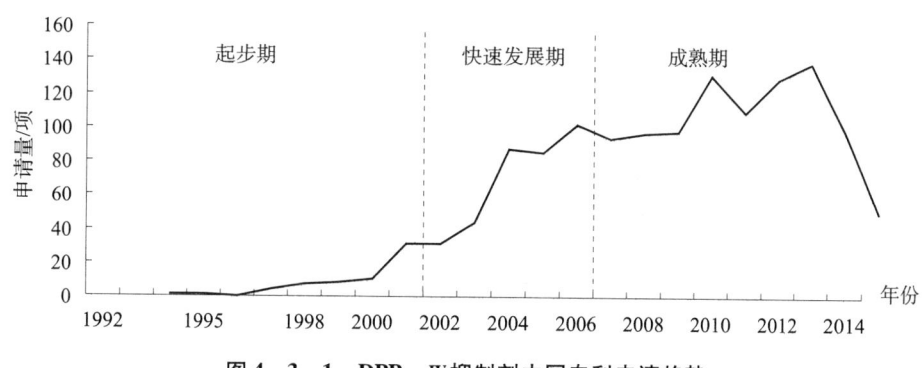

图4-3-1 DPP-Ⅳ抑制剂中国专利申请趋势

4.3.2 申请区域分布

图4-3-2显示了DPP-Ⅳ抑制剂在中国大陆的申请人区域分布。江苏、上海、浙江、广东等经济发达地区的申请量排名居前。这些地区同时也是制药企业聚集的区域。

4.3.3 主要申请人

4.3.3.1 申请人排名

图4-3-3显示了DPP-Ⅳ抑制剂中国专利申请的申请人排名情况。排名前五位的分别为已上市5种列汀类药物的原研企业，即诺华、勃林格殷格翰、默沙东、百时美施贵宝和武田制药。而在全球专利申请人排名中，诺华、勃林格殷格翰、默沙东、百时美施贵宝也是排名前四位的企业，但是位次有所不同，武田制药排第七位。可以看出，这五家企业非常重视中国市场，只是企业在华策略不同导致排名有所变化。排名前15位的申请人中有4位中国申请人，其中山东轩竹医药科技有限公司位居国内申请人第一，排名第六位。因此，在DPP-Ⅳ抑制剂的研发，中国内申请人也占有一席之地。

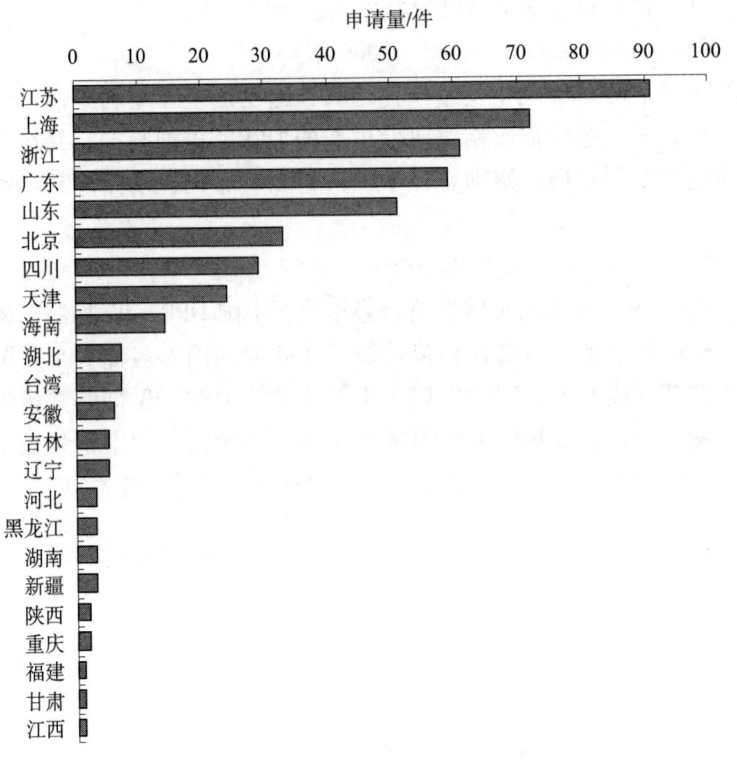

图4-3-2 DPP-Ⅳ抑制剂中国大陆申请人区域分布

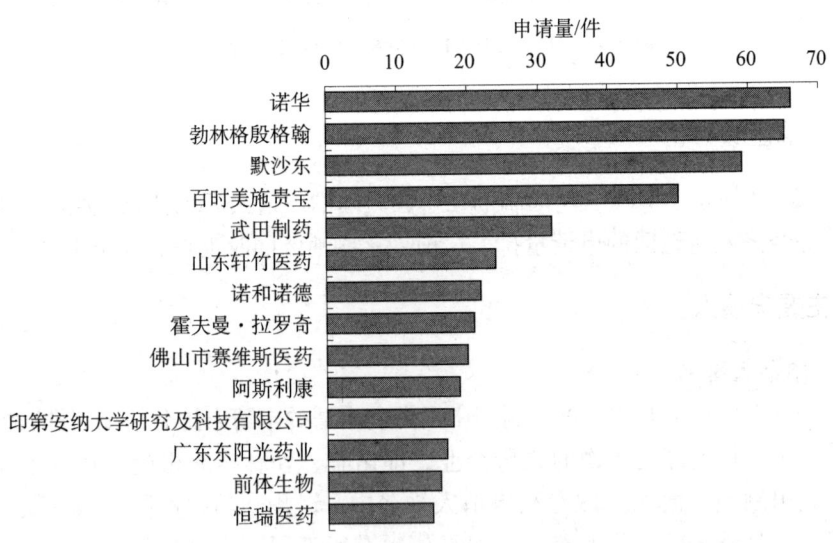

图4-3-3 DPP-Ⅳ抑制剂中国专利申请的申请人排名

4.3.3.2 国内申请人排名

从图4-3-4可以看出,山东轩竹医药在国内申请人中排名第一,在前11位国内申请人中有8家为企业,3家为高校或研究院所。排名前列的企业及院校为我国非常知名的企业及院校，可见我国的主力研发团队已开始在 DPP-Ⅳ抑制剂方面展开相应的研究。

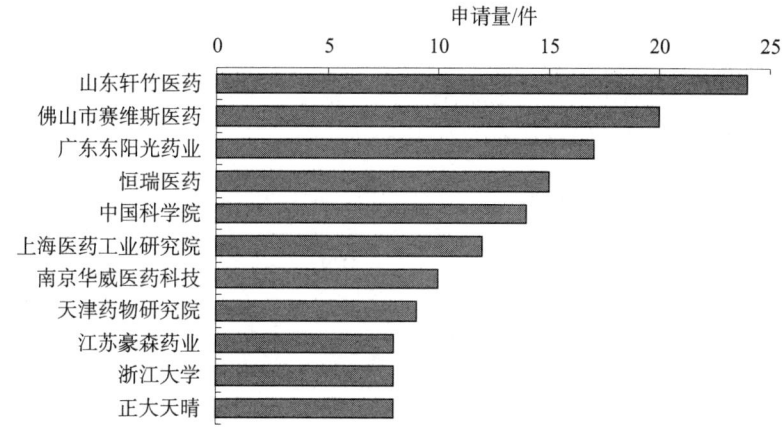

图 4-3-4　DPP-Ⅳ抑制剂国内申请人排名

4.3.3.3　申请人类型分析

图 4-3-5 显示了 DPP-Ⅳ抑制剂中国专利申请人的类型。企业申请人占到了 85%。其中共同申请人中，企业与科研机构的申请量为 13 件，另外企业还与大学、个人进行共同申请，总体来说共同申请只占总申请的 2%，比例较低，在 DPP-Ⅳ抑制剂中国专利申请人中，企业申请为主体占据绝对优势。

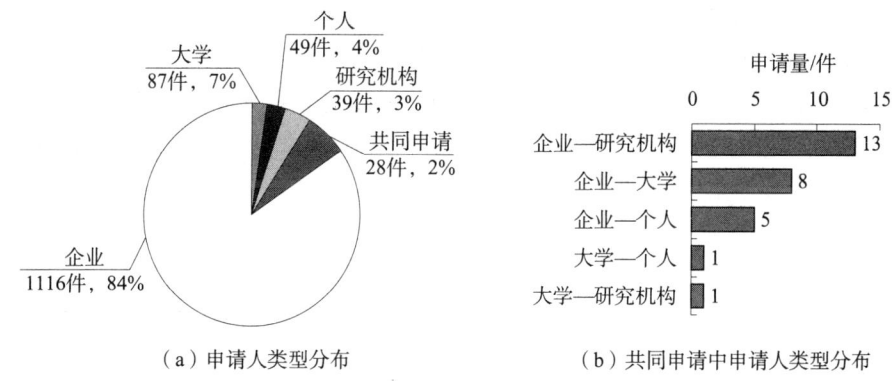

（a）申请人类型分布　　　　　　（b）共同申请中申请人类型分布

图 4-3-5　DPP-Ⅳ抑制剂中国专利申请人类型

4.4　超长效 DPP-Ⅳ抑制剂——曲格列汀

4.4.1　曲格列汀概述

2015 年 3 月 26 日，曲格列汀琥珀酸盐（商品名 Zafatek®）获日本卫生劳动福利部（MHLW）批准上市，是武田制药上市的第二个 DPP-Ⅳ抑制剂，同时也是全球第一个超长效DPP-Ⅳ抑制剂的口服降糖药,可以每周1次口服治疗Ⅱ型糖尿病。在曲格列汀之前上市的其他列汀类药物——西格列汀、维格列汀、沙格列汀、阿格列汀、利格列汀,都是需每日口服1次或2次的短效产品。

曲格列汀的化学式名为2-[6-(3-氨基-哌啶-1-基)-3-甲基-2,4-二氧代-3,4-二氢-2H-嘧啶-1-基甲基]-4-氟-苄腈,结构式如图4-4-1所示,CAS号为865759-25-7,研发代号为SYR-472。

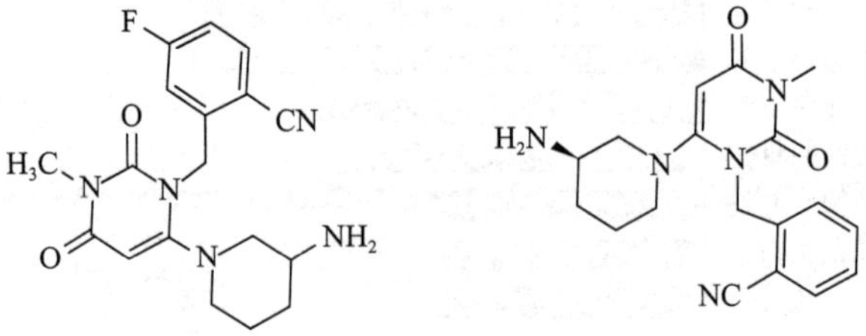

(a) 曲格列汀　　(b) 阿格列汀

图4-4-1　曲格列汀和阿格列汀结构式

曲格列汀是通过高通量筛选得到先导化合物再优化而得来的,主要通过氨基哌啶和氰基与DPP-Ⅳ活性位点发生相互作用。属于非拟肽类DPP-Ⅳ抑制剂,为嘧啶二酮类化合物。

Inagaki N 等所做的相关药效学数据证实,曲格列汀的血药浓度呈剂量依从性,消除半衰期长(38.44 ~ 54.26h),且药效可与西格列汀、阿格列汀等DPP-Ⅳ抑制剂相媲美,同时,其药效可持续长达1周,当剂量为50~200mg时,在给药后7天其平均抑制率均维持在70%以上,这大大增加了患者的依从性;在与其他降糖药的联用中也表现出显著的优势,有望在激烈竞争中有突出表现,具有较高的市场价值。

与武田制药于2010年6月首次上市的DPP-Ⅳ抑制剂阿格列汀一样,曲格列汀也属于嘧啶二酮类化合物,如图4-4-1所示,两者在结构上的差别仅是曲格列汀在苯环氰基的对位上多了一个氟取代基团。曲格列汀和阿格列汀的化合物专利也在同一PCT申请中公开(WO2005095381A1),该申请在美国、欧洲均获得了授权,但是其进入中国国家阶段的专利申请(CN200480042457.3,涉及曲格列汀和阿格列汀化合物的结构通式、制备方法、制剂以及制药用途)在实质审查中被驳回,武田制药没有对此提出复审请求,而是随后以CN200480042457.3为母案,又提交了7件分案。其中CN201110005289.2、CN201110009884.3均已失效,CN201110005788.1要求保护曲格列汀具体化合物的制备方法,复审决定撤销驳回,但决定目前尚未生效,其余4件被复审决定撤销驳回后,目前已经处于实审状态,分别为①CN201110004223.1,要求保护阿格列汀化合物及其苯甲酸盐;②CN201110005267.6,要求保护阿格列汀通式化合物的制备方法;③CN201110006009.X,要求保护阿格列汀具体化合物及其苯甲酸盐、曲格列汀具体化合物及其琥珀酸盐;④CN201110006939.5,要求保护阿格列汀具体化合物的制备方法。

DPP-Ⅳ抑制剂开发是众多企业争夺的项目。已上市的DPP-Ⅳ抑制剂中大多在中国取得了化合物专利的保护,从而限制了国内企业对该类药物的仿制。而曲格列汀化合物专利尚未获得授权,对中国企业来说则是一个机会,这也使得自曲格列汀2015年3月26日在日本被批准上市起,如表4-4-1所示,截至2015年10月,已有20家中国企业向CDE提出了琥珀酸曲格列汀片的3.1类新药注册申报,呈现了一哄而上的局面。但是曲格列汀的化合物及琥珀酸盐的专利CN201110006009.X已被复审决定撤销驳回,目前还在实审中,企业不得不警惕若该分案被授权所带来的风险。在项目确立前,利用相关知识产权信息分析其专利的布局和壁垒,以少走弯路降低风险,对于企业是非常必要的。

表4-4-1 琥珀酸曲格列汀新药申报情况汇总

药品名称	注册分类	申请类型	承办日期	企业名称	办理状态	任务类型
琥珀酸曲格列汀 琥珀酸曲格列汀片	化药3.1	新药	2015-04-24	齐鲁制药有限公司	在审评	验证性临床
琥珀酸曲格列汀 琥珀酸曲格列汀片	化药3.1	新药	2015-05-08 2015-06-24	重庆医药工业研究院有限责任公司	在审评	验证性临床
琥珀酸曲格列汀 琥珀酸曲格列汀片	化药3.1	新药	2015-05-09	东莞市长安东阳光药物研发有限公司	在审评	验证性临床
琥珀酸曲格列汀 琥珀酸曲格列汀片	化药3.1	新药	2015-05-16	四川科伦药物研究院有限公司	在审评	验证性临床
琥珀酸曲格列汀 琥珀酸曲格列汀片	化药3.1	新药	2015-05-21	贵州恒顺药物研发有限公司	在审评	验证性临床
琥珀酸曲格列汀 琥珀酸曲格列汀片	化药3.1	新药	2015-05-21	石药集团中奇制药技术(石家庄)有限公司	在审评	验证性临床
琥珀酸曲格列汀片 琥珀酸曲格列汀	化药3.1	新药	2015-06-18 2015-06-19	北京万生药业有限责任公司	在审评	验证性临床
琥珀酸曲格列汀片	化药3.1	新药	2015-07-07	江苏豪森药业股份有限公司	在审评	验证性临床
琥珀酸曲格列汀	化药3.1	新药	2015-07-07	连云港宏创药业有限公司	在审评	验证性临床
琥珀酸曲格列汀 琥珀酸曲格列汀片	化药3.1	新药	2015-07-09	成都苑东药业有限公司	在审评	验证性临床
琥珀酸曲格列汀 琥珀酸曲格列汀片	化药3.1	新药	2015-07-13	广州艾格生物科技有限公司	在审评	验证性临床

续表

药品名称	注册分类	申请类型	承办日期	企业名称	办理状态	任务类型
琥珀酸曲格列汀 琥珀酸曲格列汀片	化药3.1	新药	2015-08-10	合肥拓锐生物科技有限公司	在审评	验证性临床
琥珀酸曲格列汀片	化药3.1	新药	2015-08-12	石家庄四药有限公司	在审评	验证性临床
琥珀酸曲格列汀	化药3.1	新药	2015-08-12	河北国龙制药有限公司	在审评	验证性临床
琥珀酸曲格列汀	化药3.1	新药	2015-08-17	北京康立生医药技术开发有限公司	在审评	验证性临床
琥珀酸曲格列汀 琥珀酸曲格列汀片	化药3.1	新药	2015-08-24	香港九华华源集团滁州药业有限公司	在审评	验证性临床
琥珀酸曲格列汀 琥珀酸曲格列汀片	化药3.1	新药	2015-08-31	南京万川医药科技发展有限公司	在审评	验证性临床
琥珀酸曲格列汀 琥珀酸曲格列汀片	化药3.1	新药	2015-09-18 2015-09-22	杭州华东医药集团新药研究院有限公司	在审评	验证性临床
琥珀酸曲格列汀片	化药3.1	新药	2015-09-21	贵州恒顺药物研发有限公司	在审评	验证性临床
琥珀酸曲格列汀 琥珀酸曲格列汀片	化药3.1	新药	2015-10-08	天津市汉康医药生物技术有限公司	在审评	—
琥珀酸曲格列汀 琥珀酸曲格列汀片	化药3.1	新药	2015-10-08	瑞阳制药有限公司	在审评	—

4.4.2 全球专利分析

截至2015年5月31日，涉及曲格列汀的全球专利申请共计38件，在此基础上利用中国专利分析系统从专利整体发展趋势、专利申请国家或地区分布、主要申请人分析、专利申请技术主题等对曲格列汀专利申请进行了分析。

4.4.2.1 发展趋势分析

图4-4-2显示了与曲格列汀相关专利在全球的申请概况。曲格列汀全球专利申请量大致经历了以下3个主要发展阶段。

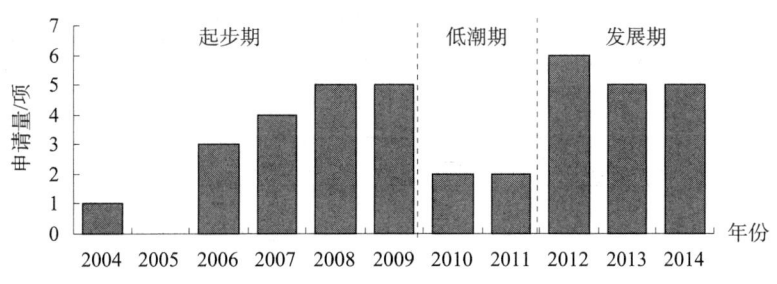

图4-4-2 曲格列汀全球专利申请趋势

1) 第一阶段：起步期（2004～2009年）

2004年，国际公开号为WO2005/095381A1的专利申请中首次公开了曲格列汀的化学结构，申请人为武田制药。此项专利申请中还要求保护化合物的结构、制备方法、制剂以及制药用途。此阶段的专利申请主要是武田制药围绕曲格列汀进行的专利布局，这一时期的专利申请量相对较高，可见武田制药针对曲格列汀的专利布局还是较为全面的。

2) 第二阶段：低潮期（2010～2011年）

到2010年，武田制药的专利布局已基本完成，申请步伐放缓。此时，有关曲格列汀的研究仍处于临床阶段，曲格列汀的药理学特性以及潜在的商业价值并没有显现，除武田制药以外只有艾尼纳制药公司、勃林格殷格翰看到了曲格列汀的商业价值，但鉴于武田制药已确立的专利布局，这些医药企业提交的专利申请主要为曲格列汀与其他药物的联合用药方面的专利申请，此阶段的申请量呈现低谷的态势。

3) 第三阶段：发展期（2012年至今）

自2012年起，全球申请量又开始回升，其中2012年的6项申请全部来自于艾尼纳制药公司。曲格列汀由于其超长周期给药的特性受到了业界的关注。2013年起，中国申请人开始提出了曲格列汀相关专利申请，2014年由中国申请人提出的专利申请已达4项。由于DPP-IV抑制剂的良好药效，国内企业一直期望抢占市场，在武田制药的曲格列汀核心专利并未获得专利权的情况下，国内企业看到了抢仿的机会。围绕曲格列汀的研究也在不断深入，这一阶段申请量逐年显著增加，预计未来还会迎来新高。

4.4.2.2 区域分布分析

表4-4-2反映了曲格列汀区域专利申请情况。申请量排名前三位的依次为美国、欧洲、日本。曲格列汀最早由日本武田制药申请了专利保护，但是该药物最早是由美国Syrrx公司开发的，后续该公司被武田制药收购，由武田制药作为申请人提出了专利申请。美国申请量排名第一位，占总申请量的51%，一方面是由于美国是糖尿病用药的最大市场，另一方面也可以由此看出曲格列汀的研发中心所在地还是美国。欧洲作为糖尿病药物的重要市场，也吸引了较多专利申请。而作为原研药企所在地的日本，申请量也排到了第三位。

表4-4-2 曲格列汀区域专利申请情况　　　　　　　　单位：项

地区	2004年	2005年	2006年	2007年	2008年	2009年	2010年	2011年	2012年	2013年	2014年
US	1	0	2	4	1	2	1	2	6	2	0
EP	0	0	0	0	3	3	0	0	0	1	0
JP	0	0	1	0	1	2	1	0	0	1	0
CN	0	0	0	0	0	0	0	0	0	1	4
WO	0	0	1	1	1	1	0	0	0	0	0
AU	1	0	0	0	0	0	0	0	0	0	0
KR	0	0	0	0	0	0	0	0	0	0	1

如图4-4-3所示，美国于2004～2013年（除2005年外）均有申请提出，申请量也高于其他区域。欧洲的申请主要集中于2008年和2009年，并且欧洲的申请不仅时间上集中，申请人也相对集中，2008年和2009年的6项申请均由勃林格殷格翰提出。日本的申请量保持平稳态势。中国的专利申请出现于2013年，起步较晚，但是到了2014年申请量明显增加，靠两年的积累就使得中国申请量排名全球第四位，占到了总申请量的10%。由此可见，近几年中国市场高度关注曲格列汀，在武田制药已进行专利布局的基础上，开始在外围开展相关研究并注重保护自主知识产权申请了专利。

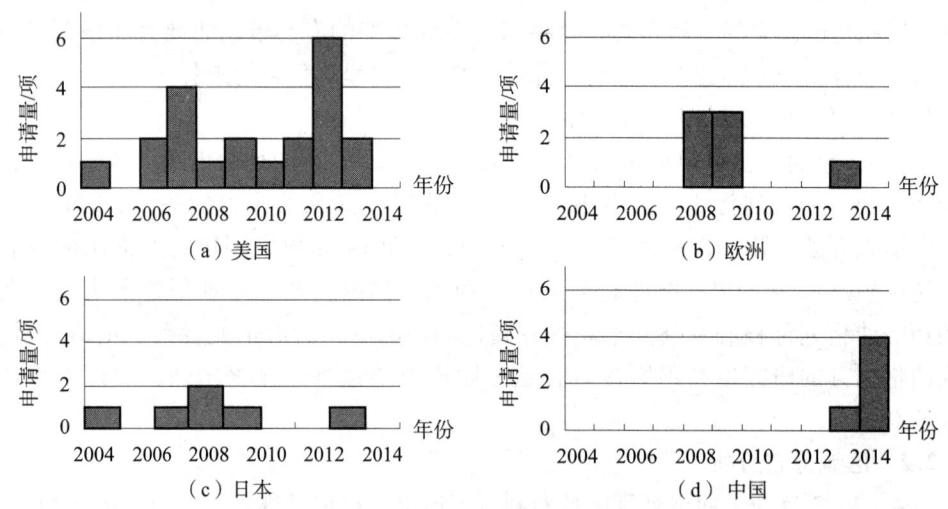

图4-4-3 美国、欧洲、日本、中国申请人曲格列汀专利申请趋势

4.4.2.3 主要申请人分析

如图4-4-4所示，曲格列汀全球申请人排名前四位的依次为武田制药（包括被其收购的SYRRX），艾尼纳制药公司、勃林格殷格翰、四川海思科制药。这四个申请人的申请量占全球总量的89%，说明曲格列汀的专利分布高度集中。其中武田制药的申请总量远大于其他申请人，占全球专利申请总量的42%。申请主题包括结构通

式、制备方法、制剂、制药用途、联合用药、晶体、化合物盐等方面，而排名第二位、第三位的勃林格殷格翰和艾尼纳制药公司的申请主题均只涉及其他药物与曲格列汀的联合用药。因此无论从数量还是从质量上来看，原研药企武田制药均占有绝对领先的优势。

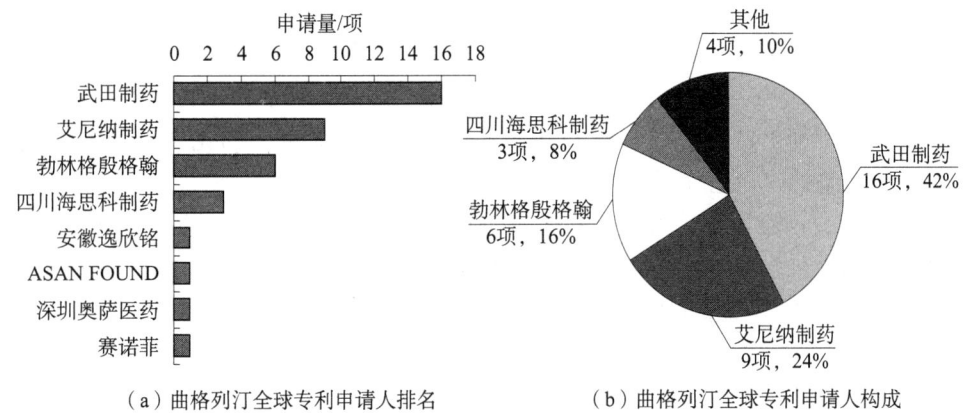

（a）曲格列汀全球专利申请人排名　　（b）曲格列汀全球专利申请人构成

图4-4-4　曲格列汀全球专利申请人排名和构成

4.4.2.4　技术构成分析

按照专利申请的内容不同，课题组将曲格列汀专利分为7个技术主题，化合物、晶体、化合物盐、制备方法、制剂、制药用途和联合用药。从图4-4-5可以看出，制药用途占的比重最大，其次是联合用药。这主要是由于除武田制药外的外国申请人，申请主要涉及其他新药物和曲格列汀的联用及制药用途相关的研究。中国申请人的专利申请涉及了所有7个技术主题，但是由于其起步较晚，整体数量并不突出。

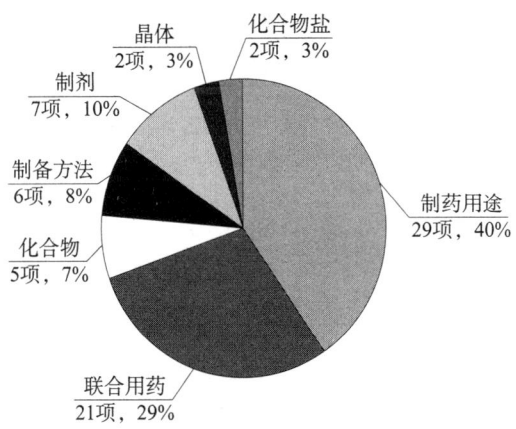

图4-4-5　曲格列汀全球专利申请的技术主题分布

从图4-4-6（见文前彩色插图第4页）可以看出，从技术主题来看，2003～2008年各技术分支分布均匀。此阶段申请人为武田制药、勃林格殷格翰、SYRRX（后被武田制药收购）。此阶段的16项申请里有10项为武田制药或被其收购的SYRRX公司提出，申请主题涉及结构通式、制备方法、制剂、制药用途、联合用药、晶体、化合物盐各个方面，说明此时期原研药企武田制药进行了全面布局。而勃林格殷格翰的申请则集中于联合用药和制药用途。

2009~2013年的技术主题以联合用药与制药用途为主，仅有的两件制剂主题的专利申请均来自武田制药的专利申请，期间其余的申请人包括勃林格殷格翰、艾尼纳制药公司以及中国的深圳奥萨医药有限公司申请的技术主题均集中于联合用药与制药用途。可见，直到2013年，武田制药以外的申请人主要围绕对曲格列汀的结构以外的主题提出改进型专利申请，对于其核心结构并没有获得疗效更好的化合物的研究成果。对于核心化合物的改造还处于研究中。

2014年不仅由中国申请人提出的申请数量有了明显提升，申请也开始涉及不同主题。其中，四川海思科制药有限公司有3项申请，在国际公开号为WO2014127735A1的专利申请中，技术主题包括曲格列汀的晶体、制备方法以及制药用途。

安徽省逸欣铭医药科技有限公司有1项申请，申请号为CN20141279661.2，其技术主题为曲格列汀结构修饰后的化合物及其盐和制备方法。

由此可知，中国申请人在曲格列汀化合物改进、制备方法、晶体等核心技术方面已经获得了阶段性研究成果，国内申请人的专利意识普遍得到了提高。

4.4.3 中国专利总体分析

截至2015年5月31日，涉及曲格列汀的中国专利申请共计31件。在此基础上利用中国专利分析系统从专利申请整体发展趋势、专利申请国家或地区分布、主要专利申请人、专利申请技术主题等角度对曲格列汀专利申请进行了分析。

4.4.3.1 整体态势

如图4-4-7所示，曲格列汀中国专利申请趋势与全球趋势一样，国内曲格列汀专利申请量也大致经历了以下3个主要发展阶段：

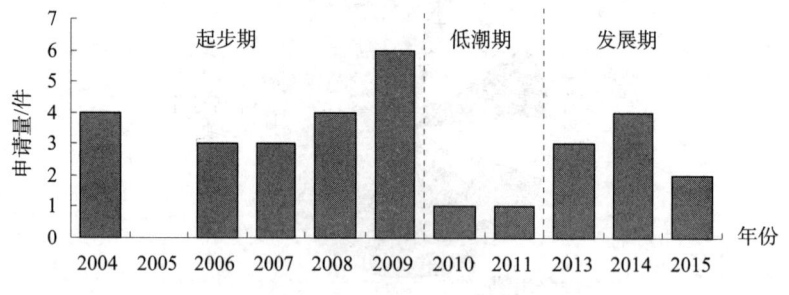

图4-4-7 曲格列汀在华专利申请趋势

1）第一阶段：起步期（2004~2009年）

涉及曲格列汀的中国专利申请从2004年首次提出，申请人为武田制药。该件专利的中国申请号为CN200480042457.3，涉及化合物的结构通式、制备方法、制剂以及制药用途。该案于2010年9月被专利局驳回，未提交复审请求，随后武田制药基于该专利申请提交了多项分案申请。此阶段以武田制药的申请量为主。

2）第二阶段：低潮期（2010～2012 年）

2010～2012 年，曲格列汀相关专利的申请量显著降低。到 2010 年，一方面武田制药的专利布局已基本完成，另一方面由于曲格列汀的首件专利于 2010 年 9 月被专利局驳回，基于这两方面的原因，武田制药在中国的申请步伐放缓，只于 2010 年提出一件制剂方面的专利申请。这一阶段仿制药企尚未跟进，因此这一阶段仍没有中国的申请人提出申请。此阶段除武田制药外，只有艾尼纳制药公司提出了一件涉及 GPR119 受体调节剂和曲格列汀的联合用药及制药用途的专利申请。

3）第三阶段：发展期（2013 年至今）

2013 年起，开始有国内申请人提出曲格列汀相关专利申请，曲格列汀相关专利的国内申请量逐渐回升，国外申请人的申请量未见明显回升，这与国外申请采用 PCT 申请，公开相对滞后有一定关系。

4.4.3.2 主要申请人

图 4-4-8 主要显示了曲格列汀中国申请的申请人排名，位于第一位的仍旧是原研药企武田制药，勃林格殷格翰位于第二位，四川海思科制药位于第三位。这三位申请人的申请总量占到了总申请量的 74%，其中武田制药占了 40%，可见曲格列汀在国内的专利分布也是高度集中的。

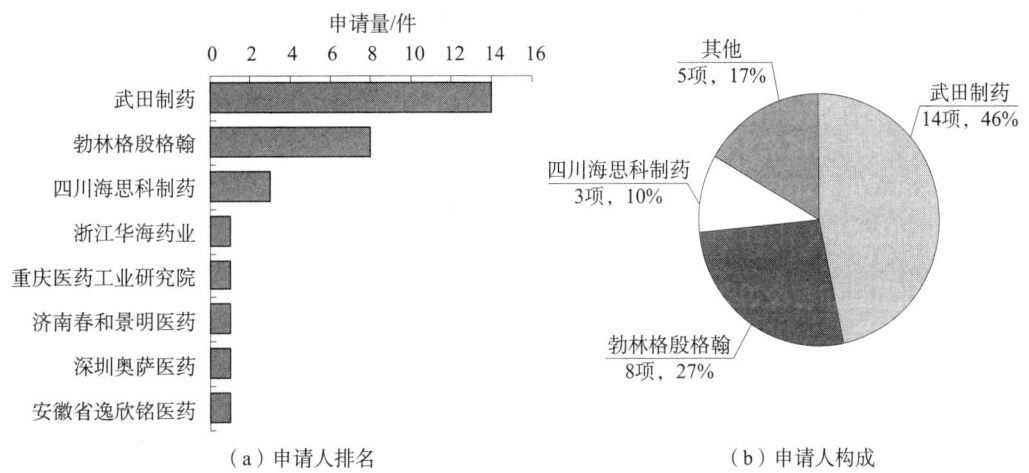

图 4-4-8　曲格列汀中国专利申请人排名和构成

在中国专利申请人中，全部申请人均为公司，说明曲格列汀的国内研发主要是以企业推动，产业化程度较高。由于曲格列汀化合物专利申请在华被驳回，因此国内公司对曲格列汀也较为关注，截至 2015 年 9 月，已有 20 家公司向 CDE 提出了琥珀酸曲格列汀片的 3.1 类新药申请，其中就包括所列申请人中的重庆医药工业研究院。

4.4.3.3 法律状态统计

截至 2015 年 9 月，涉及曲格列汀的中国专利申请在中国获得的授权案件共计 5 件、驳回案件共计 9 件、视撤案件共计 2 件、未审或在审案件共计 15 件。通过分析涉及曲格列汀的中国专利申请在中国的保护状况，将有利于国内制药企业制定和实施相关的知识产权保护计划。

1）授权案件

表4-4-3列出了已授权的曲格列汀中国专利申请，其中3件为武田制药的申请。主要集中在制剂、联合用药和晶体的保护。其他2件授权案件为CN200980120947.3、CN200980131654.5，申请人勃林格殷格翰研究发现了包括曲格列汀在内的DPP-Ⅳ抑制剂的一系列新制药用途，申请文本要求保护与曲格列汀相关的内容，但是两件专利的授权文本中均不涉及曲格列汀。因此，关于曲格列汀的专利权仍全部被原研企业武田制药掌握着。

表4-4-3 已授权的曲格列汀的中国专利申请

申请号	发明名称	申请人	状态	主题
CN200980120947.3	用于治疗非酒精性脂肪肝疾病的DPP-Ⅳ抑制剂	勃林格殷格翰	授权	制药用途/联合用药
CN200980131654.5	用于治疗FAB-相关疾病的嘌呤衍生物	勃林格殷格翰	授权	制药用途/联合用药
CN200680042380.9	用于治疗糖尿病的二肽基肽酶抑制剂	武田制药	授权	联合用药/制剂
CN200680053547.1	糖尿病治疗剂	武田制药	授权	联合用药/制剂
CN200780049086.5	2-[6-(3-氨基-哌啶-1-基)-3-甲基-2,4-二氧代-3,4-二氢-2H-嘧啶-1-基甲基]-4-氟-苄腈的琥珀酸盐的多晶型物及其使用方法	武田制药	授权	制备方法/晶体/化合物盐

2）驳回、视撤案件

表4-4-4列出了已被驳回或视撤的曲格列汀中国专利申请，驳回和视撤案件共计11件，其中8件为武田制药的申请。另外3件中有2件为勃林格殷格翰的专利申请，1件为济南春和景明医药技术有限公司的专利申请。

表4-4-4 驳回或视撤的曲格列汀中国专利申请

申请号	发明名称	申请人	状态	主题
CN200880102911.8	包含吡喃葡萄糖基-取代的苯衍生物的药物组合物	勃林格殷格翰	驳回	制药用途/联合用药

续表

申请号	发明名称	申请人	状态	主题
CN200980129309.8	不适合二甲双胍治疗的患者的糖尿病的治疗	勃林格殷格翰	驳回	制药用途/联合用药
CN200480042457.3	二肽基肽酶抑制剂	武田制药	驳回	化合物
CN200680042863.9	制备嘧啶二酮衍生物的方法	武田制药	驳回	制备方法
CN200780039574.8	2-[6-(3-氨基-哌啶-1-基)-3-甲基-2,4-二氧代-3,4-二氢-2H-嘧啶-1-基甲基]-4-氟-苄腈的用途	武田制药	驳回	制药用途/制剂
CN200880013087.9	二肽基肽酶抑制剂的每周给药	武田制药	驳回	制药用途/制剂
CN201110005289.2	二肽基肽酶抑制剂	武田制药	驳回	化合物
CN201110005788.1	二肽基肽酶抑制剂	武田制药	驳回	制备方法
CN201310142194.4	2-[6-(3-氨基-哌啶-1-基)-3-甲基-2,4-二氧代-3,4-二氢-2H-嘧啶-1-基甲基]-4-氟-苄腈的用途	武田制药	驳回	制药用途
CN201310367074.4	二肽基肽酶抑制剂和B族维生素的药物组合物及用途	深圳奥萨医药	撤回	制药用途/联合用药
CN201080043162.3	片剂	武田制药	撤回	制剂

3）未审或在审案件

从表4-4-5可以看出，国内申请人涉及曲格列汀的案件中，绝大部分处于未审或在审状态，这与国内申请人从2013年才陆续提出涉及曲格列汀的申请有关。

表4-4-5 未审或在审的曲格列汀中国专利申请

申请号	发明名称	申请人	状态	主题
CN201410279661.2	羟基脒基苯类衍生物及其制备方法和医药用途	安徽省逸欣铭医药	公开	化合物/制药用途/制备方法/化合物盐
CN201410482423.1	包含吡喃葡萄糖基-取代的苯衍生物的药物组合物	勃林格殷格翰	公开	制药用途/联合用药
CN201310056368.5	曲格列汀新的固态形式及其制备方法和用途	四川海思科制药	公开	制药用途/制备方法/晶体
CN201480000530.4	氧杂双环衍生物、制备方法及其应用	四川海思科制药	公开	制药用途/制备方法

续表

申请号	发明名称	申请人	状态	主题
CN201480002130.7	曲格列汀的固态形式及其制备方法和用途	四川海思科制药	公开	制药用途/制备方法/晶体
CN201380041306.5	固体制剂	武田制药	公开	制剂
CN201510269594.0	一种含有琥珀酸曲格列汀的口服片剂及其制备方法	浙江华海药业	公开	制剂
CN201510163699.8	一种纯化曲格列汀的方法	重庆医药工业研究院	公开	制备方法
CN201180056068.6	GPR119受体调节剂和对与其相关的障碍的治疗	艾尼纳制药公司	实审	制药用途/联合用药
CN201310234726.7	用于治疗非酒精性脂肪肝疾病的DPP-Ⅳ抑制剂	勃林格殷格翰	实审	制药用途/联合用药
CN201310480428.6	不适合二甲双胍治疗的患者的糖尿病的治疗	勃林格殷格翰	实审	制药用途/联合用药
CN201310728644.8	用于治疗FAB-相关疾病的嘌呤衍生物	勃林格殷格翰	实审	制药用途/联合用药
CN201410547100.6	一种琥珀酸曲格列汀及其制剂的有关物质检测方法	济南春和景明医药	实审	检测方法
CN201110006009.X	二肽基肽酶抑制剂	武田制药	实审	化合物/化合物盐
CN201310004235.3	二肽基肽酶抑制剂的每周给药	武田制药	实审	制药用途

4.4.3.4 技术构成分析

在国外申请人中，原研药企武田制药的申请量占有绝对优势，其要求保护的内容涉及化合物、晶体、化合物盐、中间体、制备方法、制剂、制药用途和联合用药多个方面。其他国外申请人的专利申请主要集中在曲格列汀的联合用药及相关制药用途方面，属于改进型发明。如图4-4-9所示，2013年申请数量与申请主题均开始增加，这是由于原研药的核心化合物专利申请并没有获得专利权，从2013年起国内申请人的专利申请数量有所增加，申请主题涉及化合物、晶体、化合物盐、制备方法、制剂、制药用途和联合用药多个方面，其中安徽省逸欣铭医药科技有限公司、北京瑞都医药科技有限公司提出的专利申请都是在曲格列汀化合物的基础上进行结构化修饰，以化合物为主题提出了申请，目前该申请均处于公开未进入实质审查阶段。

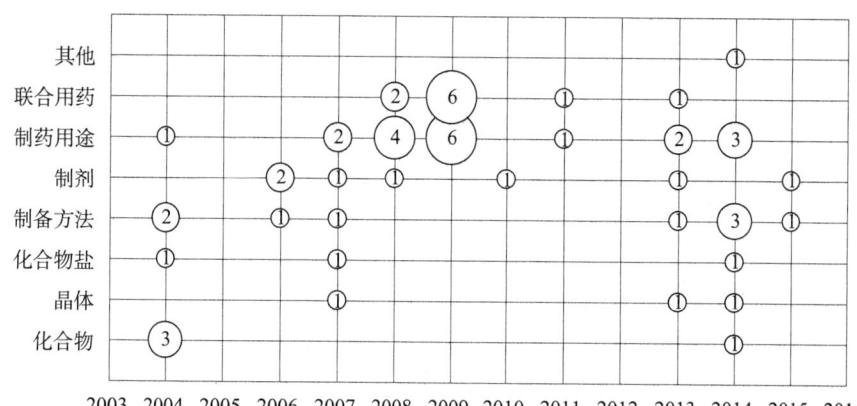

图 4-4-9 曲格列汀中国专利申请技术主题分布趋势

注：图中数字表示申请量，单位为件。

4.4.3.5 国内各省区市申请情况分析

表 4-4-6 列出了国内曲格列汀专利申请区域分布情况，表 4-4-7 列出了国内曲格列汀 CDE 申请企业区域分布情况，可以看出无论是专利申请区域分布还是 CDE 申请企业区域分布都是比较分散的，全国各地医药企业争相参与了曲格列汀的市场竞争中，都想从中获得更大的商业价值。

表 4-4-6 国内曲格列汀专利申请区域分布　　　　　　　　单位：件

国内申请人所在地	四川	浙江	重庆	山东	广东	安徽	浙江
申请量	3	1	1	1	1	1	1

表 4-4-7 国内曲格列汀 CDE 申请企业区域分布　　　　　　单位：件

CDE 申请企业所在地	河北	江苏	北京	广东	山东	四川	安徽	贵州	天津	香港	浙江	重庆
申请企业/个	3	3	2	2	2	2	1	1	1	1	1	1

4.4.3.6 中国申请人的专利分析

曲格列汀的中国专利中共有 9 件是由中国专利申请人申请的，如表 4-4-8 所示。

表 4-4-8 中国申请人提出的曲格列汀专利申请

申请号	申请日	发明名称	申请人	法律状态	有效性
CN201310056368.5	2013-02-22	曲格列汀新的固态形式及其制备方法和用途	四川海思科制药	公开	审中

续表

申请号	申请日	发明名称	申请人	法律状态	有效性
CN201310367074.4	2013-08-13	二肽基肽酶抑制剂和B族维生素的药物组合物及用途	深圳奥萨医药	撤回	无权
CN201480002130.7	2014-02-21	曲格列汀的固态形式及其制备方法和用途	四川海思科制药	公开	审中
CN201480000530.4	2014-05-23	氧杂双环衍生物、制备方法及其应用	四川海思科制药	公开	审中
CN201410279661.2	2014-06-21	羟基脒基苯类衍生物及其制备方法和医药用途	安徽省逸欣铭医药	实审	审中
CN201410547100.6	2014-10-15	一种琥珀酸曲格列汀及其制剂的有关物质检测方法	济南春和景明医药	实审	审中
CN201510163699.8	2015-04-08	一种纯化曲格列汀的方法	重庆医药工业研究院	公开	审中
CN201510269594.0	2015-05-25	一种含有琥珀酸曲格列汀的口服片剂及其制备方法	浙江华海药业	公开	审中

其中安徽省逸欣铭医药科技有限公司申请了1件专利,申请号为CN201410279661.2,发明名称为羟基脒基苯类衍生物及其制备方法和医药用途,请求保护一种羟基脒基苯类衍生物的通式、其化合物盐、制备方法以及含有该衍生物的药物组合物,以及其作为治疗剂特别是作为DPP-Ⅳ抑制剂的用途。其要求保护的化合物I_1~I_6均为曲格列汀或阿格列汀的羟基脒基衍生物。说明书中提到改造得到的化合物口服给药后,相对于氰基官能团未经修饰的相应的DPP-Ⅳ抑制剂,具有高出至少5倍以上的生物利用度。

深圳奥萨医药有限公司申请了1件专利,申请号为CN201310367074.4,请求保护包括曲格列汀在内的DPP-Ⅳ抑制剂与维生素B的药物组合物。该组合物能够在改善高血糖的基础上减少血管并发症的发生。该申请已视撤失效。

四川海思科制药有限公司共有3件申请,其中CN201480002130.7 PCT申请,其国际公布号为WO2014127735A1,CN201310056368.5为其优先权,请求保护了曲格列汀的新固态形式,包括五种新晶型和一种无定形态的曲格列汀,及还包括其制备方法以及含有这些曲格列汀新固态的药物组合物和它们作为DPP-Ⅳ抑制剂的制药用途。说明书中提到这些晶型具有高纯度,良好的稳定性和制剂适应性。CN201480000530.4也是 PCT 申请，其国际公布号为 WO2014187365A1，请求保护一种氧杂双环衍生物的通式，权利要求中请求保护所述氧杂双环衍生物与包括曲格列汀在内的 DPP-Ⅳ 抑制剂联合用药的药物组合物。

济南春和景明医药技术有限公司申请了 1 件专利，申请号为 CN201410547100.6，请求保护琥珀酸曲格列汀及其制剂的有关物质的检测方法。

浙江华海药业股份有限公司申请了 1 件专利，申请号为 CN201410269594.0，该申请中解决了曲格列汀琥珀酸和微粉硅胶相容性的问题，请求保护一种包含重量份数 35%~50% 琥珀酸曲格列汀，不含有微粉硅胶等助流剂的口服片剂及其制备方法。所要求保护的口服片剂不含有微粉硅胶等助流剂，包含重量份数 35%~50% 琥珀酸曲格列汀，具有良好的稳定性并克服了制粒过程中的不良现象。

重庆医药工业研究院有限责任公司申请了 1 件专利，申请号为 CN201510163699.8，请求保护了一种曲格列汀的纯化方法，可以提高曲格列汀的纯度及收率。

可以看出，曲格列汀原研企业武田制药核心化合物专利尚未获得专利权，其他国外申请人也没有针对外围专利提出大量申请。在此情况下，虽然国内申请人针对曲格列汀的相关专利申请起步较晚，但是还有充足的发挥空间，给了国内申请人针对制剂、晶型、制备方法等专利申请进行选择发明，形成外围专利防线的时间和机会。

4.4.4 武田制药策略研究

由于中国巨大的糖尿病药物市场，武田制药对我国市场非常重视，其以曲格列汀为主题在我国申请了一系列专利，为了更好地了解武田制药针对曲格列汀的保护策略，课题组对其在我国的曲格列汀专利申请进行了研究。

截至 2015 年 8 月 31 日，在 CPRS 系统中查询到武田制药在中国就曲格列汀提出的专利申请共计 15 件，如表 4-4-9 所示。

表 4-4-9 武田制药在中国的曲格列汀专利申请

申请号	公开/公告号	申请日	法律状态	有效性	技术主题
CN200480042457.3	CN1926128A	2004-12-15	驳回	无权	化合物/制剂/制备方法/用途
CN201110005289.2[1]	CN102127057A	2004-12-15	驳回	无权	化合物
CN201110006009.X[1]	CN102134230A	2004-12-15	实审	审中	化合物
CN201110005788.1[1]	CN102134229A	2004-12-15	驳回	审中	制备方法
CN200680042380.9	CN101374523B	2006-09-13	授权	有权	制剂/联合用药
CN200680042863.9	CN101360723A	2006-09-15	驳回	无权	制备方法
CN201210130426.X[2]	CN102675221A	2006-09-15	实审	审中	中间体
CN200680053547.1	CN101389339B	2006-12-27	授权	终止	制剂/联合用药
CN200780039574.8	CN101616673A	2007-09-11	驳回	无权	制剂

续表

申请号	公开/公告号	申请日	法律状态	有效性	技术主题
CN201310142194.4[3]	CN103211819A	2007-09-11	驳回	审中	用途
CN200780049086.5	CN101573351B	2007-11-29	授权	有权	晶体/制备方法
CN200880013087.9	CN101778633A	2008-03-12	驳回	无权	制剂
CN201310004235.3[4]	CN103142600A	2008-03-12	实审	审中	制剂/适应症用途
CN201080043162.3	CN102548556A	2010-07-27	视撤	无权	制剂
CN201380041306.5	CN104519874A	2013-06-04	公开	审中	制剂

注1：200480042457.3 的分案申请；注2：200680042863.9 的分案申请；注3：200780039574.8 的分案申请；注4：200880013087.9 的分案申请。

4.4.4.1 发展趋势分析

武田制药针对曲格列汀的专利申请量大致可以分为三个阶段（参见图 4-4-10）。2004 年，武田制药提交了以曲格列汀为主题的首件申请，同年之所以还有 3 件申请，主要是因为首件申请在后续实质审查过程中被驳回，武田制药基于该申请又提交了 3 件分案申请。在经历了 2005 年的沉寂后，2006~2008 年进入了武田制药针对曲格列汀进行专利布局的重要阶段，绝大部分的专利申请都是在这个阶段提出的，反映了武田制药在该时期对曲格列汀技术的研发热度。2008 年以后，武田制药针对曲格列汀提交的专利申请量整体处于较低的水平，仅个别年度有零星申请，反映了武田制药在早期已经基本完成了曲格列汀的专利布局，并没有加大该药物的后续开发。

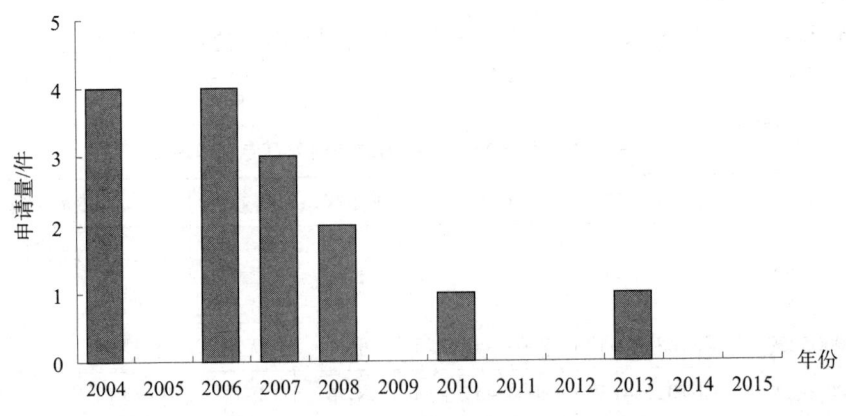

图 4-4-10 武田制药曲格列汀相关专利申请量变化趋势

4.4.4.2 技术主题分析

武田制药的研究主要集中在化合物的制剂方面，其次为化合物的制备方法（参见图 4-4-11）。化合物申请虽然占有一定的比重，但都来自曲格列汀首件申请的分案申请，武田制药在后续研究过程中并未对曲格列汀化合物的结构提出改进。武田制药采取对化合物的组合物、新晶体、新用途以及中间体的方式后续开展研发，逐步组建曲格列汀的外围专利，构筑严密的专利保护体系。整体来看，武田制药针对曲格列汀的专利技术主题类型已经进行了全面保护，涵盖了产品发明和方法发明的各个技术领域，反映出武田制药完善的专利申请和保护策略。

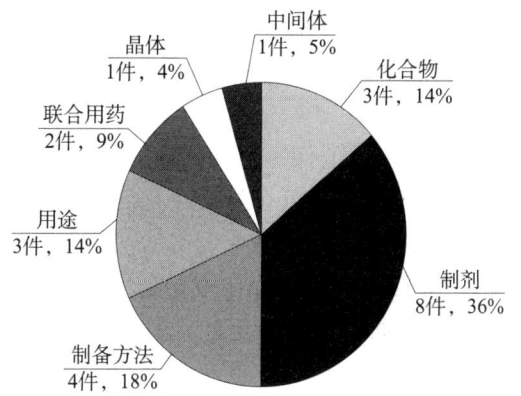

图4-4-11 武田制药曲格列汀专利申请技术主题分布

4.4.4.3 核心专利分析

CN200480042457.3是武田制药在中国提交的曲格列汀的核心专利申请，其中要求保护包含曲格列汀在内的通式化合物、制备方法、药物组合物以及制药用途，并且明确要求保护曲格列汀的化合物。但该申请在后续的实质审查过程中被驳回，已经处于失效状态。但武田制药以该申请为母案，先后提出了以下3件曲格列汀的分案申请：①CN201110005289.2要求保护包含曲格列汀在内的通式化合物，该申请也已被驳回，处于失效状态；②CN201110005788.1要求保护曲格列汀具体化合物的制备方法，在实质审查过程中被驳回后，武田制药向专利复审委员会提出了复审请求。经审查，专利复审委员会作出复审决定，撤销了驳回决定，该复审决定尚未生效，仍然处于诉讼阶段；③CN201110006009.X要求保护包含曲格列汀在内的通式化合物、曲格列汀具体化合物或其药用盐，其在实质审查过程中同样经历了被驳回的命运，但在后续的复审程序中，专利复审委员会也作出了撤销驳回的决定，目前该申请已重新进入实质审查阶段。

从目前在审的曲格列汀核心专利的内容来看，曲格列汀的具体化合物或其药用盐以及制备方法的专利申请仍都处于悬而未决的状态，这些都是武田制药垄断国内曲格列汀市场不得不依赖的重点专利技术，是武田制药必须守住的底线。而曲格列汀的药物组合物以及制药用途等外围专利技术，看似在不断分案的过程中已经被放弃，实际上武田制药已经通过其在后专利申请获得了对曲格列汀药物组合物的专利保护。因此，虽然曲格列汀核心专利尚未获得批准，但国内企业参与曲格列汀市场竞争的空间因其外围专利也变得十分有限。

4.4.4.4 已授权专利分析

截至2015年8月31日，武田制药在中国已经获得授权的曲格列汀的专利申请共有3件（参见表4-4-10）。

表4-4-10 中国已经获得授权的武田制药曲格列汀的专利申请

申请号	授权公告号	申请日	技术主题
CN200680042380.9	CN101374523B	2006-09-13	制剂/联合用药
CN200680053547.1	CN101389339B	2006-12-27	制剂/联合用药
CN200780049086.5	CN101573351B	2007-11-29	晶体

从专利CN101374523B权利要求的保护范围来看，其中保护了包含1~250mg曲格列汀或其可药用盐的单剂量形式的药物组合物，并且涵盖了常用的各种给药途径，获得了非常大的保护范围。目前曲格列汀在日本上市的产品Zafatek®，其成分为曲格列汀琥珀酸盐，包括100mg、50mg两种规格。在该专利申请获得授权后，不但对其临床实际应用的产品进行了有效的保护，同时也阻断了其他药物研发和生产企业侵入曲格列汀为单一活性成分的制剂市场的可能性。该专利同时保护了曲格列汀与噻唑烷二酮类化合物的药物组合物，噻唑烷二酮类化合物是目前临床上常用的抗糖尿病药物，其代表药物有罗格列酮、吡格列酮等。在取得专利保护的同时，该专利说明书中还防御性公开了曲格列汀与二甲双胍、磺酰脲类、α-葡萄糖苷酶抑制剂类等具体药物的组合，为其他申请人就相同主题作出发明并藉此获得专利权的交叉许可设置了障碍，也为自身专利的应用以及市场保护扫清了潜在的壁垒。

专利CN101389339B保护的是包含曲格列汀或其盐与吡格列酮或者伏格列波糖的制剂，吡格列酮为噻唑烷二酮类化合物，其保护范围仍然落在了CN101374523B的范围内。伏格列波糖属于α-葡萄糖苷酶抑制剂，虽然拓展了武田制药在曲格列汀与其他抗糖尿病药物的组合方面的保护范围，但该专利权的保护范围十分有限，目前因未缴年费，专利权已终止失效。

专利CN101573351B实际保护的是制备曲格列汀琥珀酸盐多晶型A的方法。根据《专利法》第11条的规定，使用专利方法以及使用、许诺销售、销售、进口依照该专利方法直接获得的产品也属于侵犯专利权的行为，因此，该授权专利实际延及对通过该专利方法直接获得的曲格列汀琥珀酸盐特定晶体的保护。

从武田制药目前已经获得授权的专利申请来看，其专利权主要集中在对制剂、组合物和新晶体的保护上。虽然曲格列汀的化合物专利申请尚未获得批准，但制剂专利权已经帮助武田制药有效实现了对该化合物在市场应用上的保护，并且延长了药物的垄断期限。此外，曲格列汀化合物的分案申请仍然处在实质审查阶段，还存在获得专利权的可能性，对曲格列汀的整个市场也有着更深远地影响，因此需要密切关注其审查结果。

4.4.4.5 专利布局之策略

综合武田制药取得曲格列汀开发权以及后续围绕曲格列汀进行专利申请布局的整体状况可以看出，武田制药在对曲格列汀的开发上主要表现出以下两个特点：

（1）投资敏锐。从DPP-Ⅳ抑制剂专利申请的大趋势来看，虽然1992年已出现了关于DPP-Ⅳ抑制剂的申请，但在此后几年间的申请量一直不大，对其活性的研究也主要体现在抗病毒以及对免疫系统和造血细胞等的作用上。直至DPP-Ⅳ抑制剂在治疗糖尿病方面逐渐表现出巨大的潜力，DPP-Ⅳ抑制剂的申请量才出现迅速增长的态势，曲格列汀的核心专利 WO2005/095381A1（进入中国国家阶段的申请号为 CN200480042457.3）便是在这样的背景下，由 SYRRX 公司作为最早的申请人于 2004 年 12 月 15 日提出的。在 2005 年前后，有关 DPP-Ⅳ抑制剂的专利申请开始进入了第一个高峰期。此时的武田制药早已看好 SYRRX 公司的研发能力，敏锐地抓住了投资的时机，于 2005 年 3 月收购了该公司，不仅满足了增强其新药研发的急迫需求，也使武田制药一直渴望在美国这一世界最大的药物市场具有研发基地的计划得以实现。同年 7 月，武田制药与 PPD discovery（PPD 的子公司，现在为 Furiex 制药公司）签署协议，获得了开发包括阿格列汀和曲格列汀在内的 DPP-Ⅳ抑制剂的权利。

众所周知，药物的研发具有投资大、风险高、周期长的特点，从发现先导化合物到药物最终上市，往往要历时几年到十几年，投入的资金也多达数亿美元。而药物的专利保护期限一般为 20 年，在药物上市之前均处于投资的过程，因此，如果专利申请日能够尽量延后，越靠近药物的上市日期，越可以在药物上市之后获得尽可能长的保护期限，实现销售利润的最大化。事实证明，武田制药的投资不但选择的时机非常恰当，而且投资对象准确。

专利 WO2005/095381A1 中要求保护的阿格列汀于 2010 年 6 月即已批准上市，从提出专利申请到正式上市的时间不足 6 年，在上市之后也表现出良好的销售成绩，武田制药在投资 5 年之后即获得了回报。曲格列汀于 2015 年 3 月在日本被批准上市，相比之下，研发时间长达十多年，但曲格列汀也有其自身独特的优势，它是世界上首个每周仅需服用一次即能实现平稳降糖的作用的长效口服抗糖尿病药物，可以极大地改善患者的用药依从性，对于需要长期用药的糖尿病患者而言无疑是重大福音，这使其在与其他同类上市药物的比较中表现更为突出，相信在后续的销售过程中也会表现出不俗的成绩。

（2）周密布局。由于药物研发的高投入和低产出，原研企业通常会以化合物为核心，从多个角度入手，申请一系列的专利，形成一个多角度、多层次的专利保护网，最大限度地保护药物权利和尽可能地延长药物的专利生命周期，以保证自己在市场竞争中的垄断性地位。对于曲格列汀，武田制药的专利布局主要包括核心专利和外围专利两个方面。

曲格列汀的核心专利为化合物专利申请 WO2005/095381A1，其进入中国国家阶段后的申请号为 CN200480042457.3。在该申请的权利要求书中，权利要求 1~95 要求保护的均是通式化合物，权利要求 96 和 97 要求保护了包含曲格列汀在内的数十个具体化合物，说明书中提供了数十个具体化合物的制备实施例，在活性测试实验中，并未提供这些具体化合物的实验数据，而是指出按照所述的测定方法测试化合物的蛋白酶抑制作用，观察到表现出选择性 DPP-Ⅳ抑制活性，"本发明化合物对 DPP-Ⅳ的表观抑制常数在 $10^{-9}M \sim 10^{-5}M$ 的范围内"。对于其他药物研发和仿制企业而言，很难从这份专利申请中获知哪种或者哪些化合物相对而言具有更为优异的活性，会成为后续研发关注的对象。因此，它们难以在早期对该专利申请中披露的化合物进行针对性的研究，例如从晶体、组合物等方面进行研发并且申请专利保护,从而在后续的市场竞争中争取到更有利的位置。事实上,直至2008年才有其他申请人针对曲格列汀提出过相关的专利申请,而此时武田制药已经基本完成了对曲格列汀的专利布局。

曲格列汀的外围专利主要包括其新晶型、中间体、制备方法、用途以及与其他活性药物的组合物。这些专利申请以曲格列汀化合物为核心,在其周围交织成一个多角度、多层次的专利保护网。从申请趋势来看,2006~2008年是武田制药围绕曲格列汀进行外围专利布局的重要阶段,也是曲格列汀进行Ⅱ期临床试验的时期,武田制药没有等待临床试验的结果,而是在核心专利提出两年后即开始进行布局,充分体现了其对曲格列汀化合物活性和市场前景的前瞻性。而在这些外围专利中,武田制药一方面谋求获得对曲格列汀更全面的保护,另一方面也注重通过这些申请披露的内容对其他潜在竞争对手可能申请专利保护的方向设置障碍,例如在200680042380.9申请中即防御性地公开了曲格列汀与二甲双胍、磺酰脲类、α-葡萄糖苷酶抑制剂类等具体药物的组合,不仅为其他申请人就相同主题作出发明并藉此获得专利权的交叉许可设置了障碍,也为今后自身专利的应用和垄断保护铺平了道路。

4.4.5 曲格列汀技术发展

2004年,武田制药提交了国际公开号为WO2005/095381A1的PCT申请,该申请记载了通过对DPP-Ⅳ晶体结构的解析和认识,指导了新的DPP-Ⅳ抑制剂化合物结构的设计。该申请中最早提出了曲格列汀的结构,其化学名为2-[6-(3-氨基-哌啶-1-基)-3-甲基-2,4-二氧代-3,4-二氢-2H-嘧啶-1-基甲基]-4-氟-苄腈,与西格列汀、维格列汀等其他DPP-Ⅳ抑制剂的列汀类药物相比,曲格列汀的结构显著不同,是一种全新结构的DPP-Ⅳ抑制剂化合物。与曲格列汀一同被提出的还有阿格列汀。二者在结构上高度近似,不同点仅在于苯环上氰基的对位是否被氟原子取代(参见图4-4-12)。

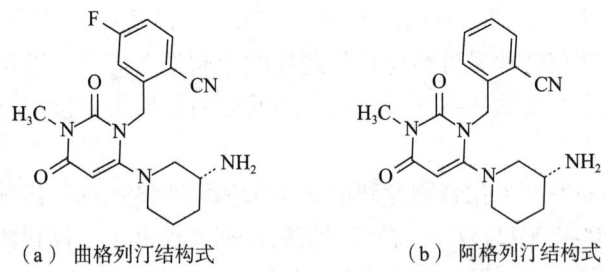

(a) 曲格列汀结构式　　　　(b) 阿格列汀结构式

图4-4-12　曲格列汀和阿格列汀结构式

阿格列汀于2010年4月被批准上市,商品名为Nesina®,一天一次用药。曲格列汀于2015年3月批准上市,研发周期前后相差近五年,但曲格列汀是全球上市的首个每周仅需服用一次即能实现平稳降糖作用的口服抗糖尿病药物,对于需要长期用药的糖尿病患者而言,该药物的上市无疑是重大福音,因此曲格列汀上市伊始即迅速成为市场追逐的热点,截至2015年9月,短短数月之间,CFDA已经受理二十家的曲格列汀的申报。在这种情况下，研究曲格列汀和阿格列汀的结构来历以及后续衍生化，对于指导现有化合物结构的修饰改造以及研发新母核结构的化合物有着重要的意义。

4.4.5.1 曲格列汀和阿格列汀结构的确立

根据检索到的嘧啶酮和嘧啶二酮类DPP-Ⅳ抑制剂的相关专利申请，课题组循着其化合物结构演变过程，对阿格列汀和曲格列汀的结构确立过程进行了梳理。

武田制药通过高通量晶体学解析了人DPP-Ⅳ蛋白结构，并从大约80个共晶结构中得到了黄嘌呤化合物1❶，该化合物抑制DPP-Ⅳ的IC$_{50}$为2μM。通过X射线衍射研究了化合物1在DPP-Ⅳ活性位点的共晶结构，数据揭示了Tyr631与杂环的羰基形成氢键，氯苯基占据S1结合袋，哌嗪的NH和Glu205/Glu206之间形成离子键，Tyr547与黄嘌呤之间形成π-π相互作用（参见图4-4-13）。

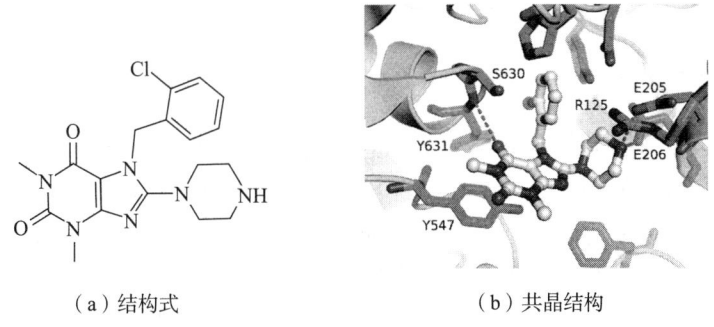

（a）结构式　　　　　　　　（b）共晶结构

图4-4-13　黄嘌呤化合物1的结构式及其在DPP-Ⅳ活性位点的共晶结构

2001年7月4日，诺和诺德提交的PCT专利申请WO02/02560A1中披露了大量与上述研究中化合物1结构相近的化合物（参见图4-4-14），这些化合物作为DPP-Ⅳ抑制剂，被用于治疗Ⅱ型糖尿病。

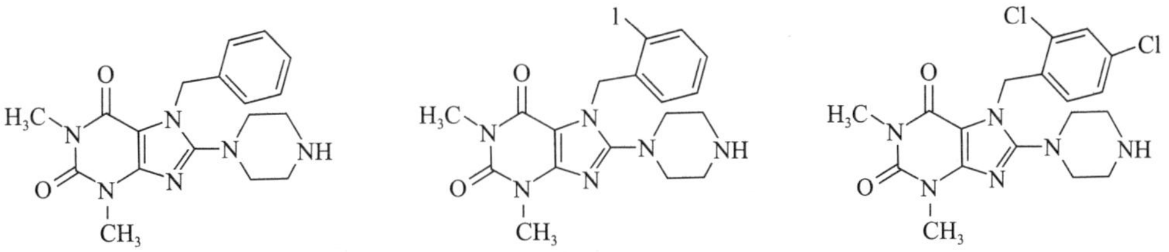

图4-4-14　WO02/02560A1中披露的与黄嘌呤化合物1结构相近的化合物

2002年2月21日，勃林格殷格翰提交的PCT专利申请WO02/068420A1中，披露了作为DPP-Ⅳ抑制剂的化合物2，其抑制DPP-Ⅳ的IC$_{50}$约为5nM。诺沃挪第克公司于2002年6月27日提交的PCT专利申请WO03/004496A1中也披露了该化合物。不同于黄嘌呤化合物1的结构，苯环上的氯原子被氰基替换，哌嗪环也变成了3-氨基吡啶

---

❶ Zhiyuan Zhang 等. Design and Synthesis of Pyrimidinone and Pyrimidinedione Inhibitors of Dipeptidyl Pe Ptidase Ⅳ [J]. Journal of Medicinal Chemistry, 2011 (54): 510-524.

结构。通过研究化合物 2 在 DPP-Ⅳ活性位点的共晶结构发现,氰基通过氢键与 Arg125 结合,哌啶 3 位的伯氨基与 Glu205/Glu206 形成了二齿离子键,这些改变导致化合物 2 的活性提高近 400 倍(参见图 4-4-15)。

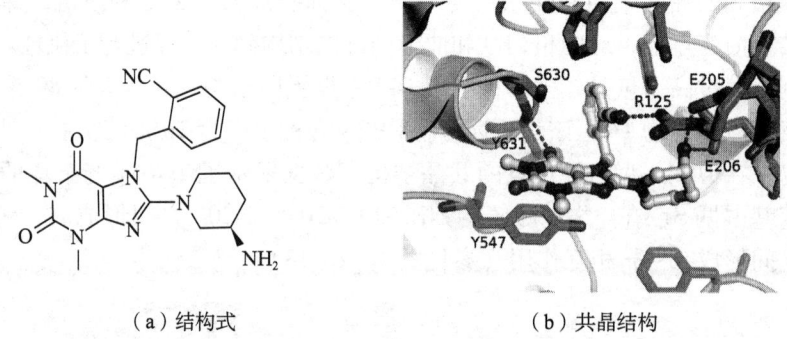

(a)结构式　　　　　　　　　(b)共晶结构

图 4-4-15　WO02/068420A1 中披露的化合物 2 的结构式及其在 DPP-Ⅳ活性位点的共晶结构

利用这些以及来自其他共晶结构的信息,研究人员进一步推测喹啉酮骨架可以有效地显示 DPP-Ⅳ药效团,其中 C2 位的氨基哌啶可以提供与 Glu205/Glu206 之间关键的离子键,N3 位的氰基苄基有效地占据 S1 结合袋,并同时与 Arg125 相互作用,C4 位的羰基提供与 Tyr631 NH 的重要氢键,双环杂环与 Tyr547 形成 π 堆积作用(参见图 4-4-16)。

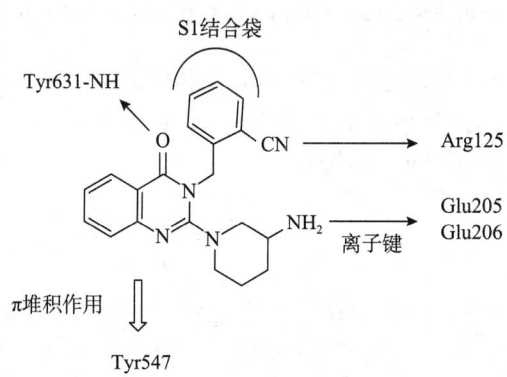

图 4-4-16　喹啉酮化合物 3 的构效关系

上述推测得到了喹啉酮化合物 3 的证实,其对 DPP-Ⅳ的 IC_{50} 为 10nM。该化合物在 SYRRX 公司于 2004 年 3 月 24 日提交的 PCT 专利申请 WO2004087053A1 中。虽然化合物 3 是 DPP-Ⅳ的有效的选择性抑制剂,但它会导致细胞色素 P450 抑制和 hERG 阻断。为了寻找具有更有利性质的化合物,进一步制备了嘧啶酮和嘧啶二酮化合物。

实验证实,除去喹啉酮的稠合苯环得到的嘧啶酮骨架化合物仍然是 DDP-Ⅳ的有效抑制剂。SYRRX 公司于 2004 年 8 月 12 日提交的 PCT 专利申请 WO2005/016911A1 中公开了化合物 4,其对 DPP-Ⅳ的 IC_{50} 为 5nM。通过化合物 4 在 DPP-Ⅳ活性位点的共晶结构可以看到,羰基与 Tyr631 的 NH 之间的氢键作用,氰基苄基有效地占据 S1 结合袋，并同时与 Arg125 相互作用，哌啶环上氨基与 Glu205/Glu206 之间形成离子键（参见图 4-4-17）。

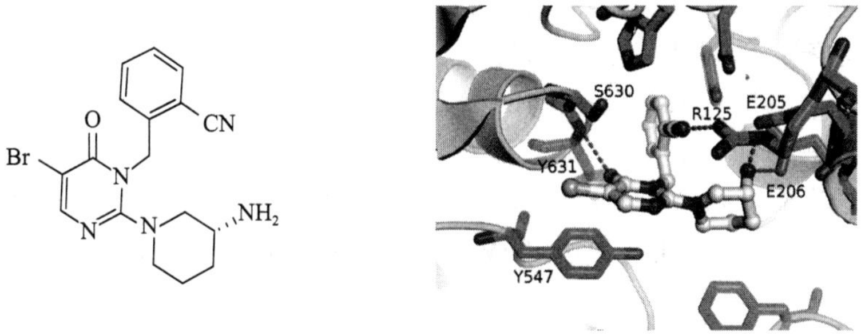

(a) 结构式　　　　　　　　(b) 共晶结构

图 4-4-17　WO2005/016911A1 中化合物 4 的结构式及其在 DPP-Ⅳ活性位点的共晶结构

研究进一步测试了嘧啶二酮类似物的活性，R_1 为 H 或甲基时具有抑制活性，乙基取代则会导致活性降低 10 倍。苄基上的 R_2 可以是多种取代基，2-氰基-5-氟取代的化合物 5 具有最优的活性。2-氰基苄基和 3-氨基哌啶是必需的药效基团。化合物 6 与 DPP-Ⅳ活性位点的结合模式与嘧啶酮类似物相同。在临床前研究中，测试化合物 5 和 6 对细胞色素 P450 酶的抑制能力，其 IC_{50} 均不低于 $10\mu M$，并且在 $30\mu M$ 浓度以下不会阻断 hERG 通道。此外，这些化合物的安全性实验也得到了有利的结果，因此可以用于临床研究。2014 年 12 月 15 日，SYRRX 公司提交了 PCT 国际专利申请 WO2005/095381A1，要求保护了包括化合物 5（曲格列汀）和化合物 6（阿格列汀）在内的通式化合物（参见图 4-4-18）。

(a) 通式　　　　(b) 化合物 5 结构式　　　　(c) 化合物 6 结构式

图 4-4-18　WO2005/095381A1 中披露的化合物 5 和化合物 6 及通式结构

从曲格列汀和阿格列汀结构确立的整个研究过程来看，对 DPP-Ⅳ晶体结构和化合物与 DPP-Ⅳ之间的相互作用的认识，促进了 DPP-Ⅳ抑制剂的构效关系研究，很好地指导了新的 DPP-Ⅳ抑制剂化合物的结构设计，从初期发现具有活性的化合物，对化合物的骨架结构进行优化，直至确定临床实验的候选化合物，结构生物学设计贯穿全程，最终获得了具有全新结构的 DPP-Ⅳ抑制剂曲格列汀和阿格列汀。

4.4.5.2　曲格列汀和阿格列汀的衍生物

由于阿格列汀上市较早，对其结构修饰的研究较多，并且从其衍生物和类似物的角度入手，武田制药围绕阿格列汀核心化合物进行了专利布局。相比之下，曲格列汀上市较晚，武田制药对其结构修饰相关的研究仍在起步之中。考虑到曲格列汀与阿格列汀在结构上的相似性，课题组对阿格列汀结构修饰的情况一并进行梳理，以期为曲格列汀的结构修饰和新药研发提供思路。

2008 年，美国 PROTIA 公司申请的 US2009/082376A1 和美国 CoNCERT 制药公司申请的 US2009/137457A1 分别提供了阿格列汀的新衍生物，二者均通过使用氘元素取代结构中氢原子形成了阿格列汀的富氘代衍生物。以 US2009/082376A1 为例，其通式化合物结构中的 $R_1 \sim R_{21}$ 独立地选自 H 或 D，且 $R_1 \sim R_{21}$ 中氘的丰度至少为 5%（参见图 4 - 4 - 19）。

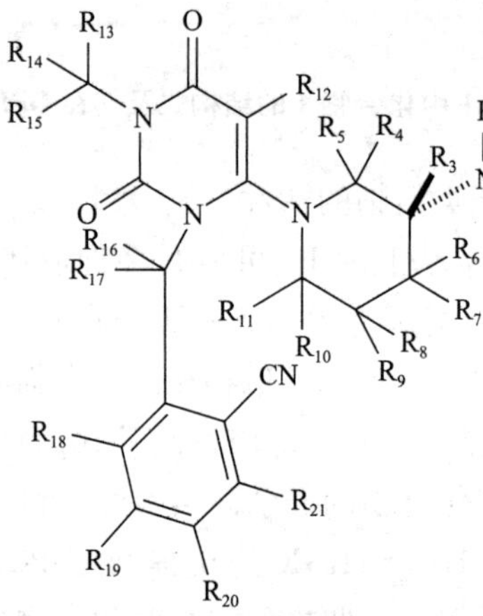

图 4 - 4 - 19　US2009/082376A1 中披露的化合物

2010 年，上海复尚慧创医药研究有限公司申请的 CN102791701A 对曲格列汀结构中的嘧啶二酮的环状结构进行了改变，将—N（CH3）—C（O）—CH＝替换为—C（CH3）＝N—N＝结构，形成1，2，4-三嗪-5-酮结构，得到化合物（R）-2-（（3-氨基-哌啶-1-基）-6-甲基-5-氧代-1，2，4-三嗪-4（5H）-基）甲基）-4-氟苄腈（参见图 4 - 4 - 20），该化合物在 DPP - Ⅳ体外活性检测试验中 IC_{50} 值为 3nM，在 DPP - Ⅳ体内活性检测试验中表现出比阿格列汀更好的活性。

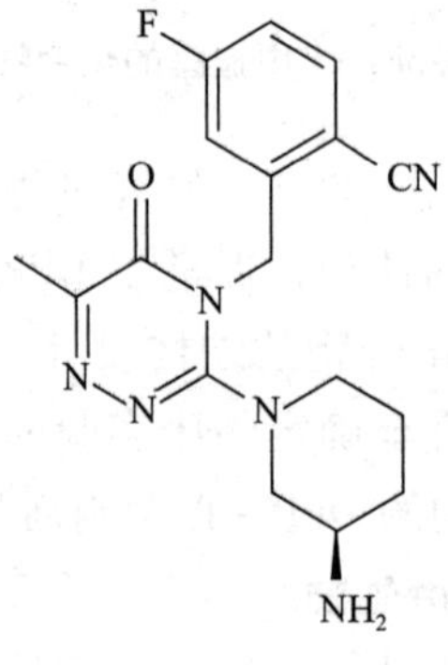

图 4 - 4 - 20　CN102791701A 中披露的化合物

2012 年，南京华威医药科技开发有限公司申请的 CN103788070A 提供了新型的 DPP-Ⅳ抑制剂类多聚物，通过将阿格列汀结构中的氨基与二或三元羧酸类化合物、二或三酰氯类化合物、二酸酐类化合物反应，形成了阿格列汀的多聚体（参见图 4-4-21）。

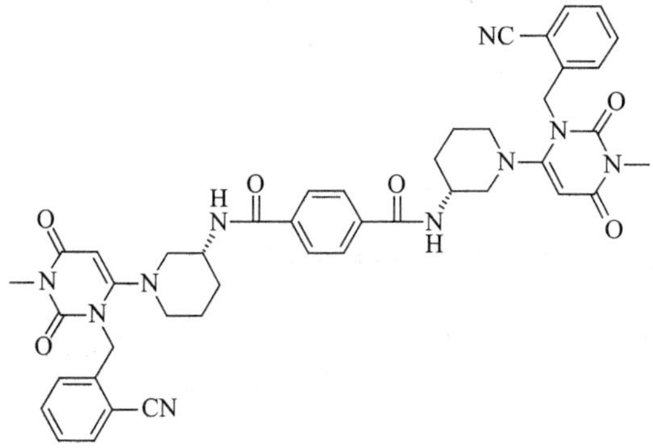

（a）化合物 1

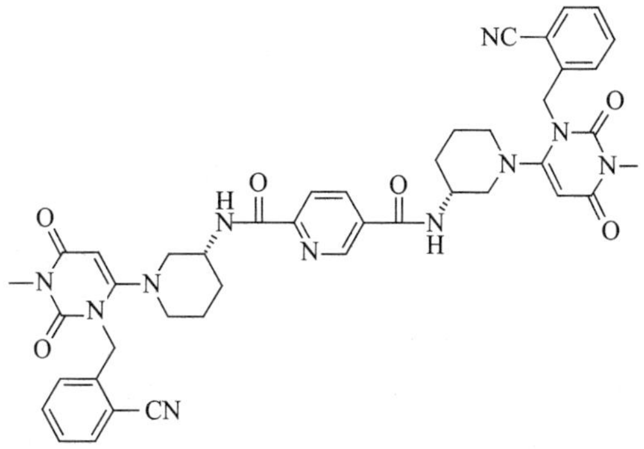

（b）化合物 2

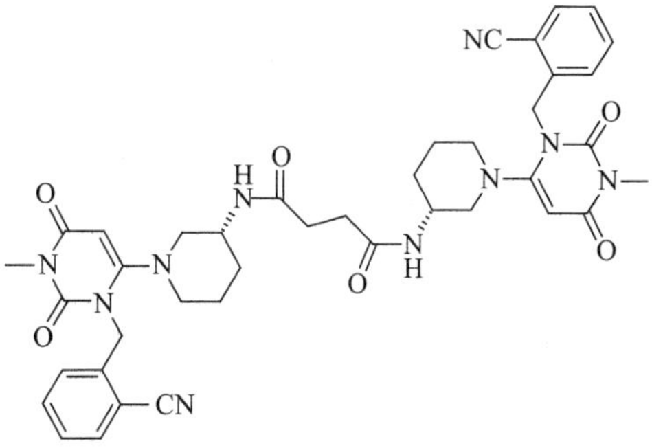

（c）化合物 3

图 4-4-21　CN103788070A 中披露的化合物 1~3 结构式

在 DPP-Ⅳ抑制活性的测定试验中，相比于阿格列汀对照组而言，化合物 1~3 都显示出显著提高的活性（参见表 4-4-11）。

表 4-4-11　CN103788070A 中披露的化合物 1~3 与阿格列汀的抑制率和 IC_{50} 值

化合物（5mg/L）	抑制率（%）	IC_{50}（nM）
化合物 1	100.83	0.6
化合物 2	100.05	32
化合物 3	100.35	0.7
阿格列汀	100.65	80

2014 年，安徽逸欣铭医药科技有限公司申请的 CN104109147A 对阿格列汀或曲格列汀结构中的氰基进行了结构修饰，通过将其与盐酸羟氨反应，形成了阿格列汀或曲格列汀的羟基脒基衍生物（参见图 4-4-22）。

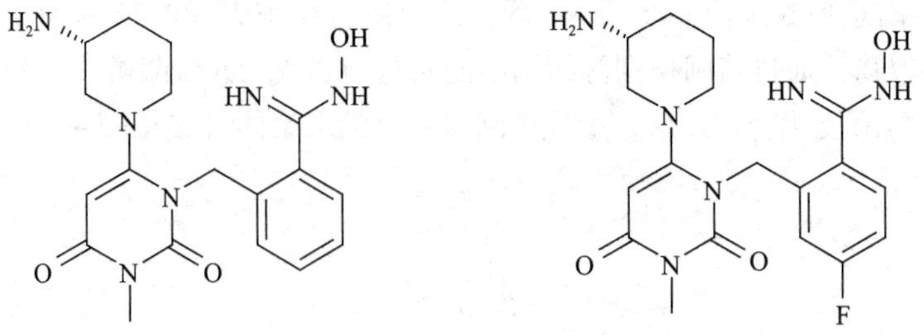

（a）化合物1　　　　（b）化合物2

图 4-4-22　CN104109147A 中的化合物 1 和化合物 2 结构式

由于羟基脒基碱性弱，在生理 pH 条件下以非质子化的形式存在，因此可以增强药物在胃肠道的吸收，口服给药后具有高于原形药物至少 5 倍的生物利用度，同时增强了与 DPP-Ⅳ氢键结合力。在 DPP-Ⅳ抑制活性的测试中，通过阿格列汀和曲格列汀及其相应羟基脒基衍生物针对 DPP-Ⅳ的 IC_{50} 可以看出，与原形药物相比，修饰后化合物的活性得到了明显的提高（参见表 4-4-12）。

表 4-4-12　阿格列汀和曲格列汀及其相应羟基脒基衍生物针对 DPP-Ⅳ的 IC_{50}

化合物	IC_{50}（nmol/L）
阿格列汀	7
曲格列汀	10
化合物 1	0.03
化合物 2	0.07

2014 年，北京瑞都医药科技有限公司申请的 CN104557944A 利用丙醇二酸的两个羧基分别与阿格列汀和二甲双胍结构中氨基进行反应，所得到的化合物与阿格列汀和二甲双胍的复方药物相比，对正常小鼠的血糖几乎无影响，而对于糖尿病模型小鼠的降糖效果更显著，并且有效剂量更低，对于肥胖合并糖尿病小鼠的治疗效果更明显，不但控制了血糖，体重也有所下降，同时由于该化合物为单一成分，便于制剂加工和成型，避免了复方成分可能出现的有效成分混合不均匀造成的剂量偏差等问题，通过改造也降低了双胍的强碱性，有利于降低其胃肠道刺激。

从现有的研究来看，对曲格列汀类化合物进行结构修饰的方式大致可以分为三类（参见图 4-4-23，见文前彩色插图第 5 页）。

（1）使用氘衍生化，氘是自然界存在的氢同位素，无毒、无放射性，对人体安全，C—D 键比 C—H 键稳定 6~9 倍，使用氘代替氢，能够减缓 C—H 键的分解，延长药物的半衰期和作用时间，同时 H 和 D 的立体差异很小，通常不会影响化合物的药理活性，氘代药物也逐渐成为近年来研究的热点。

（2）改变嘧啶二酮骨架的组成，以结构类似的环状基团进行替代，DPP-Ⅳ的晶体结构已经解析，研究人员能够通过模拟药物分子与酶活性部位之间的相互作用来更好地分析药物的构效关系，提供具有降糖活性的化合物。

（3）通过与曲格列汀结构中活性官能团反应引入修饰基团，反应位点主要集中在氨基和氰基上。氨基自身具有很好的反应活性，研究表明通过与对苯二甲酸、丁二酸等反应形成二聚体化合物能够提高原形化合物的活性。氨基已经成为曲格列汀的结构修饰中最受关注的位点。与氨基不同，氰基具有较强的吸电子性质，其体积仅为甲基的1/8，能够深入靶蛋白内部与活性部位的关键氨基酸残基形成氢键相互作用，许多上市和在研的DPP-IV抑制剂中都含有氰基基团，包括维格列汀、沙格列汀、美罗列汀等。曲格列汀结构中的氰基在被修饰为羟基脒基后，进一步增加了与DPP-IV的氢键结合力，使化合物的活性得到了显著的提高。

三种方式比较来看，第三种方式容易实施，引入的修饰基团也更多样化，因此更容易受到研究者的青睐。

4.4.6 SWOT 分析

本节内容是对曲格列汀药物发展的一个小结，也是从国内企业发展的视角对目前曲格列汀的优势（Strenghs）、劣势（Weakness）、机会（Opportunities）、威胁（Threats）进行的分析，建立了曲格列汀药物的SWOT分析模型。希望为相关企业今后发展策略的制定或实施提供一些预警信息。

（1）优势（Strenghs）：①曲格列汀作为全球第一个获批上市的超长效口服糖尿病药物仅需一周一次用药，大大改善了患者的用药依从性，与其他糖尿病药物相比，DPP-IV抑制剂没有明显的胃肠道副作用，不影响体重，并且低血糖的风险性更低，优异的疗效必将带来前所未有的市场竞争力；②曲格列汀在化合物、晶体、制剂、制备方法、联合用药、制药用途方面已有技术研发积累和专利布局。

（2）劣势（Weakness）：①曲格列汀可能具有急性脑炎、肠梗阻的副作用，与其他DPP-IV药物、磺酰脲类药物联用可能会引起严重的低血糖症状，临床效果还待进一步研究证实；②对核心化合物结构改进的研究较少，对制剂的研究还不够深入。

（3）机会（Opportunities）：①2014年全球糖尿病药物十强中DPP-IV抑制剂有3个品种入选，DPP-IV抑制剂成为研发新宠，全球糖尿病药物的市场巨大，曲格列汀以其优异特性必将吸引更多的研发投入和改进发展；②与领军DPP-IV抑制剂市场的捷诺维®的对照研究正在进行，如果获得积极的结果，将有望成为新的领军DPP-IV抑制剂的药物；③化合物核心专利在中国尚未获得专利权，为仿制药留有一定的发展空间；基于DPP-IV抑制剂结构改造的经验，在核心化合物的基础上引入多样修饰基团有望提高活性，带来更优的疗效，有关结构改造、制剂、药物联用及制药用途方面均具有进一步研发和布局外围专利的空间。

（4）威胁（Threats）：①DPP-IV抑制剂市场竞争日趋激烈，默沙东的西格列汀（捷诺维®）及其与二甲双胍的复方制剂（Janumet®）占据了DPP-IV抑制剂市场的主导地位，利格列汀不经过肾脏代谢的特点以及默沙东研发的一周一次用药的奥马格列汀都是曲格列汀上市后的强有力竞争者；②截至2015年9月，已有20家中国企业向

CDE提出了琥珀酸曲格列汀片的3.1类新药注册申报,市场竞争将相当激烈;③虽然曲格列汀的化合物专利申请尚未获得专利权,但是已经获得的专利权从制剂、晶体角度已帮助武田制药有效实现了对该化合物在市场应用上的保护,并且延长了药物的垄断期限。对于曲格列汀化合物的分案结果应密切关注。

从上述信息可以看出,糖尿病药物的市场巨大,DPP-Ⅳ抑制剂作为目前抗糖尿病药物的研发热点,受到国内外制药企业的广泛追捧,其市场增长势头强劲,曲格列汀的销售也有望水涨船高。但是从DPP-Ⅳ抑制剂的自身市场来看,西格列汀及其与二甲双胍的复方制剂仍会长期占据市场的主导地位,而随着沙格列汀、阿格列汀、利格列汀、曲格列汀等药物纷纷上市,市场竞争日趋激烈,大量处于研发阶段的DPP-Ⅳ抑制剂也会不断加剧市场的争夺。作为全球首个一周用药一次的糖尿病药物,曲格列汀相对于其他同类药物的优势是不言而喻的,只有充分发挥其自身特色,通过差异化的销售策略,才能提升其市场竞争力,同时也要抓住有利时机,力争在短时间内获得消费者的认可,建立稳固的销售市场,从而可以有效防止后续同类产品例如奥马格列汀上市后的冲击,在更长时间内的市场竞争中占有一席之地。

4.5 DPP-Ⅳ抑制剂专利保护之路

4.5.1 直面专利悬崖的机遇与挑战

"专利悬崖"是对企业的一件产品在专利失效后利润大幅度下降的形象称呼,原研药市场对专利保护依赖程度很高,近几年是专利药到期的密集期,2012~2015年,将有74种药品的专利到期,全球1400亿美元的制药产品将失去市场独占权,不少国际知名药企陆续陷入"专利悬崖"的困局。目前上市的DPP-Ⅳ抑制剂大多处于技术上升期,十年内专利到期的主要DPP-Ⅳ抑制剂产品如表4-5-1所示。

表4-5-1 十年内到期的主要DPP-Ⅳ抑制剂产品情况

通用名	专利到期年度	原研公司	全球首次专利申请/中国首次专利申请	仿制企业
维格列汀	2019	诺华	WO2000034241A1/CN1160330A	豪森药业等
替格列汀	2021	三菱田边	WO2002014271A1/CN1186322A	四川科伦
沙格列汀	2021	百时美施贵宝	WO2001068603A1/CN1213028A	四川科伦等
西格列汀	2022	默沙东	WO2003004498A1/CN1290848A	四川科伦等
利格列汀	2023	勃林格殷格翰	WO2004018468A1/CN1675212A	四川科伦

事实上,所谓的"专利药到期",通常是指药物的基础专利,比如化合物专利到期。只有基础专利到期,才有可能进行仿制。但原研药企业会想方设法延长专利保护期。原研药企业延长专利保护期最常用的方法,就是对药物不断进行研发改进,通过

更新换代，不断申请新的专利，以延长药物专利保护期。在原研药专利保护到期前，企业会对上市药物进行多方位的后期开发，以形成螺旋扩大的专利保护空间。在药品研发过程中，通常最先研制出来的药物可能剂型比较简单，随后通过不断的深入研究会不断改进剂型，或者在合成途径、工艺、盐等方面进行衍生物、新晶体、组合物、新用途等方面的研发，开发新的产品，申请新的专利。这样，一种药物就可能有很多专利，多的甚至能达到成百上千件，形成围绕核心化合物专利的专利池。另外，购买竞争对手有价值的专利，或者并购具有一定研发实力的竞争对手，并在此基础上进行研发改进，申请新的专利，进而使药物的实际专利保护期延长，也是原研药企业经常采用的一种途径。

专利药到期其实并不意味着可以放心大胆仿制而不必担心潜在的专利风险。不仅如此，目前不少原研药企业也进行仿制药的生产，这进一步加剧了仿制药市场的竞争。

如今的社会早已步入了知识经济时代，企业之间的竞争早已从纯粹资本竞争发展为知识产权方面的竞争。因此，拥有高质量的知识产权，特别是专利权，是各大药企得以发展的制胜法宝。以 DPP-Ⅳ 抑制剂中的拳头产品西格列汀为例，2011 年西格列汀全球销售额高达 33.24 亿美元，2013 年西格列汀及其西格列汀与二甲双胍的复方制剂市场已达到了 58.33 亿美元，同比上一年增长了 1.53%，稳居降糖药全球销售额前十位。西格列汀的化合物专利将于 2022 年到期，留给仿制药企业的准备时间还是相当充分的。

但是专利药到期其实并不意味着可以放心大胆仿制而不必担心潜在的专利风险。上述内容分析了曲格列汀仿制的潜在风险，在这里我们以西格列汀为例，分析一下当专利药到期时可能存在的专利风险。默沙东作为原研公司于 2002 年在中国首次对西格列汀进行化合物专利保护（申请号 CN02813558.X），并且在 2004~2006 年相继申请了多个涉及西格列汀的专利，其中申请 CN200480007313.4 要求保护西格列汀的制备方法，申请 CN200480017544.3 要求保护西他列汀的磷酸盐，申请 CN200480025043.X 要求保护西他列汀的磷酸盐新晶体，申请 CN200680047103.7 要求保护西格列汀和二甲双胍的药物组合物，上述各申请于 2006~2011 年陆续获得专利权。可见，即使化合物核心专利到期，因默沙东在其核心活性化合物的外围申请了大量的相关专利，形成了原研化合物的多层次专利保护壁垒，如无法开发出新的晶体及其他化合物的盐，围绕该化合物的实质保护将至少延续到 2024~2026 年。

对于仿制主体来说，在防范专利风险的同时，仿制药市场的竞争也是相当激烈的。不仅如此，目前不少原研药企业也进行仿制药的生产，这进一步加剧了仿制药市场的竞争。仿制药企要想获得真正的收益还要拥有自己的"杀手锏"。这样做的原因是因为当原研药专利到期后，价格会大幅下降。随着人们对药品质量和疗效的期望越来越高，对仿制药的质量要求也在提高。提高仿制药质量的高端仿制对生产技术提出了更高的要求。仿制药怎样才能在拥有价格优势的同时，确保在质量和疗效上也能够与原研药形成竞争力呢？可以从以下三方面寻找适合企业发展需求的出路。

（1）目前，《药品价格管理办法》（征求意见稿）第 22 条第 1 款规定，专利保护药品保护期结束后，自国内第一家企业生产的仿制药品上市起5年内，前3家企业仿制的药品的政府指导价，以被仿制药品政府指导价为基础，依次递减10%制定。国内药企可以通过积极与跨国药企的合作，先获得在国内市场的"首仿药"权利，即通过"授权仿制药"的方式获得首仿机会，从而加强与跨国制药企业合作获得更多研发和管理经验，拓展国内市场份额，缩小我国医药工业与世界先进水平的差距，随后再积极探索品牌仿制药发展之路，依托品种广度、成本领先、品牌效应等优势，抢占研发先机，实现营销共赢。

（2）我国医药企业绝大多数都是仿制药企业，但却少有大而强者。著名的以色列梯瓦公司就是以仿制起家，但它在仿制的同时也积累了很多创新成果和专利。中国医药企业不能坐等专利到期，即使核心专利到期，专利池中的其他外围专利还会限制企业的前行，因此，中国医药企业要想立足长远，摆脱低端重复、恶性竞争的局面，就必须走"仿创结合"之路。"仿创结合"的专利战略对于我国目前的医药企业而言也是一个很好的选择。这样可以在仿制和创新之间寻找一个平衡点，避免投资的单一性和风险性，能让企业在保证盈利的基础上稳步发展。国内有一定研发实力的仿制药企业可以根据自身优势，从仿制药的技术领域着眼，集中培养优势领域和技术，为企业不断积累研发经验，提升自身的研发实力，逐渐从低端仿制走向高端仿制，方能走向世界。

（3）虽然专利到期，但要发展仍需要仿制药企业发展自己的技术优势，要在工艺、剂型等方面拥有突破专利壁垒的成果，并将这种成果及时转换为新的专利进行保护，真正做到先仿后创，从而获取更高的商业利益。在西格列汀方面，苏州市立德化学有限公司申请了一种西格列汀游离碱的制备方法（CN201010126431.4），南京工业大学申请了一种合成磷酸西他列汀及其衍生物的新方法（CN201110047439.6），苏州新凯生物医药技术有限公司申请了西他列汀的制备方法（CN201210150725.X）以及江苏施美康药业有限公司申请了一种西格列汀的制备方法（CN201210108469.8）等，致力于研究新的西格列汀制备途径，并相继被授予制备方法类的发明专利权；武汉大学致力于研究磷酸西他列汀在制备防治热性惊厥药物中的新用途（CN201110426464.5）；深圳翰宇药业股份有限公司制备了一种西他列汀的新剂型——缓释微丸，该缓释微丸能够降低药物进入机体的吸收速率，避免血药浓度的峰谷现象，降低药物对人体的毒副作用，提高患者的顺应性（CN201210586436.4）；美国Metabolex公司将G蛋白偶联受体119激动剂与DPP-IV抑制剂（如西格列汀）联合使用作为治疗糖尿病的药物组合物，具有较好的疗效（CN200980110894.7）。这些专利均获得了相应的专利权。另外，山东轩竹医药科技有限公司为国内制药企业作出了很好的示范，该公司对DPP-IV抑制剂化学结构进行了改良和优化，申请了4件发明专利（CN200810145063.0、CN200810145064.5、CN200810145065.X、CN200810145066.4），要求保护治疗糖尿病效果显著的新结构的新型DPP-IV抑制剂，这4件发明专利申请先后被授予专利权，无疑这些拥有专利权的企业将在后续的市场竞争中占据有利地位。

下面我们就国内自主创新的DPP-IV抑制剂的代表药物进行介绍，希望能够为更多的国内药物生产企业抛砖引玉,促进DPP-Ⅳ抑制剂领域自主知识产权的不断创新。

4.5.2 国内DPP-Ⅳ抑制剂创新药的发展

近年来,全球糖尿病药物市场的增长势头强劲,DPP-Ⅳ抑制剂已经成为糖尿病药物研究开发的热点,目前在中国上市的DPP-Ⅳ抑制剂品种已有6种,分别为西格列汀、沙格列汀、维格列汀、利格列汀、阿格列汀以及西格列汀双胍。DPP-Ⅳ抑制剂的研发不但受到了国外制药企业的关注,同样也为国内制药企业提供了市场竞争机会,除了对已经上市药物进行仿制外,许多具有创新能力的国内药物生产企业也在开发具有自主知识产权的DPP-Ⅳ抑制剂。

4.5.2.1 瑞格列汀

瑞格列汀是江苏恒瑞医药股份有限公司(以下简称"江苏恒瑞")自主研发并且拥有自主知识产权的用于治疗Ⅱ型糖尿病的DPP-Ⅳ抑制剂药物,英文通用名为retagliptin,化学名为(R)-7-[3-氨基-4-(2,4,5-三氟-苯基)-丁酰]-3-三氟甲基-5,6,7,8-四氢-咪唑并[1,5-a]吡嗪羧酸甲酯。CAS号分别为1174122-54-3(瑞格列汀)、1174038-86-8(瑞格列汀盐酸盐)、1256756-88-3(瑞格列汀磷酸盐)。从结构上看(参见图4-5-1),瑞格列汀与默沙东研发的西格列汀相近似,属于西格列汀的"me too"药物。

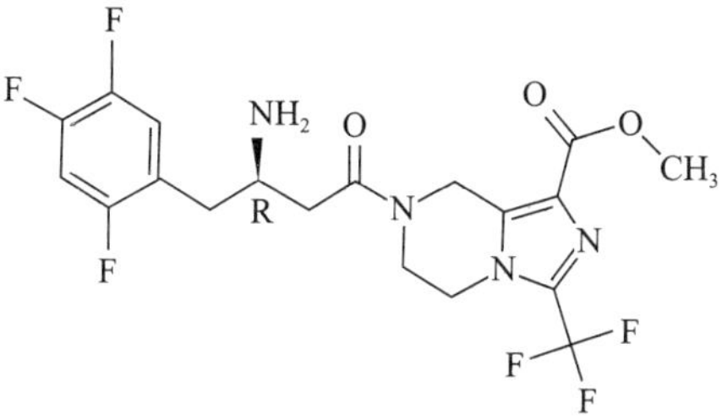

图4-5-1 瑞格列汀结构式

瑞格列汀化合物已经申请了PCT专利保护,其国际公开号为WO2009082881A1,在中国、美国、欧洲、日本、韩国均有同族专利,并且均已获得授权(国内授权公告号为CN101641361B)。该专利中重点研究了瑞格列汀盐酸盐的活性,在DPP-Ⅳ抑制活性的测定试验中,西格列汀的IC_{50}值为$0.023\mu M$,而瑞格列汀盐酸盐的IC_{50}值为$0.012\mu M$,显示出更好的DPP-Ⅳ抑制活性。该专利还同时保护了瑞格列汀或其药用盐的药物组合物、制备方法以及制药用途。2009年,江苏恒瑞在国内又申请保护了瑞格列汀的磷酸盐并且获得授权(授权公告号为CN101899048B),该专利研究了瑞格列汀不同种类的药用盐的性质差异,其中与硫酸盐、盐酸盐、马来酸盐、苹果酸盐和甲磺酸盐相比,瑞格列汀的磷酸盐在稳定性、DPP-Ⅳ抑制活性以及药代动力学等方面都表现出最佳的效果,瑞格列汀磷酸盐也是恒瑞医药在临床研究以及目前准备生产上市的品种。除化合物核心专利外,江苏恒瑞还申请有包含瑞格列汀与其他药物活性成分的组合物专利,CN101961336B授权保护了瑞格列汀分别与罗格列酮、吡格列酮的组合物，CN101849944A 要求保护瑞格列汀与二甲双胍的组合物，但该申请已经视为撤回。整体来看，虽然瑞格列汀的专利申请数量不多，但基本上都已获得授权，江苏恒瑞针对瑞格列汀已经建立了较为完备的专利保护体系，各技术主题都得到了有效的保护。

瑞格列汀在临床前研究中表现出了抑制活性强、选择性高、动物体内药效维持时间长、安全性好的特点。其 I 期临床于 2009 年 8 月已在美国开展。据报道，2012 年底江苏恒瑞停止了在美国的临床 II 期试验，由于国外同类品种已上市和临床进度更快的同类药品太多，瑞格列汀将仅在中国市场上市，不会启动美国 III 期临床。磷酸瑞格列汀单药治疗糖尿病在国内的 III 期临床于 2012 年 12 月在中国人民解放军总医院正式启动，目前已经完成，磷酸瑞格列汀的生产申请已经在国家食品药品监督管理局开始审评。

瑞格列汀的研究进度已经领先了国内在研的其他列汀类药物，预计上市后能够拥有不错的竞争格局和市场空间，有分析师预测，瑞格列汀上市后长期销售规模有望达到 20 亿元。

4.5.2.2 复格列汀

苯甲酸复格列汀（Fotagliptin benzoate）是重庆复创医药研究有限公司（以下简称"重庆复创"）独立研究开发的 DPP-IV 抑制剂药物，具有开发成为治疗 II 型糖尿病药物的前景，2013 年 9 月获得 CFDA 批准的临床研究批件。2013 年 10 月，重庆复创与深圳信立泰药业股份有限公司（以下简称"深圳信立泰"）签署协议，将苯甲酸复格列汀在中国大陆地区的独家开发和市场权利转让给深圳信立泰。

本课题组以深圳信立泰作为检索词通过申请人字段在 CPRS 系统中进行了检索，获得 4 件与 DPP-IV 抑制剂相关的专利申请。

CN201080060362.X 要求保护如下通式的化合物或其可药用盐（参见图 4-5-2）。

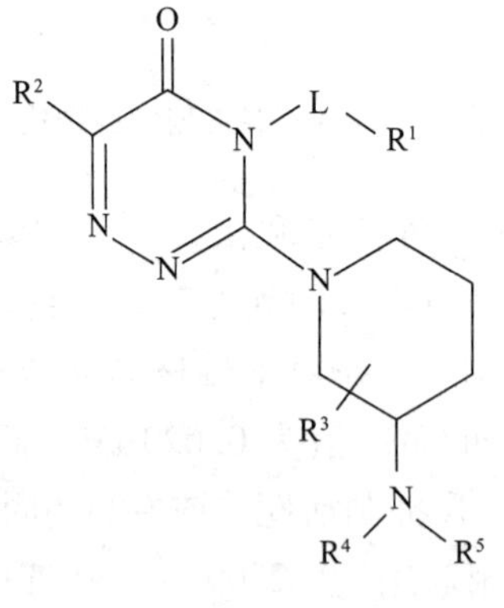

图 4-5-2　CN201080060362.X 要求保护的通式结构

说明书实施例制备并且测定了 4 个具体化合物的活性，其中实施例 3 中化合物在 DPP-IV 体外抑制测试中的活性最佳，并且在 DPP-IV 体内抑制活性测试中表现出优于阿格列汀的活性（参见图 4-5-3）。

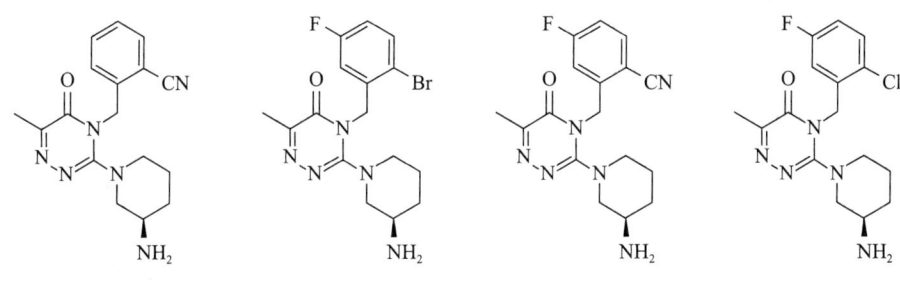

（a）实施例1化合物　　（b）实施例2化合物　　（c）实施例3化合物　　（d）实施例4化合物

图4-5-3　CN201080060362.X实施例中的4个具体化合物的结构式

该申请于2014年2月12日获得授权，授权公告号为CN10279701B，权利要求的保护范围涵盖了通式化合物以及上述4个具体化合物、其制药用途以及药物组合物。该申请在美国、日本、欧洲申请了同族专利并且均已获得授权。该专利是复格列汀的基础专利。

CN201310676817.6是CN201080060362.X的分案申请，与母案申请要求保护的主题一致，该申请目前仍然处于实质审查阶段。

CN201510034007.X要求保护3-(3-氨基哌啶-1-基)-5-氧代-1,2,4-三嗪衍生物的苯甲酸盐、其制备方法及其药物组合物，该化合物即苯甲酸复格列汀。与复格列汀原形、其盐酸盐和甲磺酸盐形式相比，苯甲酸复格列汀在高温实验、加速实验和高湿实验中都显示出更好的稳定性。在生物利用度研究中，以相同的剂量和实验方法测试，苯甲酸复格列汀以复格列汀计的生物暴露量为阿格列汀的1.5~2倍，具有更高的体内贮留量。

CN201510033908.7要求保护苯甲酸复格列汀的α晶型及其制备方法，该晶型具有优异的化学稳定性，在常规溶剂和胃酸环境中的溶解性极好，非常易于药物制剂的使用，同时与复格列汀、其盐酸盐和甲磺酸盐形式相比，该晶型在高温实验、加速实验和高湿实验中都显示出更好的效果。

从苯甲酸复格列汀的结构和相关研究来看，该化合物与武田制药的阿格列汀和曲格列汀结构相近，在药效学试验中也使用了阿格列汀作为对比化合物，因此推测其是发明人基于武田制药的DPP-Ⅳ抑制剂化合物通过结构改造得到的。

可以看出，深圳信立泰在获得苯甲酸复格列汀中国大陆地区内的独家开发和市场权利的同时，也一并取得了复格列汀的专利权，并且开始就苯甲酸复格列汀的相关主题申请专利，寻求进一步的保护，并尽量延长该药物的专利保护期。但是复格列汀的基础专利CN201080060362.X已经于2012年公开，其内容早已构成现有技术，在此情况下，后续专利申请通过审查并且获授权会存在较大的难度，这样来看，目前已获授权的CN201080060362.X将是深圳信立泰垄断苯甲酸复格列汀国内市场的核心专利。

4.5.2.3　其　　他

除了瑞格列汀和复格列汀外，国内自主研发其他DPP-Ⅳ抑制剂药物的还有江苏豪森药业的1.1类创新药托西酸贝格列汀（besigliptin），其在国内也获得了临床批件，山东轩竹医药公司的1.1类创新药盐酸依格列汀（imigliptin）正在进行临床Ⅰ期试验。这些DPP-Ⅳ抑制剂新分子实体的研发标志着我国医药生产企业的自主创新实力不断提高。但是与国外企业相比，我国企业针对列汀类DPP-Ⅳ抑制剂的研发介入晚，进度明显落后，国内已经有多款DPP-Ⅳ进口产品上市，并且具有多重优势，而国内相关产品在获批上市后势必也将会面临巨大的竞争压力。对于国产品种而言，在保证临床疗效的前提下，可以着力寻找产品差异化竞争特点，加大产品的销售推广力度，力争在市场竞争中占有一席之地。

4.6 小 结

截至2014年，列汀类药物已有7种单方制剂，以及9种复方制剂上市，并且大多已登陆中国市场。武田制药研发的曲格列汀于2015年获准上市，而默沙东研发的奥马格列汀也已陆续提交上市申请，两者均为每周口服一次的治疗Ⅱ型糖尿病的DPP-Ⅳ抑制剂。回顾2010~2014年国内新药申报情况，共有34家企业提出DPP-Ⅳ抑制剂的新药申请，涉及品种19个。自曲格列汀于2015年3月26日在日本被批准上市起，截至2015年9月，已有20家中国企业向CDE提出了琥珀酸曲格列汀片的3.1类新药注册申报，这种一拥而上的局面也使得国内制药企业之间对于DPP-Ⅳ抑制剂的市场竞争日趋激烈。

对于中国这个巨大的市场，国外公司表现出足够的重视，已上市的DPP-Ⅳ抑制剂中大多在中国取得了化合物专利的保护，并且围绕核心专利进行了全面的布局，建立了牢固的专利壁垒。对于这些药物，重点应在已知化合物结构的基础上进行改进和优选，力求获得效果更加优越的新化合物。以江苏恒瑞的瑞格列汀为例，其化学结构与默沙东研发的西格列汀相似，然而在临床前研究中却表现出了抑制活性强、选择性高、动物体内药效维持时间长、安全性好的特点。所得到的新化合物不仅可以突破原化合物的专利壁垒而且能够通过构筑自己的核心专利，并逐步构建外围专利完善专利布局来获得强有力的专利保护。

在核心专利尚未到期或未获得专利权的阶段，面对有限的专利布局空间，通过寻找新的晶体、制剂、制备方法以获得具有更好的稳定性、更高的生物利用度以及更长效、更加适合工业化的技术方案来分一杯羹。由于原研药通常都有严密的专利保护网，因此进行研发的主体需要有充分的知识产权准备。不仅需要对目标药物的基础专利进行深入系统的分析，还要密切地、动态地、持续地关注其剂型、工艺等其他改进型专利，也包括仿制药竞争对手申请的专利。做到知己知彼，才能避免自己的仿制行为侵犯他人的专利权，减少不必要的损失。以阿格列汀和曲格列汀为例，由于化合物专利在中国国家阶段的实质审查中被驳回，国内企业看到了一线曙光，短期内蜂拥而至进行仿制。诚然，核心化合物专利的失利确实给国内的仿制药厂带来了机遇，但是企业在项目上马前也需要对原研厂家的专利布局情况进行全面的研究，对重点专利的可能走向作出合理预判并密切关注审查进展。需要指出的是，武田制药在原始专利申请驳回后,并未停止后续的专利申请,而是将原始申请分为 7 个分案,并就化合物的组合物、新晶体、新用途以及中间体相继提出专利申请。其中制剂专利权已经帮助武田制药有效实现了对该化合物在市场应用上的保护,阿格列汀和曲格列汀化合物的分案申请仍然处在实质审查阶段,还存在获得专利权的可能性,因此需要密切关注其审查结果。可喜的是,中国企业已加紧在 DPP-Ⅳ抑制剂方面的研发和投入,目前围绕化合物衍生物、晶型、制剂、检测方法等领域均有所布局。

DPP-Ⅳ抑制剂是近年来新崛起的明星系列药物,其以稳健的临床和市场表现迅速占据糖尿病药物的市场。DPP-Ⅳ抑制剂已经被提高到了二线治疗药物,甚至在某些推荐的治疗流程中可以考虑作为与二甲双胍并驾齐驱的一线治疗药物。DPP-Ⅳ抑制剂与二甲双胍早期联合治疗,两者机制互补,有望成为Ⅱ型糖尿病治疗的重要选择。可以说,目前的 DPP-Ⅳ药物领域还有广阔的发挥空间,特别是国内研发机构或科研人员可以一展拳脚,迎头赶上。

第5章　GLP-1受体激动剂专利分析

GLP-1受体激动剂是治疗糖尿病的新一代生物药物。截至2015年5月31日，课题组在DWPI中检索到涉及GLP-1受体激动剂的全球专利申请共计2583项，在CNABS中检索到涉及GLP-1受体激动剂的中国专利申请共计1319项。课题组在这一数据基础上，以目前已经公开的专利文献量为基础，从专利申请整体发展趋势、申请人国家或地区分布、主要申请人分析等角度，采用统计分析、比较分析等方法，对GLP-1受体激动剂的专利技术进行分析。课题组不仅从GLP-1受体激动剂整体的专利申请态势入手分析，还从GLP-1受体激动剂的两类药物毒蜥外泌肽-4（Exendin-4）类和人源GLP-1类中，分别选取了合成的Exendin-4、修饰的Exendin-4，和脂肪链修饰的GLP-1、GLP-1融合蛋白这几种药物，从而对目前已经上市的以及处于临床实验阶段的有代表性的产品的专利申请态势进行分析，以期了解当前全球、国内GLP-1受体激动剂的专利态势，探求该技术领域的发展趋势，为国内产业如何跟进新生代生物药物提供借鉴。

5.1　GLP-1受体激动剂全球专利态势

本节以目前已经公开的专利文献为基础，不区分专利权的法律状态，从专利申请整体发展趋势、申请人国家或地区分布、主要申请人分析等角度，对GLP-1受体激动剂的全球专利状况进行分析。

5.1.1　发展趋势

全球GLP-1受体激动剂领域的专利技术发展大致经历了以下三个发展阶段，如图5-1-1所示。

第一阶段（1987~1998年）为萌芽期。1987年在美国出现了全球范围内第一项涉及GLP-1的专利申请，之后长达11年的时间内，相应专利的申请数量呈现缓慢增长的趋势，其数量均小于15项/年。这些数据表明在这一阶段，各国研发人员在糖尿病药物领域的研究中，刚刚在GLP-1领域中发现少量激动剂药物，对该领域的认识和关注度有限，相关的研究处于相对不活跃的状态。

第二阶段（1999~2002年）为发展期。在这4年中，GLP-1受体激动剂领域的专利申请数量呈现增长趋势，1999年有47项申请，相较于上一阶段的1998年申请数量呈三倍的增长，随后增长速度放缓，到2002年申请数量达到74项。

第三阶段（2003年至今）为快速增长期。2003年GLP-1受体激动剂领域的专利申请达到了 123 项,之后申请数量进入了快速增长期,在 2011 年达到了 257 项的顶峰,随后到 2014 年,申请量虽然相对有所下降,但是绝对数量仍然维持在 180 项/年以上的较高水平。而且 2014 年、2015 年的申请量较低可能与一定量的专利申请还处于未公开阶段有关。因此可以说,从 2003 年开始直到今天,GLP-1 受体激动剂领域的研发正处于热点时期,上市产品层出不穷。

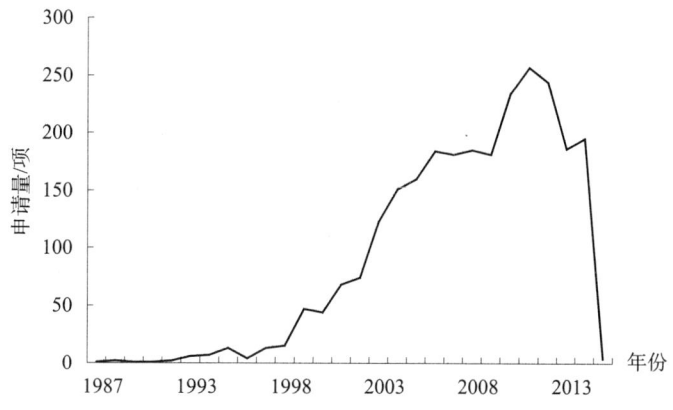

图 5-1-1　GLP-1 受体激动剂全球专利申请年度趋势

5.1.2　技术来源国家/区域分布

以专利申请的优先权统计技术来源的国家、地区和区域性组织,在 DWPI 数据库中检索到的 GLP-1 受体激动剂的全球专利申请共涉及 29 个国家、地区以及区域性组织。本节选取专利申请量排名前十位的国家、地区及区域性组织的专利申请数据,通过申请量排名情况以及专利总申请量和年份发展趋势对 GLP-1 受体激动剂的全球专利国家区域分布特点进行分析,结果如图 5-1-2 所示。排名前十位的依次为美国(US)、欧洲专利局(EP)、中国(CN)、日本(JP)、丹麦(DK)、韩国(KR)、世界知识产权组织(WO)、印度(IN)、英国(GB)及德国(DE)。其中,美国以 1589 项申请遥遥领先于其他国家和地区,其总量超过申请量之和的六成。排名第二位和第四位的欧洲

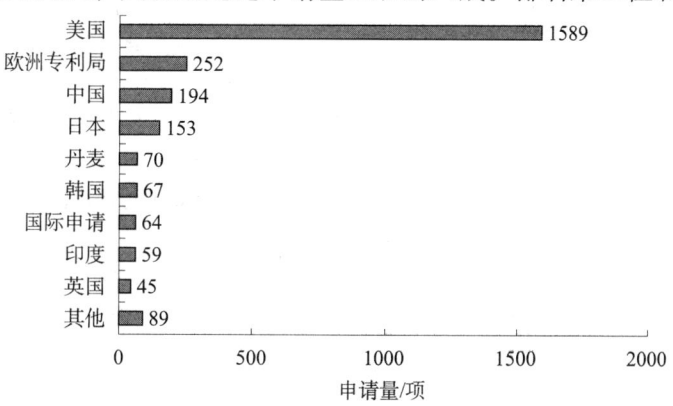

图 5-1-2　GLP-1 受体激动剂全球专利申请排名前十位的国家/地区分布

专利局和日本，其申请量分别为 252 项、153 项，这与两个地区/国家在药物领域中的强大研发实力有着密切的联系。中国在该领域的专利申请量排名第三位，为 194 项，这表明在该领域我国的研发与投入有着一定的实力，整体水平与西方强国还有一定差距。

对全球 GLP-1 受体激动剂药物专利申请量排名前四位的国家和地区的专利申请趋势进行分析可以看出，过去几十年的年申请量变化均具有各自的特点。如图 5-1-3 所示，美国、日本早在 20 世纪 80 年代末，就已经开始了相关药物的研发；欧洲略晚于美国和日本，但在 20 世纪 90 年代中期也在该领域开始了研发工作；在世纪之交，美国、日本、欧洲的相关专利申请数量均开始出现大幅度的增长，并且均在 2010 年前后达到了增长的顶峰。而我国起步较晚，在 2001 年之后才开始相关研究，在 2012 年才达到顶峰，且申请数量的峰值与欧洲的峰值相近。由此可以看出，由于美国、日本、欧洲涉足该领域的研发开展较早，其专利申请数量高峰期也早于我国，在一定程度上有利于这些国家和地区通过较早进行专利布局而抢占市场份额。

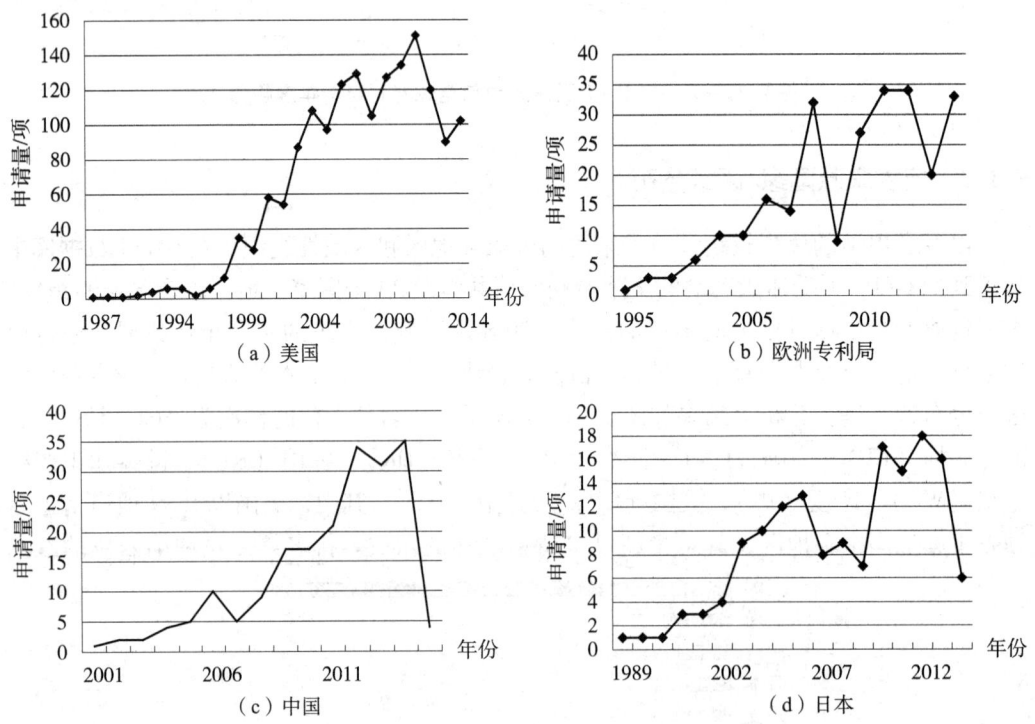

图 5-1-3 GLP-1 受体激动剂领域全球专利申请量前四位的国家和地区趋势

进一步，对全球 GLP-1 受体激动剂领域的专利申请活跃度进行分析，如表 5-1-1 所示，对于 GLP-1 受体激动剂领域而言，近年来面向中国的专利申请活跃度明显高于全球申请活跃度平均水平，这说明中国作为糖尿病大国，拥有广阔的药物市场前景，在此驱动下，各国申请人都加紧了在中国的专利布局。

表 5-1-1 全球 GLP-1 受体激动剂领域专利申请活跃度

	往年平均申请量	近 5 年平均申请量	活跃指数
整体申请	91.69	220.40	2.40
外国申请	85.62	196.40	2.29
中国申请	6.08	24.00	3.95

5.1.3 主要申请人

在 DWPI 数据库中检索到全球拥有 GLP-1 受体激动剂领域专利申请的专利申请人与权利人共计 2477 位。采用 CPY 字段等手段，根据公司股权归属状况对从属于同一母公司的子公司与关联公司进行合并统计后，本节选取全球专利申请量排名前十位申请人的专利申请数据，从申请量排名进行分析，结果如表 5-1-2 所示。

表 5-1-2 GLP-1 受体激动剂全球申请量排名前十位的申请人及其申请汇总

排 名	申请人	国 家	申请量/项
1	诺和诺德	丹麦	198
2	赛诺菲	法国	163
3	默沙东	美国	162
4	百时美施贵宝	美国	103
5	艾米林	美国	99
6	礼来	美国	95
7	辉瑞	美国	75
8	诺华	英国	61
9	阿斯利康	英国	55
10	勃林格殷格翰	德国	55

诺和诺德的专利技术在 GLP-1 领域处于领先地位，该领域排名前十位的申请人集中在美国和欧洲，其中美国占据了一半的席位，综合申请数量趋势可以非常明显地看出，美国的制药企业在 GLP-1 受体激动剂领域占据了领先地位。从申请人类型而言，全球排名前十位的申请人均为公司申请人，意味着国外医药公司是推动研发的主要力量，也意味着该领域的药物具有广阔的市场前景和巨大的经济利益。

5.2 GLP-1 受体激动剂中国专利态势

本节从专利申请整体发展趋势、专利申请国家和地区分布、主要专利申请人分析以及法律状态等角度对 GLP-1 受体激动剂的专利申请进行分析。

5.2.1 发展趋势

从图 5-2-1 中可以看出，2013 年以前国外来华申请人在中国的专利申请数量始终占据主导地位，中国申请人在 GLP-1 受体激动剂领域的专利申请起步晚于国外申请人达 8 年之久，自 2001 年开始，其申请量呈平稳上升趋势。

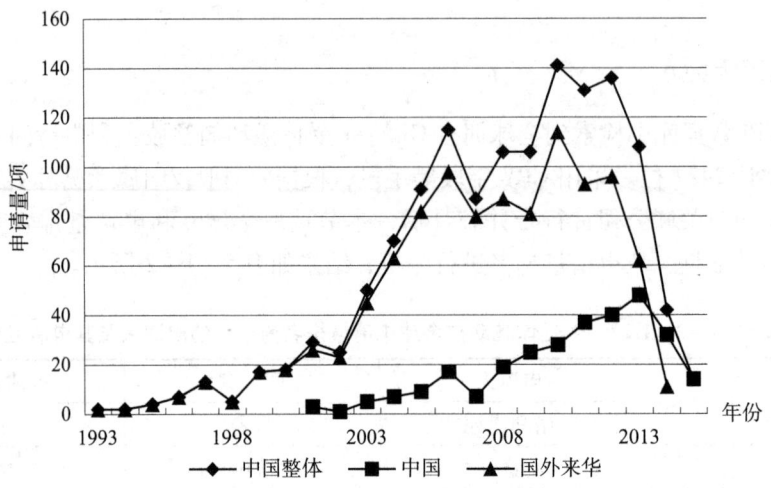

图 5-2-1　GLP-1 受体激动剂中国专利申请趋势

近年来国内申请人的申请活跃度明显高于整体平均水平，如表 5-2-1 所示，说明国内药企和科研单位对 GLP-1 受体激动剂领域的研发热情和力量投入明显提高，这一领域逐渐成为国内糖尿病药物领域研发的热点。

表 5-2-1　中国 GLP-1 受体激动剂领域专利申请活跃度

	往年平均申请量 （1993~2013 年）	近 5 年平均申请量 （2009~2013 年）	活跃指数 （近 5 年/往年年）
整体	60.14	124.40	2.07
外国来华	48.48	89.20	1.84
国内申请	11.71	35.60	3.04

5.2.2 申请人来源分布

5.2.2.1 总体分布

图 5-2-2 显示了 GLP-1 受体激动剂中国专利申请区域分布情况，列举了在中国申请专利的申请量排名前十位的国家。从图 5-2-2 中可以看出，美国申请人在中国的专利申请数量仍然遥居首位，占据了在华申请总量的 33.81%，而中国国内申请人的申请量仅占总量的 22.14%。

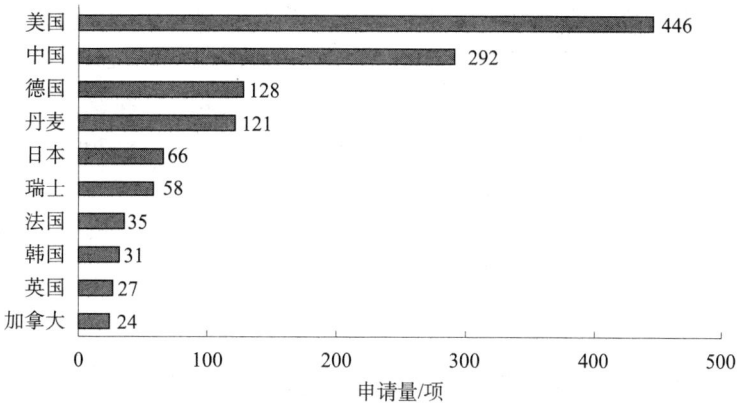

图 5-2-2　GLP-1 受体激动剂中国专利申请的申请人来源分布

将申请量前四位国家的在华申请趋势进一步分析，如图 5-2-3 所示，从中可以看出，美国、德国、丹麦均在 20 世纪 90 年代就开始了在华 GLP-1 受体激动剂领域的专利申请，而中国国内申请人最早的专利申请出现于 2001 年，相较于美国和丹麦最早在华申请的 1993 年而言，滞后了 8 年。美国的在华申请数量一直处于稳定增长的状态，在 2005~2012 年，始终保持在较高的水平，直至 2013 年稍有回落。德国在华申请在 2009~2012 年处于迅猛增长期间，于 2013 年回落。而丹麦在华申请数量在 2004 年就达到了顶峰，随后在 2008 年和 2010~2013 年保持了每年 10 件以上的申请量水平。

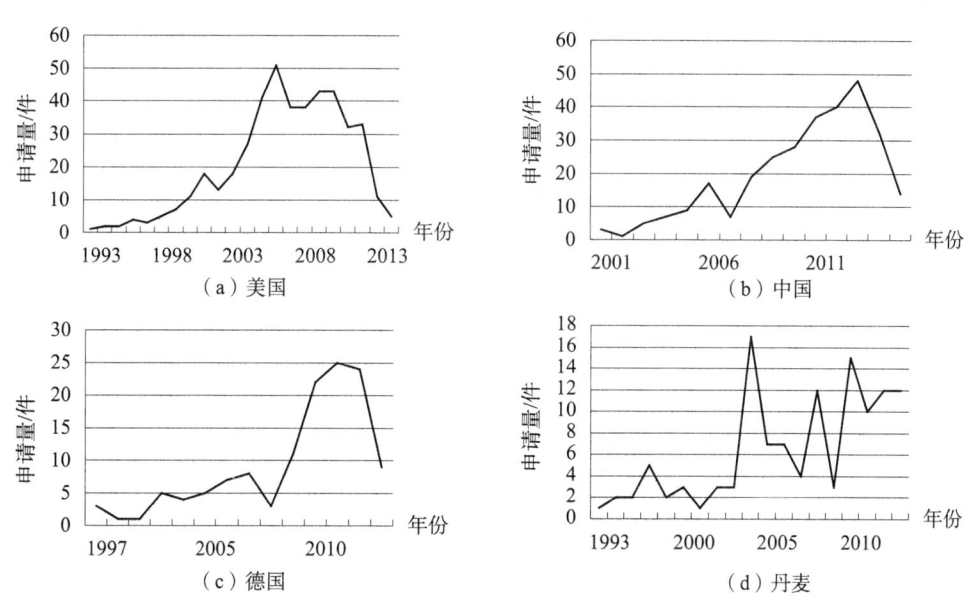

图 5-2-3　GLP-1 受体激动剂中国专利申请量排名前四位国家的申请趋势

5.2.2.2　国内申请人分布

图 5-2-4 显示了中国国内 GLP-1 受体激动剂相关专利申请区域分布情况，列出了专利申请量排名前十位的省市。从图 5-2-4 中可以看出，上海以 71 件专利申请排

名第一，占国内申请总量的 24%，江苏以 59 件专利申请排名第二，占国内申请总量的 20.21%。广东、天津、山东、北京依次以 31 件、28 件、25 件、21 件申请排名第 3~6 位，浙江和四川依次以 14 件、10 件申请排名第 7 位、第 8 位。排名前八位的省市专利申请量均在 10 项以上，且总量为 259 件，占国内申请总量的 88.70%，说明我国国内申请人的研究力量相对集中，上海和江苏为第一梯队，广东、天津、山东、北京为第二梯队。目前我国独立研发且完成临床Ⅲ期的唯一一个 GLP-1 受体激动剂药物贝那鲁肽，就是由上海仁会生物制药股份有限公司（原为上海华谊生物技术有限公司）原创的。

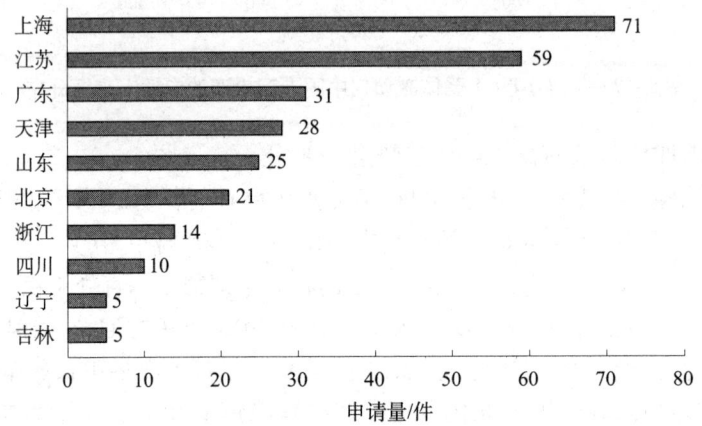

图 5-2-4　GLP-1 受体激动剂中国国内申请人申请量区域分布

5.2.3　主要申请人

从表 5-2-2 中可以看出，在华 GLP-1 受体激动剂申请量排名前十位的申请人中，诺和诺德与赛诺菲体现了其全球糖尿病药物研发龙头企业的地位，遥居申请量前两位。来自美国的药企在前十名申请人中占据了六席，而中国国内申请人在前十名中无一上榜，这也说明了我国药企在 GLP-1 受体激动剂领域的研发力量相对分散且薄弱。

表 5-2-2　GLP-1 受体激动剂中国专利申请量排名前十位的申请人及其申请

排　名	申请人	国　家	申请量/件
1	诺和诺德	丹麦	96
2	赛诺菲	法国	91
3	诺华	英国	36
4	礼来	美国	33
5	默沙东	美国	32
6	曼金德	美国	30

续表

排　名	申请人	国　家	申请量/件
7	百时美施贵宝	美国	27
8	勃林格殷格翰	德国	24
9	艾米林	美国	24
10	印第安纳大学研究及科技有限公司	美国	22

5.2.4 法律状态

从图5-2-5中可以看出，目前全部在华GLP-1受体激动剂专利申请中，处于授权且有效状态的专利权共370项，占总数量的28%。占总数36%的专利申请处于已撤回、被驳回或专利权终止的状态，而占总量1/3的申请目前仍在审查过程中。

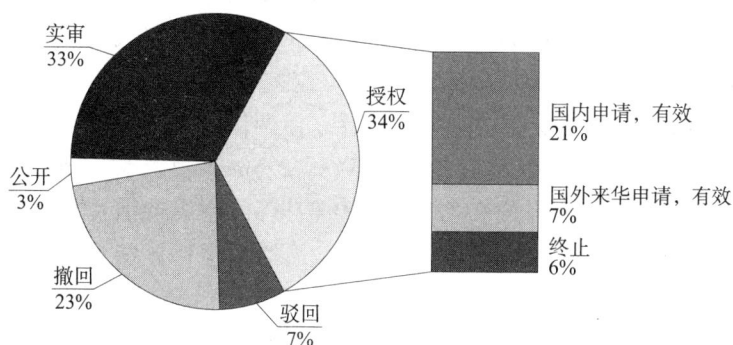

图5-2-5　GLP-1受体激动剂中国专利申请法律状态分布

5.3　毒蜥外泌肽-4类药物

毒蜥外泌肽-4（Exendin-4）是从希拉巨蜥 *Heoderma suspectum*（Gila monster）唾液中分离出的GLP-1受体激动剂，由39个氨基酸组成，与GLP-1有53%的序列同源性。它与胰腺GLP-1受体结合，具有与GLP-1相似的亲和力，但由于其N端第二位由Gly代替了GLP-1中Ala，不被DPP-Ⅳ降解，因而相对于GLP-1具有较长的半衰期和较强的生物活性。

Exendin-4的化学合成品命名为艾塞那肽（Exenatide，商品名Byetta®）。艾塞那肽氨基酸序列单字母表示为：HGEGTFTSDL SKQMEEEAVR LFIEWLKNGG PSSGAPPPS-NH$_2$；三字母表示为：H-His-Gly-Glu-Gly-Thr-Phe-Thr-Ser-Asp-Leu-Ser-Lys-Gln-Met-Glu-Glu-Glu-Ala-Val-Arg-Leu-Phe-Ile-Glu-Trp-Leu-Lys-Asn-Gly-Gly-Pro-Ser-Ser-Gly-Ala-Pro-Pro-Pro-Ser-NH$_2$。艾塞那肽由艾米林和礼来于1995年开始联合研发，2005年4月获得FDA的批准上市；随后于2006年

11月获得欧盟医药管理局批准上市，于2009年5月在中国获得批准上市（商品名为百泌达®）。研究显示，与磺酰脲类及噻唑烷二酮类药物类似，艾塞那肽能降低Ⅱ型糖尿病患者的糖化血红蛋白（HbAlc）水平和空腹血糖，其降低餐后血糖的功效高于降低空腹血糖，与前述口服降糖药不同的是，艾塞那肽能显著减轻体重，还能增加β细胞的数量。该药平均半衰期只有2.4h，每天需注射2次，剂量为5μg或10μg，适用于使用二甲双胍、磺酰脲类降糖药物控制血糖不理想的Ⅱ型糖尿病患者。但有些患者还会出现恶心呕吐甚至急性胰腺炎等不良反应。

随后，礼来、艾米林与Alkermes公司开始了一周使用一次的艾塞那肽缓释剂注射用混悬液的研发，并于2011年6月获得欧盟医药管理局批准上市，于2012年1月获得FDA批准上市，其商品名为Bydureon®。临床研究表明，每周给药一次2mg Bydureon®，5~10周后仍可稳定地检测到血浆中艾塞那肽的存在，其血药浓度水平相当于每天给药两次（BID）10μg艾塞那肽（Beytta®）。在对295例Ⅱ型糖尿病患者的52周的对比试验中，前30周，Bydureon®组糖化血红蛋白下降趋势比Beytta®组更明显，空腹血糖分别减少2.3mmol/L和1.4mmol/L，而体重减少比较差异无统计学意义，分别为3.7kg、3.6kg；30周后，Bydureon®和Beytta®组按每周一次Bydureon®继续给药22周，第52周，BID组糖化血红蛋白进一步改善，使两治疗组的HbAlc水平显示相同的减少量，平均减少2.7%，空腹血糖平均降低2.5mmol/L，体重分别减轻3.6kg、3.7kg，收缩压和舒张压分别降低0.82kPa和0.37kPa，脂质特别是甘油三酯均明显减少。Bydureon®组和Beytta®组不良反应情况：恶心发生率分别为26%、35%；呕吐发生率分别为11%、19%；148例Bydureon®组中有110例检测到抗体，147例Beytta®组中有71例检测到抗体，抗体滴度在第6周达到峰值，虽然Bydureon®组抗体滴度是Beytta®组的3倍，但并没有引起额外HbAlc的变化及不良事件。❶ 可见Bydureon®与Beytta®相比，可以在很大程度上提高用药的便利性，并且降低艾塞那肽的主要不良反应如恶心和呕吐的发生率，从而提高患者用药的顺应性。

Beytta®是全球首个上市的GLP-1受体激动剂类制剂，Bydureon®是全球首个上市的一周一次使用的艾塞那肽长效制剂。根据当初合作协议，艾米林负责艾塞那肽美国市场开发，礼来负责美国以外国际市场开发，礼来提供注射笔，享有国际市场的全部收益和美国市场的一半收益。2011年，双方终止上述合作协议，艾米林以12亿美元的价格买断艾塞那肽的所有市场，交易于2013年前完成。2012年8月，艾米林被百时美施贵宝（Bristol Myers Squibb, BMS）全资收购。该收购完成后，阿斯利康（AstraZeneca）和百时美施贵宝因此扩大了两者构建的全球糖尿病联盟，并宣布从2013年4月1日起共同负责百泌达®（艾塞那肽注射液）在中国市场的销售和市场推广工作。2014年1月，阿斯利康完成了对百时美施贵宝在全球糖尿病联盟中全部股份的收购，此后阿斯利康拥有全球Byetta®和Bydureon®的全部知识产权和开发、生产和销售的权益（据礼来、百时美施贵宝和阿斯利康公司年报）。表5-3-1列出了艾塞那肽

---

❶ 阳勇，杨立明，韩为跃. 长效化GLP-1类似物研究进展［J］. 吉林医学，2012, 33（11）：2335-2336.

两种上市制剂在主要市场获得批准上市的时间。

表 5-3-1 艾塞那肽在主要市场获得批准上市时间

商品名	美国	欧盟	日本	加拿大	中国	澳大利亚
Beytta®	2005年4月	2006年11月	2010年10月	2011年1月	2009年5月	2007年6月
Bydureon®	2012年1月	2011年6月	—	—	—	2015年6月

近年各公司来源于 Beytta® 和 Bydureon® 的销售收入如表 5-3-2 所示。

表 5-3-2 艾塞那肽的销售收入 单位：亿美元

	2012 年	2013 年	2014 年
Byetta®（阿斯利康）	0.74	2.06	3.27
Byetta®（百时美施贵宝）	1.49	4.00	—
Bydureon®（阿斯利康）	0.37	1.51	4.40
Bydrueon®（百时美施贵宝）	0.78	2.98	—
Exenatide（礼来）	2.779	1.331	—

注：数据来源于礼来、百时美施贵宝和阿斯利康公司年报，其中礼来仅提供了艾塞那肽合并数据。

美国专利申请 US19930066480（公开号 US5424286A）最早披露了 Exendin-4 或其合成品用于治疗 I 或 II 型糖尿病的技术方案，申请人为礼来和 ENG J，但申请人并未在美国以外申请任何专利对此进行保护。因此，艾塞那肽在美国之外任何国家或地区并无核心专利保护。表 5-3-3 和表 5-3-4 列出了 FDA 橘皮书中与 Beytta® 和 Bydureon® 相关的美国专利数据以及其中国同族专利申请的保护状态。

表 5-3-3 Beytta® 美国专利数据及其中国同族专利

美国专利公开号	美国专利到期时间	专利用途	药物产品权利要求	中国同族	中国专利权状态
US5424286A	2016-12-01	用艾塞那肽促进胰岛素释放；用艾塞那肽促进胰岛素释放来治疗 II 型糖尿病	—	无任何同族	—
US6858576B1	2017-01-06	用艾塞那肽促进胰岛素释放来治疗II型糖尿病；用一种毒蜥外泌肽，例如毒蜥外泌肽-4，降低胃动力或延迟胃排空	—	无中国同族	—

续表

美国专利公开号	美国专利到期时间	专利用途	药物产品权利要求	中国同族	中国专利权状态
US6872700B1	2020-01-14	用一种毒蜥外泌肽或类似物，例如毒蜥外泌肽-4，降低包括Ⅱ型糖尿病等有需求的患者的血胰高血糖素	—	CN00805017.1（申请日：2000-01-14）	有权
				CN00804847.9（申请日：2000-01-14）	有权
				CN200710165856.4（申请日：2000-01-14）	视撤失效
US6902744B1	2020-01-14	一种毒蜥外泌肽-4的液体制剂	有	CN00804847.9（申请日：2000-01-14）	有权
US6956026B2	2018-01-07	艾塞那肽减少食欲的用途；用一种Exendin，例如Exendin-4，减少Ⅱ型糖尿病患者的食物摄入；艾塞那肽减重的用途	—	无中国同族	—
US7297761B2	2017-10-15	用毒蜥外泌肽或类似物减少Ⅱ型糖尿病患者的食物摄入	有	无中国同族	—
US7521423B2	2017-10-15	用毒蜥外泌肽或类似物降低胃动力或延迟胃排空	有	无中国同族	—
US7741269B2	2018-01-07	用艾塞那肽促进胰岛素释放；艾塞那肽减重的用途；用艾塞那肽促进胰岛素释放来治疗Ⅱ型糖尿病	—	无中国同族	—

表5-3-4 Bydureon® 美国专利数据及其中国同族专利

专利号	专利终止	专利用途	药物产品权利要求	中国同族	中国专利权状态
US5424286A	2016-12-01	用艾塞那肽促进胰岛素释放	—	无任何同族	—
US6479065B2	2020-08-10	一种泛微粒制剂	有	无中国同族	—

续表

专利号	专利终止	专利用途	药物产品权利要求	中国同族	中国专利权状态
US6495164B1	2020-05-25	一种泛微粒注射剂	有	CN01809967.X（申请日：2001-04-19）	有权
US6667061B2	2020-05-25	一种泛微粒注射剂	有	CN01809967.X 申请日：2001.4.19	有权
US6824822B2	2022-10-9	一种泛微粒制剂	有	无中国同族	—
US6858576B1	2017-01-06	用一种毒蜥外泌肽，例如毒蜥外泌肽-4，降低胃动力或延迟胃排空	—	无中国同族	—
US6872700B1	2020-01-14	用一种毒蜥外泌肽或类似物，例如毒蜥外泌肽-4，降低包括Ⅱ型糖尿病等有需求的患者的血胰高血糖素	—	CN00805017.1（申请日：2000-01-14）	有权
				CN00804847.9（申请日：2000-01-14）	有权
				CN200710165856.4（申请日：2000-01-14）	视撤失效
US6956026B2	2018-01-07	用一种毒蜥外泌肽，例如毒蜥外泌肽-4，减少Ⅱ型糖尿病患者的食物摄入	—	无中国同族	—
US7223440B2	2021-08-31	一种泛微粒制剂	有	无中国同族	—
US7456254B2	2025-06-30	用含有艾塞那肽的缓释组合物治疗Ⅱ型糖尿病	有	CN200580019229.9（申请日：2005-04-15）	有权
US7563871B2	2024-04-15	含有艾塞那肽的缓释组合物	有	CN200480043321.4（申请日：2004-04-15）	视撤失效
US7612176B2	2025-04-13	用含有艾塞那肽的缓释组合物治疗Ⅱ型糖尿病	有	CN200580019229.9（申请日：2005-04-15）	有权
US7741269B2	2018-01-07	观察到艾塞那肽减重	—	无中国同族	—
US8216180B2	2028-01-12	给药装置	有	CN200780052485.7（申请日：2007-11-12）	有权
US8329648B2	2026-08-18	作为饮食和锻炼外的辅助以改善成人Ⅱ型糖尿病的血糖控制	—	CN200680038544.0（申请日：2006-08-18）	复审维驳，等待诉讼

续表

专利号	专利终止	专利用途	药物产品权利要求	中国同族	中国专利权状态
US8431685B2	2025-04-13	用含有艾塞那肽的缓释组合物治疗Ⅱ型糖尿病	有	CN200580019229.9（申请日：2005-04-15）	有权
US8439864B2	2028-03-25	给药装置	有	CN200880011130.8（申请日：2008-03-25）	有权
US8461105B2	2025-04-13	用含有艾塞那肽的缓释组合物治疗Ⅱ型糖尿病	有	CN200580019229.9（申请日：2005-04-15）	有权
US8906851B2	2026-08-18	作为饮食和锻炼外的辅助以改善成人Ⅱ型糖尿病的血糖控制	—	无中国同族	—

此后，随着对艾塞那肽国际市场的重视，艾米林等陆续围绕艾塞那肽的制剂和用途等又申请了多项 PCT 外围专利，以期延长产品在市场上的独占期，从而获得更大的经济收益。据阿斯利康统计，如表 5-3-5 所示，在主要市场的 Beytta® 和 Bydureon® 专利陆续到期。因此虽然艾塞那肽核心专利在美国以外市场并无保护，但是仍需关注上述美国专利的同族专利在相关市场的专利侵权风险。

表 5-3-5 Beytta® 和 Bydureon® 在主要市场的专利到期年份

	美国	欧洲专利局	日本	中国
Beytta®	2016年、2017年、2018年、2020年	2017年、2018年、2020年、2021年	2018年、2020年	2020年
Bydureon®	2016年、2017年、2018年、2020年、2021年、2024年、2025年、2026年、2028年	2017年、2020年、2021年、2022年、2024年、2026年	2018年、2021年、2024年、2025年	2020年、2021年、2025年

当前，根据多肽类药物长效化的常用方法，业界主要从以下几方面尝试延长或提高艾塞那肽的疗效。

（1）长效型 Exenatide 制剂。除了已经上市的艾塞那肽缓释剂注射用混悬液 Bydureon®，香港联康生物科技集团开发的重组长效 Exendin-4（LAEx4）半衰期约为 Exendin-4 的 20 倍，理论上仅需每周注射 1 次，目前正在进行Ⅲ期临床试验。长效型 Exenatide 保留了 Exendin-4 的优点，将更有利于降低成本，减轻患者的痛苦，是Ⅱ型糖尿病研究的重大进展。

（2）Exendin-4 的模拟肽。根据已知 Exendin-4 结构和功能的关系对其进行结构优化，开发高活性的 Exendin-4 模拟肽，可为Ⅱ型糖尿病的治疗提供具有潜力的药物。

法国安万特和丹麦西兰公司共同研制开发了Exendin-4的衍生物-ZP10A（即利司那肽，Lixisenatide），在Exendin-4的C末端增加6个Lys，ZP10A与GLP-1受体结合活性是GLP-1的4倍。持续给药50天后，小鼠HbAlC水平得到有效改善，药效持续40天。ZP10A具有可以剂量依赖性改善空腹血糖水平、控制血糖水平、保护β细胞的功能，已于2013年2月被欧洲医药管理局批准上市，商品名为Lyxumia®。

宋相伟等用3个丙氨酸AAA取代Exendin-4的N端螺旋中第10~18位氨基酸序列LSKQMEEEA，得到的模拟肽生物活性与Exendin-4相当，保持了较强的抗DPP-Ⅳ水解的能力，且比Exendin-4序列减少了6个氨基酸，可以降低化学合成的成本，并为开发口服的类肽糖尿病药物奠定了基础。

华东师范大学的专利CN101463078A对Exendin-4（1~39）和截断型Exendin-4（1~30）的结构进行设计和改造，其衍生物保持了Exendin-4在体内的降血糖活性，且在体内的药效持续时间显著延长。专利中优选的Exendin-4（1~39）-Cys和Exendin-4（1~30）-Cys分别可在12h和8h内显著降低小鼠血糖，药效持续时间均比Exendin-4（1~39）或Exendin-4（1~30）延长2~3倍。

王崇等应用分子动力学模拟方法，将Exendin-4第13位氨基酸Gln突变为Tyr，突变的［Tyr13］Exendin-4能够通过改变自身结构的局部柔性来调整与蛋白受体的相互作用，从而可以改善Exendin-4与其蛋白受体的结合能力。该方法可为进一步开发类肽化学药物的实验研究提供理论信息和设计思路。

（3）Exendin-4的活性异构体。长春百克生物科技有限公司的专利CN101280012A，在Exendin-4结构基础上，用相应的β-氨基酸、γ-氨基酸代替其氨基酸序列中部分氨基酸，形成的异构体的降血糖作用明显好于Exendin-4。陈洁将Exendin-4第3位的Glu替换为β-氨基酸，并用芳香族氨基酸替换第13位的Glu，形成新的异构体，其体外稳定性为27.6 h，比Exendin-4延长了2倍，降血糖活性也明显高于Exendin-4。

（4）Exendin-4的修饰。Exendin-4经共价偶联修饰后可形成位阻保护，降低蛋白酶对其的水解并能屏蔽免疫系统，延长了其在体内的半衰期。Yoram Shechter等将3个9芴基甲氧羰基（FMS）基团与Exendin-4的氨基端相连接形成前体药物FMS3-Exendin-4。给Ⅱ型糖尿病小鼠皮下注射1μg、10μg和100 μg FMS3-Exendin-4，能维持小鼠体内血糖水平长效而稳定下降并具剂量依赖性（$t_{1/2}$分别为12.2h、26h和44.1h，高于Exendin-4对照组7.1h、14h和16.1h）。Tsubery H等用聚乙二醇（PEG）对Exendin-4进行修饰，并用FMS活化PEG，在体内PEG从Exendin-4上水解下来，从而使Exendin-4发挥作用。小鼠皮下注射PEG40000-FMS-Exendin-4显示，其能稳定持续地降低血糖水平，活性是同等剂量未经修饰Exendin-4的7~8倍。这种方法解决了PEG修饰后所导致的生物活性降低的问题，但长期注射而产生的免疫抗原性问题依然存在。上海华谊生物技术有限公司的专利CN101125207A中使用新型（线性直链或分叉支链）的PEG修饰Exendin或其类似物，得到的Exendin-4半衰期长、活性高、免疫原性低；但工艺较复杂，产物分离纯化困难，收率低。

Cheng-Hao Jin等将生物素分别添加至Exendin-4第12位、第17位的Lys上形成

Lys12, 27 – Biotin – Exendin – 4，修饰后的类似物虽然生物活性与 Exendin – 4 相比无显著提高，但蛋白水解稳定性是 Exendin – 4 的 8~9 倍，抗糖尿病效果提高了 5.3 倍，具有开发口服降糖药的潜力。

加拿大康久化学采用其 PC – DACTM 技术将 Exendin – 4 与人的重组白蛋白共价结合形成 PC – DAC™：Exendin – 4（CJC – 1134 – PC）。实验结果表明，CJC – 1134 – PC 可以持续抑制小鼠的胃排空和食物的摄取，改善血糖耐受性，增加葡萄糖刺激胰岛素的水平，减轻体质量等。2009 年，康久化学向美国糖尿病协会提交的 Ⅱ 期临床试验显示，3mg、2mg 和 1.5mg 剂量组可分别使 HbAlc 降低 1.4%、0.8% 和 0.8%，各剂量组身体质量下降明显；其耐受性好，恶心、呕吐、腹泻等不良反应明显低于对照组。CJC – 1134 – PC 半衰期较长，每周注射 1 次，疗效好，有望成为 Ⅱ 型糖尿病治疗的新药。❶

课题组经阅读艾塞那肽检索结果，着重选择了涉及国内科研基础较好的长效型艾塞那肽制剂和 Exendin – 4 的结构修饰两方面的国内外专利进行了研究分析，其中，长效型艾塞那肽制剂主要涉及微球、微囊和微颗粒制剂，Exendin – 4 的修饰分为 PEG 修饰、融合蛋白和其代表性模拟肽利司那肽三方面，希望给国内研发企业和机构提供借鉴。

5.3.1 艾塞那肽全球专利态势

5.3.1.1 发展趋势

截至 2015 年 5 月 31 日，课题组在 DWPI 中检索到涉及艾塞那肽的全球专利申请共计 1138 项。艾塞那肽及其衍生物全球专利技术发展大致经历了以下三个主要发展阶段（如图 5 – 3 – 1 所示）。

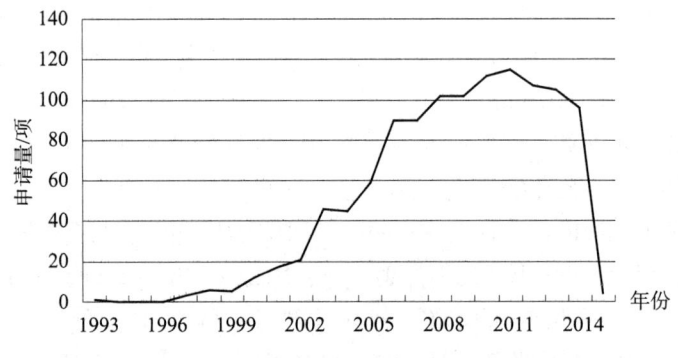

图 5 – 3 – 1　艾塞那肽全球专利申请年份趋势

第一阶段（1993~2002 年）为萌芽期。自从 1993 年申请的美国专利 US19930066480 最早披露 Exendin – 4 或其合成品用于治疗 Ⅰ 或 Ⅱ 型糖尿病的技术方案，在长达 10 年的时间内，相关专利的申请量增长极为缓慢，其数量均小于 25 项/年，且多为个位数，甚至其中有 3 年没有出现任何相关专利申请。

第二阶段（2003~2010 年）为快速增长期。2003 年，艾塞那肽及其衍生物领域的

---

❶ 张美由. Exendin – 4 及其结构改造的研究进展［J］. 西北药学杂志，2010，25（3）：232 – 235.

专利申请量较2002年翻了一番,之后呈快速增长的趋势;到2010年,申请量达到102项。在此阶段,艾米林研发的艾塞那肽药物完成了临床前研究,临床数据于2004年被公开发表,并最终在2005年4月获得FDA批准上市,由此成为全球首个上市的GLP-1受体激动剂类药物,商品名称为百泌达®(Byetta®)。该药品上市激发了其他国际制药公司和研究机构的研究热情,其纷纷在该领域投入了人力物力,使相关专利的申请量得以迅速提高。由于百泌达®(Byetta®)一天两次注射用药仍给患者带来很多不便,所以艾塞那肽的长效制剂也成为此阶段的热门选题。例如,艾米林申请了缓释制剂专利(WO2005US12989),从而参与构建了艾塞那肽一周一次缓释制剂(即2011年上市的Bydureon®)的专利池。

第三阶段(2011年至今)为发展成熟期。2011年艾塞那肽及其衍生物领域的专利申请达到了顶峰(115项),随后到2014年,申请数量的增长基本止步,但是绝对数量仍然维持在约100项/年水平。在此阶段,艾米林研发的艾塞那肽缓释制剂Bydureon®于2011年起获得批准上市,且由于其患者用药顺应性好于百泌达®(Byetta®),其销售收入已超过百泌达®(Byetta®)。

5.3.1.2 技术来源国家/区域分布

从图5-3-2中可以看出,全球艾塞那肽相关专利申请量排名前十位的国家和地区依次为美国(US)、中国(CN)、欧洲专利局(EP)、韩国(KR)、世界知识产权组织(WO)、丹麦(DK)、印度(IN)、日本(JP)、德国(DE)及英国(GB)。其中,美国以640项申请遥遥领先于其他国家和地区,其总量超过申请量之和的五成。排名第三位的是欧洲专利局,其申请量为124项,这与该地区在药物领域中的强大研发实力有着密切的联系,与活跃在该领域的赛诺菲等公司为欧洲公司也是相符的。中国在该领域的专利申请量排名第二位,为171项,虽然我国的上海华谊生物技术早在2002年起已申请了该领域的专利,但是到目前为止,我国的研发企业和机构在该领域取得的成果仍呈现分散的特点,表明在该领域我国的研发与投入虽有一定的实力,但整体水平与研发强国还有一定差距。

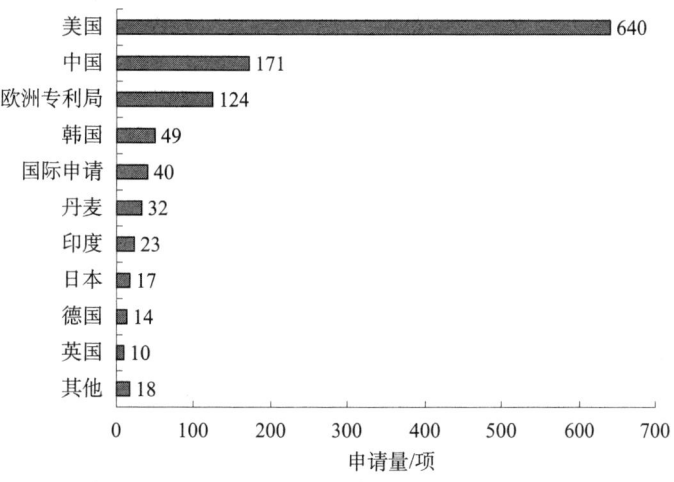

图5-3-2 艾塞那肽全球专利申请量排名前十位国家和地区分布

从图 5-3-3 中可以看出,各国和地区年申请量变化均具有各自的特点。美国早在 20 世纪 90 年代初就已经开始了相关药物的研发,而欧洲和中国均在 2000 年以后才开始在该领域开展研发工作。美国的相关专利申请量的变化趋势基本与全球变化趋势类似,不过在 2009 年达到顶峰后较全球变化趋势而言有比较明显的收缩,说明美国作

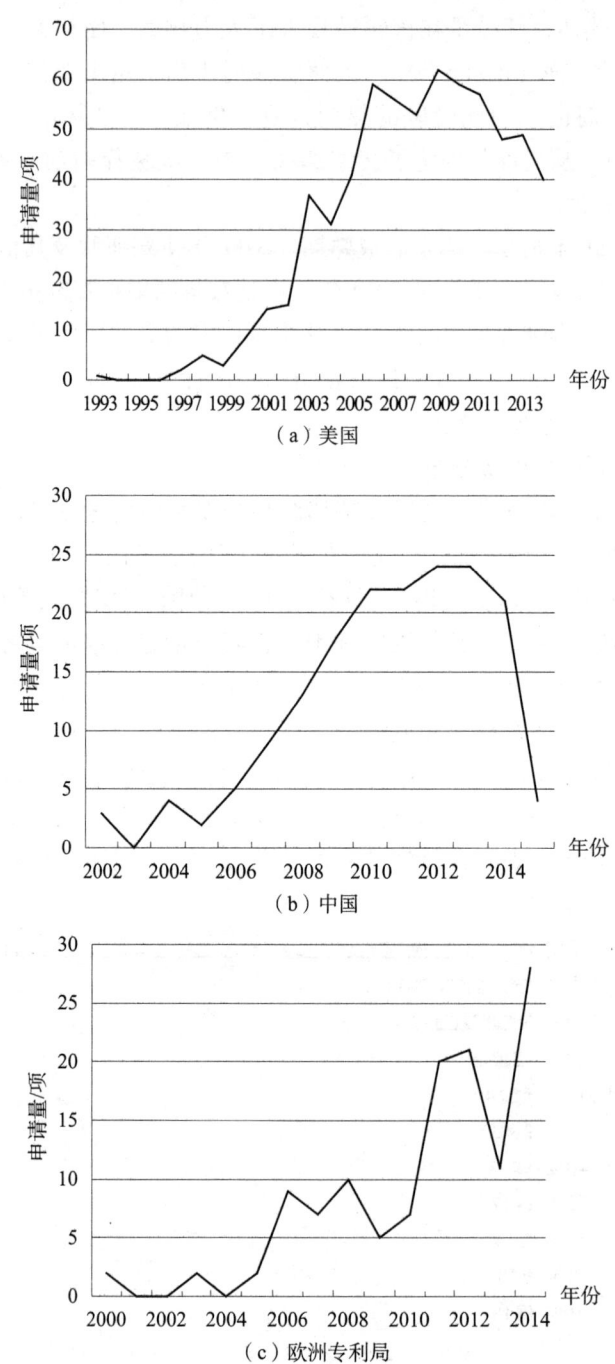

图 5-3-3 艾塞那肽全球专利申请量排名前三位的国家和地区的专利申请趋势

为新技术先行者,其研发热点有部分转移或已完成部分专利布局。欧洲则自2000年以来一直呈波动式增长状态,直至2014年达到顶峰,考虑到2014年部分欧洲申请公开可能滞后,欧洲可能将对该领域的研发展现更为浓厚的兴趣,并可能将欧洲对该领域的研发带入比较活跃的时期。而我国研发工作起步始于2002年,专利申请量自2005年起连续多年以非常稳定的高增长率攀升,在2011年增长变缓后于2012年和2013年达到顶峰,其申请数量的峰值与欧洲的峰值相近。由此可以看出,虽然美国早已开展该领域的研发,其技术积累深厚,但我国也有一定能力在部分领域进一步深挖,以突破研发强国的专利布局。

5.3.1.3 主要申请人

在DWPI数据库中检索到全球拥有艾塞那肽相关领域专利申请的专利申请人与权利人共计2921位。表5-3-6描述了当前全球艾塞那肽领域申请量排名前十位的申请人及其申请量情况。从该表中可以看出,就申请人类型而言,全球排名前十位的申请人均为公司申请人,前九位都是国外医药公司,而且赛诺菲和艾米林申请量远超其他申请人,意味着国外医药公司是推动研发的主要力量,也意味着该领域的药物具有广阔的市场前景,蕴藏着巨大的经济利益。上海华谊生物技术是我国较早地进入这一领域的企业,至今还是我国在这一研究领域的中坚力量。

表5-3-6 艾塞那肽全球专利申请量排名前十位的申请人及其申请量

排名	申请人	国家	申请量/项
1	赛诺菲	法国	115
2	艾米林	美国	115
3	诺和诺德	丹麦	66
4	阿斯利康	英国	49
5	辉瑞	美国	30
6	礼来	美国	28
7	韩美	韩国	25
8	CureDM	美国	17
9	Alkermes	爱尔兰	16
10	上海华谊生物技术	中国	16

5.3.2 艾塞那肽中国专利态势

5.3.2.1 发展趋势

从图5-3-4中可以看出,中国艾塞那肽专利申请总量以较为稳定的增长率呈平稳上升趋势，特别是自 2003 年之后中国专利申请量较快增长，并于 2011 年达到顶峰，考虑到 2014 和 2015 年申请的专利公开滞后，近年可能处于发展平台期。

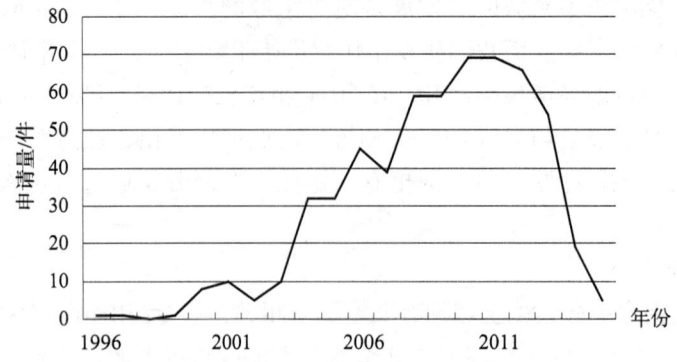

图 5-3-4 艾塞那肽中国专利申请年份趋势

5.3.2.2 申请人来源分布

从图 5-3-5 中可以看出，关于艾塞那肽，中国国内申请人的专利申请量居首，占在华申请总量的 34.42%。美国申请人在中国的专利申请数量位居第二，占在华申请总量的 27.74%。两者申请量远超其他国家申请人的申请量。

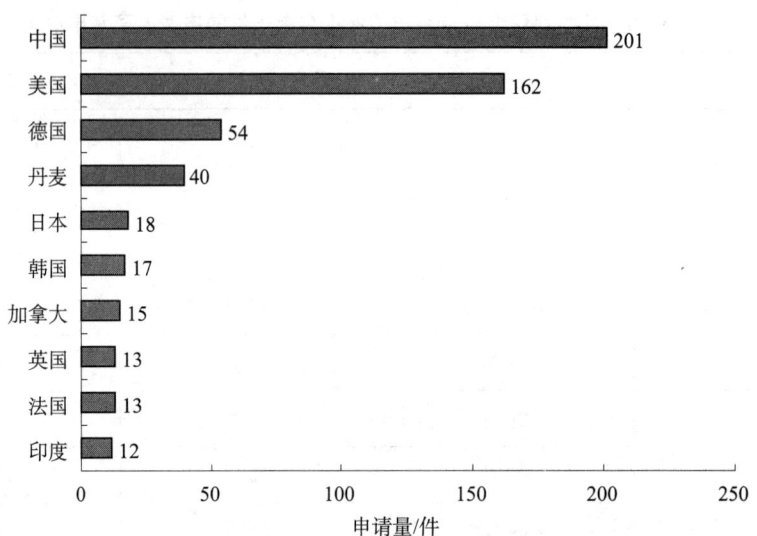

图 5-3-5 艾塞那肽中国专利申请的申请人来源分布

从图 5-3-6 可以看出，关于艾塞那肽的申请量国内分布，江苏以 46 件专利申请排名第一位，上海以 44 件专利申请紧随其后。广东、浙江、北京、天津依次以 22 件、15 件、14 件、12 件申请排名第 3~6 位。前六位省市申请总量为 153 件，占国内申请总量的 26.2%，说明我国国内申请人的研究力量相对集中，以经济发达省市为主要力量。

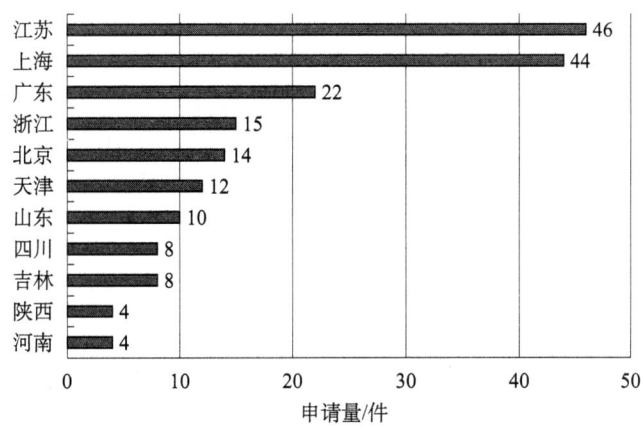

图 5-3-6　艾塞那肽中国专利申请的国内申请人来源分布

5.3.2.3　主要申请人

从表 5-3-7 中可以看出，在华艾塞那肽相关申请量排名前 11 位的申请人中，赛诺菲、诺和诺德和艾米林呈三足鼎立之势，以较大的数量优势居申请量前三位，为相关领域研发能力的第一梯队。其中赛诺菲研发的利司那肽是艾塞那肽结构改造衍生的产物，已于 2013 年 2 月在欧洲获得欧洲医药管理局批准上市（商品名为 Lyxumia®）。国内上海华谊生物技术、中国药科大学、深圳翰宇药业和精达制药公司等企业和科研院所也在该领域展现了一定的投入和实力，并已开始进行专利布局。

表 5-3-7　中国艾塞那肽相关专利申请量排名前 11 位的申请人及其申请量

排　名	申请人	国　家	申请量/件
1	赛诺菲	法国	41
2	诺和诺德	丹麦	35
3	艾米林	美国	29
4	IRM 责任有限公司	比利时	12
5	韩美	韩国	11
6	上海华谊生物技术	中国	10
7	中国药科大学	中国	8
8	深圳翰宇药业	中国	8
9	精达制药公司	中国	8
10	葛兰素史克	英国	8
11	百时美施贵宝	美国	8

5.3.2.4 法律状态

从图 5-3-7 中可以看出,目前全部中国艾塞那肽专利申请中,处于授权且有效状态的专利权占总数量的 32%,即 185 项,其中来源于中国国内申请人的申请占 80 项,来源于国外申请人的申请占 105 项。占总数 32% 的专利申请处于已撤回、被驳回、专利权终止的状态,而占总数约 1/3 的申请目前仍在审查过程中。

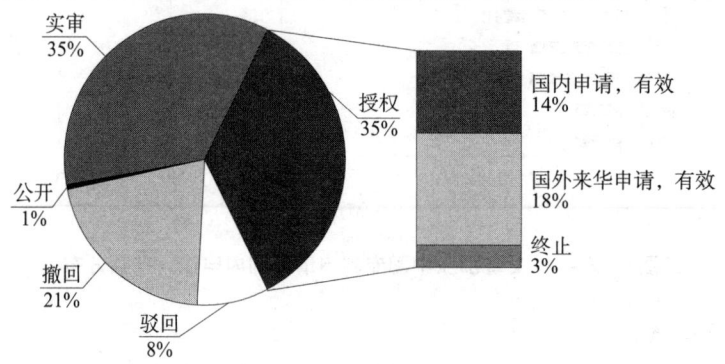

图 5-3-7 艾塞那肽中国专利申请法律状态统计

5.3.3 艾塞那肽制剂技术分析

作为一种外源性多肽,艾塞那肽面临着所有类似产品的困境——不稳定、代谢时间短(平均半衰期只有 2.4h)。百泌达® 注射笔每天需给药 2 次,使用者顺应性差。这也是自艾塞那肽问世以来对其制剂的研究从未停止的原因(参见图 5-3-8)。作为原研单位,艾米林与礼来一直在跟进艾塞那肽制剂研发,它们于 2008 年开始的 Exenatide 一周一次缓释微球(polylactide - co - glycolide microsphere)注射剂在 2012 年 1 月获 FDA 批准上市,商品名为 Bydureon®。与之相对应的是,我国对艾塞那肽制剂的研发紧随其在国内的上市时间(2009 年),且 6 年来始终不曾间断,还有受到越来越多关注的趋势。

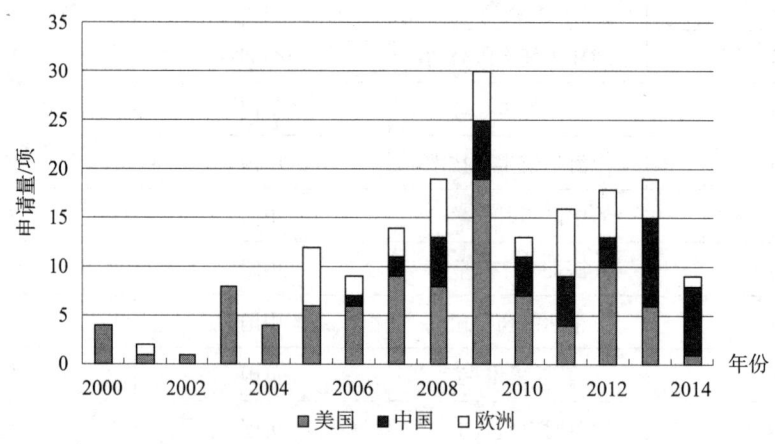

图 5-3-8 艾塞那肽制剂全球专利申请趋势及国家/地区分布

经过统计,课题组发现,如果按给药方式分类,注射给药的形式始终受到高度关注,而当按剂型分类时,又以"三微制剂"(微球、微颗粒和微囊三种药物制剂的总称)申请量最多(参见图5-3-9)。在向国家食品药品监督管理总局(以下简称"国家药监局")申请注册的艾塞那肽药物中,"三微制剂"占约20%,处于重要地位。

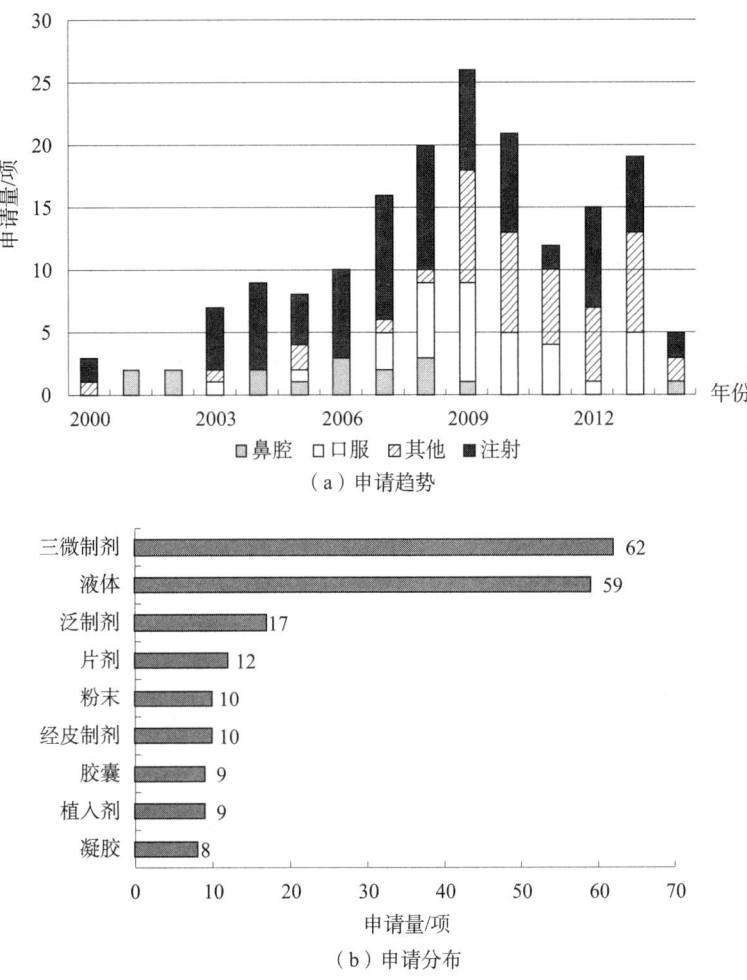

图5-3-9 不同的艾塞那肽制剂全球专利申请量趋势及申请类型分布

基于以上数据,课题组相信对艾塞那肽"三微制剂"进行进一步研究对掌握艾塞那肽制剂未来发展方向大有助益。因此,我们针对这一方向展开了检索,在国内外数据库共得到文献42篇,将在本节中展开进一步分析。

目前药剂学上关于微球(microspheres)的定义是指药物溶解或分散于高分子材料中形成的微小球状实体、球形或类球形,一般制备成混悬剂供注射或口服用。微球粒径范围一般为1~500μm,小的可以是几纳米,大的可达800μm,其中粒径小于500nm的,通常又称为纳米球(nanospheres)或纳米粒(nanoparticles),属于胶体范畴。可见,微球与微颗粒实际界限不明显,通常被看作同一种剂型。

微囊（Microcapsule），也称智能微囊（Intelligent Microcapsule，IM），系指固态或液态药物被高分子材料包封形成的微小囊状粒子。微囊系利用天然的或合成的高分子材料（统称为囊材）作为囊膜壁壳，将固态或液态药物包裹成为药库型微型胶囊。通常粒径在 1~250μm 的称微囊，粒径在 0.1~1μm 的称亚微囊，粒径在 10~100nm 的称纳米囊。药物制成微囊或微球，可以掩盖药物的不良气味及口味，还能够提高药物的稳定性，并减少药物对胃的刺激；减少复方药物的配伍变化。应用最多的是通过微囊化方法形成缓控释制剂和靶向制剂，一些微囊还可以将活细胞或者生物活性物质包裹在内。

药物的"三微制剂"都可进一步制成片剂、胶囊剂、注射剂、眼用制剂、贴剂、气雾剂等。

5.3.3.1 发展趋势分析

图 5-3-10 显示了截至 2014 年艾塞那肽"三微制剂"全球申请总量历年的变化趋势。其中，年份以申请日为准。从图中可知，针对艾塞那肽"三微制剂"的专利申请始于 2004 年，2004~2010 年为萌芽阶段，每年的申请量只有 1~3 项，说明这一时期艾塞那肽"三微制剂"尚未引起业界的兴趣，仅是少部分药企探索的方向；2011~2012 年针对艾塞那肽"三微制剂"的专利申请量进入了快速增长期，申请量急剧增加，达到 8~11 项，并于 2012 年达到了第一个峰值。2013~2014 年申请量有所回落，但是每年的申请量仍有 5~6 项。

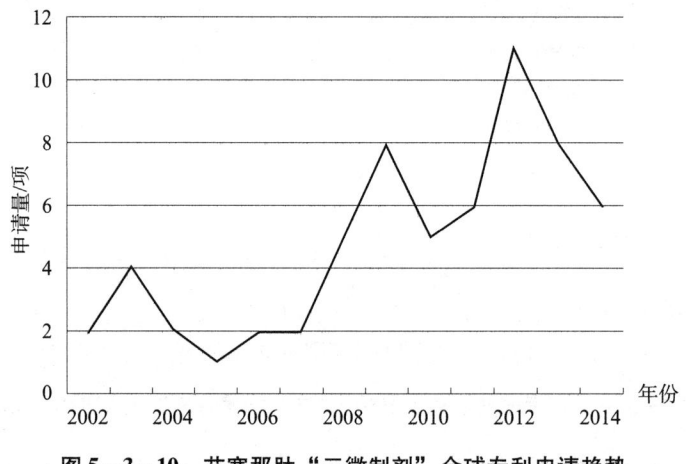

图 5-3-10 艾塞那肽"三微制剂"全球专利申请趋势

5.3.3.2 国家区域分析

通过对艾塞那肽"三微制剂"的专利申请来源国家和地区（参见图 5-3-11）进行统计分析可以发现，美国、中国和韩国的艾塞那肽"三微制剂"的专利申请量分别占据全球前三位，其中美国和中国两个国家的申请量之和几乎占到全部申请量的 80%。这首先说明艾塞那肽"三微制剂"专利申请集中度高，主要集中在这三个国家。其次，美国在艾塞那肽"三微制剂"的专利申请量排名第一位，这与其全球最大糖尿病药物消费市场的地位相呼应。最后，中国在艾塞那肽"三微制剂"的专利申请量排名第二位,其数量几乎与美国相当,这表明中国的药企对于艾塞那肽"三微制剂"具有浓厚的兴趣。

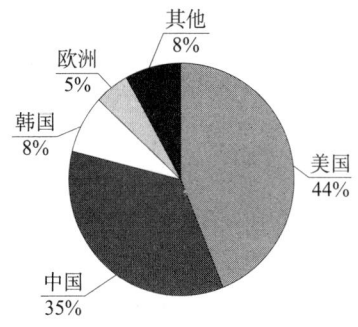

图 5-3-11 艾塞那肽"三微制剂"国家和地区专利申请分布

5.3.3.3 主要申请人分析

通过对艾塞那肽"三微制剂"的专利申请人及其申请量(参见图5-3-12)进行统计分析可以发现,GP制药公司、深圳翰宇药业、艾米林和山东绿叶制药有限公司(以下简称"山东绿叶")是目前艾塞那肽"三微制剂"专利的主要权利人。其中,艾米林是艾塞那肽的原研单位,其主力研制的艾塞那肽微球油溶液是目前为数不多的液态"三微制剂",已与其注射器捆绑上市。山东绿叶的主攻方向是固态多层微球,已向中国国家药监局提交新药申请,包括深圳翰宇药业在内的其他国内申请人也主要是申请这一类型的艾塞那肽"三微制剂"。GP制药公司与中国台湾新竹"清华大学"联合推出了一种以静电力连接的双层球结构,用它来承载艾塞那肽,具有一定的优越性,但尚未见相关产品推出市场。

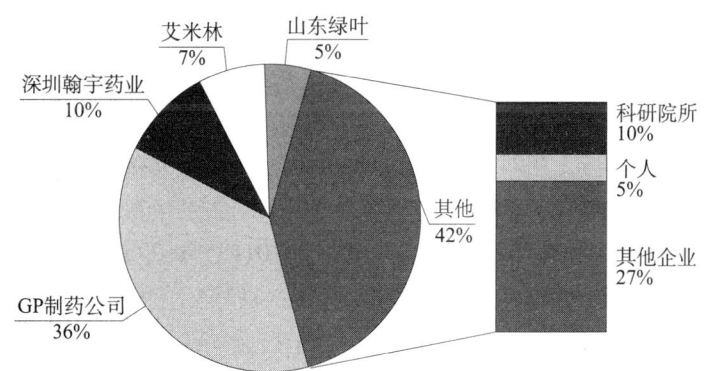

图 5-3-12 艾塞那肽"三微制剂"专利申请人构成

5.3.3.4 "三微制剂"的技术分析

课题组在对艾塞那肽"三微制剂"进行了技术分解之后,分别从微观结构、宏观物态以及主要辅料类型等方面展开了分析(参见图5-3-13,见文前彩色插图第6页)。

1）微观结构

以艾塞那肽为代表的 GLP-1 在水中有一定的可溶性，因此初始研发方向是油包水（W/O）型制剂。美国专利 US7164005 和 US20050271702 公开了使用乳酸-聚乙醇酸共聚物（PLGA）通过相分离方法制备含有艾塞那肽的微球，试图通过加入添加剂（例如糖或硫酸铵）来改进生物利用度，使艾塞那肽从聚合物基质中充分释放。

但是，此类制剂通常表现出强烈的暴发性初释和微弱的后续释放，导致艾塞那肽血药水平处于治疗窗口之外。同时，由于药物的不稳定性和处理步骤的降解作用，W/O 制剂的制备方法可能引起药物活性损失甚至失活。在这样的背景下，多层复乳剂型应运而生。

如前所述，艾塞那肽有一定的亲水性，故比较常见的是水包油包水（W/O/W）型和油包油包水（W/O/O）型。如艾米林和礼来开发的艾塞那肽长效皮下注射剂（Exenatide LAR），采用了 Alkermes 公司所拥有的 Medisorb 注射缓释给药技术，采用 PLGA 作为主要辅料，通过高速搅拌制备初乳，再加入大量硅油，通过液中干燥法萃取溶解有 PLGA 的油相，使 PLGA 固化成球，得到 W/O/O 型微球制剂（中国专利申请 CN200580019229.9）。该专利中最优化的方案得到的微球粒径分布于 $1\sim100\mu m$，平均粒径为 $50\sim60\mu m$。

相应地，国内也有科研机构进行了类似研究。解放军第二军医大学钟延强等采用 PLGA 制备通过溶剂挥发法包埋 GLP-1（中国专利申请 CN200910057893.2），得到了长效缓释的 W/O/O 型微球。

此外还有 S/O/W 型制剂，即水包油包固体。上海华谊生物技术采用反溶剂法，将多肽溶解于二甲亚砜（DMSO）中，再加入溶有 PLGA 的二氯甲烷（DCM）中形成药物的细微颗粒，然后将所得悬浊液加入外水相中，挥发有机溶剂得到缓释微球。

2）物理形态

艾米林致力于在已上市的 Bydureon® 基础上研发一种油溶液，所述油溶液能稳定地长期储存于载药单元，如注射器中，使用时直接注射而无须预混（中国专利申请 CN200980134725.7）。与之相对，国内药厂（如山东绿叶、深圳翰宇药业）研发的主要方向是通过冷冻干燥或喷雾干燥等手段得到固态的微球制剂（中国专利申请 CN201110142532.5、CN201310260397.3、CN201410153581.2 和 CN201410153089.5）。这样的固态制剂储存较为方便，但注射前需要与水性载体预混，得到的注射液可能存在凝集、沉淀等现象。有数据表明（中国专利申请 CN200980134725.7），低温条件（5℃）下保存固态的艾塞那肽微球，复溶后的活性成分含量略高于相同温度条件下以油溶液形式储存的艾塞那肽微球（94% vs 93%），但高温条件（25℃）下前者要远高于后者（90% vs 86%）。这说明国内药厂在推动艾塞那肽微球制剂发展的走向，固态微球在很长一段时间内都将受到业界青睐。

3）主要载体材料

在分析的 42 篇文献中，使用 PLGA 作为载体的超过 50%，除艾米林为美国申请人外，其余均为国内申请人提交的申请。这一方面体现了 PLGA 作为微球载体具备优越的特性,目前尚无能够替代的其他材料;另一方面也反映出国内申请人对艾塞那肽微球制剂的布局趋于保守。所幸很多申请人已经在积极探索其他的载体和制剂结构,如GLP1-金属离子-载体螯合物(美国专利US2005260259)、由带正电荷的壳聚糖和带负电荷的聚谷氨酸连接包埋艾塞那肽而成的内外双层球结构(US7879819、US7993625、US2998459等15项美国专利)、自组装肽复合物(中国专利申请US201210468509)、纳米生物活性玻璃纤维复合物(中国专利申请US201310529364)以及专为艾塞那肽肺部给药设计的二酮哌嗪中空微球(PCT申请WO2014144895)。

4) 复乳型制剂的利弊分析

复乳型制剂大致的制备流程如下:将多肽药物溶解于水溶液中得到内水相(W1),将其分散于含有聚合物(通常是PLGA)的有机溶剂(O)中,形成一级乳液(W1/O),再将一级乳液分散于外水相(W2)中,形成二级乳液(W1/O/W2)。待有机溶剂挥发后,聚合物析出得到包封了药物的微球。与单乳结构相比,复乳中药物的包封率有显著提高。

但影响复乳型制剂包封率的因素很多,其中较重要的一个就是部分W1会穿透O扩散到W2。实际上,抑制了这种扩散就解决了包封率的问题。目前常用的方法是增大O和W1的体积比和/或增大有机相中聚合物的浓度,前者相对于W1液滴的大小增加了O的厚度,后者增加了O的黏度,都减少了上述扩散。然而,在聚合物量一定的情况下,提高O的黏度就要求O的体积小,这样聚合物浓度就高;而要增大O和W1的比例,则要求W1体积尽量小。亦即当载药量较高的时候,W1体积减小就会导致其中药物浓度升高。且不论艾塞那肽在水中仅为可溶(即溶解度一般),即使能够达到所述浓度,在如此高浓度下,艾塞那肽极易聚集甚至变性。

有的申请提出了改进的复乳型制剂,即一级乳液不采用W/O的形式,而是直接将多肽粉末悬浮在有机相中,形成油包固(S/O)的悬浊液,然后将此悬浊液分散于水相中形成S/O/W型复乳。可以通过选择不溶解艾塞那肽的有机相溶剂达到抑制艾塞那肽向外水相的扩散,从而提高包封率。

缓释微球的粒径一般都在1~200μm。因为其常用于注射给药,粒径过大将导致注射时痛感加倍,而粒径过小则会使聚合物无法很好地包裹药物,达不到缓释效果。

通常得到的多肽冻干粉末粒径多分布于10~100μm,典型的在10~50μm。如果直接用次粒径的粉末悬浮于有机溶剂中,最终形成的S/O/W不是包封率低就是缓释效果大打折扣(主要表现为前期药物突释而后期释放不足)。因此,一般需将药物粉末平均粒径减少到1~10μm,然后再用于S/O/W型微球的制备。

5) 对艾塞那肽制剂未来走向的简单预测

(1) 结构革新。制剂的结构越复杂,对其热力学稳定性的要求就越高,相应的,造成其不稳定的因素就越多。通过前文的分析不难看出,无论是W/O/W型、W/O/O型,抑或是S/O/W型的微球制剂,都因为其复杂的结构遇到了发展的瓶颈,颇有"压下葫芦翘起瓢"的态势。因此,比起替换PLGA,或许替换掉层层包裹的三层结构才是更好的解决方案。

在分析过程中,替换方案已初露端倪——它可以是通过静电作用连接的生物多糖和肽聚合物,也可以是多肽-载体螯合物,甚至新材料,诸如玻璃纤维、量子点等,都可能暗藏艾塞那肽制剂的新方向。

(2)联合制剂。药物联用在治疗内分泌系统疾病时尤为常见。临床上,糖尿病人多同时患有血脂异常、血压异常,甚至很多终末期糖尿病人单控制血糖水平就需要服用两种以上的药物。如前文所述,赛诺菲已经提交了3件关于甘精胰岛素与GLP-1受体激动剂协同作用的专利申请。

这种情况下,自组装肽复合物是一个不错的选择。一方面,一条肽链能够将一个以上的活性成分连接起来,大大降低了制剂的复杂程度;另一方面,相较于PLGA等外源性聚合物组分,多肽载体的生物相容性更胜一筹。

(3)常温贮存。以目前的技术水平制成的艾塞那肽"三微制剂",对温度的敏感性很高,甚至要高于宏观结构。从上面描述也不难发现,一旦温度跃升(例如,从5℃升至25℃),无论是固态的微球颗粒还是油溶液,活性成分分解的比率将显著增加。然而,需要低温贮存的制剂不便于运输,尤其对患者个人来说,用药限制增加,势必会降低其顺应性。针对这一情况,如能开发出适宜常温贮存的艾塞那肽制剂,可以预见将会受到市场的热烈欢迎。

5.3.4 艾塞那肽融合蛋白技术分析

虽然艾塞那肽既具有与GLP-1相似的生理活性,又能不过快地被DPP-Ⅳ降解,从而具有较长的半衰期和较强的生物活性,但是该药平均半衰期只有2.4小时,每天需注射2次,仍给长期用药带来了很大不便。因此,寻找更稳定的艾塞那肽结构改造物,使其对酶的降解作用有更强的抵抗力,延长其有效作用时间,又能保留对GLP-1受体的亲和力成为近年来我国在该领域的热门研究课题之一。如本节前言所述,目前艾塞那肽的结构改造方法主要有制备Exendin-4的模拟肽、活性异构体以及其修饰,修饰方法又主要采用聚乙二醇(PEG)修饰以及与大分子蛋白质如白蛋白共价结合。三种方法往往又互相结合使用,以期取得更好的效果。

目前国内已有多个艾塞那肽结构修饰衍生物申请一类新药并获得了CFDA的临床批文,例如江苏豪森药业申请的聚乙二醇洛塞那肽、派格生物医药(苏州)有限公司申请的聚乙二醇化艾塞那肽,河北常山与康久化学的合资公司常山凯捷健申请的艾本那肽。其中,聚乙二醇洛塞那肽(PEX168)是在艾塞那肽的化学结构式基础上进行氨基酸的改造和经聚乙二醇(PEG)修饰而成的,作用机制与艾塞那肽相似,但在体内能进一步抵抗DPP-Ⅳ的快速降解,减轻药物的毒性及其抗原免疫性,延长药物在体内的半衰期及作用时间,提高其生物利用度,进而提高药物的治疗效果,延长给药间隔,提高患者的顺应性。艾本那肽为艾塞那肽经过修饰后,结合重组人白蛋白而成,半衰期达到7天,可一周注射一次,极大地提高了患者的顺应性,其在美国已完成Ⅰ/Ⅱ期临床,取得了不错效果。北京东方百泰生物科技有限公司申请的Exendin-4 Fc融合蛋白注射液则在 CFDA 审评中。❶❷❸ 因此，下面将选择艾塞那肽融合蛋白和 PEG 修饰两种结构衍生方法进行更深入的分析。

本节所说的艾塞那肽融合蛋白是由艾塞那肽或其衍生物与其他蛋白组成的结合物，多肽和蛋白之间由氨基酸链连接、非氨基酸连接或无连接均属此列。

5.3.4.1 艾塞那肽或其衍生物的融合蛋白修饰药物全球专利分析

根据 DWPI 数据库的统计结果，截至 2015 年 5 月 31 日申请并且已经在世界范围内公开的艾塞那肽或其衍生物的融合蛋白药物专利为 174 项，经人工降噪后，获得相关专利 89 项。为了解全球艾塞那肽或其衍生物的融合蛋白药物专利技术的整体发展趋势，对其全球专利申请量数据按时间顺序进行了统计，以了解分析该技术专利申请量的历年变化趋势。

虽然天然的艾塞那肽（即毒蜥外泌肽 -4，exendin -4）最早于 1993 年 5 月 24 日即已提出关于产品的美国专利申请（US19930066480），但是，业界直到 2001 年开始关注融合多肽技术，并将之应用于改善艾塞那肽的生物代谢性质，最早由艾塞那肽原研药企之一的礼来公司提出艾塞那肽融合蛋白的第一件申请（WO2001US43165），该融合多肽为艾塞那肽 - 肽连接链 - 人白蛋白/免疫球蛋白重链恒定区（Fc）的结构，具有延长循环半衰期的效果。自此以后，从图 5 -3 -14 中可以看出，经过 2001 ~ 2005 年的缓慢增长，在 2006 ~ 2013 年，艾塞那肽或其衍生物的融合蛋白药物的申请量虽然呈波浪形态，但总体上有了更快速的增长，并于 2013 年达到最高申请量。

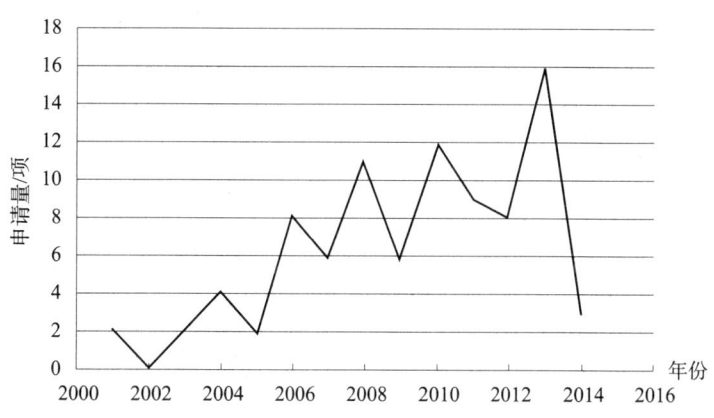

图 5 -3 -14　艾塞那肽融合蛋白全球专利申请量趋势

从图 5 -3 -15 中可以看出，在 2001 ~ 2014 年，在美国专利商标局提出优先权的申请占全部申请的 50% 以上，可以推断美国申请人的申请量排在第一位，跟随其后的是中国和韩国申请。

---

❶　http：//bbs.tnbz.com/thread -314044 -1 -1.html.
❷　http：//blog.sina.com.cn/s/blog_59834aba0102ezof.html.
❸　http：//finance.qq.com/a/20150401/016193.htm.

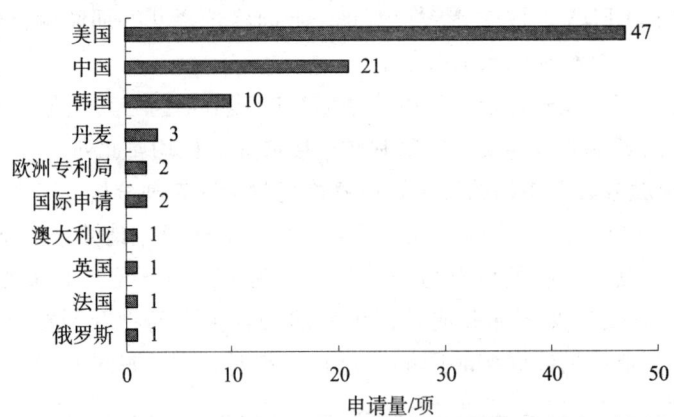

图 5-3-15 艾塞那肽融合蛋白全球专利申请区域分布

从图 5-3-16 中可以看出，美国申请人首先注意到融合蛋白技术在艾塞那肽或其衍生物改进中的应用，自从 2001 年提出第一项该方面的申请后，在 2001~2005 年又陆续提出几项申请，由于其他国家申请人几乎尚未介入该领域的研究，导致从申请量趋势的总体数据上看，该阶段为专利申请缓慢增长期。其后，中国申请人于 2006 年提出第一项申请，韩国申请人于 2008 年提出第一项申请，而美国申请人提出的申请量则于 2006 年达到高峰后回落，此后申请量水平略大于中国申请人提出的申请量水平，韩国申请人提出的申请量则略低于中国申请人的水平，因此从总体数据上看，该阶段为专利申请较快速增长期。

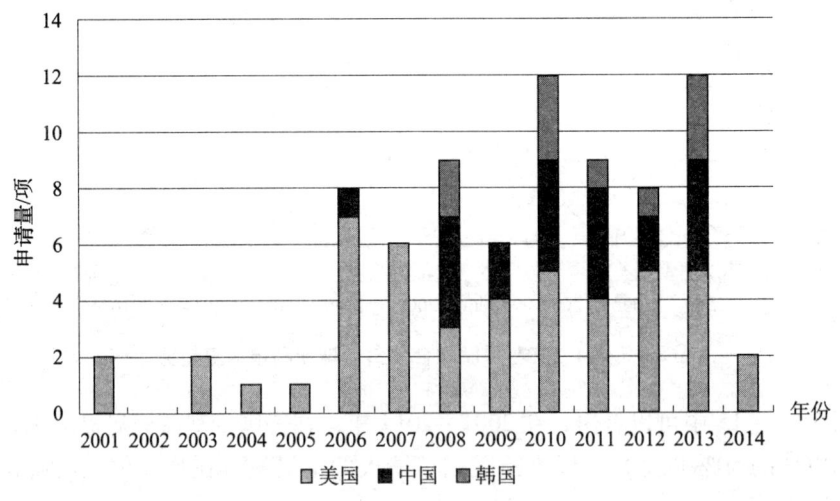

图 5-3-16 艾塞那肽融合蛋白全球专利申请主要区域申请趋势

从图 5-3-17 中可以看出，作为艾塞那肽的原研药企之一，艾米林在艾塞那肽或其衍生物融合蛋白研发中占据了较大优势。而礼来却似乎在开先河之后退出了该领域，只并列占据第六位申请人。艾塞那肽产品的现持有人阿斯利康也较为关注该领域，居第三位。而作为同样活跃在 GLP-1 受体激动剂类药物的其他制药企业，葛兰素史克占据申请人第四位,康久化学占据第五位。韩美则显然是韩国的主要申请人,占据了申请人第二位的显著位置。我国的无锡和邦公司占据了申请量第六位的位置。

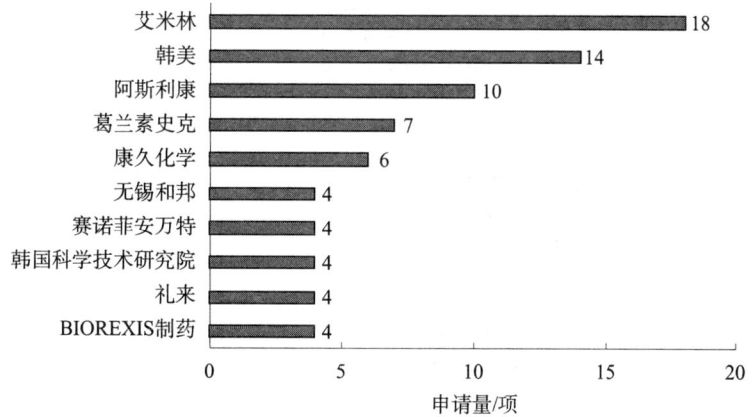

图5-3-17 艾塞那肽融合蛋白全球专利申请主要申请人分布

5.3.4.2 艾塞那肽或其衍生物的融合蛋白修饰药物中国专利分析

根据 CNABS 数据库的统计结果,截至 2015 年 5 月 31 日,申请并且已经由国家知识产权局公开的艾塞那肽或其衍生物的融合蛋白药物专利为 139 件,经人工降噪后,获得相关专利 66 件。

从图 5-3-18 中可以看出,在 2001~2010 年,艾塞那肽或其衍生物的融合蛋白药物的申请量虽然呈波浪形态,但总体上有比较快速的增长,并于 2010 年达到最高申请量,2011 年后有所下降。

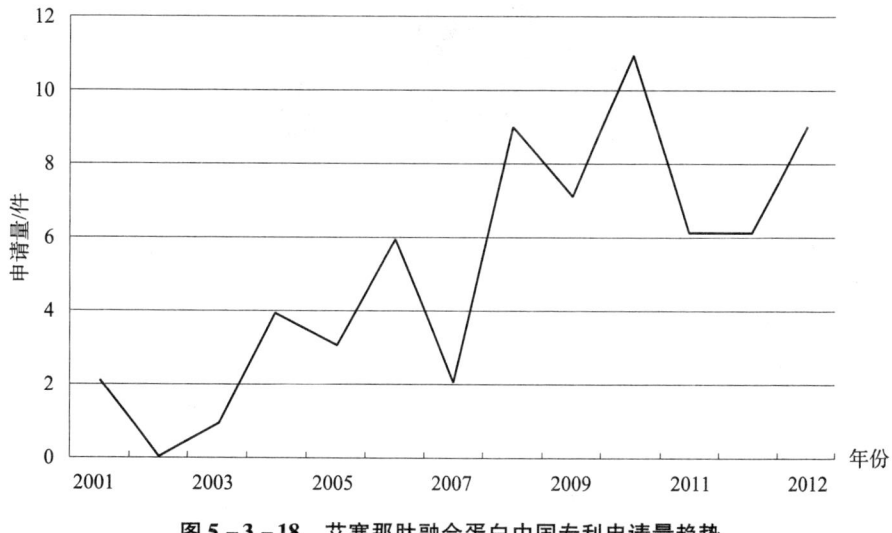

图5-3-18 艾塞那肽融合蛋白中国专利申请量趋势

从图 5-3-19 中可以看出,韩美和艾米林占据了艾塞那肽或其衍生物融合蛋白在中国申请的前列。作为同样活跃在 GLP-1 类药物的其他制药企业,葛兰素史克占据申请人第三位。

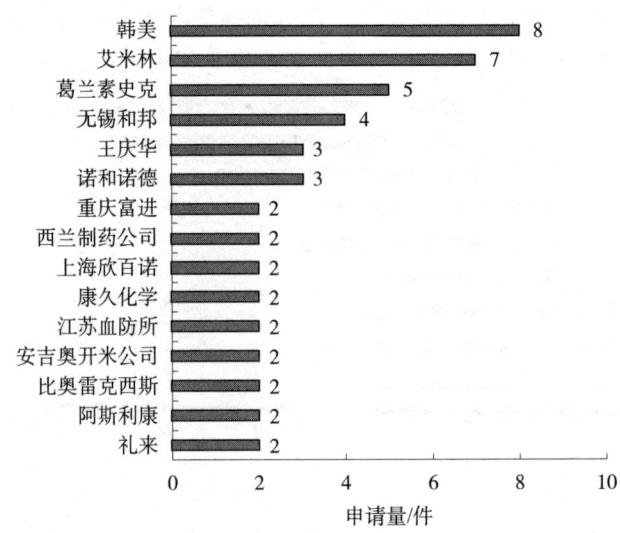

图5-3-19 艾塞那肽融合蛋白中国专利申请主要申请人分布

我国的生物医药企业无锡和邦生物科技有限公司占据了申请人第四位的位置。

从图5-3-20中可以看出,在所有申请中,以撤回和驳回为结局的专利申请占29%,以授权为结局的专利申请占36%,而且授权专利中仅仅1/24因终止而失效,可见本领域专利申请的质量还是比较高的,而且在市场上也比较有持有价值。

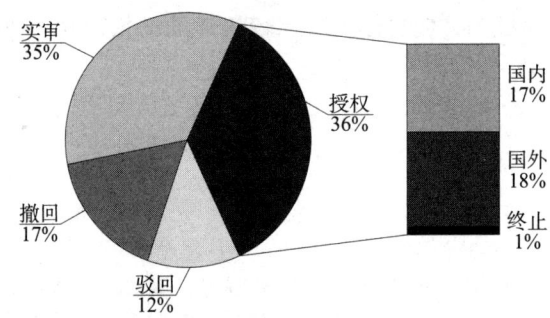

图5-3-20 艾塞那肽融合蛋白中国专利申请法律状态分析

5.3.4.3 艾塞那肽融合蛋白技术路线

蛋白融合技术主要依靠融合伴侣的长效机制,同时通过增加相对分子质量降低肾清除率,以延长蛋白及多肽类药物的半衰期。该技术通过DNA重组,从基因水平将融合伴侣与效应分子连接在一起。与PEG修饰等方法相比,蛋白融合技术操作简便、灵活,产品表达量高且易于纯化。常见的融合伴侣为人血清白蛋白和免疫球蛋白IgG-Fc。

(1)与人血清白蛋白的融合蛋白。人血清白蛋白(human serum albumin,HSA)是一种常用的生化医药蛋白质。其分子形状为单链,分子量大约为66kDa,含585个氨基酸残基,包括1种氨基酸,其中存在17对二硫键,分子中只含有一个游离SH基,等电点pI为4.7~4.9。

由于人血清白蛋白具有较长的体内半衰期（约为 19 天），所以将其与半衰期较短的肽或小分子蛋白类药物通过不同方式进行连接能较好地改善它们的药物动力学特征。1990 年英国 delta 公司首先将白蛋白用于基因融合提高多肽、蛋白药物的半衰期。

（2）与 IgG–Fc 的融合蛋白。①IgG–Fc 融合药物有许多优点，例如延长药物半衰期，由于 IgG–Fc 融合蛋白以同源二聚体形式分泌到细胞外，能有效延长半衰期，同时能加强二聚体与配体的亲和力，提高药效。②增强了多肽的效能，这是因为大部分的蛋白偶联受体在细胞膜以二聚体形式存在。③便于纯化，使用重组蛋白亲和层析柱即可一步纯化。④艾塞那肽在体内容易产生抗体，而其融合蛋白中的 IgG–Fc 可结合淋巴细胞的抑制性受体 Fc（RIIB，从而降低融合蛋白的免疫原性。❶❷

除了与以上两种融合伴侣融合以外，目前也出现了一些新的融合伴侣，通过这些蛋白制备的融合蛋白除了延长半衰期以外，还可能使药物功能增强；体现双功能或多功能（如两种不同功能肽的融合）；药物突破血脑屏障（融合穿膜肽、转铁蛋白）；药物体内转运的靶向性（融合主动靶向载体蛋白）等。

本节通过对向国家知识产权局提出专利申请的艾塞那肽或其衍生物的融合蛋白专利进行技术发展路线分析，如图 5–3–21 所示，以便比较全面地了解技术发展脉络。将要求保护的主题分为异源蛋白为白蛋白/免疫球蛋白 Fc 片段的融合蛋白、异源蛋白为非白蛋白/免疫球蛋白 Fc 片段的融合蛋白、异源蛋白两者兼有、制备方法和制剂几种，图中关注了国外主要申请人和国内的绝大部分申请人。

1）异源蛋白为白蛋白/免疫球蛋白 Fc 片段的融合蛋白

2001 年，由礼来提交的 CN01820232.2 是涉及艾塞那肽及与其具有高同源性的多肽的异源融合多肽的第一件申请，异源多肽选自人白蛋白、其类似物或片段，或者为免疫球蛋白的 Fc 部分、其类似物或其片段，肽接头选自：(a) 富含甘氨酸的肽；(b) 具有序列 [Gly–Gly–Gly–Gly–Ser]$_n$ 的肽，其中 n 为 1~6。该技术方案克服了与递送具有短血清半衰期的化合物相关的问题并公开了其用于制备治疗非胰岛素依赖型糖尿病和肥胖患者的药物中的用途。CN200910173888.8 是其分案申请。但是此后，礼来不再有对融合蛋白的研究兴趣，其专利申请再也未涉足该领域。

此后，诺和诺德开始关注这一技术，于 2004 年提出了 CN200480037741.1 专利申请，随后提出了其分案 CN200910175123.8，公开了连接至人血清白蛋白或其变体或 Fc 的艾塞那肽或其同源性衍生物的融合蛋白，通式化合物：GLP–1 受体激动剂–L–RR–延迟蛋白（I），其中 GLP–1 受体激动剂是人 GLP–1 受体激动剂的多肽，L 是连接所述 GLP–1 受体激动剂的氨基酸侧链或 C 末端氨基酸残基与 RR 的接头，RR 是已经与延迟蛋白的氨基酸残基形成共价键的反应性残基的剩余部分，该融合蛋白提供了长半衰期，从而便于患者进行每周一次的治疗，同时使蛋白具有较小的聚集倾向。

---

❶ 窦文芳. 长效融合蛋白 GGH 的构建、表达、纯化及其初步药效学和药代动力学 [D]. 无锡：江南大学，2008：10–12.

❷ 一种新的胰高血糖素样肽–1 类似物及其缓释技术的研究 [D]. 天津：南开大学，2010：21–22.

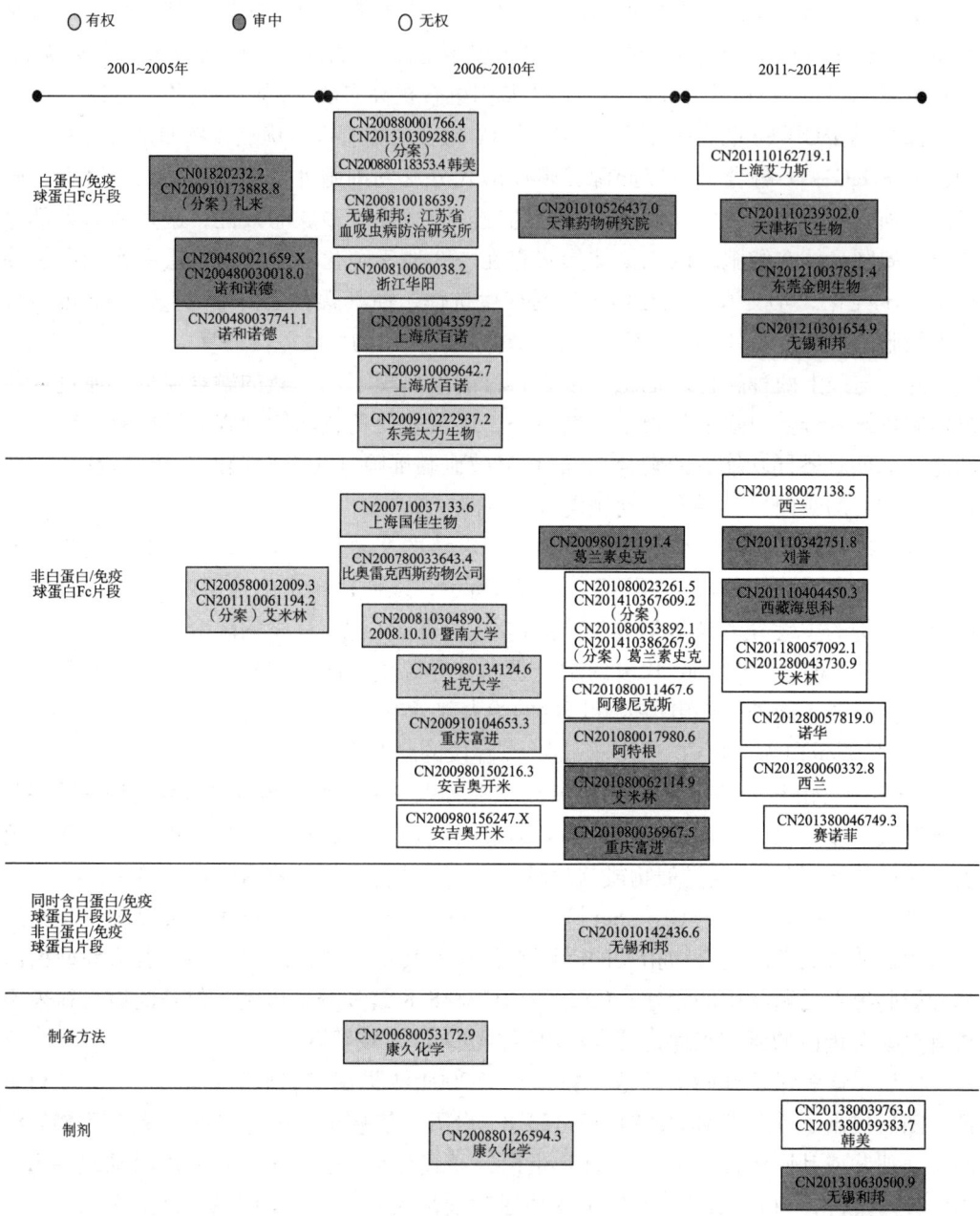

图 5-3-21 艾塞那肽融合蛋白中国专利申请技术路线

韩美于 2008 年申请的 CN200880001766.4 公开了一种缀合物，含有通过非肽聚合物连接的艾塞那肽和免疫球蛋白 Fc 区，其中所述的非肽聚合物选自包括聚乙二醇、聚丙二醇、乙二醇和丙二醇共聚物、聚氧乙烯化多元醇、聚乙烯醇、多糖、葡聚糖、聚乙烯基乙醚、生物可降解的聚合物、脂类聚合物、几丁质、透明质酸及其组合。具有降低血液中葡萄糖浓度和增加体内功效持续时间的改善效果，在体内维持相对高的活性。韩美的另一件专利申请CN200880118353.4同样选用了非肽基接头连接艾塞那肽与免疫球蛋白Fc区域而制备,非肽基接头为:SMCC(琥珀酰亚胺4-(N-马来酰亚胺-甲基)环己烷-1-羧酸酯)、SFB(琥珀酰亚胺4-甲酰基苯甲酸)、聚乙二醇、聚丙二醇、聚乙烯吡咯烷酮、乙二醇与丙二醇的共聚物、聚氧乙烯多元醇、聚乙烯醇、多糖、葡聚糖、聚乙烯乙醚、可生物降解的聚合物如PLA(聚乳酸)和PLGA(聚乳酸乙醇酸)、脂质聚合物、壳多糖、透明质酸及其组合,具有显著增强的抑制食物摄取和延长效力体内持续时间的作用。

此后,国内申请人开始较多地提出与白蛋白或免疫球蛋白Fc融合的艾塞那肽融合蛋白专利申请。

东莞太力生物的专利申请CN200910222937.2公开的融合蛋白从N端到C端依次为艾塞那肽、连接肽和人IgG2 Fc突变体,效果为保持艾塞那肽活性并且体内半衰期得到改善。

无锡和邦和江苏省血吸虫病防治研究所共同申请的CN200810018639.7公开了一种艾塞那肽融合蛋白,由多个Exendin-4重复序列与人血清白蛋白HSA直接连接,其结构式是:(Exendin-4)$_n$-HSA,n为2~8。在保持了Exendin-4的药理特性的基础上延长其在体内的半衰期。类似地,上海艾力斯的专利申请CN201110162719.1公开了一种融合蛋白,由2个Exendin-4串联直接与第410位由R突变为A的人血清白蛋白HSA(R410A)融合形成。

浙江华阳的专利申请CN200810060038.2也涉及重复的艾塞那肽序列与人血清白蛋白的融合蛋白,其最长串联形式为E-L1-E-L2-E-L3-E-L4-E-L5-E-L6-HAS,其中,E表示Exendin-4,L1~L6表示肽接头,HSA表示人血清白蛋白。与Exendin-4相比,在体内的作用时间明显延长,可以减少给药次数。浙江华阳的"注射用重组艾塞那肽-人血清白蛋白融合蛋白(酵母菌)"已完成临床前阶段,正在CFDA申请进行临床试验,该药按"治疗用生物制品1"报批。

东莞金朗生物的专利申请CN201210037851.4也类似地涉及重复的艾塞那肽序列,公开融合蛋白为N个艾塞那肽-接头与人IgGFc突变体重组成的融合蛋白;其中,接头为一组由疏水氨基酸组成的柔性肽段,其氨基酸的个数少于25个;N为2~8。

天津药物研究院的申请CN201010526437.0公开的融合蛋白同样涉及重复的艾塞那肽序列与人源蛋白的融合蛋白,但人源蛋白不位于N端或C端,其由以下通式I表示:Exendin-4-连接肽-Exendin-4-连接肽-Exendin-4-连接肽-人源蛋白-连接肽-Exendin-4-连接肽-Exendin-4-连接肽-Exendin-4(I),其中,连接肽为GGGGS;人源蛋白选自HSA或IgG的Fc片段,延长了体内半衰期。

天津拓飞生物提出的专利申请CN201110239302.0技术方案与天津药物研究院的申请极为相似,公开的融合蛋白为Exendin4-连接肽-Exendin4-连接肽-Exendin4-连接肽-人源蛋白-Exendin4-连接肽-Exendin4-连接肽-Exendin4-连接肽,连接肽也为:GGGGS,人源蛋白为:HSA或IgG的Fc片断。

上海欣百诺的专利申请CN200910009642.7公开了Exendin-4与人血清白蛋白直接

连接获得的多肽，Exendin-4在人血清白蛋白的N端，延长了Exendin-4的半衰期。其另一份申请CN200810043597.2则涉及这种融合蛋白的制备方法。无锡和邦也有一件类似申请CN201210301654.9，公开了一种Exendin-4肽与人血清白蛋白HSA的融合蛋白Exendin-4-HAS，中间不加入任何连接肽。

2）异源蛋白为非白蛋白/免疫球蛋白Fc片段的融合蛋白

艾米林于2005年提交的专利申请CN200580012009.3和CN201110061194.2（分案）涉及范围非常广的融合蛋白技术方案，当其至少一种生物活性肽激素组件是GLP-1、其类似物或衍生物或片段，而至少一种其他的生物活性肽激素组件为含毒蜥外泌肽片段的肽强化物时，则进一步包含至少3个生物活性肽激素组件而形成杂合多肽，生物活性肽激素组件独立选自胰淀素、肾上腺髓质素（ADM）、降钙素（CT）、降钙素基因相关肽（CGRP）、垂体中间叶激素、缩胆囊素（CCK）、瘦蛋白、肽YY（PYY）、胰高血糖素样肽-1（GLP-1）、胰高血糖素样肽-2（GLP-2）、泌酸调节肽（OXM）和毒蜥外泌肽-4。

比奥雷克西斯药物公司的专利申请CN200780033643.4公开的融合蛋白是经多肽连接子与运铁蛋白（Tf）融合的毒蜥外泌肽-4，其延长了毒蜥外泌肽-4的体内循环半衰期，同时保持了生物活性。

上海国佳生物的专利申请CN200710037133.6公开了一种重组蛋白，其结构为$(X-Y)_n-X$，其中，X是毒蜥外泌肽-4或其类似物；Y是连接肽，长度为1~15个氨基酸；n=1~9。在保持与毒蜥外泌肽-4相当活性的基础上，具有比毒蜥外泌肽-4单体显著更好的稳定性，并且表达量大大提高。

西藏海思科的申请CN201110404450.3提供了一个较为类似的艾塞那肽重复序列融合蛋白技术方案，具体是将1~8个艾塞那肽重复序列与其镜像重复序列通过连接链Y连接在一起，且在连接链的部位有聚合物、脂肪酸或糖修饰中的任何一种修饰。

暨南大学的申请CN200810304890.X公开了一种双靶向作用的嵌合多肽，其特征在于包括具有以下特征的三段序列：序列1是从N端计起的前20~80个人溶菌酶蛋白的氨基酸序列；序列2是毒蜥外泌肽-4蛋白的氨基酸序列；序列3是序列1和序列2的连接序列，包含凝血酶酶切位点和二肽基肽酶的酶切位点。AGEs（高级糖基化终末产物）与糖尿病的并发症有关。因此这种嵌合多肽在体内能够缓慢释放溶菌酶N端序列和Exendin-4两种具有药效功用的多肽，具有抗AGEs和降血糖的双靶向作用机制。

杜克大学的专利申请CN200980134124.6公开了一种融合蛋白，将弹性蛋白样肽（ELP）成分与艾塞那肽融合，具有延长的循环半寿期和/或较低的治疗有效量。

重庆富进的专利申请CN200910104653.3和CN201080036967.5公开了一种融合蛋白，由人成纤维细胞生长因子21（FGF-21）蛋白、其突变体或活性片段以及毒蜥外泌肽-4、或其突变体或活性片段融合而形成；中间含有或不含有连接肽。现有研究表明，人FGF-21具有潜在治疗糖尿病的价值，因此将毒蜥外泌肽-4和人FGF-21融合成双重调节肽，不仅实现了毒蜥外泌肽-4和人FGF-21的双重调节血糖血脂的功能，还实现了有效毒蜥外泌肽-4血液半衰期的目的。类似地，赛诺菲的专利申请

CN201380046749.3 也公开了艾塞那肽和成纤维细胞生长因子 21 的融合蛋白，接头为包含 0~1000 个氨基酸的接头。诺华的专利申请 CN201280057819.0 则公开了艾塞那肽和 FGF 21 变体的双功能融合蛋白，变体 FGF 21 比野生型 FGF 21 更稳定，更耐受蛋白水解和酶促降解，不易聚集和形成复合物，免疫原性低。

安吉奥开米的专利申请 CN200980150216.3 和 CN200980156247.X 公开了一种融合蛋白，结构为 A-X-B，其中，A 是能够穿过血脑屏障的肽，例如血管肽-1 和血管肽-2 及其衍生物；X 是连接子；B 是艾塞那肽，有利于有效转运或累积于特定细胞类型（如肝、眼、肺、肾或脾）中或有效转运穿过血脑屏障。

葛兰素史克的系列专利申请 CN200980121191.4、CN201080023261.5、CN201410367609.2（分案）、CN201080053892.1 和 CN201410386267.9（分案）公开了采用 DOM7h-14 结构域抗体（dAb）、DOM7h-14-10 结构域抗体、DOM7h-11-15dAb 等与艾塞那肽融合的融合蛋白，dAb 是与血清白蛋白结合的人免疫球蛋白单一可变结构域，与血清白蛋白特异性结合。所述 dAb 可以进一步格式化以增加其流体动力学大小，所述格式化的方法为：将选自以下的分子与 dAb 连接：PEG 基团、血清白蛋白、运铁蛋白、运铁蛋白受体或至少其运铁蛋白结合部分、抗体 Fc 区；或者将抗体结构域缀合到所述 dAb。接头有无均可，可为氨基酸接头或化学接头。类似地，艾米林的专利申请 CN201180057092.1 和 CN201280043730.9 也公开了一种融合多肽，其异源蛋白也为白蛋白结合域多肽（ABD）序列，可以含或不含接头，白蛋白结合域（ABD）肽是那些对白蛋白具有可比的高亲和力的且衍生于链球菌菌株 G148 的细菌蛋白 G 的清蛋白结合域。除了较长的作用持续时间（例如，在人受试者中至少一周，尽管若期望的话也可以实现每日一次）外，另一个优点是具有相对小的分子，其可以允许口服递送以改进病人依从性。

阿穆尼克斯的专利申请 CN201080011467.6 公开了一种融合蛋白，其中，将分离的延伸重组多肽（XTEN）连接到艾塞那肽，该分离的延伸重组多肽（XTEN）包含超过 400~3000 个氨基酸残基，其中该 XTEN 的特征在于：（a）甘氨酸（G）、丙氨酸（A）、丝氨酸（S）、苏氨酸（T）、谷氨酸（E）和脯氨酸（P）残基的总和超过 XTEN 总氨基酸序列的大约 80%；（b）该 XTEN 序列基本是非重复的；（c）当通过 TEPITOPE 算法分析时，该 XTEN 序列缺乏预测的 T 细胞表位，其中对 XTEN 序列内表位的 TEPITOPE 算法预测是基于 -9 或更高的得分；（d）通过 GOR 算法确定，该 XTEN 序列具有超过 90% 的无规卷曲形成；和（e）通过 Chou-Fasman 算法确定，该 XTEN 序列具有少于 2% 的 α-螺旋和少于 2% 的 β-折叠，可取得延长半衰期、延长贮存期、降低免疫原性和延长治疗窗内时间的效果。

阿特根的专利申请 CN201080017980.6 公开了一种艾塞那肽与 α-1 抗胰蛋白酶融合的融合蛋白，可含或不含肽接头，增加体内稳定性和体内半衰期。

艾米林的专利申请 CN201080062114.9 公开了一种艾塞那肽与淀粉样肽的多肽缀合物，能保持针对其结合和激动 GLP-1 受体（例如毒蜥外泌肽-4 样活性）或降钙素受体（例如 davalintide/淀粉样肽模拟物样活性）的双重受体激动作用。

西兰公司的专利申请 CN201180027138.5 和 CN201280060332.8 分别公开了一种与

胃泌素17或胃泌素6或其类似物融合的艾塞那肽或其类似物融合蛋白，胃泌素具有促进胰岛β细胞生长的潜在作用，肽缀合物中毒蜥外泌肽4部分和胃泌素部分的共价偶联和连接（缀合）引起的对胰岛素水平升高的作用可出乎意料地大于使用两种单独肽组分的相应加和式组合所达到的作用。

个人申请CN201110342751.8公开了一种包含HMGB1（高迁移率族蛋白1）N端氨基酸序列和Exendin–4氨基酸序列的基于凝血酶活性的双靶向作用的嵌合多肽。HMGB1的A–box多肽通过竞争性抑制B–box序列与受体结合，能有效地发挥抗炎作用，减少细胞的炎症因子产生和减轻炎症对组织造成的损伤和症状，从而可以减缓原发疾病（如糖尿病）并发症的发生与发展。将A–box和Exendin–4两种多肽以一种含有凝血酶切割位点的序列连接成为嵌合多肽，使之能在凝血酶活性增高的患者体内迅速被分解成A–box和Exendin–4两种多肽，分别发挥抗炎和降低血糖的功能，达到双靶向治疗效果。

3）其他

无锡和邦和江苏省血吸虫病防治研究所提出的专利申请CN201010142436.6采用1~5组Exendin–4和GLP–1串联后再与人血清白蛋白HSA或人免疫球蛋白Fc连接形成融合蛋白，在保持Exendin–4的药理特性的基础上延长其在体内的半衰期，同时具有比单个Exendin–4或GLP–1与人血清白蛋白或免疫球蛋白（IgG）的Fc的融合蛋白（如Exendin–4–HSA、GLP–1–HSA、Exendin–4–Fc、GLP–1–Fc）具有更高的生物活性。

此外，康久化学申请的专利CN200680053172.9涉及了与白蛋白的融合蛋白的制备方法；康久化学关于制剂的专利申请CN2008801265943公开了一种缀合物，其中白蛋白半胱氨酸34巯基与［2–［2–［2–马来酰亚胺丙酰胺基（乙氧基）乙氧基］乙酸接头共价连接，且所述接头与艾塞那肽的赖氨酸的ε氨基共价连接；韩美关于溶液制剂的专利申请CN201380039763.0和CN201380039383.7；以及无锡和邦关于溶液稳定制剂的专利申请CN201310630500.9，但这些主题显然不是融合蛋白研究的主流方向。

4）对研发方向的预测

从上述技术发展路线可以看出，国内用人血清白蛋白和免疫球蛋白与艾塞那肽构建融合蛋白的改变主要在于：①艾塞那肽重复序列的数量多少及接头有无；②重复序列间的接头，其是否都同一还是不同；③人血清白蛋白和免疫球蛋白Fc是否变体；④人血清白蛋白和免疫球蛋白Fc在融合蛋白中所在的位置。但由于上述两者作为常规的融合蛋白所用的融合伴侣应用时间较长，可用的技术方案较为单一，不易另辟蹊径，效果基本都只是延长了药物的体内半衰期，近年其授权前景已较为黯淡。

因此，近年来，融合蛋白的制备已逐渐放弃了以较为常规的人血清白蛋白和免疫球蛋白Fc作为融合伴侣的技术方案，选择的融合伴侣越来越多样化，不但也能达到使药物血清半衰期延长的效果，还通过融合其他蛋白取得了例如使艾塞那肽的作用增强，体现双功能或多功能；药物突破血脑屏障的作用；降低免疫原性的技术效果；防止聚集，有利于制剂和贮存的作用；有利于开发口服制剂的作用。随着异源蛋白可选择范围的扩大，这些可能是艾塞那肽及其衍生物融合蛋白药物的重要研发方向。

5.3.5 艾塞那肽 PEG 修饰技术分析

1991年，用于治疗儿童免疫缺陷症的第一个PEG-腺苷脱氨酶（adagen）获FDA批准上市。目前已有PEG修饰的门冬酰胺酶、IFN-α2a和IFN-α2b等多种生物技术药物批准应用于临床。PEG定点修饰多肽蛋白质的途径主要有：氨基修饰、巯基修饰、羟基修饰、羧基修饰、糖基残基的修饰等，修饰后的蛋白质、多肽最显著的是PEG的多聚物增加了结合蛋白的分子质量大小，降低了肾脏的滤过率，从而延长了药物的半衰期，增强了药物在体内的活性、理化稳定性及降低了药物的毒性和免疫原性等。

5.3.5.1 艾塞那肽 PEG 修饰的全球专利分析

根据DWPI数据库的统计结果，截至2015年5月31日，申请并且已经在世界范围内公开的艾塞那肽或其衍生物的PEG修饰药物专利为180项，经人工降噪后，获得相关专利37项。为了解全球艾塞那肽或其衍生物的PEG修饰药物专利技术的整体发展趋势，对其全球专利申请量数据按时间顺序进行了统计，以了解分析该技术专利申请量的历年变化趋势。

从图5-3-22中可以看出，经过2000~2006年的缓慢发展，艾塞那肽或其衍生物的PEG修饰药物在2007年骤然达到最高申请量，随后在2008年回落，并在2009~2013年回落并基本处于平台期。

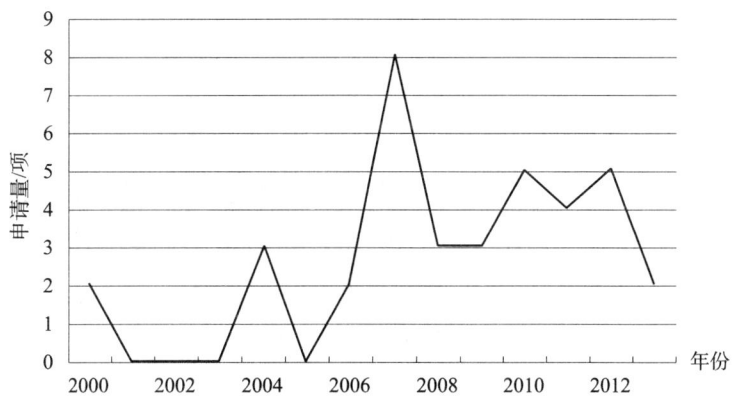

图5-3-22 全球艾塞那肽PEG修饰的衍生物专利申请年度趋势

通过对优先权国家和地区分布的分析可以了解专利输出国家和地区的分布情况，从图5-3-23中可以看出，在2000~2013年，享有美国专利优先权的申请占全部申请的50%以上，居第一位，可见美国在艾塞那肽PEG化的研发上最为活跃，跟随其后的是中国和韩国申请。

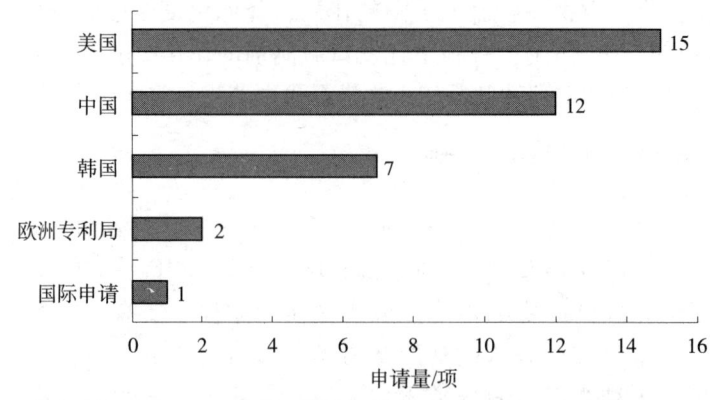

图 5-3-23　全球艾塞那肽 PEG 修饰的衍生物申请人分布

从图 5-3-24 中可以看出，美国申请人首先注意到 PEG 修饰技术在艾塞那肽或其衍生物改进中的应用，自从 2000 年提出第一项该方面的申请后，在 2003 年又提出几项申请，此时其他国家申请人几乎尚未介入该领域的研究，因而从图 5-3-22 的总体数据上看，2000~2006 年该领域专利申请增长缓慢。其后，中国申请人于 2006 年提出第一项申请，韩国申请人于 2007 年提出第一项申请，韩国申请人提出的申请量基本与中国申请人同处于平台期，美国申请人提出的申请量则于 2007 年达到高峰后回落，此后申请量水平徘徊在较低水平。

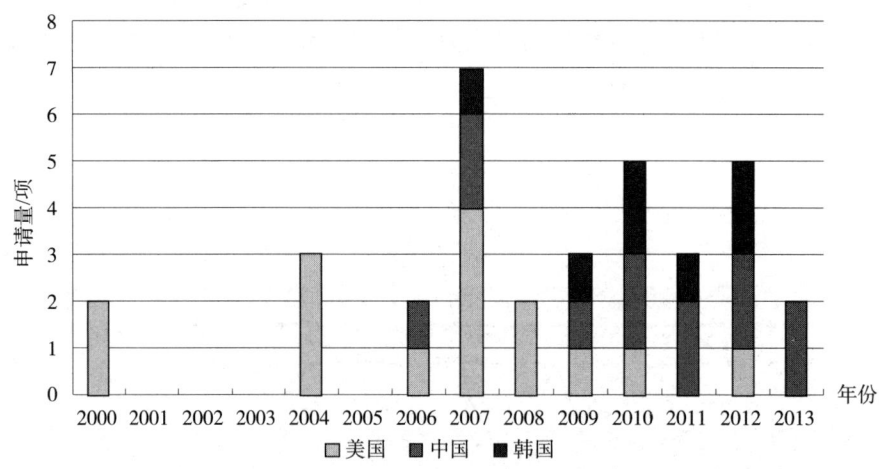

图 5-3-24　全球艾塞那肽 PEG 修饰的衍生物主要申请区域年度趋势

从图 5-3-25 中可以看出，关于艾塞那肽及其 PEG 修饰的衍生物的申请较为分散，仅有诺和诺德以 5 项专利申请占据了第一位，而且其申请集中在 2003 年和 2007 年。跟随其后的多家企业均申请了 3 项专利，如我国的生物医药企业上海华谊、派格生物医药、艾塞那肽原研药企之一的艾米林以及艾塞那肽产品的现持有者阿斯利康，都在艾塞那肽或其 PEG 修饰衍生物研发上投入了一定精力，并列占申请量第二位。

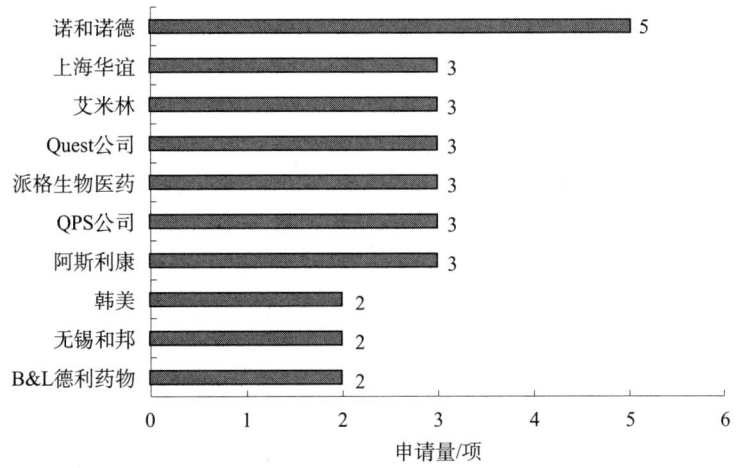

图 5-3-25 全球艾塞那肽 PEG 修饰的衍生物主要申请人分布

5.3.5.2 艾塞那肽 PEG 修饰的中国专利分析

根据 CNABS 数据库的统计结果，截至 2015 年 5 月 31 日，申请并且已经由国家知识产权局公开的艾塞那肽或其 PEG 修饰衍生物的药物专利为 96 件，经人工降噪后，获得相关专利 30 件。

从图 5-3-26 中可以看出，在 2007 年和 2010 年，艾塞那肽或其 PEG 修饰衍生物的药物的申请量出现了两次小高峰，其他年份发展总体比较平缓。

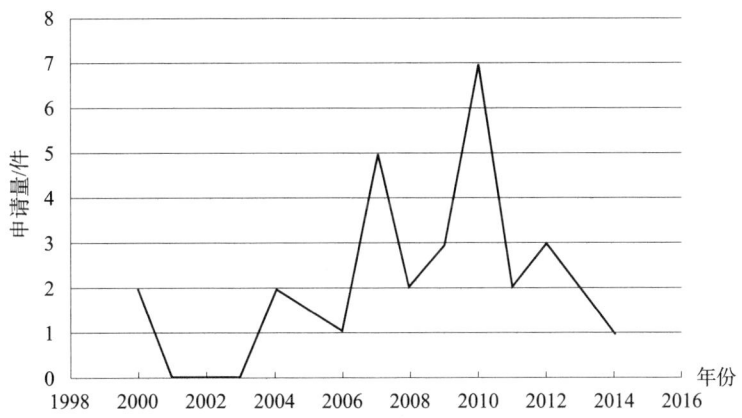

图 5-3-26 中国艾塞那肽 PEG 修饰的衍生物专利申请年度趋势

从图 5-3-27 中可以看出，我国生物医药企业派格生物医药和上海华谊分列申请量第一位和第二位。诺和诺德和艾米林与上海华谊并列第二位，韩美列第五位。可见由于 PEG 修饰相对机理明确，长效化效果可靠，对于我国企业的技术储备和发展水平来说是比较适用的研究方向，派格生物医药也已在此技术分支上获得了一类新药的临床批文，因此我国企业相对在这一领域投入了较多的研发力量。

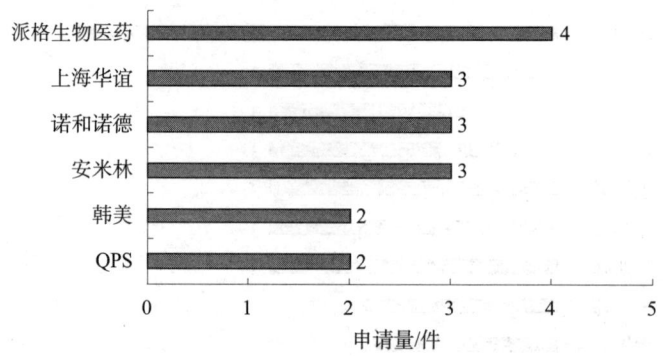

图5-3-27 中国艾塞那肽PEG修饰的衍生物主要申请人分布

从图5-3-28中可以看出,在所有申请中,以撤回和驳回为结局的专利申请占29%,而以授权为结局的专利申请占50%,而且授权专利中仅有1/15因终止而失效,由于本领域发展时间不长,终止的专利申请均为专利失效前由申请人主动终止,可见本领域专利申请的质量相对较高,而且在市场上也比较有持有价值。

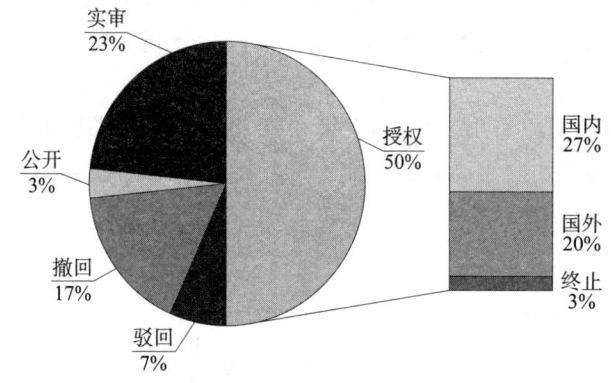

图5-3-28 中国艾塞那肽PEG修饰的衍生物专利申请法律状态分析

5.3.5.3 国内艾塞那肽PEG修饰新药及其专利

江苏豪森药业的专利申请CN201110137330.1和CN201280018158.0公开了分枝型PEG修饰的GLP-1类似物及其可药用盐,其中GLP-1类似物实际为艾塞那肽变体,结构为:HdAEGTFTSDL SKQNleEEEAVR LFIEWLKQGG PSSGAPPPC-NH_2。随着PEG分子量的增加(从PEX-167的20000道尔顿到PEX-168的40000道尔顿)和PEG分枝数目增加(从PEX-165的直链到PEX-167的两分枝,再到PEX-166的四分枝),所修饰多肽的体外活性明显下降。直链型PEG修饰所产生的长效作用弱于支链型PEG的修饰效果,而同为两分枝的PEG修饰,分子量越大,体内活性表现越长,即大分子量、分枝型PEG修饰所产生的长效效果明显。因此,分枝型PEG可为两分枝型,分枝型PEG的分子量为20000~80000道尔顿,优选40000道尔顿和60000道尔顿。赖氨酸(Lys)接头的PEG的修饰效果优于甘油接头的PEG修饰效果。上述专利为江苏豪森在CFDA申请的临床阶段新药聚乙二醇洛塞那肽的基础专利。

派格生物医药的专利申请 CN200910135363.5 和 CN201080018053.6 公开了 Exendin-4 变体序列 His-Gly-Glu-Gly-Thr-Phe-Thr-Ser-Asp-Leu-Ser-Lys-Gln-Met-Glu-Glu-Glu-Ala-Val-Arg-Leu-Phe-Ile-Glu-Trp-Leu-Lys-Asn-Gly-Gly-Pro-Ser-Ser-Gly-Ala-Pro-Pro-Pro-Ser 与一个或多个相同或不同的聚乙二醇基团的缀合物，聚乙二醇基团的分子量范围为 2000~50000 道尔顿，优选 5000~20000 道尔顿。并发现在 PEG 分子量在 5~20000 道尔顿，其生物半衰期延长与分子量成正比，而在 20000 道尔顿后降血糖作用时间（生物半衰期）基本维持不变；聚乙二醇化修饰衍生物在 PEG 分子量在 5~20000 道尔顿时降血糖活性（最大降糖作用）保持不变，但之后随着聚乙二醇分子量的增加而降低。上述专利为派格生物医药在 CFDA 申请的临床阶段新药聚乙二醇化艾塞那肽的基础专利。

虽然 PEG 修饰后血浆半衰期一般可延长，但也可能因为其掩盖蛋白酶识别位点的同时也遮盖了多肽的活性位点而导致多肽的生物活性大幅度降低，从该领域专利申请统计结果来看，近年国外先进国家在研发艾塞那肽及其衍生物的 PEG 修饰上投入精力已甚少，但对我国的研发参与者来说，还是一种可用于新药开发的技术。从 PEG 修饰的技术方案来看，根据 PEG 结构可分为直链、支链两种修饰方式；根据 PEG 与蛋白质分子上的极性氨基酸残基偶联方式可分为巯基、氨基、羧基、羟基修饰；根据 PEG 基团数量，有一个和多个 PEG 修饰基团之分；根据 PEG 分子量不同，修饰后总分子量变化范围也很大；根据艾塞那肽变体的不同，以上各种因素的影响结果也可能有所不同。在研发中针对这些因素进行仔细选择，则仍有可能开发出半衰期延长而活性不受修饰影响的修饰药物。

5.3.6　艾塞那肽的模拟肽——利司那肽

利司那肽（Lixisenatide，商品名 Lyxumia®），又名利司那肽、利西拉来、利西拉肽，是一种含有 44 个氨基酸残基的线性多肽，分子式为 $C_{215}H_{347}N_{61}O_{65}S$，分子量为 4858.55，CAS 号为 320367-13-3，其序列结构如下所示：H-His-Gly-Glu-Gly-Thr-Phe-Thr-Ser-Asp-Leu-Ser-Lys-Gln-Met-Glu-Glu-Glu-Ala-Val-Arg-Leu-Phe-Ile-Glu-Trp-Leu-Lys-Asn-Gly-Gly-Pro-Ser-Ser-Gly-Ala-Pro-Pro-Ser-Lys-Lys-Lys-Lys-Lys-Lys-NH$_2$。

利司那肽最先由西兰公司（Zealand）研发，并且申请了专利保护，赛诺菲于 2003 年与西兰公司签署协议，参与开发利司那肽。利司那肽于 2013 年相继在墨西哥、欧洲、日本和澳大利亚获得批准，是继艾塞那肽、利拉鲁肽之后第三个上市的 GLP-1 受体激动剂。利司那肽是基于艾塞那肽经过结构修饰得到的，半衰期相对艾塞那肽有所延长，可每日一次皮下注射。与艾塞那肽相比，两者不良反应发生率相当。由于利司那肽在与艾塞那肽疗效相似的基础上，一定程度提高了安全性，其在上市当年即取得不错的收益，在美国尚未批准的条件下销售额达到 900 万欧元，成为 GLP-1 类似物治疗糖尿病的典型药物。

2013 年，赛诺菲宣布撤回了利司那肽在美国的上市申请。2015 年 6 月，美国糖尿病协会科学年会重磅研究之一——ELIXA 试验研究数据公布，利司那肽对心血管事件发生的影响无明显差异,这使得利司那肽成为首款针对高心血管风险糖尿病患者有长期心血管安全数据的 GLP-1 受体激动剂,而赛诺菲也已经重新向美国 FDA 提交了利司那肽的新药申请,相信在不久的将来,这款药物将在全球最大药物市场美国的上市(参见图 5-3-29)。

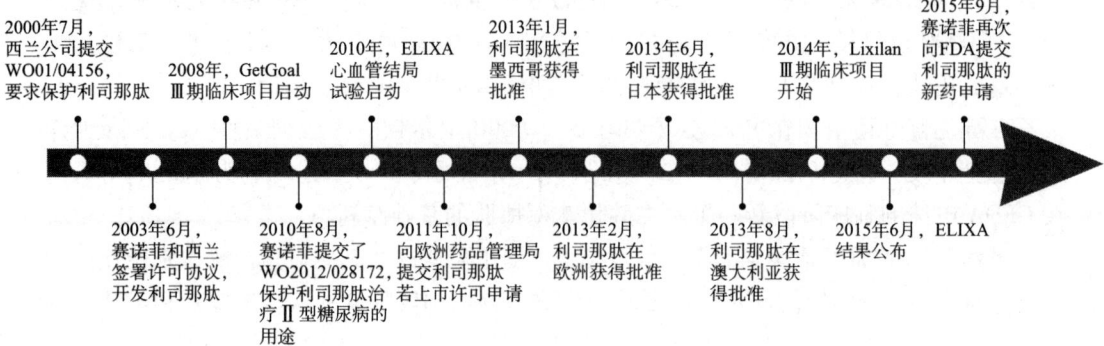

图 5-3-29 利司那肽的研发大事记❶

5.3.6.1 原研公司利司那肽的技术发展历程❷

利司那肽是西兰公司在结构诱导探针技术(Structure-Inducing Probe,SIP)的启示下研发的。蛋白质的降解作用是肽有效发挥临床作用的主要障碍,人体循环和组织中富含蛋白酶及其他蛋白水解酶,意味着肽在体内许多位点会被降解。

SIP 技术通过提高稳定性,产生对蛋白水解作用的抵抗,从而与母体化合物相比,可以改善 SIP 偶联物的体外半衰期。SIP 包含添加到肽的一端或两端的短肽序列,基于分子内氢键而使肽形成更有序的构象。

在西兰公司于1999年3月9日提交的 PCT 专利申请 WO99/46283 中,公开了与游离形式的药理活性肽相比,通过在其 C-端、N-端偶联合适的稳定肽序列,得到的肽偶联物能够显著减少蛋白酶的降解,提高其半衰期,并且仍然具有药理学活性。稳定肽序列具有 4~20 个氨基酸残基,例如 Lys_6、$(Lys-Glu)_3$、$(Glu-Lys)_3$、Glu_3-Lys_3、Lys_3-Glu_3 等(参见表 5-3-8)。

表 5-3-8 WO99/46283 中 Enkephalin(脑啡肽)不同类似物的 EC_{50} 和 $T_{1/2}$ 值

化合物	EC_{50}(nM)	$T_{1/2}$(min)
Leu-Enkephalin-OH	65	6.3
Leu-Enkephalin-$(Lys)_6$-OH	160	18.7
Leu-Enkephalin-$(Lys-Glu_4-Lys)$-OH	357	84.5
Leu-Enkephalin-$(Dpr)_6$-OH	200	19.8

---

❶❷ Mikkel Christensen 等. The design and discovery of lixisenatide for the treatment of T2DM [J]. Expert opinion of drug discovery, 2014, 9 (10): 1223-1251.

表 5-3-8 中的这些数据显示，通过使用短肽序列对 Leu-Enkephalin-OH 进行修饰，可以增加其 EC_{50} 值，提高其稳定性。

随后，西兰公司选择了药理学性质优异的肽，采用 SIP 技术进行结构修饰。该研究关注了 GLP-1 受体激动剂家族，这些肽具有前景更好的药效学性质，但是由于 DPP-Ⅳ的降解而半衰期较短。毒蜥外泌肽-4 与哺乳动物的 GLP-1 具有大约 50% 的序列相似性，能够降低人血糖水平、抑制胰高血糖素、增加胰岛素分泌以及减缓胃肠排空速度，其具有更长的消除半衰期，因此被认为是可以使用 SIP 技术修饰的有前景的 GLP-1 受体激动剂，以进一步提高其稳定性和半衰期。

2000 年 7 月 12 日，西兰公司提交了 PCT 专利申请 WO01/04156，其中在毒蜥外泌肽-4 的基础上，通过将其与特定的短肽序列偶联，提供半衰期增加和/或清除减少的具有 GLP-1 活性和/或毒蜥外泌肽-4 活性的新的肽激动剂。该申请具体公开了在毒蜥外泌肽-4 分子的碳末端进行修饰，去掉 36 位的 Pro，并在 39 位的 Ser 连接 6 个 Lys，经过结构修饰得到脱-Pro^{36}-毒蜥外泌肽-4（1-39）-$(Lys)^6$-NH_2，即利司那肽。实验结果显示，其 $T_{1/2}$ 约为未偶联$(Lys)_6$ 化合物的 3 倍，最低有效口服剂量低至少 40 倍，降糖效果与未偶联$(Lys)_6$ 化合物的效果相同。

2003 年 6 月，赛诺菲与西兰公司签署了开发利司那肽的许可协议。

2009 年 10 月 9 日，赛诺菲提交了名称为"胰岛素和 GLP-1 激动剂的组合"的 PCT 专利申请 WO2010/043566，其中包括将利司那肽与胰岛素联合使用，与单独使用胰岛素或 GLP-1 激动剂相比，胰岛素与激动剂的组合在调节餐后和吸收后阶段中的血液葡萄糖方面展现出协同效应。该申请正是由赛诺菲研发的利司那肽与甘精胰岛素（来得时®）的复方产品 LixiLan 的核心专利，该产品目前处于临床研究中，赛诺菲已经宣布 LixiLan 的两项Ⅲ期研究达到了其主要目标，并计划在 2015 年的第四季度在美国提交上市申请，2016 年第一季度在欧盟提交上市申请。

赛诺菲在 2010 年 8 月 30 日提交的 PCT 专利申请 WO2012/028172 中，进一步要求保护了利司那肽在制备治疗Ⅱ型糖尿病、用于诱导Ⅱ型糖尿病患者的体重减轻和/或用于预防Ⅱ型糖尿病患者的体重增加的药物中的用途。

2010 年 11 月 11 日，赛诺菲提交了 PCT 专利申请 WO2011/058082，其中将 GLP-1 激动剂例如利司那肽与甲硫氨酸一起配制，发现甲硫氨酸能够提高该组合物的储存稳定性。

在赛诺菲 2011 年 1 月 21 日提交的 PCT 专利申请 WO2011/089203 中，公开了包含至少一种 FGF-21 化合物和至少一种 GLP-1 受体激动剂例如利司那肽的药物组合物，该组合物能够以协同方式显著地使血糖水平降至正常血糖水平。

2012 年 2 月 1 日提交的 PCT 专利申请 WO2012/104342 中，将利司那肽与二甲双胍联用，用于预防Ⅱ型糖尿病中的低血糖症，能够预防和减少抗糖尿病治疗中的不良反应，例如恶心、胰腺炎、提高的血液降钙素浓度等。与之类似，2012 年 3 月 29 日申请的 WO2012/130955 中，将利司那肽与磺酰脲联用，用于预防Ⅱ型糖尿病中的低血糖症。

2012 年 5 月 11 日，赛诺菲同时提交了 4 件申请，其中 WO2012/156299 将利司那肽与基础胰岛素联用，并任选加入二甲双胍，可以显著改善血糖控制，并且减轻体重；

WO2012/156298 要求保护包含利司那肽与二甲双胍的药物组合物，其可以实现显著改善血糖控制；WO2012/156312 同样保护包含利司那肽与二甲双胍的药物组合物，并且限定了每日一次在晚餐之前给予利司那肽，从而显著改善血糖控制和控制体重；WO2012/156296 同样保护包含利司那肽与二甲双胍的药物组合物，用于诱导Ⅱ型糖尿病患者体重减轻和/或防止Ⅱ型糖尿病患者体重增加；从权利要求的保护范围来看，3 件专利的撰写表述虽然有所差别，但实际要求保护的仍然都是利司那肽与二甲双胍的药物组合物，凸现了赛诺菲对该复方产品的重视。

2012 年 8 月 27 日提交的 WO2013/030160 要求保护利司那肽与格列酮类的药物组合物，用于治疗Ⅱ型糖尿病。

2012 年 9 月 3 日提交的 WO2013/030409 涉及利司那肽用于预防和/或治疗神经变性疾病的用途，包括阿尔茨海默氏病、帕金森氏病和中风等常见疾病，拓宽了利司那肽的应用领域。

2012 年 10 月 26 日提交的 WO2013/060850 要求保护利司那肽、甘精胰岛素和二甲双胍的药物组合物，并且限定了组合物中各药物的给药方案。

2013 年 9 月 4 日提交的 WO2014/037373 公开了一种融合蛋白，其包含具有 GLP-1R 激动剂、FGF-21 化合物以及 0~1000 个氨基酸接头的结构的多肽。其可以用于治疗糖尿病、心血管疾病等。

利司那肽是西兰公司在艾塞那肽的基础上通过结构诱导探针技术进一步修饰得到的。赛诺菲在从西兰公司接手利司那肽后，后续的开发主要集中在药物联用和新用途方面，先后请求保护了利司那肽与二甲双胍、磺酰脲、胰岛素和格列酮等常见糖尿病药物的组合物。目前，利司那肽与甘精胰岛素的复方产品 LixiLan 已经崭露头角并且即将上市，未来可能成为赛诺菲在抗糖尿病药物领域中的主导产品。

5.3.6.2 全球专利态势

1）发展趋势

截至 2015 年 5 月 31 日，课题组在 DWPI 中检索到涉及利司那肽的全球专利申请共计 117 项。利司那肽领域的专利技术发展大致经历了三个阶段，如图 5-3-30 所示。

第一阶段（2000~2008 年）为萌芽期。利司那肽的第一项专利申请出现于 2000 年，此后 8 年仅有 3 项专利申请，整个技术都处于沉寂期，一方面是由于研发人员对该药物的认识有限，尚未引起广泛的关注，另一方面，对于掌握利司那肽相关技术的原研公司赛诺菲而言，过早地进行专利布局，并不利于延长产品的专利保护期，实现长期的市场垄断，因此这个阶段仅有少量的专利申请。

第二阶段（2009~2012 年）为快速发展期。自 2009 年以来，利司那肽的专利申请显示出急剧上升的趋势，除 2010 年与 2009 年的申请量基本持平外，每年均有大幅增长，并于 2012 年达到顶峰，体现出该时期对利司那肽相关技术的研发热度。随着利司那肽临床研究的不断进展以及临近上市，赛诺菲加大了对该药物的研发和专利布局，导致专利申请量不断走高。

第三阶段（2003 年至今）为稳定期。2013 年，利司那肽在欧洲和日本相继获得了上市批准，其专利申请量也随之出现了回落趋势，但整体上稳定在较高的申请量水平，这主要是由于赛诺菲仍有大量申请陆续提出，进一步完善其专利布局。与此同时，利司那肽也引起了其他研发者的关注，更多地参与到利司那肽技术的研发和专利申请中。

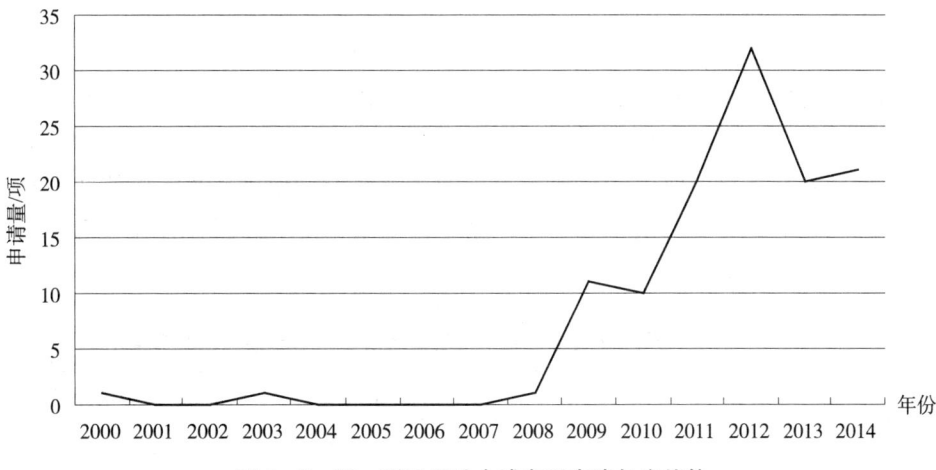

图 5-3-30　利司那肽全球专利申请年度趋势

2) 技术来源国家/区域分布

利司那肽的全球专利申请共涉及 8 个国家和地区，如图 5-3-31 所示。欧洲是利司那肽最大的技术输出地区，其次是美国，中国位列第三。利司那肽是由法国赛诺菲和丹麦西兰公司共同研发的，作为其 GLP-1 受体激动剂的主要产品，赛诺菲围绕利司那肽进行了大量的研究和开发，因此欧洲成为第一大技术输出区域是可以预见的。美国虽然缺乏像赛诺菲这种对利司那肽技术进行密集研发的主体，但有为数众多的企业和研发机构都对利司那肽进行了一定的研究，虽然申请量不大，但其总和已使美国成为世界上第二大的技术输出国，而且作为糖尿病患病人口大国，大多数糖尿病药物的相关技术都会选择在美国进行专利布局。中国在利司那肽技术方面虽然也有一定的贡献，但与欧洲和美国还存在很大的差距。

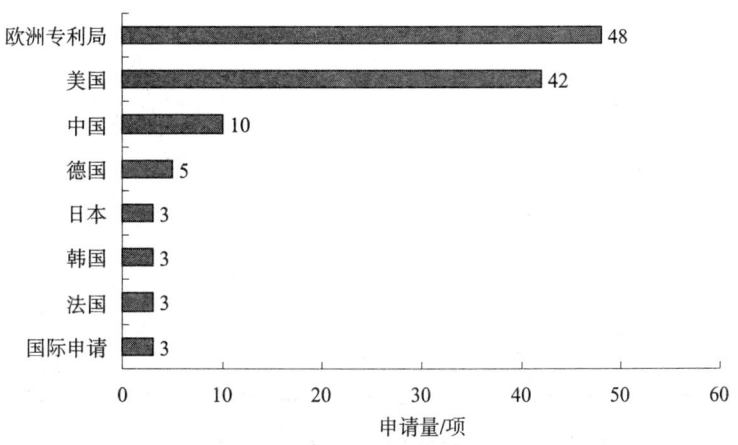

图 5-3-31　利司那肽全球专利申请国家和地区分布

3）主要申请人

在 DWPI 数据库中检索到全球拥有利司那肽专利申请的申请人与权利人共计 121 位。从表 5-3-9 中可以看出，利司那肽领域排名前五位的申请人全部集中在美国和欧洲。赛诺菲作为利司那肽的原研厂家，专利申请量远远超过其他申请人，是推动利司那肽技术研发的主要力量，占据了绝对的领先优势。在利司那肽上市之前，赛诺菲失去了几个重磅炸弹药物的专利，面临着仿制药的激烈竞争，利司那肽是其寄予厚望的几个新产品之一，在血糖水平与血糖控制以及减肥方面已经表现出有益的疗效，赛诺菲有望借助其专利布局取得利司那肽市场的垄断地位。相比之下，虽然艾米林、礼来等其他跨国医药公司实力也非常雄厚，但在利司那肽技术方面存在较大的差距，难以与其形成有效的竞争。

表 5-3-9　利司那肽全球专利申请量排名前 5 位的申请人及其申请

排　名	申请人	国　家	申请量/项
1	赛诺菲	法国	72
2	艾米林	美国	10
3	礼来	美国	5
4	阿斯利康	英国	5
5	赫美罗	德国	5

5.3.6.3　中国专利态势

1）发展趋势

利司那肽在国内专利申请量的总体发展趋势与全球发展趋势相似度较高，如图 5-3-32 所示，在 2008 年以前处于萌芽阶段，2009~2012 年经历了快速发展阶段，2013 年后申请量有所下滑，推测与部分 PCT 专利申请尚未进入中国国家阶段有关。

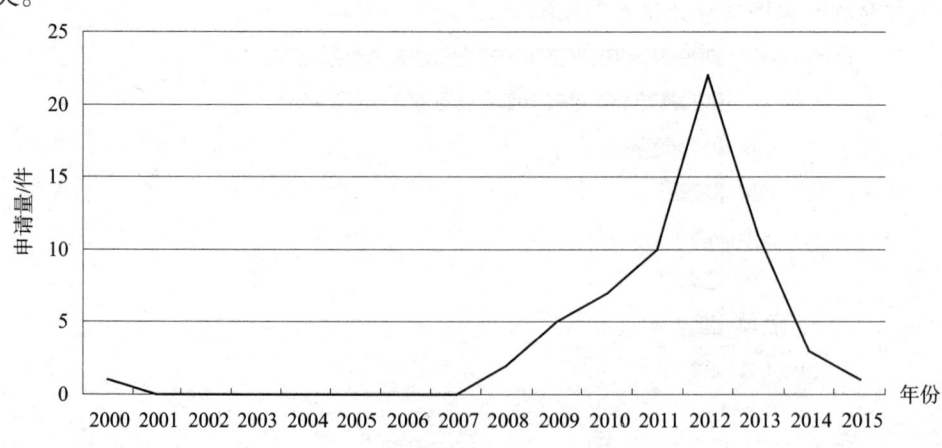

图 5-3-32　利司那肽中国专利申请年度分布

2）申请人来源分布

利司那肽的中国专利申请主要来源于德国、中国、法国、美国四个国家，如图5-3-33所示，欧洲是利司那肽最大的技术输出地区，而德国和法国又是其突出代表，二者的申请量占中国专利申请量的五成以上，其中绝大多数的申请是赛诺菲在两国的子公司提出的，利司那肽的核心专利技术仍然集中掌握在原研公司手中。中国、美国两国紧随其后，与德国和法国整体相比，专利申请量和研究水平都存在较大的差距。

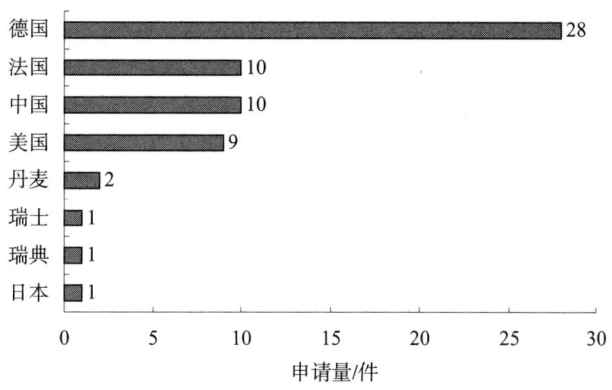

图5-3-33 利司那肽中国专利申请的国别分布

3）主要申请人

从表5-3-10可以看出，赛诺菲公司在国内利司那肽领域的专利申请量也是独占鳌头，其他跨国药企例如辉瑞、勃林格殷格翰等仅有少量申请。值得注意的是，我国深圳翰宇药业针对利司那肽也进行了积极的研发，其技术主要涉及利司那肽的合成方法以及制剂。

表5-3-10 国内利司那肽申请量排名前5位的申请人及其申请

排名	申请人	国家	申请量/件
1	赛诺菲	法国	34
2	深圳翰宇药业	中国	5
3	辉瑞	美国	3
4	厦门赛诺邦格生物科技	中国	2
5	勃林格殷格翰	德国	2

国内企业和个人目前在该领域的专利申请共有10件。

深圳翰宇药业是国内最早介入研究利司那肽的企业，持有5件申请。2012年2月提交了合成利司那肽的方法专利申请（CN102558338A），该方法采用氨基树脂作为固相载体，首先在该树脂上偶联 Fmoc‐Lys（Boc）‐OH 之后，采用 Fmoc 保护策略的固相接肽法进行后续氨基酸的逐步偶联，得到全保护的肽树脂，用裂解液进行切割，乙醚沉降、离心干燥后得到利司那肽粗品，再经过反相高效液相色谱法纯化、转盐，得到利司那肽。同年 7 月提交了纯化利司那肽的方法专利申请（CN102875663A），包括步骤1：采用高效液相色谱法对利司那肽粗肽进行纯化，以苯基硅烷键合硅胶为固定相，以 D‐酒石酸盐的甲醇/磷酸盐缓冲溶液为流动相 A 相，以乙腈为流动相 B 相进行梯度洗脱；步骤2：采用高效液相色谱法对步骤1所得到的馏分进行转盐纯化，以烷基硅烷键合硅胶为固定相，以冰醋酸溶液为流动相 A 相，以乙腈为流动相 B 相进行梯度洗脱；步骤3：收集溶液冻干。2012 年 12 月，提交了利司那肽注射剂及其制备方法的专利申请（CN103893110A），该注射剂组合物包括利司那肽、pH 调节剂、抑菌剂和渗透压调节剂。2013 年 6 月提交了利司那肽缓释微球及其制备方法的专利申请（CN104248628A），由利司那肽、生物降解材料和稳定剂作为缓释微球组分，以表面活性剂水溶液为外水相通过水/油/水复乳溶剂挥发法制备获得，能够长时间稳定持续释放药效，无明显毒副作用，组织相容性良好。2013 年 9 月提交了制备利司那肽的方法专利申请（CN103709243A），其通过将片段 1~2 与片段 3~44 肽树脂，或者将片段 1~4 与片段 5~44 肽树脂进行固相缩合，然后将得到的利司那肽肽树脂裂解，得到利司那肽粗肽。

苏贤斌于 2013 年 12 月提交了使用固相和液相组合技术制备利司那肽的方法专利申请（CN103819553A），所述方法包括利用固相化学分别合成 1~17，18~29 和 30~44 三个肽中间体片段，然后利用液相化学缩合得到利司那肽，操作步骤简短，后处理简单，副产物少，产率高，污染小，适合大规模的工业化生产。

2014 年 5 月，厦门赛诺邦格生物科技有限公司先后提交了具有氮原子支化中心的以及含可降解基团的单一官能化聚乙二醇、制备方法及其生物相关物质的专利申请（CN104109235A、CN104725628A），利用聚乙二醇对底物的保护来改善底物在体内的状态，从而提高药物活性和药效。

2014 年 7 月，杭州诺泰制药技术有限公司提交了制备利司那肽的方法专利申请（CN104211801A），通过液相合成片段 Fmoc‐Ser（tBu）‐Ser（tBu）‐Gly‐Ala‐OH；采用固相合成法，以氨基树脂为起始树脂，按照利司那肽主链肽序依次偶联具有 N 端 Fmoc 保护且侧链保护的氨基酸，其中 32、33、34、35 氨基酸偶联采用片段 Fmoc‐Ser（tBu）‐Ser（tBu）‐Gly‐Ala‐OH 偶联；肽树脂裂解、纯化、脱盐、冻干后可以得到利司那肽，其多肽杂质 Di‐Ser33‐利司那肽和 Di‐Ala35‐利司那肽含量都小于 0.1%。

2015 年 6 月，成都圣诺生物科技股份有限公司提交了合成利司那肽的方法专利申请（CN104844706A），先分别合成利司那肽 1~2 位氨基酸片段、3~4 位氨基酸片段、29~30 位氨基酸片段、32~33 位氨基酸片段、34~35 位氨基酸片段，而后采用片段和逐一合成两种方式，按照利司那肽主链 C 端到 N 端的肽序进行合成，提高了利司那肽产品品质。

从国内的专利技术来看,目前的研究主要集中在利司那肽的合成方法以及制剂方面。虽然厦门赛诺邦格生物科技有限公司提出了可以使用官能化聚乙二醇对利司那肽等药物进行修饰,但未能提供更为切实的研究。整体来看,国内对利司那肽的研究还有待于进一步的深入和提高。

4)法律状态

目前国内的利司那肽专利申请中,处于授权且有效状态的专利权有9件,占总申请量的14%。而高达73%的专利申请目前仍在审查过程中。

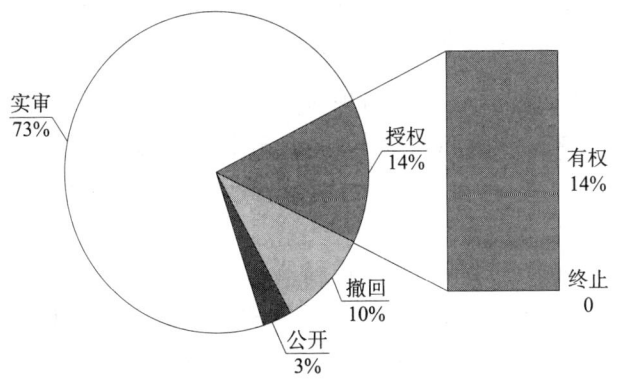

图5-3-34 利司那肽中国专利申请法律状态分布

5.3.7 小　　结

艾塞那肽及其衍生物的关键基础性研究成果掌握在少数几家国际性大公司手中。虽然已上市和进入Ⅲ期临床的GLP-1受体激动剂类药物多数仍属于GLP-1结构改造衍生物,仅阿斯利康(及原研药企礼来/艾米林)和赛诺菲(及合作者西兰公司)推出了艾塞那肽及其衍生的药物,但是,不论是诺和诺德和礼来/艾米林这样的开先河者,还是葛兰素史克、康久化学这样的后来者,在艾塞那肽及其衍生物的研究上,仍在持续投入资源,说明其市场价值和潜力仍被看好。

从美国申请的关于艾塞那肽及其衍生物的PEG修饰和融合蛋白的专利申请判断,其相关研究已经进入缓慢下降通道,原因可能是该类研究的机理比较清晰,技术效果也比较容易预期,虽然相关研究在中国和欧洲方兴未艾,但此类相关技术可能已由以美国国际大公司为主的申请人基本完成了专利布局。

近年有不少中小型科研企业不断进入艾塞那肽及其衍生物的研究领域,但是由于资金和技术积累的限制,比较难以突破国际性大公司已经建立的专利藩篱,能否紧跟技术前沿,在前人的技术积累上找到"Me better",是决定中小型企业能否在这个领域创出一片天地的关键。

结合利司那肽的专利状况分析来看,利司那肽技术在国际上的发展趋势整体上是由原研企业赛诺菲推动的,而我国国内的发展也主要受国际发展的影响,专利申请的主体仍然是跨国药企,赛诺菲在其中一枝独秀,持有利司那肽的绝大多数专利,使其在利司那肽的市场竞争中占据了绝对的优势。随着利司那肽的销售以及其相关产品陆续投入市场，赛诺菲的专利布局将会为其垄断市场获得更大利润提供有力的保障，同时受赛诺菲专利布局策略的影响，虽然利司那肽于2000年即已提出专利申请，但其相关技术的专利申请直至2009年后才大量涌现，极大地延长了该药物的专利保护期，也为其实现长期垄断市场奠定了基础。

此外，由赛诺菲研发的利司那肽与甘精胰岛素（来得时®）的复方产品LixiLan也处于临床研究中，并且已经申请了专利WO2010/043566。一项研究测试了LixiLan与来得时®或利司那肽单药相比的有效性与安全性，证明与来得时®或利司那肽单药相比能更好地降低平均血糖水平。第二项研究正在测试LixiLan用于单用来得时®不能充分控制的II型糖尿病患者。在对两项III期研究结果进行分析之后，赛诺菲已经计划于2015年第四季度在美国提交LixiLan的上市申请，2016年第一季度在欧盟提交上市申请，相信LixiLan上市后也会成为赛诺菲参与糖尿病药物市场竞争的重要产品。

利司那肽的优异表现已经使其成为市场追逐的热点。对于国内企业而言，以深圳翰宇药业为代表的一些企业已经针对利司那肽的合成方法以及相关制剂进行了研发，作出了有益的尝试。然而犹如最初通过SIP技术发现利司那肽一样，先进的技术始终都是促进药物发展的源动力。由于GLP-1受体激动剂优异的药效学性质，其已成为特别适合采用SIP技术进行修饰的肽。研发人员可以从利司那肽的研发过程中得到有益的启示，指导新的肽类药物的研究。对于那些有着较强研发能力的国内企业，一方面可以结合利司那肽的发现过程尝试通过结构改造来获得新的GLP-1受体激动剂，另一方面可以关注利司那肽与其他抗糖尿病药物的联用，开发出新的复方药物，为其参与利司那肽的市场竞争提供支持。

5.4 脂肪链修饰的GLP-1类药物

目前已经上市的脂肪链修饰的GLP-1类药物仅有利拉鲁肽一种，是糖尿病药物领域的畅销药物，其原研公司为诺和诺德，该公司还有另一种脂肪链修饰的GLP-1类药物即索马鲁肽，目前处于III期临床阶段。

5.4.1 利拉鲁肽

Liraglutide，即利拉鲁肽，是一种通过基因重组技术，利用酵母生产的GLP-1类似物。化学名称为Arg34Lys26-(N-ε-(y-Glu(N-α-十六酰基)))-GLP-1，分子式为$C_{172}H_{265}N_{43}O_{51}$。分子量为3751.20道尔顿。

利拉鲁肽与人GLP-1具有97%的序列同源性。与天然GLP-1不同的是，利拉鲁肽在人体中的药代动力学和药效动力学特性更适用于每天一次的给药方案。皮下注射给药后，其主要通过如下机理延长作用时间：一是通过自联作用使吸收减慢，二是与白蛋白结合，三是对DPP-IV和NEP具有更高的酶稳定性，从而具有较长的血浆半衰期。在Ⅱ型糖尿病患者中，单次给予利拉鲁肽可以观察到胰岛素分泌率以葡萄糖浓度依赖的模式增加。

利拉鲁肽于2009年7月在欧盟上市；次年1月进驻日本；2010年1月25日，FDA批准其在美国上市。而在中国，利拉鲁肽则是在2011年4月13日获CFDA批准用于治疗成人Ⅱ型糖尿病后，于同年10月9日正式上市，商品名为诺和力®。

5.4.1.1 全球专利态势

1）发展趋势

截至2015年5月31日，课题组在DWPI中检索到涉及利拉鲁肽的全球专利申请共计271项。如图5-4-1所示，针对利拉鲁肽的专利申请始于1997年（由诺和诺德提出申请并最终获得授权）。1997~2004年为萌芽阶段，申请量徘徊在个位数，说明这一时期利拉鲁肽尚未引起业界重视，仅是少部分药企（如诺和诺德）探索的方向；2005~2009年为平稳增长阶段，申请量在震荡中攀升。在此阶段，中国药企开始将关注的目光投向利拉鲁肽；2010年，利拉鲁肽在世界各地陆续上市开始，申请量进入了快速增长期，并于2011年达到第一个峰值。也是在2011年，利拉鲁肽在中国被批准上市。

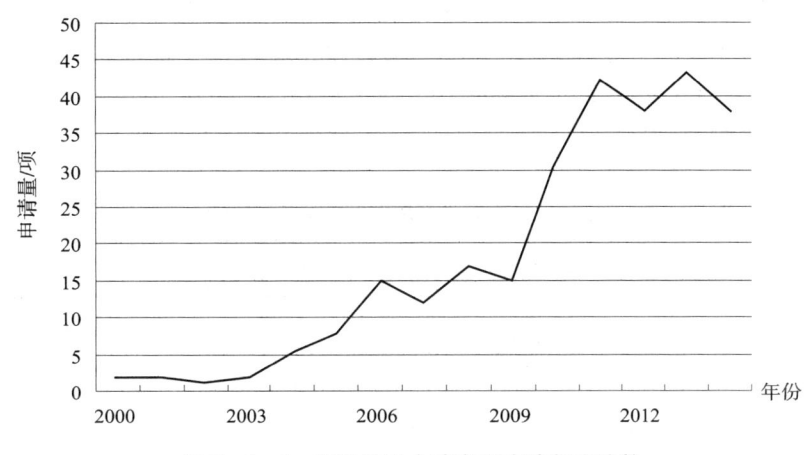

图5-4-1 利拉鲁肽全球专利申请年度趋势

2）技术来源国家/区域分布

如图5-4-2所示，美国、中国、欧洲、丹麦和印度的利拉鲁肽专利申请量分别占据全球前五位，五个国家和地区之和几乎覆盖了全部的申请量（94%）。首先说明了利拉鲁肽专利申请集中度高，主要集中在这五个国家和地区。其次，美国在利拉鲁肽的专利申请量上排名第一位，这与其全球最大糖尿病药物消费市场的身份遥相呼应。最后，值得特别一提的是丹麦，其4%的申请量份额全部来自诺和诺德，亦即仅诺和诺德一家公司的申请量就占全球总量的4%。诺和诺德在利拉鲁肽专利方面的实力不容小觑。

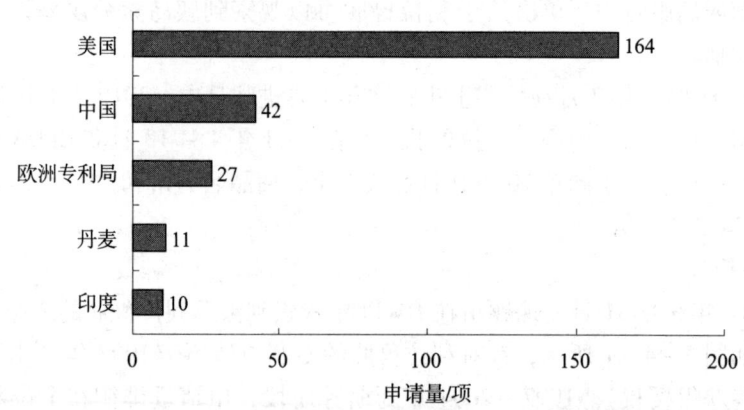

图 5-4-2 利拉鲁肽全球专利申请量排名前 5 位国家和地区分布

3）主要申请人

在 DWPI 数据库中检索到全球拥有利拉鲁肽相关专利申请的申请人与权利人共计 374 位。从表 5-4-1 不难发现，首先，各大申请人的申请量之间差距较小，呈"平均化"态势；其次，几乎所有的大型制药公司都手握利拉鲁肽相关专利，足见利拉鲁肽在抗糖尿病药物中受到了重点关注；最后，我国申请人，如深圳翰宇药业，也在积极跟进利拉鲁肽的专利申请，在短短四年间申请了数量可观的相关专利，在利拉鲁肽专利角逐中站稳了脚跟。

表 5-4-1 全球利拉鲁肽申请量排名前 8 位的申请人及其申请

排 名	申请人	国 家	申请量/项
1	辉瑞	美国	19
2	赛诺菲	法国	17
3	诺和诺德	丹麦	16
4	深圳翰宇药业	中国	11
5	勃林格殷格翰	德国	11
6	Cure DM	美国	10
7	艾米林	美国	6
8	礼来	美国	3

5.4.1.2 中国专利态势

1）发展趋势

利拉鲁肽在中国的专利申请量趋势与全球基本上步调一致。这是因为：①中国作为全球前五名的糖尿病药物消费市场，处在利拉鲁肽专利争夺战的风暴中心；②利拉鲁肽最早由丹麦的诺和诺德研发得到，后续的技术改进也由其一马当先。相较之下，中国申请人提交的利拉鲁肽专利申请对该药物全球专利格局的影响十分有限；③利拉鲁肽制备工艺相对简单，仿制难度较低，因此以诺和诺德为代表的国外知名药企基本在2012年前后就完成了其在中国的专利布局，故从2014年开始，在中国的申请量相应地减少。

2）申请人来源分布

在CNABS数据库中检索到利拉鲁肽在华相关专利申请的申请人与权利人共计74位。总体来说，利拉鲁肽在华专利市场还是受国外大型医药公司主导（参见表5-4-2）。无论是全球范围还是在中国，赛诺菲与诺和诺德都是领跑者——前者开发了适用于GLP-1的给药器械，而后者则是诺合力®的原研单位。值得一提的是，深圳翰宇药业通过改良利拉鲁肽合成方法申请了大量专利，成为国内申请人中的翘楚，比肩海外巨头。

表5-4-2　在华利拉鲁肽专利申请量排名前9位的申请人及其申请

排　名	申请人	国　家	申请量/件
1	赛诺菲	法国	12
2	深圳翰宇药业	中国	11
3	诺和诺德	丹麦	10
4	勃林格殷格翰	德国	9
5	辉瑞	美国	6
6	先灵公司	德国	4
7	礼来	美国	3
8	瑞立普萨公司	美国	3
9	深圳市健元医药科技有限公司	中国	3

3）主要申请人

表5-4-2同时还体现了在中国提交利拉鲁肽专利申请较多的几类申请人。在申请量占前九位的申请人中，中国占两席。其中与赛诺菲不相伯仲的是深圳翰宇药业，尽管利拉鲁肽生产工艺相对简单，能够生产的企业众多，但该公司通过与注射笔企业绑定的方式，已经预先划分了利拉鲁肽仿制药的大块蛋糕，2014年已经实现利拉鲁肽原料药出口2000万元（注册使用），非常值得关注。

4）法律状态

通过对在中国的利拉鲁肽专利申请法律状态进行梳理，我们发现，一半数量的利拉鲁肽的专利申请依然在实审阶段，处于前途不明朗的状态。而在已获得授权的专利申请中，只有极少部分终止了权利，即已在中国获得授权的利拉鲁肽专利处在较稳定的状态。

5.4.1.3 技术分析

课题组从全球范围内涉及利拉鲁肽专利申请的申请人中选取了申请量最多（均为两位数）的 8 家企业（诺和诺德、礼来、CureDM、艾米林、勃林格殷格翰、辉瑞、赛诺菲以及深圳翰宇药业），对其最早优先权时间及主要技术分支进行交叉统计分析，得到图 5-4-3（申请人/时间）、图 5-4-4（技术分支/时间）和图 5-4-5（申请人/技术分支）。通过图 5-4-3~图 5-4-5，我们能够清晰地看到围绕利拉鲁肽展开的专利版图。下面课题组将对各个技术分支进行梳理。

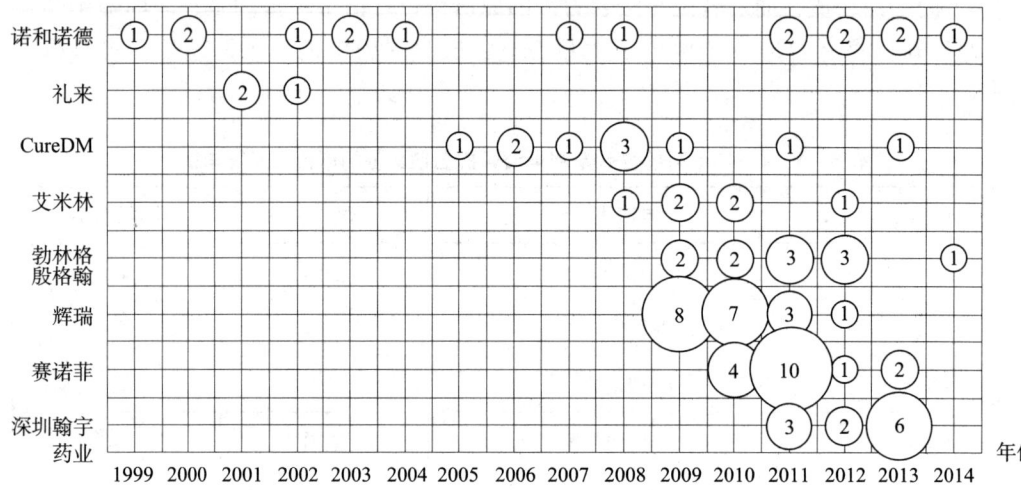

图 5-4-3　8 家企业关于利拉鲁肽的专利申请分布

注：图中数字表示申请量，单位为项。

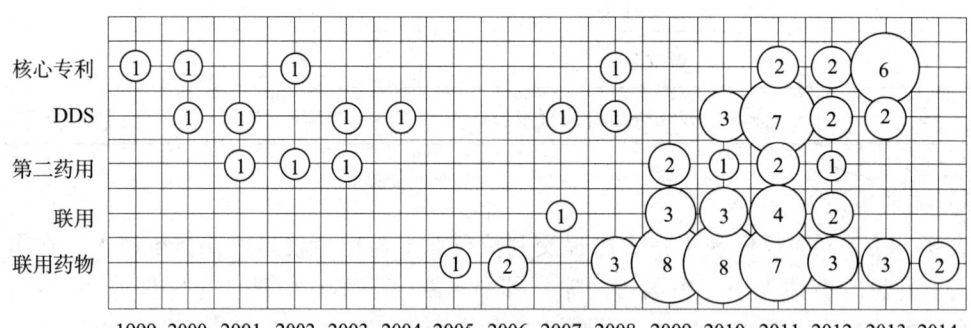

图 5-4-4　利拉鲁肽各技术分支的专利申请分布

注：图中数字表示申请量，单位为项。

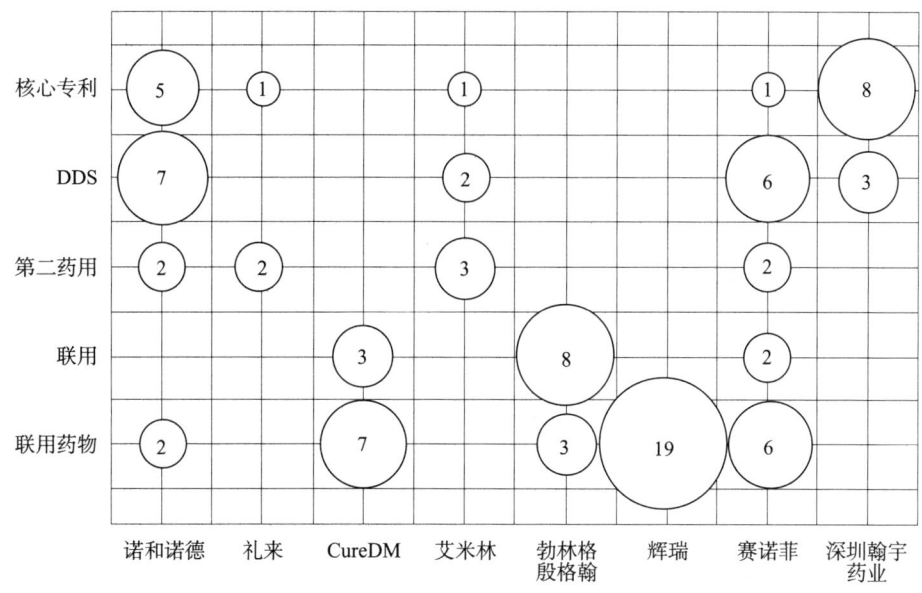

图 5-4-5 8家企业在利拉鲁肽各技术分支的专利申请分布

注：图中数字表示申请量，单位为项。

1）核心专利

核心专利，指那些发明点与利拉鲁肽本身直接相关的专利，包括利拉鲁肽结构本身及衍生物、合成方法及其治疗糖尿病及相关疾病的用途等主题。从图5-4-4中可以看出，利拉鲁肽核心专利是唯一一个在时间上"贯穿始终"的技术分支。也就是说，对核心专利的争夺始终没有结束过。结合图5-4-5，我们发现，尽管拥有利拉鲁肽核心专利的有诺和诺德、礼来、赛诺菲和深圳翰宇药业四家企业，但是这种"贯穿始终"主要是由诺和诺德与深圳翰宇药业"接力"完成的。

诺和诺德作为利拉鲁肽原研药的专利权人，围绕利拉鲁肽申请了5项核心专利（公开号为WO0055119A1、WO0055203A1、WO2004029077A2、WO2009030738A1和WO2014202780A1），请求范围覆盖利拉鲁肽及其衍生物、合成方法、纯化方法和治疗糖尿病的用途——基本上已经形成针对利拉鲁肽核心技术的全面布局，堪称架构范本。诺合力®在GLP-1领域至今依然领跑就是一个绝佳的印证。

相较于诺和诺德的稳坐江山，深圳翰宇药业是不折不扣的后起之秀。该公司申请的首个关于利拉鲁肽的专利出现在2011年——彼时，诺和诺德已经基本完成利拉鲁肽核心专利布局，在市场上拥有极大的话语权。对此，深圳翰宇药业另辟蹊径，同时申请了一种通过固相合成制备利拉鲁肽的新方法（公开号为WO2013037266A1）和一种对利拉鲁肽结构修饰得到的衍生物，并分别于2014年1月1日和2013年11月13日在中国获得授权。尽管对于有明确结构的已知化合物，其新制备方法的保护范围无法延及化合物本身，但是面对原研药专利2018年即将到期的情况，制备方法及衍生物专利对抢占仿制药市场意义重大——这也是深圳翰宇药业的目标所在。在随后的几年内，深圳翰宇药业先后申请了5件利拉鲁肽制备方法专利，公开号分别是CN102875665A（2014年

11月26日授权）、CN104045705A、CN104045706A、CN103288951A和CN103304659A，以及1件利拉鲁肽纯化方法专利（WO2013117135A1，2014年2月5日在中国获得授权），其准备与诺和诺德在仿制药市场一决高下。

这场没有硝烟的战争给我们的启示是显而易见的：对原研药来说，自然是"唯快不破"，先下手的都是强者；但对于科研实力还在不断发展的"后来者"，也并非无路可走——主动出击，对原研药结构与制备方法甚至是用途进行改进，同样能够分到市场的一块蛋糕。申请此类专利，一方面提前谋划自己的仿制药策略，另一方面也堵住了对手变相延长原研药保护时间的通路。

2）药物递送系统（DDS）专利

除核心专利外，DDS专利也是备受申请者关注的一个分支。从图5-4-4不难发现，在时间上，针对该分支的申请紧随核心专利之后，在2011年达到顶峰。

在这个分支中有两家企业值得关注——诺和诺德和赛诺菲。它们有两个共同点——一是在本小节提及的所有技术分支都有专利申请（参见图5-4-5），是全面型选手；二是都很倚重DDS分支。但两者还有更显著的不同点——诺和诺德偏重传统DDS，即药物制剂；赛诺菲则着力于开发给药器械，即注射器。

赛诺菲拥有原研药物利司那肽®（Lixisenatide），其与利拉鲁肽同属短效GLP-1类似物降糖药，属于竞争关系，而上述注射器同样也能用于利司那肽。可见，相对于核心专利"一物一用"的强针对性，从DDS分支开始，随着相关专利越来越向外围发展，"一物多用"的情况会越来越多。同时，由于DDS自身具备一定的普适性，该分支下的专利申请容易获得较大的保护范围，很适合竞争对手之间的相互渗透。

3）联用专利

针对联用的专利申请主要有两类：发明点在于联用本身的及发明点在于联用的某些药物的（非利拉鲁肽）。相较于前面提及的两个分支，联用专利是利拉鲁肽相关专利中数量最多的一个分支（参见图5-4-4）。

在课题组分析的8家企业中，有3家的申请主题全部是联用，分别是辉瑞、CureDM和勃林格殷格翰。其中，辉瑞共提交了19件关于利拉鲁肽的专利申请，位居8家公司之首。技术主题全部是化学药与利拉鲁肽联用降糖，且发明点在所述化学药上，即利拉鲁肽仅出现在补充型权利要求中；CureDM是一家生物制药公司，擅长多肽类药物合成，其提交了10件关于利拉鲁肽的专利申请，其中有7件的技术主题是关于多肽与利拉鲁肽联用降糖，发明点在所述多肽上；勃林格殷格翰提交了11件关于利拉鲁肽的专利申请，其中有8件的技术主题为DPP-Ⅳ类药物和/或胰岛素类药物与利拉鲁肽联合降糖，发明点自然是联用本身。

当一家企业想涉足自己不了解、不擅长的药物时，联用专利是一个不错的选择。从上述3家企业涉及利拉鲁肽的专利申请中，我们不难发现，利拉鲁肽并不是它们的优势产品——这3家企业均没有申请任何利拉鲁肽核心专利。但这并不妨碍它们分享与利拉鲁肽有关的专利权益，诀窍就是申请与自己的优势产品的联用专利。同时，在这种情况下，因利拉鲁肽只是"陪衬"，相关专利涉及利拉鲁肽的技术方案处于保护外围，其价值和受保护的力度均明显低于以利拉鲁肽为核心的专利，以量取胜就变得重要——这3家企业提交的利拉鲁肽联用专利申请在8家企业中分列前三位。"价格便宜量又足"这句广告词，用在这里倒是很合适。

4）第二药用专利

第二药用虽然是处于最外围的技术分支，但由于其涉及的技术主题范围极广，又有不可预见性，往往容易成为企业突出重围甚至引导市场洗牌的关键。尤其有万艾可®的成功案例为榜样，对第二药用的开发受到了越来越多的关注。

在8家企业所有关于利拉鲁肽的专利申请中，以第二药用为主题的相关申请占约10%，申请时间横跨十年，从2001年至2012年。用途从治疗胃轻瘫（礼来，公开号WO03087139A2）到治疗酗酒或药物成瘾（诺和诺德，公开号WO2013083826A2），涉及了8种完全不同的疾病，其中一些与糖尿病存在一定关联（诺和诺德，公开号WO2005056036A2）。仅艾米林一家，就提出了延长非快速眼动睡眠时间（公开号WO2010138671A1）、治疗胰腺炎（公开号WO2011156407A2）和治疗阻塞性睡眠呼吸暂停（公开号WO2011056713A2）3种截然不同的第二药用申请。

目前，利拉鲁肽的第二药用未在市场上引起足够的反响，还停留在尝试阶段。

5）小　结

通过上述分析，课题组发现利拉鲁肽的专利版图跟吃甘蔗有很多相似之处：首先，第一口是最甜的——正如原研药公司诺和诺德，首先获得利拉鲁肽的权利并以此为契机在各技术分支全面开花，针对利拉鲁肽的申请贯穿始终，架构起良好的布局；其次，越嚼到后面，甜头越少，要啃的硬骨头越多——随着技术分支逐渐推向外围，在利拉鲁肽相关领域的保护力度递减。此时只能靠多啃几口（增加申请量）来获得更高的甜度，这也是越到外围技术分支申请量越多的原因；最后，啃到最后只有一地残渣之时，不妨将它们全数回收，作为原料还能用来造纸——深圳翰宇药业就上演了一出"变废为宝"的好戏，通过固相合成新方法盘活了利拉鲁肽的专利格局，以迅雷不及掩耳之势楔入了巨头间的空隙，争取到了自己的一席之地。

5.4.2　索马鲁肽

Semaglutide，中文译名有索马鲁肽、司美鲁肽、塞马鲁肽、萨摩鲁肽等，是GLP-1的受体激动素之一，其系统命名为：N-ε26-[2-(2-[2-(2-[2-(2-[4-(17-羧基十七烷酰氨基)-4（S）-羧基丁酰基氨基]乙氧基)乙氧基]乙酰氨基)乙氧基]乙氧基)乙酰基][Aib8，Arg34]GLP-1-(7-37)肽。

5.4.2.1　全球专利态势

1）发展趋势

截至2015年5月31日，课题组在DWPI中检索到涉及索马鲁肽的全球专利申请共计22项。如图5-4-6所示，2006年，由诺和诺德提出了一项关于索马鲁肽的专利申请，随后经历了四年的沉寂，直到2010年，关于索马鲁肽的申请才再次被提出，随后进入了稳步增长期，但是申请总量仍然处于个位数的水平。

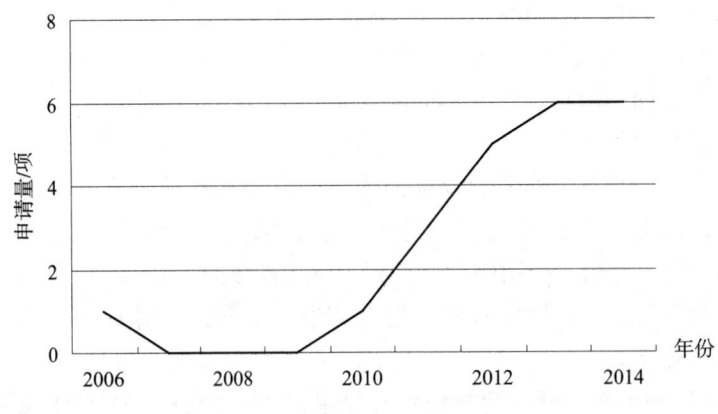

图 5-4-6 索马鲁肽全球专利申请年度趋势

2）技术来源国家/区域分布

如图 5-4-7 所示，索马鲁肽的专利技术来源分布在美国、欧洲、中国和法国。美国占据了索马鲁肽专利技术的一半数量，欧洲紧随其后。值得注意的是，在这个药物领域，中国申请人也表现出了一定的参与程度。

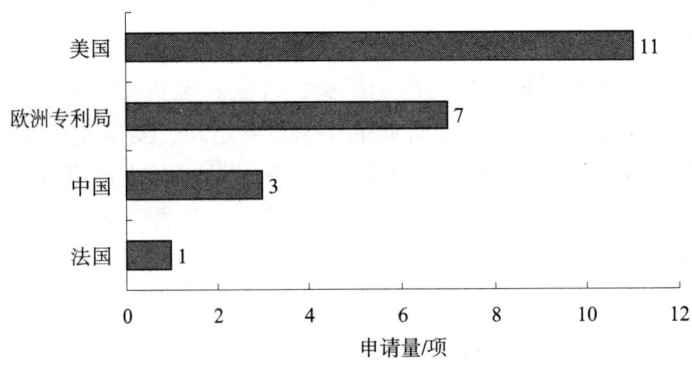

图 5-4-7 索马鲁肽全球专利申请量国家和地区分布

3）主要申请人

在 DWPI 数据库中检索到全球拥有索马鲁肽领域专利申请的申请人与权利人共计 29 位。表 5-4-3 描述了当前全球索马鲁肽领域申请量排名前三位的申请人及其申请量情况，从表中可以看出，该领域专利申请集中于美国和欧洲的三大药企，其中，诺和诺德掌握了索马鲁肽的核心专利，在该药物的专利申请领域占据了绝对优势。

表 5-4-3 索马鲁肽全球专利申请量排名前三位的申请人及其申请

排　名	申请人	国　家	申请量/项
1	诺和诺德	丹麦	11
2	勃林格殷格翰	德国	3
3	辉瑞	美国	3

5.4.2.2 中国专利态势

1) 发展趋势

截至2015年5月31日,课题组在CNABS中检索到涉及索马鲁肽的全球专利申请共计32项。如图5-4-8所示,索马鲁肽在华专利申请始于2004年,呈波动发展的趋势,自2010年后开始稳步增长。

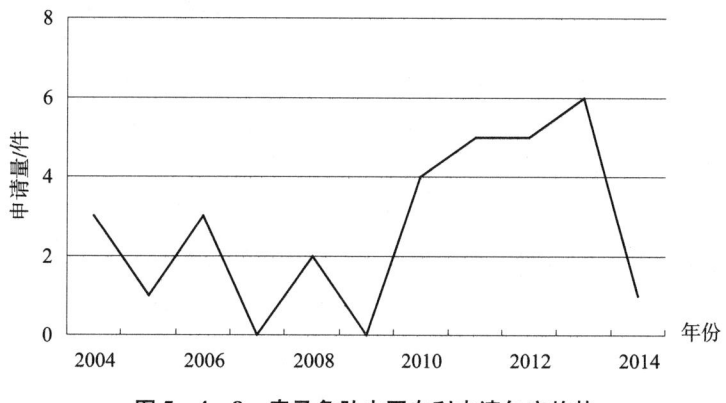

图5-4-8 索马鲁肽中国专利申请年度趋势

2) 申请人来源分布

索马鲁肽在华专利申请的申请人中,丹麦申请人以22件申请遥居首位,中国和美国的申请人各有3件申请,德国的申请人有2件申请(参见图5-4-9)。

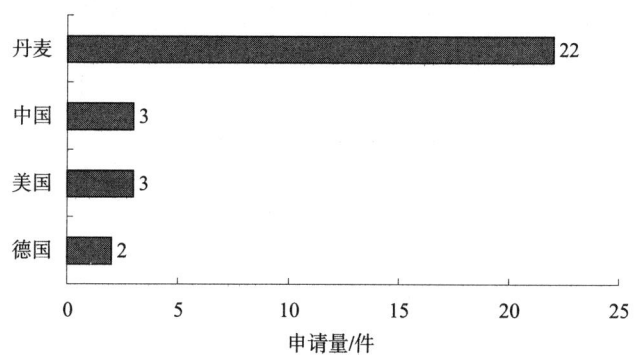

图5-4-9 索马鲁肽中国专利申请量国家分布

3) 主要申请人

中国在索马鲁肽领域专利申请的申请人与权利人共计6位。表5-4-4描述了当前中国索马鲁肽领域申请人及其申请量情况,从表中可以看出,该领域专利申请集中于美国和欧洲的各大药企,葛兰素史克在该药物的中国专利申请领域仍然占据领先地位。

表 5-4-4 索马鲁肽中国专利申请人及申请

排 名	申请人	国 家	申请量/项
1	诺和诺德	丹麦	21
2	辉瑞	美国	3
3	勃林格殷格翰	德国	2
4	深圳翰宇药业	中国	2
5	杭州阿德莱诺泰制药技术有限公司	中国	1
6	西兰公司	丹麦	1

4）法律状态

如图 5-4-10 所示，目前全部在华索马鲁肽专利申请中，处于授权且有效状态的专利权 5 项，占总数量的 17%。占总数量 71% 的申请目前仍在审查过程中。

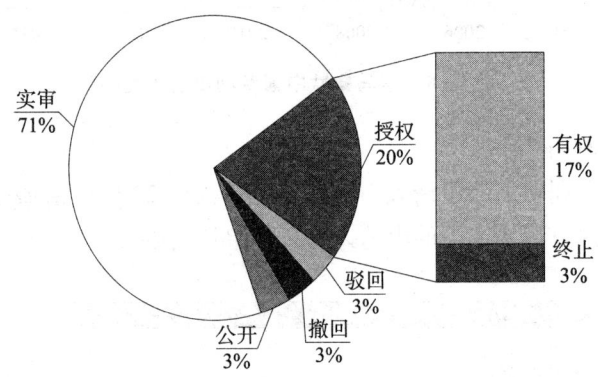

图 5-4-10 索马鲁肽中国专利法律状态

5.4.2.3 技术路线

许多糖尿病患者尤其是Ⅱ型糖尿病患者患有所谓的"打针恐惧症"，即十分恐惧自己注射。在Ⅱ型糖尿病患者中，多数患者使用口服降血糖药治疗，并且自从期望 GLP-1 化合物是这些患者将施用的首选注射产品，对注射的恐惧可能会成为广泛使用这种临床上非常有希望的 GLP-1 化合物的严重障碍。在此之前，一系列不同方法已经用于修饰 GLP-1 化合物的结构以便提供体内更长的作用持续时间。例如，WO96/29342 公开了其中亲本肽激素已经通过在 C-端氨基酸残基或在 N-端氨基酸残基引入亲脂性取代物而修饰的肽激素衍生物。WO98/08871 公开了其中亲水肽的至少一个氨基酸残基连接有亲脂性取代物的 GLP-1 衍生物。WO99/43708 公开了具有连接至 C-端氨基酸残基的亲脂性取代物的 GLP-1（7-35）和 GLP-1（7-36）衍生物。WO00/34331 公开了酰化的 GLP-1 类似物。WO00/69911 公开了用于注射患者的活化的促胰岛素肽，据认为在患者中它们与血液成分反应形成缀合物，从而提供体内更长的作用持续时间。Knudsen 等人，J. Med. Chem. 43：1664～1669，2000 年公开了酰化 GLP-1 肽在猪中显示高受体效力，血浆半衰期提高了 10 倍。WO02/46227 公开了融合至人血清白蛋白以便延长体内半衰期的 GLP-1 和毒蜥外泌肽-4 类似物。Zobel 等（Bioorg. Med. Chem. Lett. 13：1513-1515，2003 年）指出，通过与血清清蛋白结合的基于磷酸酯的小分子对氨基末端进行的衍生化作用，抗凝肽在兔中的血浆半衰期提高了 10~50 倍。

诺和诺德在 CN1867360A 中指出：血清清蛋白的半衰期超过一周，提高肽的血浆半衰期的一种方法是用与血清清蛋白结合的化学实体对肽进行衍生化作用，该申请涉及包含治疗性多肽且其通过亲水性间隔物与清蛋白结合残基相连的化合物，其中提供下述两种多肽可谓索马鲁肽最接近的实例。

Nε26-(2-(2-(2-(4-(十六酰基氨基)-4(S)-羧基丁酰基氨基)乙氧基)乙氧基)乙酰基)-[Aib8，Arg34] GLP-1 (7-37)-OH（见式1）。

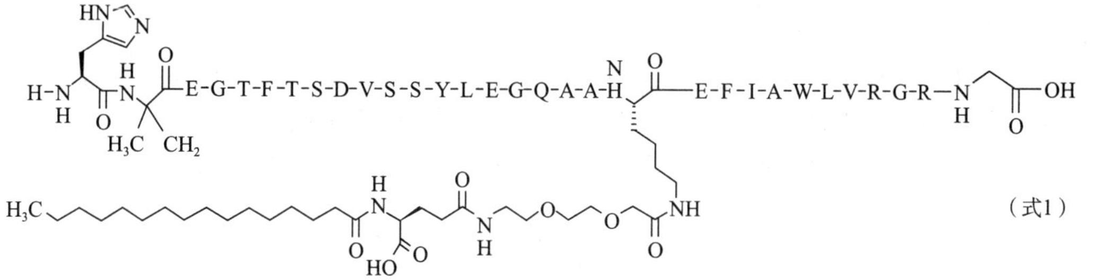

（式1）

Nε26-2-(2-2-(2-(2-(2-(4-(十八酰基氨基)-4(S)-羧基丁酰基氨基)乙氧基)乙氧基)乙酰基氨基)乙氧基)乙氧基)乙酰基-[Aib8，Arg34] GLP-1 (7-37)-OH（见式2）。

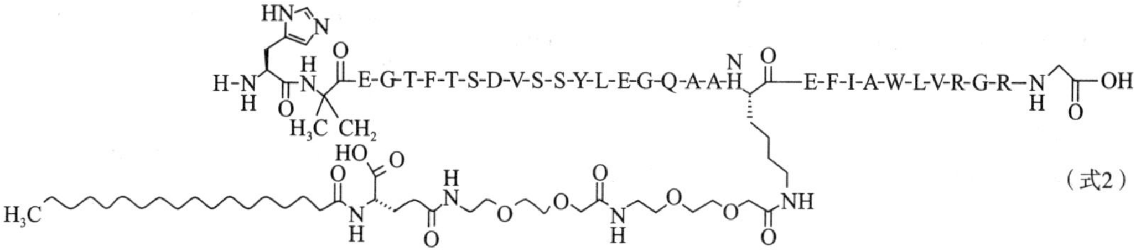

（式2）

在 2004 年 12 月 17 日提交的申请 CN101665538 中，诺和诺德公开了与重组人血清白蛋白结合的 GLP-1 衍生物，其半衰期延长至 24 小时（见式3）。

（式3）

Albagen

然而，到了 2005 年，诺和诺德把研究方向重新转向了 GLP-1 的非蛋白修饰，CN101005857 中公开了通过共价连接 1H-四唑延长半衰期，例如，其实施例 54 为 Nε26-((2-(2-(2-(2-(2-(4-(16-(四唑-5-基)十六烷酰氨磺酰)丁酰)乙氧基)乙氧基)乙酰氨基)乙氧基)乙氧基)乙酰)-[Aib8，Arg34] GLP-1-(7-

37）肽（见式4）。

$$\text{NH}_2-\text{H-N}-\overset{\text{H}_3\text{C}}{\underset{\text{H}}{\text{C}}}\overset{\text{CH}_3}{\underset{\text{O}}{\text{C}}}-\text{EGTFTSDVSSYLEGQAA-N}-\text{EFIAWLVRGRG-COOH} \tag{式4}$$

2006年3月20日，诺和诺德提交了申请号为WO2006EP60855的PCT申请，2006年9月21日，该申请公开，公开号为WO2006097537A2，发明名称为"酰化的GLP-1化合物"，其提供了相对于序列GLP-1（7-37）在位置7和/或8具有至少一个非蛋白质源性氨基酸残基修饰的GLP-1类似物，其在位置26的赖氨酸残基处用一个部分酰化，并且其中所述的部分包含至少两个酸性基团，其中一个酸性基团在末端连接，说明书实施例4公开的肽即为索马鲁肽。该申请一共有26个同族申请，覆盖了欧洲、亚洲、南美洲、北美洲、非洲、大洋洲主要经济实体的市场（见表5-4-5）。

表5-4-5 Semaglutide基础专利同族一览

公开号	公开日	申请号	申请日	优先权
WO2006097537A2 WO2006097537A3	2006-09-21	WO2006EP60855	2006-03-20	EP20050102171（2005-03-18）
AT476446T	2010-08-15	AT20060725149T	2006-03-20	EP20050102171（2005-03-18）； WO2006EP60855（2006-03-20）
AU2006224536A1 AU2006224536B2 AU2006224536B9	2006-09-21	AU20060224536	2006-03-20	EP20050102171（2005-03-18）； WO2006EP60855（2006-03-20）
BRPI0607762A2	2010-03-23	BR2006PI07762	2006-03-20	EP20050102171（2005-03-18）； WO2006EP60855（2006-03-20）
CA2601784A1 CA2601784C	2006-09-21	CA20062601784	2006-03-20	EP20050102171（2005-03-18）； WO2006EP60855（2006-03-20）
CN101133082A	2008-02-27	CN2006806674	2006-03-20	EP20050102171（2005-03-18）
CN104017062A	2014-09-03	CN20131534370	2006-03-20	EP20050102171（2005-03-18）
CN104402989A	2015-03-11	CN20141513914	2006-03-20	EP20050102171（2005-03-18）
DK1863839T3	2010-11-22	DK20060725149T	2006-03-20	EP20050102171（2005-03-18）； WO2006EP60855（2006-03-20）
EP1863839B1 EP1863839A2	2007-12-12	EP20060725149	2006-03-20	EP20060725149（2006-03-20）； EP20050102171（2005-03-18）； WO2006EP60855（2006-03-20）

续表

公开号	公开日	申请号	申请日	优先权
EP2322546A1 EP2322546B1	2011-05-18	EP20100169546	2006-03-20	EP20060725149（2006-03-20）； EP20050102171（2005-03-18）； EP20100169546（2006-03-20）
ES2350051T3	2011-01-17	ES20060725149T	2006-03-20	EP20050102171（2005-03-18）
IL184051A	2015-08-31	IL20070184051	2007-06-19	EP20050102171（2005-03-18）； WO2006EP60855（2006-03-20）
JP4585037B2 JP2010116407A	2010-05-27	JP20100009025	2010-01-19	EP20050102171（2005-03-18）
JP5209463B2 JP2008533105A	2008-08-21	JP20080501334	2006-03-20	EP20050102171（2005-03-18）； WO2006EP60855（2006-03-20）
JP2013063984A	2013-04-11	JP20120242654	2012-11-02	EP20050102171（2005-03-18）
KR20070120089A KR101205272B1	2007-12-21	KR20077017241	2006-03-20	EP20050102171（2005-03-18）； WO2006EP60855（2006-03-20）
MX2007011220A	2007-10-17	MX20070011220	2007-09-13	EP20050102171（2005-03-18）； WO2006EP60855（2006-03-20）
NO20075342A	2007-12-18	NO20070005342	2007-10-18	EP20050102171（2005-03-18）； WO2006EP60855（2006-03-20）
PT1863839E	2010-11-10	PT20060725149T	2006-03-20	EP20050102171（2005-03-18）
RU2007134156A RU2434019C2	2009-04-27	RU20070134156	2006-03-20	EP20050102171（2005-03-18）
TWI362392B	2012-04-21	TW20060109086	2006-03-17	EP20050102171（2005-03-18）
TW200942255A	2009-10-16	TW20090124221	2006-03-17	EP20050102171（2005-03-18）
US2009156478A1 US8129343B2	2009-06-18	US20060908834	2006-03-20	US20060908834（2006-03-20）； EP20050102171（2005-03-18）； US20050664497P（2005-03-23）； WO2006EP60855（2006-03-20）
US8536122B2 US2012295847A1	2012-11-22	US201213412283	2012-03-05	US201213412283（2012-03-05）； EP20050102171（2005-03-18）； US20080908834（2008-09-17）； WO2006EP60855（2006-03-20）； US20050664497P（2005-03-23）
ZA200707261A	2008-05-28	ZA20070007261	2007-08-28	EP20050102171（2005-03-18）

在申请日为2006年12月13日的WO2007068718A1中，诺和诺德还公开了具有延长半衰期的GLP-1磷酸二酯缀合物，可能是由于索马鲁肽的杰出表现，使得该PCT申请只进入了欧洲专利局、日本和美国（见式5）。

（式5结构图）

为了获得更好的长效制剂给药稳定性，在高浓度和低浓度的白蛋白条件下使得 GLP-1 的亲和力改变最小，诺和诺德在侧链修饰上又进行了新尝试，申请日为 2008 年 9 月 5 日的 CN101842109A 公开了下述衍生物（见式6、式7）。

（式6结构图）

（式7结构图）

在申请日为 2008 年 12 月 22 日的 CN101910193A 中，诺和诺德公开了涉及结合使用重组表达技术和化学肽合成法生产在 N 端部分含非蛋白氨基酸 GLP-1 类似物和衍生物的半重组方法，提供了通过在 N 端部分包含非蛋白氨基酸来产生 DPP-Ⅳ 保护性的 GLP-1 类似物和衍生物的有效且经济的方法。所述方法采用重组技术生产短截 GLP-1 前体分子，用化学方法合成包含非蛋白氨基酸的 N 端，实现了 GLP-1 类似物或衍生物生产成本的大幅降低，一方面使更多的患者在经济上能够负担长期用药，另一方面可以为拓展生物利用度比皮下注射低的备选递送途径（例如经皮和肺递送）提供了可能。所述制备包含一个或多个非蛋白氨基酸的 GLP-1 类似物和衍生物的方法。包括下列步骤：（i）对包含编码所述 GLP-1 类似物或衍生物的前体分子的核苷酸序列的宿主细胞［酿酒酵母（S. cerevisiae）］在用于表达所述前体分子的适当条件下进行培养，（ii）从液体培养基中分离出表达的前体分子，（iii）将包含一个或多个非蛋白氨基酸的

N端氨基酸突出端与表达的前体分子偶联，(iv) 通过本领域已知的合适方法分离出所得到的 GLP-1 类似物或衍生物。至此，索马鲁肽的制备从步骤烦琐的固相肽合成法进入了更适合工业化生产的半重组方法。

进一步地，2012 年 1 月 19 日，诺和诺德在 CN10329846A 中公开了含有 GLP-1 化合物、二价金属和聚阳离子型化合物的颗粒，其中所述的颗粒包括核芯和周围层，核芯含有 GLP-1 化合物和二价金属，例如醋酸锌，其通过共沉淀方式形成，周围层含有例如硫酸鱼精蛋白的聚阳离子型化合物。该特定的颗粒形态学提高了颗粒和 GLP-1 分子本身的化学和物理稳定性，有助于控制和增加在注射进入体内后的 GLP-1 的持续释放和相关延长作用。

2014 年 8 月 20 日，诺和诺德向 CFDA 提出了索马鲁肽每周皮下注射剂临床试验申请，目前尚在审批中。在美国，其首个 III 期临床研究（SUSTAIN-1）在 2015 年 7 月获得成功。数据表明，用于初期 II 型糖尿病患者治疗时，与安慰剂相比，每周皮下注射一次索马鲁肽不仅表现出显著的降血糖疗效，还具有明显的减肥功效，其具有良好的安全性及耐受性，最常见不良事件为胃肠道系统（主要是恶心）。

然而，对于糖尿病患者而言，每周一次的注射给药仍然会带来困扰。诺和诺德进而在口服 GLP-1 类似物方面进行研究。一方面，对 GLP-1 的侧链修饰进行改进，2010 年和 2012 年申请的 3 件专利涉及了口服的 GLP-1 的双乙酰化衍生物。在 2010 年 12 月 16 日提出的公开号为 CN102686607A 申请中，双乙酰化衍生物如式 8 所示。

（式8）

在 2012 年 9 月 6 日提交的公开号为 CN104039822A 的申请中，双乙酰化的衍生物如式 9 所示。

（式9）

另一方面，诺和诺德于2011年12月16日申请专利保护索马鲁肽的口服固体组合物（CN103260608A），其中使用N-(8-(2-羟基苯甲酰)氨基)辛酸钠（SNAC）提高索马鲁肽的生物利用度。该专利申请提供了下述不同规格的片剂组合物（参见表5-4-6）。SNAC是Eligen®载体概念的一部分。Eligen技术由Emisphere公司授权诺和诺德使用。

表5-4-6　CN103260608A中不同规格的片剂组合物

组合物		A	B	C	D	E	F
司美鲁肽（mg）		10	10	10	5	15	20
SNAC（mg）		150	300	600	300	300	300
聚维酮（mg）		2	4	7	3.5	4	4
颗粒外	Avicel PH 102（mg）	36	82	76	38	77	72
	硬脂酸镁（mg）	2	4	7	3.5	4	4
片重（mg）		200	400	700	350	400	400

接着，对于制备口服片剂的细节，在CN104203221A中指出：在干法制粒过程中，为了防止粒料对碾压机的辊子或用于形成颗粒剂/片剂的压片机的冲模和冲头的粘附，需要使用诸如硬脂酸镁的润滑剂。众所周知，用于干法制粒的掺合物的润滑是最终压成的片剂的机械强度降低和崩解时间延长的主要原因。用于压片的掺合物的润滑降低片剂的机械强度，延长片剂的崩解时间，延长药物活性成分从片剂中的释放并增加片剂的脆碎度。这种现象被称为过度润滑。过度润滑是由一种或多种润滑油的高浓度，或由一种或多种润滑剂与用于干法制粒或压片的掺合物的其余成分的混合时间长而引起的。过度润滑可由用于制造片剂的粉剂和/或颗粒剂周围疏水层形成引起，导致如更慢的溶解和/或更差的润湿和/或降低结合的特性。因此，必须小心控制一种或多种润滑剂的混合时间并保持在最低限度，同时保持一种或多种润滑剂的浓度尽可能地低，以防止过度润滑的不良影响。该发明人惊奇地发现用于干法制粒过程的颗粒剂的润滑剂/赋形剂掺合物的混合时间没有降低片剂的机械强度、延长片剂的崩解时间或增加片剂脆碎度方面的不利影响。该申请提供了一种颗粒剂，其包含N-(8-(2-羟基苯甲酰基)氨基)辛酸盐和润滑剂，其中所述颗粒剂通过在制粒前混合所述N-(8-(2-羟基苯甲酰基)氨基)辛酸盐和所述润滑剂超过5分钟，例如至少10分钟、15分钟、20分钟、25分钟、30分钟、35分钟、40分钟、45分钟或50分钟获得。在此基础上还提供了一种固体剂型形式的药物组合物，例如片剂、胶囊剂或囊剂，其含有所述颗粒剂和作为活性成分的索马鲁肽。

口服递送蛋白质和肽的主要挑战之一是这些化合物不能容易地穿过胃肠道膜。递送剂SNAC已显示出改善口服施用的肽的生物利用度。2013年3月15日，诺和诺德公开了进一步改善口服诸如索马鲁肽的GLP-1肽生物利用度的方法，在CN104203266A中，提供了一种包含第一类型和第二类型颗粒的药物组合物，其中所述第一类型颗粒包含 N-(8-(2-羟基苯甲酰)氨基)辛酸盐且不含 GLP-1 肽,其中所述第二类型颗粒包含 GLP-1 肽且不含 N-(8-(2-羟基苯甲酰)氨基)辛酸盐。在一些实施方案中,术语"颗粒"指的是聚集成大团的小颗粒。在 CN104487056A(申请日为 2013 年 6 月 19 日)中,进一步改进了片剂的物理参数,诸如密度、孔隙率和/或抗碎强度,以及片剂的制备方法,提高了生物利用度。例如,片剂,其包含含有 i)不超过 15%(w/w)肽,和 ii)至少 50%(w/w)SNAC 盐的颗粒,其中所述片剂具有 a)至少 $0.90g/cm^3$ 的堆积密度;b)不超过 $1.5\mu m$ 的中值孔径;和/或 c)不超过 $4\mu m$ 的最大孔径。

2013 年 10 月 16 日,诺和诺德在增加口服 GLP-1 肽的生物利用度方面又开创一条新的途径,在 CN104717972A 中,提供了一种包含 GLP-1 肽和脂肪酸酰化氨基酸(FA-aa)的药物组合物。FA-aa 是基于氨基酸的表面活性剂,并且是具有低毒性的温和且生物可降解的表面活性剂,是适合于 GLP-1 肽的口服施用的渗透增强剂,其为促进 GLP-1 肽跨越胃肠道膜吸收的化合物,可增加 GLP-1 肽的生物利用度和/或吸收。在实施例中,提供了索马鲁肽和 N-肉豆蔻酰基 L-谷氨酸钠的片剂。

2015 年 2 月,药物代号为 OG217SC 的索马鲁肽口服剂型的Ⅱ期临床试验获得成功。该口服剂为每日口服一次的片剂,其中含有促进吸收的赋形剂 SNAC。Ⅱ期临床试验共纳入 600 例Ⅱ型糖尿病患者。患者分为三组,分别是口服索马鲁肽、皮下注射索马鲁肽及安慰剂组。口服组患者糖化血红蛋白(HbA1c)水平下降了 0.7%~1.9%;皮下注射组患者糖化血红蛋白水平下降了 1.9%,安慰剂组下降了 0.3%。口服最大剂量的减重效果与注射组具有可比性,并显著优于口服安慰剂。但是,口服剂型存在一个大问题就是给药剂量。临床数据显示口服剂型如果要发挥较好的降糖作用,需要的活性成分剂量是皮下注射剂的 300 倍,即皮下注射索马鲁肽每周给药一次,每次给药 1 毫克。如果口服给药,每天要服用索马鲁肽 40 毫克。2015 年 8 月 26 日,诺和诺德宣布将在美国建厂,投资 12 亿美金,预计招募员工 700 人;不止在美国,诺和诺德也将在丹麦建厂,斥资 8 亿美金。整个工程将历时 5 年。美国工厂将生产索马鲁肽原料药及活性成分。而位于丹麦的工厂将增加约 100 个工作岗位,同时生产索马鲁肽口服制剂及其他口服产品。公司方面称,此举将使公司在未来十年内都无需为原料药生产能力担心。

索马鲁肽问世已经接近 10 年了,诺和诺德一路高歌猛进,索马鲁肽皮下注射剂和口服剂前景一片光明。借助于缜密的专利布局和对核心技术的严密掌控,诺和诺德在该药物的发展过程中一直处于领跑阶段。直至 2011 年之后,才有其他申请人零星地申请了一些关于索马鲁肽与小分子增敏剂、与已知糖尿病治疗药物联用的组合物发明申请和索马鲁肽固相肽合成方法专利申请。在药物剂型方面的研究也非常有限,仅有涉及植入剂和脂质体的专利申请共 3 件。

中国国内企业在该领域的申请有 3 件。在索马鲁肽合成方面,深圳翰宇药业在 2012 年 11 月提交了固相肽合成方法专利申请(CN103848910A),该合成方法,包括步骤 A:将 Gly 和树脂偶联得到 Gly-树脂;步骤 B:Gly-树脂经第一逐步偶联氨基酸或氨基酸衍生物，得到序列如 SEQ ID No.1 所示的第一肽树脂；步骤 C：脱除序列如 SEQ ID No.1 所示的第一肽树脂中 Lys 的侧链保护基团，经第二逐步偶联 2 - (2 - (2 - 氨乙氧基) 乙氧基) 乙酸、2 - (2 - (2 - 氨乙氧基) 乙 氧基) 乙酸、Glu 和十八烷二酸，获得第二肽树脂；步骤 D：取第二肽树脂经裂解、纯化，即得。杭州阿德莱诺泰制药技术有限公司指出，上述方法的步骤 C 中，由于使用体积分数为 1% ~5% 的 DCM 脱除 Lys 的侧链 MMT 保护基团，会影响主链上对酸敏感的氨基酸保护基团，导致杂质增加，纯度下降，收率不高，因此，在 2014 年 10 月 24 日提交了关于液相固相结合制备索马鲁肽的方法（CN104356224A），其中，首先通过液相方法合成五肽片段，其用于构成索马鲁肽的侧链，然后通过固相合成法，按照索马鲁肽主链肽序依次偶联具有 N 端 Fmoc 保护且侧链保护的氨基酸，其中赖氨酸采用之前合成的五肽片段，最后裂解、纯化、冻干，得到索马鲁肽，总收率提高了 15%，纯度提高了 0.49%，达到 99.75%。

在制剂方面，深圳翰宇药业分别在 2013 年 3 月提交了关于索马鲁肽脂质体的专利申请（CN104055735A），其中脂质体形态圆整，分布均匀，不聚集，包封率为 85% ~89%，载药量为 10.31% ~9.18%，室温放置 180 天后渗透率不超过 0.66%，与索马鲁肽的普通注射剂相比，生物利用度提高 40.57%，对胃组织损伤发生率降低 10.03%，对肾组织的损伤发生率及胰腺组织的损伤发生率分别降低 10%。但是，如果作为上市药品，脂质体制剂还有很长的路要走。

综上所述，国内外的其他企业目前均未真正开始进入该领域参与竞争。预计在索马鲁肽制剂获批上市并且相关专利即将到期之前，将会有更多的制剂专利申请出现。由于索马鲁肽口服制剂需要的剂量远远大于注射剂，固相合成法预计将无法满足原料药的供应，而生物合成研究需要巨额资金支持，对于国内企业而言，注射剂最有可能成为突破原研药垄断的主要研发方向。

5.5 GLP-1 融合蛋白类药物

人源 GLP-1 融合蛋白是基于延长 GLP-1 半衰期、使其长效化而开发的一类药物，目前上市的品种为 2014 年的葛兰素史克的阿必鲁肽和礼来的杜拉鲁肽，前者是 GLP-1 与白蛋白的融合蛋白，后者是 GLP-1 与 IgG4 的融合蛋白。课题组选择了这两类 GLP-1 融合蛋白类药物进行专利分析，以期了解并展望 GLP-1 融合蛋白类药物领域的技术发展趋势。

5.5.1 阿必鲁肽

阿必鲁肽（Albiglutide）是由人类基因组科学公司发现并与葛兰素史克共同合作开发的全新 GLP-1 类似物。与艾塞那肽和利拉鲁肽不同，阿必鲁肽通过基因工程技术将人源 GLP-1 的第 8 位天然存在的丙氨酸替换为甘氨酸，从而增加了对 DPP-IV 的拮抗性，再将两条经过修饰后的肽链以二聚体形式与人白蛋白融合，成为重组融合蛋白，延长了半衰期，且具有与人源 GLP-1 极高的同源性。阿必鲁肽作为 GLP-1 受体激动剂，与受体结合后刺激胰岛素按照葡萄糖浓度依赖性方式释放，降低血浆胰高血糖素水平，降低食欲和减少食物摄入，延缓胃排空时间，并可直接作用于β细胞促进其增殖和分化。

阿必鲁肽是一种白蛋白重组融合蛋白，尚未评估其血浆蛋白结合情况及进行经典的生物转化研究，其代谢通路可能是通过体内广泛存在的蛋白水解酶在血管内皮中被降解成小肽和各种氨基酸；与利拉鲁肽相似，尚无特定的器官被确定为主要的消除途径，相关代谢产物可能经粪便和尿液排出。

由于阿必鲁肽分子结构特殊，药动学特性与其他 GLP-1 类似物差异显著，在健康受试者中[1]，阿必鲁肽的半衰期 $t_{1/2}$ 为 6~8 天，达峰时间 T_{max} 为 3~4 天，曲线下面积 AUC 随剂量增加而升高。据一项在日本完成的药代动力学研究[2]显示，阿必鲁肽皮下注射后的表观分布容积约为 12.6L，表观清除率约为 $68.7 mL \cdot h^{-1}$，消除半衰期约为 5.3 天，表明其适宜于每周皮下给药 1 次。

阿必鲁肽皮下注射用于治疗Ⅱ型糖尿病的有效性和安全性临床数据显示其良好的应用前景。与餐时联合长效胰岛素治疗方案相比，每周给药 1 次的阿必鲁肽可为降糖治疗提供一个全新的选择。在疗效方面，阿必鲁肽未显示出较利拉鲁肽更有效；阿必鲁肽的胃肠道不良反应发生率比利拉鲁肽低，显示出良好的耐受性[3]。

临床研究中观察到与阿必鲁肽相关的不良反应，主要包括胃肠道反应、低血糖反应、免疫原性反应、注射部位反应、胰腺炎、上呼吸道感染和甲状腺 C 细胞肿瘤（MTC）等。在接受阿必鲁肽治疗的患者中，有 38% 的患者出现了胃肠道不良反应，其发生率与用药剂量有明显的相关性；在低血糖反应发生率上，阿必鲁肽组（1%~2%）与安慰剂组（3%）无明显差异，当与胰岛素促泌剂或胰岛素联用时，低血糖风险增加；有 4% 的患者在治疗过程中检测到抗阿必鲁肽抗体，但并未发现这些抗体对阿必鲁肽的疗效产生影响；有 18% 的患者在注射过程中发生注射部位反应，症状一般较轻。

在临床前研究中发现，GLP-1 类似物在啮齿类动物中引发的甲状腺 C 细胞肿瘤（腺瘤和癌）发生率较高，且毒性反应呈现明显的剂量依赖性[4]。但是在动物试验中发现，动物体内产生了具有药物清除作用的阿必鲁肽抗体，因此不能用阿必鲁肽进行致癌性研究。目前，该毒性反应与人类使用时的相关性尚不明确，因此阿必鲁肽禁用于有甲状腺髓样癌或家族史的患者，或有多发性内分泌腺瘤综合征的患者。此外，阿必鲁肽也禁用于对阿必鲁肽或产品中任意组分有严重超敏史的患者。

---

[1] Bush MA, Matthews JE, De Boever EH, et al. Safety, tolerability, pharmacodynamics and pharmacokinetics of albiglutide, a long-acting glucagon-like peptide-1 mimetic, in healthy subjects [J]. Diabetes Obes Metab, 2009, 11 (5): 498-505.

[2] Seino Y, Nakajima H, Miyahara H, et al. Safety and tolerability, pharmacokinetics and pharmacodynamics of albiglutide in japanese subjects with type 2 diabetes: A comparison with an ethnically mixed population [J]. Can J Diabetes, 2009, 33 (3): 291-292.

[3] 朱超. Ⅱ型糖尿病的治疗新药——阿必鲁肽 [J]. 药学与临床研究, 2014, 22 (6): 532-535.

[4] Bjerre KL, Madsen LW, Andersen S, et al. Glucagon-like peptide-1 receptor agonists activate rodent thyroid C-cells causing calcitonin release and C-cell proliferation [J]. Endocrinology, 2010, 151 (4): 1473-1486.

已有的临床研究表明,无论是单药还是联合治疗,阿必鲁肽疗效确切,在延缓糖尿病进展及减少并发症方面显示出较大的潜力。阿必鲁肽仅需每周皮下注射给药1次,能够提高患者治疗的安全性和依从性。目前仍然需要更多的临床研究和应用经验来验证阿必鲁肽治疗Ⅱ型糖尿病的有效性和安全性。因此,阿必鲁肽可用于Ⅱ型糖尿病各期辅助血糖控制,但不推荐用于一线治疗;慎用于有胰腺炎病史的患者;不得用于Ⅰ型糖尿病及酮症酸中毒等急性并发症的治疗。已有临床试验支持其与胰岛素及胰岛素促泌剂的联合使用,但临床治疗中仍然须谨慎,防止低血糖的发生。

阿必鲁肽于2014年3月和4月分别被欧洲药品评价署(EMEA)和美国食品药品管理局(FDA)批准上市,用于成年人Ⅱ型糖尿病的治疗。但同时也被EMEA和FDA要求提供一份关于该药的风险管理评估计划;此外,FDA还要求提供一份包括评价其心血管方面风险的上市后研究报告。就此要求,一项旨在向美国糖尿病协会(ADA)、美国内分泌协会(ACE)等专业组织机构寻求药物疗效和安全性评估意见的风险评估与缓和策略(REMS)计划也已启动。

综上所述,下面拟对阿必鲁肽的全球和中国专利信息进行分析,分析该药物的专利技术现状和申请情况,力图探求阿必鲁肽的技术发展方向。

5.5.1.1 全球专利态势

1) 发展趋势

截至2015年5月31日,课题组在DWPI中检索到涉及阿必鲁肽的全球专利申请共计90项。如图5-5-1所示,阿必鲁肽领域的专利技术发展历史始自2002年。2002年12月23日,由人类基因组科学公司等多家公司联手进行了两项申请(WO03060071A2和WO03059934A2),拉开了阿必鲁肽专利申请大幕。从2004年开始到2010年,该领域的专利申请数量呈现稳步增长的趋势,在2011年达到了顶峰(19项),随后数量逐年下降至2009年的水平。可以说,随着该药物拮抗DDP-4、半衰期长的特点被研发人员了解和认识,研发人员始终保持着对阿必鲁肽领域的关注,但是由于其有效性和安全性尚未完全确定,因此该领域的专利申请数量呈回落态势。目前研发人员正着力于对其有效性和安全性进行深入研究,阿必鲁肽的发展前景还需拭目以待。

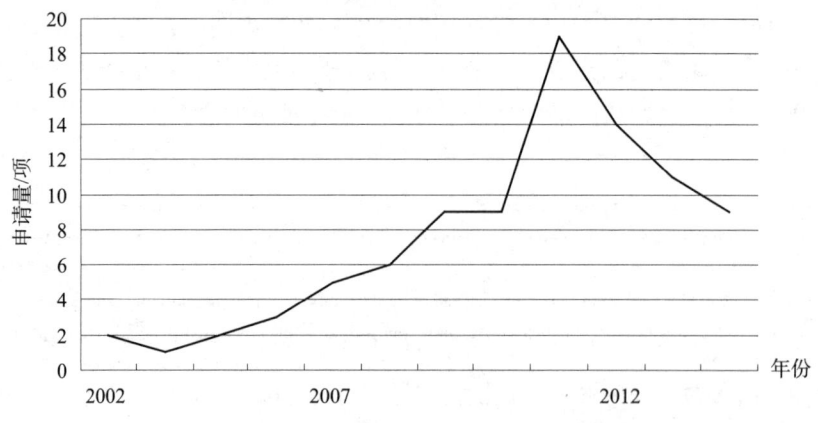

图5-5-1 阿必鲁肽全球专利申请年度趋势

2）技术来源国家/区域分布

阿必鲁肽的全球专利申请共涉及 8 个国家和地区，如图 5-5-2 所示。美国以 74 项申请遥遥领先于其他国家和地区，其总量超过申请量之和的八成。欧洲以 9 项申请位居第二，而其他国家和地区仅有零星分布。中国申请人在该领域尚未有专利申请，说明我国的制药企业和科研单位目前在阿必鲁肽药物研发方面尚未取得显著成果。

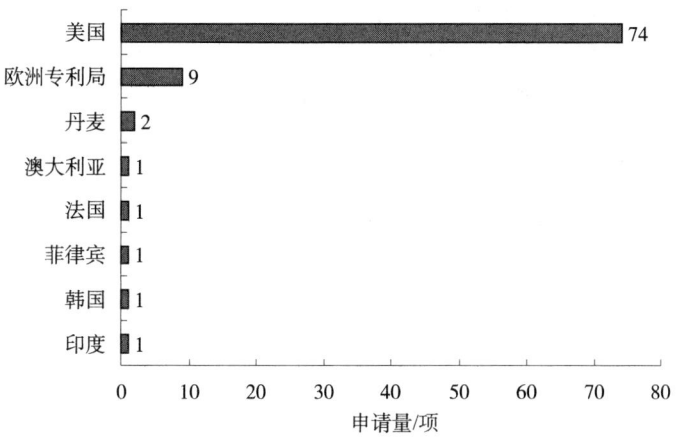

图 5-5-2　阿必鲁肽全球专利申请量国家和地区分布

3）主要申请人

在 DWPI 数据库中检索到全球拥有阿必鲁肽领域专利申请的申请人与权利人共计 53 位。表 5-5-1 描述了当前全球阿必鲁肽领域申请量排名前五位的申请人及其申请量情况，从表中可以看出，该领域专利申请集中于美国和欧洲的各大药企，其中，由于葛兰素史克收购了人类基因组科学公司，掌握了阿必鲁肽的核心专利，在该药物的专利申请领域占据了绝对优势。

表 5-5-1　阿必鲁肽全球专利申请量排名前 5 位的申请人及其申请

排　名	申请人	国　家	申请量/项
1	葛兰素史克	美国	13
2	凯利普西斯公司	美国	9
3	艾米林	美国	6
4	勃林格殷格翰	德国	6
5	诺和诺德	丹麦	6

4）技术路线分析

阿必鲁肽的核心专利是由人类基因组科学公司等多家公司联手于 2002 年 12 月 23 日提交的两项申请（WO03060071A2 和 WO03059934A2），主题涉及融合蛋白、组合物、试剂盒、治疗方法、核酸分子、载体、宿主细胞，目前已在欧洲、美国、加拿大、菲律宾等国家和地区获得了授权，专利有效期至 2022 年。2004 年人类基因组科学公司提交了一件申请 WO2005003296A2，目前已在加拿大和美国获得授权，保护主题涉及治疗方法和试剂盒等方面。2005 年人类基因组科学公司提交了一件 PCT 专利申请 WO03059934A2 进入了中国国家阶段，该专利申请于 2015 年 5 月授权，授权公告号为 CN1980687B，目前处于有权的状态，授权权利要求的主题包括融合蛋白、核苷酸、载体、宿主细胞、组合物，另外，该专利申请还提出了一件分案申请 CN102816241A，目前处于在审状态。葛兰素史克于 2006~2009 年以每年 1 件的频率提出了 PCT 专利申请（WO2007056681A2、WO2008033888A2、WO2008154619A1、WO2010068735A1），在美国获得给药方法、检测方法等主题的授权，其中 2007 年提出了涉及阿必鲁肽的用途及其组合物的专利申请 WO2008033888A2，该申请 2009 年进入中国国家阶段，公开号为 CN101516391A，该专利申请被驳回后，葛兰素史克又提交了分案申请 CN103705911A，目前仍处于审查程序中。2010 年，葛兰素史克先后提出了两件 PCT 专利申请，其中 WO2010099195A1 涉及核酸编码的菌株，在美国和欧洲专利局获得了授权，WO2011039096A1 于 2012 年进入中国国家阶段（CN102666586A 及其分案申请 CN104147611A），主题涉及组合物、制剂、治疗方法、载体、装置、核酸等众多方面，目前仍处于审查程序中。随后，葛兰素史克开展了围绕阿必鲁肽相关技术的改进，2011 年提交了一件关于保护心血管用途的专利申请（WO2011140176A1）并在美国获得授权，2012 年提交了专利申请 WO2012109429A2（中文同族 CN103492407A），从阿必鲁肽的冻干制剂方面进行了改进，以减少冻干制剂的重构时间。2014 年提交了专利申请 WO2014138371A1，围绕阿必鲁肽相关的组合物和宿主细胞进行了保护。

由于葛兰素史克围绕阿必鲁肽进行了充分的保护，其他申请人主要通过联合用药等方式参与阿必鲁肽专利申请，例如申请量第二位的凯利普西斯公司，其 9 项专利申请无一涉及阿必鲁肽本身的改进，而是在主要研发杂环化合物的基础上提及与阿必鲁肽的联用方案。

5.5.1.2 中国专利态势

1）发展趋势

截至 2015 年 5 月 31 日，课题组在 CNABS 中检索到涉及阿必鲁肽的全球专利申请共计 32 项。如图 5-5-3 所示，阿必鲁肽在华专利申请始于 2005 年，随后，阿必鲁肽中国专利申请趋势与全球专利申请发展趋势相似，呈先平稳上升、于 2011 年达到顶峰后回落的趋势，从 2014 年至今未有专利申请再被提出。

2）申请人来源分布

阿必鲁肽在华专利申请的申请人中，美国申请人以 22 件申请、占总申请量 70% 的比例遥居首位，丹麦和德国的申请人各有 3 件，中国和法国的申请人各有 2 件（参见图 5-5-4）。

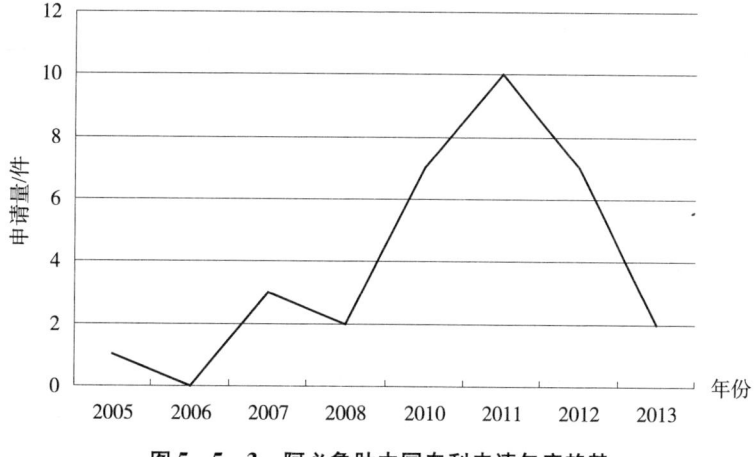

图 5-5-3　阿必鲁肽中国专利申请年度趋势

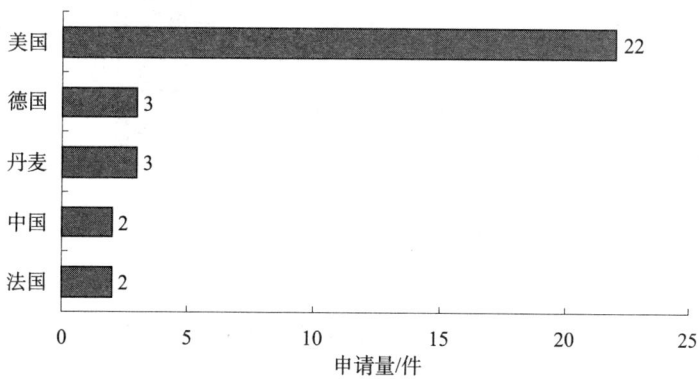

图 5-5-4　阿必鲁肽中国专利申请量国家分布

3）主要申请人

阿必鲁肽领域中国专利申请的申请人与权利人共计 19 位。表 5-5-2 描述了当前中国阿必鲁肽领域申请量排名前九位的申请人及其申请量情况，从表中可以看出，该领域专利申请集中于美国和欧洲的各大药企，葛兰素史克在该药物在中国的专利申请领域仍然占据领先地位。

表 5-5-2　阿必鲁肽中国专利申请量排名前 9 位的申请人及其申请

排　名	申请人	国　家	申请量/件
1	葛兰素史克	美国	4
2	辉瑞	美国	3
3	瑞立普萨	美国	3
4	勃林格殷格翰	德国	2
5	精达制药	美国	2

续表

排　名	申请人	国　家	申请量/件
6	诺和诺德	丹麦	2
7	赛诺菲	法国	2
8	特兰齐姆制药公司	美国	2
9	因卡伯实验室有限责任公司	美国	2

4）法律状态

如图5-5-5所示，目前全部在华阿必鲁肽专利申请中，处于授权且有效状态的专利权7项，占总数量的22%。另外，占总数量56%的申请目前仍在审查过程中。

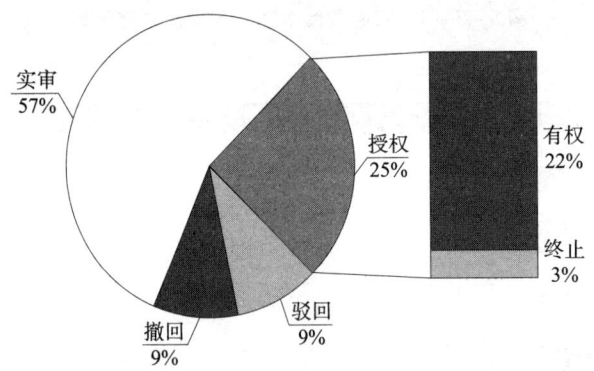

图5-5-5　阿必鲁肽中国专利法律状态分布

5）技术路线

与全球技术路线和专利布局相似的是，掌握阿必鲁肽核心专利的葛兰素史克已经尝试通过阿必鲁肽的相关技术主题来尽可能圈定较大的保护范围。与此同时，其他制药企业在该领域主要通过制剂平台或联合用药的技术角度进行在华专利布局，其技术方案中涉及了阿必鲁肽。

非原研企业涉及阿必鲁肽制剂平台的申请始于2010年。来自美国的精达制药提出了专利申请CN102686741A，公开了一种渗透递药装置，可递送的药物选自阿必鲁肽，该专利申请目前仍然在审，精达制药于2014年又就该申请提出了一件分案申请。

与精达制药同时提出申请的还有因卡伯实验室有限责任公司，该公司于2010年提出了两件专利申请，均涉及一种具有特殊结构的可吞咽式药物递送装置，其中一件在审（CN102905753A），另一件已经授权（CN103025319A），但是授权的权利要求中并不涉及阿必鲁肽。拉尼医疗有限公司于2012年也提出了一件具有相似结构的装置的申请（CN104023740A），目前仍然在审。

那挪玛加医药有限公司于2011年、诺和诺德公司于2012年分别提交了关于纳米颗粒剂型的专利申请，涉及的药物可选自阿必鲁肽，其中那挪玛加医药有限公司的专利申请（CN102970864A）已经撤回，诺和诺德的专利申请CN103298456A仍处于在审状态。

艾米林于2012年提出了一件关于注射用制剂的专利申请CN103906528A，涉及的药物可选自阿必鲁肽，目前也处于在审状态。

在联合用药方案中，第二治疗剂选自与阿必鲁肽的专利申请共有17项，这些专利申请自2007年开始出现，一直延续至2013年。其中，勃林格殷格翰于2010年和2011年先后提出两项DPP–Ⅳ抑制剂与选自阿必鲁肽等GLP–1受体激动剂联合用药的专利申请（公开号CN102387795A、CN102946875A），中国台湾的申请人安成国际药业股份有限公司于2013年提出了一项涉及二甲双胍与选自阿必鲁肽等药物联用的申请（公开号CN103037849A），目前均处于审查中。对于其他第一治疗剂非治疗糖尿病药物的专利申请中，如辉瑞提出的三项，瑞丽普萨提出的两项，这些专利申请均属于泛泛提及了涉及阿必鲁肽的药物联用。

由此可以看出，除了掌握阿必鲁肽核心专利的原研企业葛兰素史克之外，其他制药企业对阿必鲁肽的关注度并不高，所提出的一些制剂和联合用药等专利申请中，阿必鲁肽并非其核心方案，仅仅作为GLP–1受体激动剂一类药物的可选方案出现。

5.5.1.3 小　　结

由于核心专利和主要研究力量相对集中于原创国和原创申请人，因此阿必鲁肽的全球和中国专利申请状况具有相似的特点。

第一，在申请量趋势方面，阿必鲁肽的专利申请在2011年达到历史顶峰，由于对阿必鲁肽在有效性和安全性方面的资料尚需研究，因此自2011年之后专利申请数量稍有回落，但是，阿必鲁肽问世的时间至今仅十余年的时间，随着对这一药物研发的不断深入，更多的问题被发现，技术也随之不断发展进步，因此，并不能断言阿必鲁肽领域的研究已经趋近成熟。随着全球研发人员对目前普遍认识到的有效性和安全性问题不断深入研究之后，阿必鲁肽的未来发展还需拭目以待。

第二，在申请人方面，美国的葛兰素史克收购人类基因组科学公司之后，作为阿必鲁肽的原创者，在阿必鲁肽的专利申请方面拥有了绝对的优势。欧美的各大药企在阿必鲁肽专利方面也都有涉足，但都采取联合用药等外围方式。这说明由于阿必鲁肽在活性和半衰期方面的优势，符合当前药物开发的目标和需求，因此研发力量较强的欧美药企都关注了这个药物。而中国大陆地区的研发人员在该药物的专利申请方面尚无建树，这可能与我国申请人偏重仿制药有关，在阿必鲁肽这一产品尚未取得商业显著成功的现状下，我国申请人尚未关注该药物，或者投入的研发力量不足。

综合上述情况，鉴于欧美地区针对阿必鲁肽药物的有效性和安全性正在进行研究，以及阿必鲁肽目前展现出的效果并未优于其他药物，而安全性令人尚存疑虑的状况，我国企业和研发人员可以考虑密切关注研究结果，正确评估药物开发的风险和机遇，适时跟进。

5.5.2　杜拉鲁肽

杜拉鲁肽，英文名为Dulaglutide、LY–2189265，中文译名还有度拉鲁肽、度拉糖肽等，是礼来研发的GLP–1类似物。作为目前唯一上市的一周给药一次的GLP–1类似物，2014年9月18日，商品名为Trulicity®的注射剂获美国FDA批准用于治疗Ⅱ型糖尿病，并于当年 11 月在美国上市，同月稍晚些时候，杜拉鲁肽在欧盟也获得了批准，2015 年 1 月该药在英国和德国上市，在欧盟的进一步上市预计在 2016 年，2015 年 9 月杜拉鲁肽在日本上市。

如图 5-5-6 所示，从结构上看，杜拉鲁肽是将 GLP-1（7-37）链上 8 位上的 Ala 替换为 Gly，22 位的 Gly 替换为 Glu，36 位上的 Arg 替换为 Gly，再通过"-Gly-Gly-Gly-Gly-Ser-Gly-Gly-Gly-Ser--Gly-Gly-Gly-Gly-Ser-Ala-"偶联桥融合到重组 G4 免疫白蛋白（含 227 个氨基酸 Fc 片段）的二肽链的 229 位的赖氨酸上，平均生物半衰期长达 90 小时，是一种长效的 GLP-1 类似物，相比于之前的艾塞那肽和利拉鲁肽，能够实现更少的给药次数。

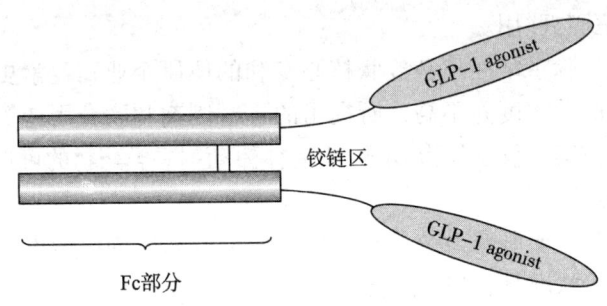

图 5-5-6　杜拉鲁肽结构示意图

杜拉鲁肽的横空出世有着其必然性和偶然性。早在 20 世纪 90 年代初期，随着 GLP-1 化合物的各种重要的生理活性逐渐揭示，其展现出在非胰岛素依赖型糖尿病治疗上的巨大潜能，特别是其在血糖水平降低到某一阈值水平时，GLP-1 无活性，因此没有发生与 GLP-1 治疗相关的低血糖症的危险。然而，涉及 GLP-1 肽治疗的用途受到了它们的迅速清除和半衰期短的限制。例如，GLP-1（7-37）的血清半衰期仅仅为 3~5 分钟。当皮下给药时，GLP-1（7-36）酰胺的作用时间约为 50 分钟。甚至抗内源性蛋白酶裂解的类似物和衍生物也没有足够长的半衰期以避免在 24 小时的时间段中重复给药。当需要在长时间内维持治疗剂的高血液水平时，治疗剂的迅速清除是不方便的，因为必须重复给药。此外，作用时间长的化合物对于习惯口服药物控制血糖的糖尿病患者特别重要。这些患者通常对于包括多次药物注射的治疗方案具有极为困难的时间过渡。要将其用于 II 型糖尿病的治疗，并为多数长期使用口服药物的糖尿病患者所接受，必须解决的技术问题是将 GLP-1 的血清半衰期延长以减少药物注射的次数。然而，GLP-1 化合物是短的治疗性肽，即使其结构中的轻微改变也可以影响稳定性和/或生物活性。例如，GLP-1（7-37）OH 具有进行构象改变的倾向，从主要为 α 螺旋结构改变成主要为 β 折叠结构。β 折叠的形成导致被认为是无活性物质的聚集。因此，开发半衰期增加的生物活性 GLP-1 融合蛋白是很困难的工作。在 2000 年左右，众多研发人员不约而同地开始尝试将 GLP-1 化合物制成融合蛋白来延长半衰期。例如人白蛋白的半衰期超过一周，不同的免疫球蛋白分子在人体内具有 2.5 天至长达 23 天的半衰期，这些均是可与 GLP-1 结合延长其半衰期的候选对象。

5.5.2.1 全球专利态势

1) 发展趋势

截至 2015 年 5 月 31 日,课题组在 DWPI 中检索到涉及杜拉鲁肽的全球专利申请共计 27 项。如图 5-5-7 所示,在 2001 年和 2004 年礼来提出了两件关于 GLP-1 类似物融合蛋白的专利中公开了杜拉鲁肽后,到 2011 年以前,与杜拉鲁肽相关的专利一直只有零星的出现,而且都是礼来提出的,从 2011 开始才有其他公司提出涉及杜拉鲁肽的专利申请,每年的申请量都在 5~7 件。这体现出一个药物从早期研究到完成各项成药性研究,各级活性研究和临床,到最后引起各方关注往往需要一定的时间。

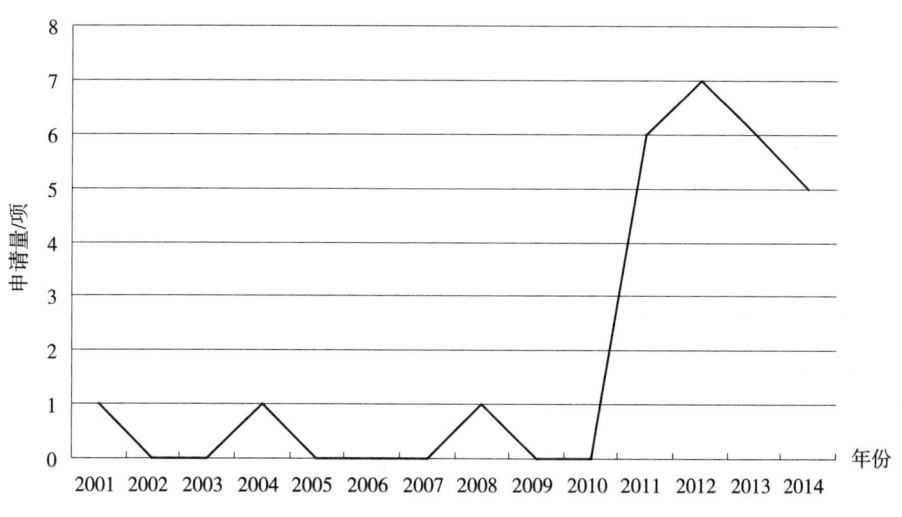

图 5-5-7　杜拉鲁肽全球专利申请年度趋势

2) 技术来源国家/区域分布

涉及杜拉鲁肽的全球专利申请涉及 6 个国家和地区,如图 5-5-8 所示。其中,美国以 19 项申请占据了杜拉鲁肽全球专利申请的 70%,其他的申请分布在欧洲专利局、中国、澳大利亚、法国和印度。

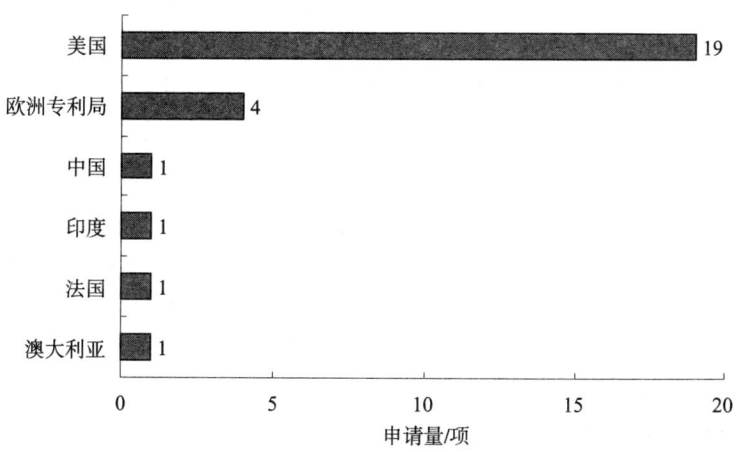

图 5-5-8　杜拉鲁肽全球专利申请量国家和地区分布

3）主要申请人

在 DWPI 数据库中检索到全球拥有杜拉鲁肽领域专利申请的申请人与权利人共计30位。如表5-5-3所示，综合申请数量和申请人的趋势可以非常明显地看出，美国的制药企业在杜拉鲁肽领域占据了领先地位，这与全球 GLP-1 受体激动剂的研发分布也基本一致。从申请人类型而言，重点关注杜拉鲁肽的申请人均为公司申请人，显示了杜拉鲁肽有着很好的市场前景，巨大的经济利益也使得医药公司成为研发的主要推动力。

表5-5-3 杜拉鲁肽全球专利申请量排名前5位的申请人及其申请

排名	申请人	国家	申请量/项
1	礼来	美国	6
2	艾米林	美国	5
3	阿斯利康	英国	4
4	诺和诺德	丹麦	4
5	辉瑞	美国	3

4）技术路线

礼来在 WO02/46227（申请日为2001年11月29日）中公开了两种异源融合蛋白，一种是包含 GLP-1 多肽和人白蛋白、人白蛋白类似物或人白蛋白片段的异源融合蛋白，另一种是包含 GLP-1 多肽和 IgG 免疫球蛋白的 Fc 部分、免疫球蛋白的 Fc 部分类似物或免疫球蛋白的 Fc 部分片段的异源融合蛋白。

然而，与人白蛋白的融合虽然解决了 GLP-1 半衰期短的问题，但是，由于白蛋白分子量大，在空间上对 GLP-1 的活性位点产生了遮蔽，导致其活性下降。免疫球蛋白的 Fc 部分是维持免疫球蛋白长半衰期稳定性的一个关键因素。相对于白蛋白而言，免疫球蛋白的 Fc 部分相对白蛋白而言，分子量要小得多，空间位阻导致 GLP-1 活性降低的风险也相对较小。因此，从保证 GLP-1 活性和延长其半衰期的角度而言，与免疫球蛋白的 Fc 部分融合更为有利。但是，这样就必须解决一个新的问题：糖尿病人长期用药所要面对的抗原性问题。为此，礼来将研究聚焦在了 GLP-1 和免疫球蛋白 Fc 部分的融合蛋白，要解决的技术问题是既要增加融合蛋白的稳定性，又要减轻或消除 Fc 部分的效应子功能。2004年6月10日，礼来提交了两件 PCT 申请（WO2005/000892 和 WO2004/110472），通过选择特定的 GLP-1 序列、特定的接头肽以及替换 IgG4-Fc 部分多个位置上的氨基酸，完成了上述任务。

在此基础上，礼来于2005年12月15日提交了名为"GLP-1 类似物融合蛋白质制剂"的 PCT 申请（WO2006/068910），提供了包含 GLP-1-Fc 融合体的稳定溶液制剂，又于2008年7月9日提交了名为"GLP-1-Fc 融合蛋白质制剂"的 PCT 申请（WO2009009562A2），提供了包含治疗有效量的在柠檬酸盐缓冲液中的 GLP-1-Fc 融合蛋白质，其中柠檬酸盐缓冲液含有 0.01%~0.05%（w/v）的聚山梨酯-80、4.3%~

5.0%（w/v）的甘露醇，pH 为 6～7。

2011 年 12 月 20 日，礼来提交了 1 件 PCT 申请（WO2012088157A2），提供了治疗 Ⅰ 型糖尿病的方法，包括在胰岛细胞移植之前对患者施用 GLP-1 受体激动剂，其中 GLP-1 受体激动剂涉及杜拉鲁肽。

2014 年，杜拉鲁肽终于以 0.75mg 和 1.5mg 单剂量注射笔的形式率先在美国获得上市批准。单剂量注射笔无需混合药液或校准剂量，而且配有不可见的即用型注射针头，适用于饮食和体育锻炼基础上的成人 Ⅱ 型糖尿病患者的治疗。

除去礼来的申请，直至 2011 年才重新出现了涉及杜拉鲁肽的药物专利申请。但是，这些申请大部分为"外围申请"，其发明点并不在于杜拉鲁肽本身。

表 5-5-4 描述了涉及其他活性成分，与杜拉鲁肽联用的专利申请。

表 5-5-4 与杜拉鲁肽联用的相关申请

联用药物	相关申请信息	
生长激素释放肽受体的拮抗剂	WO2011/114271 辉瑞 （申请日 2011-03-11）	—
N1/N2-内酰胺乙酰辅酶 A 羧化酶抑制剂	WO2012/056372 辉瑞 （申请日 2011-10-18）	—
二酰基甘油酰基转移酶 2 抑制剂	WO2013/150416 辉瑞 （申请日 2012-04-06）	—
（R）（+）氨磺必利或 （R）（+）舒必利	WO2013/040164 拜奥迈德瓦利探索有限公司 （申请日 2012-09-13）	—
DPP-4 抑制剂	WO2011/138421 勃林格殷格翰 （申请日 2011-05-05）	WO2015/001573 克地拉医疗健康公司 （申请日 2014-07-04）
SGLT2 抑制剂	WO2012/107476 勃林格殷格翰 （申请日 2012-02-08）	WO2013/045495 PROUS INST BIOMEDICAL RES SA （申请日 2012-09-26）
VEGF-B 拮抗剂	WO2014/045266 ERIKSSON U （申请日 2013-09-24）	—

表 5-5-5 描述的专利申请涉及了 GLP-1 类似物，其中涉及了杜拉鲁肽，但是，其发明点并不特别指向杜拉鲁肽。

表 5-5-5　GLP-1 类似物相关的专利申请

公开号/申请人	发明名称	申请日	关注对象
WO2012/098188 诺和诺德	GLP-1 颗粒	2012-01-19	利拉鲁肽
WO2012/177929 艾米林、阿斯利康	GLP-1 缓释制剂	2012-06-21	艾塞那肽
WO2014/005858 诺和诺德	长效 GLP-1 肽的用途	2013-06-21	索马鲁肽

分析上面这些 2011 年之后提出的专利申请的内容可以发现，鉴于杜拉鲁肽核心专利的全球保护壁垒，国外大公司只是在对自身技术进行专利保护的同时，将杜拉鲁肽作为 GLP-1 受体激动剂"顺便"包括进来，并没有与礼来"短兵相接"的意图。

而中国企业则正好相反。与杜拉鲁肽直接相关的专利申请是 2013 年 5 月 21 日深圳翰宇药业申请的名称为"度拉鲁肽注射剂及其制备方法"的专利，随后通过 PCT 途径提交了国际专利申请，公开号为 WO2014187302A1。该专利所述杜拉鲁肽注射剂，包含度拉鲁肽、pH 调节剂、增溶剂、抑菌剂、渗透压调节剂和注射用水，该注射剂质量稳定，不易降解且胃肠道反应较少，与市售的利拉鲁肽注射剂和艾塞那肽注射剂相比，降糖效果相当，降糖速度要稍快。2014 年 8 月 19 日，深圳翰宇药业晚间发布重组公告，斥资 13.2 亿元收购甘肃成纪生物药业有限公司（简称"成纪药业"）100% 股权。成纪药业主营业务为医疗器械和化学药品的研发、生产及销售。自成立以来，致力于安全给药事业，以"自动注射技术"为核心，研发出具有自主知识产权的卡式注射笔、卡式注射架及溶药器"二合一"产品，改变了注射给药方式，提高了注射用药安全。而深圳翰宇药业目前正在注册以及正在研发的产品中包括了多种多肽注射剂，其收购成纪药业，无疑为其注射剂全产业链布局落下关键一子。

5.5.2.2　中国专利态势

1）发展趋势

截至 2015 年 5 月 31 日，在 CNABS 中检索到涉及杜拉鲁肽的中国专利申请共计 14 件。如图 5-5-9 所示，在华杜拉鲁肽专利申请总体上与全球申请趋势相同，自 2001 年和 2004 年出现了杜拉鲁肽的相关申请后，一直到 2010 年才有了较多的相关申请。

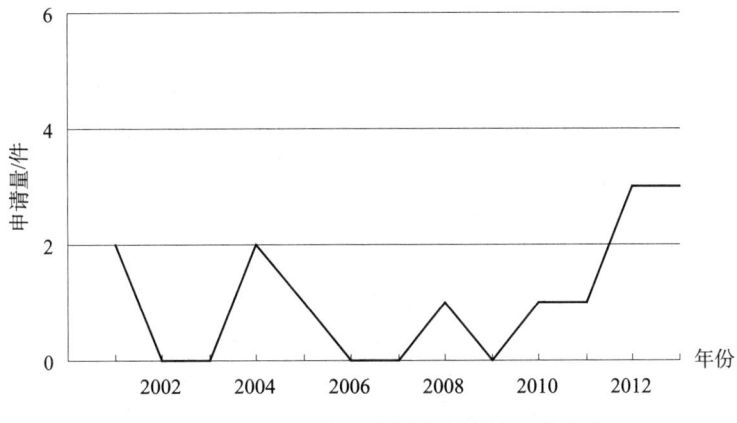

图 5-5-9　杜拉鲁肽中国专利申请年度趋势

2）申请人来源分布

从华杜拉鲁肽专利申请区域分布来看，如图 5-5-10 所示，美国申请人在中国的专利申请数量仍然遥居首位，共有 8 件，占据了在华申请总量的 57%，而中国国内申请人的专利申请数量为 3 件，占总量的 21%。

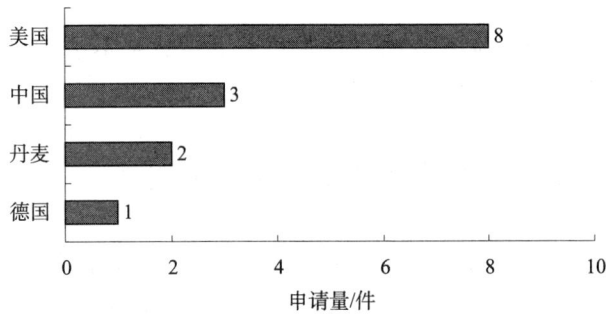

图 5-5-10　杜拉鲁肽中国专利申请量国家分布

3）主要申请人

深圳翰宇药业的申请涉及杜拉鲁肽的注射制剂，国内申请人的另外两件申请都属于在杜拉鲁肽的提示下，对其类似物，即 PLG-1 与 Fc 的融合蛋白的研发。北京精益泰翔技术发展有限公司于 2010 提交了"一种 Exendin-4 及其类似物融合蛋白"的申请，并最终获得授权，该专利保护了由 Exendin-4 通过连接肽与免疫球蛋白 IgG2 的 Fc 部分融合而成的 Exendin-4 融合蛋白。该融合蛋白注射液与注射 Exendin-4 肽相比，降糖的幅度类似，但是相比于 Exendin-4 肽的降糖效果只能维持几个小时，该融合蛋白可以持续降糖超过 24 小时。江苏健德生物药业有限公司于 2013 年提交了"用于治疗糖尿病的长效免疫融合蛋白"的申请，也最终获得授权，该专利涉及一种长效的 Exendin-4-IgG4 免疫融合蛋白。所述的免疫蛋白为 Exendin-4-Igγ_4 和 Exendin-4-Cκ 经二硫键组装成为（Exendin-4-Igγ_4）$_2$（Exendin-4-Cκ4）$_2$ 四聚体结构的 Exendin-4-IgG4 免疫融合蛋白，IgG4 免疫球蛋白有效地延长了药物半衰期。

4）法律状态

如图 5-5-11 所示，目前全部在华的杜拉鲁肽专利申请中，获得授权的专利申请有 5 件，由于申请时间都不长，所以目前获得授权的专利都处于有效的状态；由于大部分申请都是近几年提交的，所以有 5 件专利申请都还仍在审查过程中，另有一件尚未进入实审，其他的申请处于无权状态。

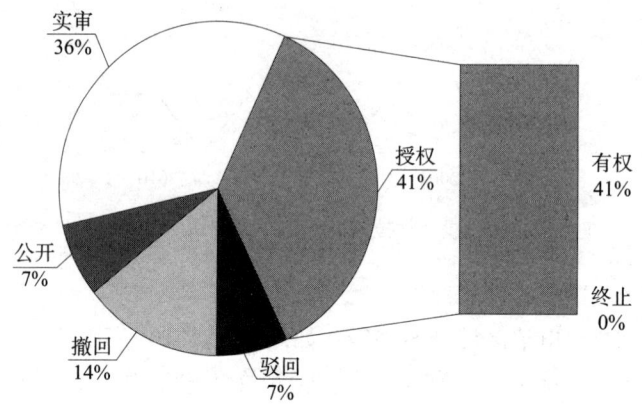

图 5-5-11　杜拉鲁肽中国专利申请法律状态

目前杜拉鲁肽正处于技术发展期，整体专利申请数量不多，在制剂、制备方法、联合应用、新制药用途等方面都有广阔的开发空间。

5.6　GLP-1 受体激动剂领域的专利挑战之路

GLP-1 的通路发现时间晚，但是由于其具有依赖于血浆葡萄糖浓度的促胰岛素分泌作用、刺激胰岛 β 细胞的增殖与分化、促进饱食感且减轻体重三大方面的效果，使得 GLP-1 受体激动剂可能成为治疗 II 型糖尿病比较理想的药物。当前，GLP-1 受体激动剂领域的药物研发主要从两个方面入手，一是希拉巨蜥来源的 GLP-1 受体激动剂（Exendin-4），二是人源 GLP-1。基于这两类药物骨架及其半衰期等性质，科学工作者们对它们的结构进行了改造，以获得药效良好、半衰期长的可药用产品。具体的改造方法包括：氨基酸序列改造、脂肪酸链修饰、PEG 化、构建融合蛋白，以及各种剂型的改进。

从对 5 种已上市 GLP-1 受体激动剂的专利分析结果来看，除了艾塞那肽的核心专利没有进入中国之外，原研药企对于艾塞那肽的外围专利以及利拉鲁肽、利司那肽、阿必鲁肽、杜拉鲁肽均进行了较为严密周全的专利布局，使得在 GLP-1 受体激动剂领域的专利方面，经常出现一家独大的局面，包括国外大型药企在内的其他申请人在这些领域往往只能采用联用、第二药用、制剂等角度，旁敲侧击地向这些药物的专利领域伸出零星的触角。我国申请人以深圳翰宇药业为代表，从制备方法、制剂等技术分支独辟蹊径，虽然数量不多，但是也足以代表了 GLP-1 领域的"中国力量"。

在当前 GLP-1 受体激动剂领域被原研药企布下重重专利壁垒严防死守的现状下，

我国的医药产业如何涉足该领域，紧跟糖尿病药物技术发展的步伐呢？

1）充分评估，合理决策

GLP-1受体激动剂领域的药物，由于其属于大分子领域，尤其结构改造中有些引入了融合蛋白的方式，使得药物的活性、安全性存在一定风险，例如阿必鲁肽，虽然在半衰期方面展现了长处，但是由于其疗效和安全性存疑，使得近年来研发力量有回落的趋势。因此，在我国企业普遍技术起步晚、资金和研发力量有限的情况下，立项之前应对品种本身进行充分的了解，适度规避风险。同时，还要对可立项品种的专利障碍和攻关难度进行正确评估，以提高成功率。

2）积极应对，寻求发展

因目前上市的GLP-1药物专利到期时间大多数在5~10年以后，目前我国药企可以采取仿制药开发的策略，开展制剂、制备方法、联合应用、新用途等方面的开发。

第6章 侵权纠纷

中国目前拥有9200万名糖尿病患者，1.48亿名糖尿病前期患者，为全球糖尿病患者人数最多的国家，糖尿病药物市场竞争激烈。在糖尿病药物的残酷市场竞争中，专利权无疑是遏制对手的重要手段。为争夺市场，各药企之间发生了一系列专利争夺战，现就其中的重点案例进行简要介绍和分析，以资借鉴。

6.1 武田制药的无效诉讼战

伴随糖尿病治疗的长期用药，人体对治疗药物会逐渐产生耐受性，因此为了克服这一问题，患者往往要服用两种或两种以上作用机理不同的药物，以达到药物间降血糖的互补作用。2006年便先后有复方罗格列酮－格列美脲和复方盐酸吡格列酮－格列美脲片两个复方制剂获得FDA上市批准。其中，复方盐酸吡格列酮－格列美脲片是由日本武田制药开发，盐酸吡格列酮和格列美脲的降糖作用机制不同，吡格列酮是胰素增敏剂，格列美脲是磺酰脲类药物，可增加胰岛素分泌，因此吡格列酮和格列美脲格药动学有互补作用。吡格列酮由日本武田制药研发，1999年7月15日在美国首次获批，以商品名艾可拓（Actos）上市销售。1999年12月获准在日本上市，2000年10月13日获得EMEA批准，并于2004年在中国上市，2000年在世界处方药销售额排名第405位，0.9亿美元；2001年第104位，5.72亿美元；2002年第56位，9.73亿美元；2003年第48位，合计17.25亿美元。此后销售额逐年增长，艾可拓迅速成长为"重磅炸弹"品种。2010年，武田制药销售收入达3879亿日元（折合约44.54亿美元）。2013年吡格列酮在我国国内销量排名第11位。临床研究证明复方盐酸吡格列酮－格列美脲片可有效控制Ⅱ型糖尿病患者的血糖水平，疗效确切，药物安全性好，适应范围广，市场前景良好。

为了对复方盐酸吡格列酮－格列美脲片实施专利保护，1996年6月19日，武田制药向原中华人民共和国专利局申请了名称为"用于治疗糖尿病的药物组合物"的发明专利。经审查，于2005年7月27日授予武田制药专利权，专利号为96111063.5。

为了打破武田制药的专利藩篱，四川海思科制药有限公司（以下简称"海思科公司"）、重庆医药工业研究院有限责任公司（以下简称"重庆医工院"）主动对第96111063.5号专利发起了挑战，成功地宣告涉案专利部分无效，打破了国内类似药品上市的阻碍。

6.1.1 案件回顾

如图6-1-1所示,在海思科公司和重庆医工院分别提起的无效宣告请求中,为了证明涉案专利权利要求1、2、4、5、9、10不符合《专利法》第22条第3款有关创造性的规定,共提交了9份证据。

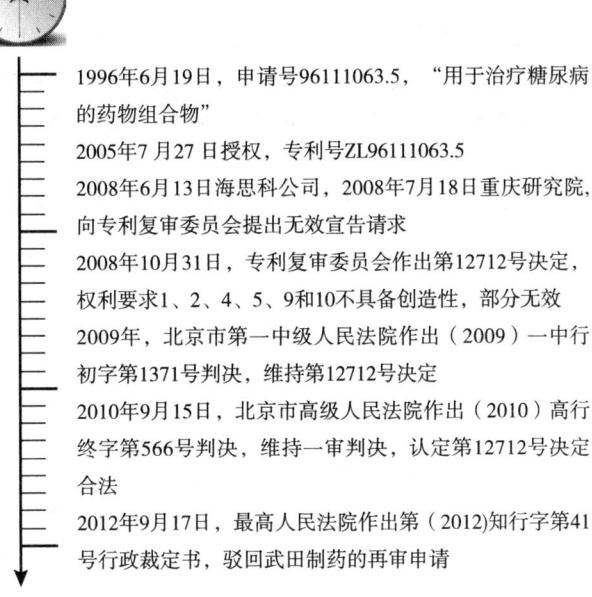

图6-1-1 武田制药第96111063.5号无效案件大事记

武田制药提交了7份反证以证明上述权利要求符合《专利法》第22条第3款的规定。其中反证7为英文的实验数据,欲证明吡格列酮与格列美脲联用与它们单独使用相比,具有预料不到的协同作用;吡格列酮和格列美脲联用的治疗方案与环格列酮和格列美脲联用、曲格列酮和格列美脲联用,以及曲格列酮和优降糖联用的治疗方案相比具有预料不到的技术效果。此外,武田制药主张海思科公司和重庆医工院提供的证据2~8表明本领域技术人员认为吡格列酮不适于作为人类药物,因此对吡格列酮存在技术偏见。涉案专利选择吡格列酮或其盐作为胰岛素敏感性增强剂克服了上述技术偏见。

经审理,2008年10月31日,专利复审委员会作出第12712号无效决定,认定反证7是对比试验数据,海思科公司、重庆医工院对其真实性不予认可,在反证7记载的内容中没有显示其实验结果由哪一机构或个人作出,武田制药也没有提供任何能够证实反证7的真实性的佐证,因此对反证7的真实性不予采信。此外,还指出证据2、3、5、6公开于涉案专利的优先日之后,在评价涉案专利的创造性时不能作为现有技术使用;证4、7和8不涉及吡格列酮的研究,其并不能表明吡格列酮不能用作胰岛素敏

感性增强剂，因此，证据2~8不能证明涉案专利因为克服了技术偏见而具备创造性。❶

武田制药不服上述决定，向北京市第一中级人民法院提出起诉。武田制药提交了7份证据，其中包括国家知识产权局在涉案专利实质审查过程中发出的第三次审查意见通知书、武田制药于2004年8月18日提交的意见陈述书及其附件，以及与本专利对应的欧洲专利申请（EP01203170.4）审查过程中的部分文件的公证认证及中文译文。武田制药提出反证7是用于评价本专利创造性的关键证据。结合在一审诉讼程序中提交的证据，反证7的真实性应予认可。

北京市第一中级人民法院经审理，作出判决，维持了第12712号无效宣告请求决定。武田制药不服一审判决，向北京市高级人民法院提起上诉坚持其关于反证7和技术偏见的主张。北京市高级人民法院经过审理，维持一审判决，认定第12712号无效宣告请求决定合法。

武田制药不服北京市高级人民法院的行政判决，向最高人民法院申请再审。提出：反证7是评价其创造性的关键证据，其真实性、客观性应得到认可。发明相对于现有技术到底有没有效果，这个客观事实是无法改变的，不能因为在提交专利申请时没有提交相应的证据就认为发明没有该效果。此外，证据2~8均不涉及对吡格列酮的研究，这说明由于存在技术偏见，本领域技术人员都避免对吡格列酮的研究，或者研究后没有发现有价值的成果因而没有将研究成果发表出来。证据8和9存在选择曲格列酮而避免选择吡格列酮和环格列酮作为胰岛素抵抗性改善剂的技术偏见，尽管证据8在涉案专利的优先权日之后公开，但这恰恰证明了即使是在涉案专利的优先权日之后，还存在曲格列酮要优于吡格列酮的技术偏见，也即说明在涉案专利的优先权日时，该技术偏见更加根深蒂固。因此，涉案专利具备创造性，请求撤销原审判决和无效决定。

经审理，最高人民法院作出裁定，驳回了武田制药的再审申请，维持了第12712号无效宣告请求审查决定。其中认定涉案专利审查档案和欧洲同族专利审查档案是武田制药在一审诉讼程序中针对反证7的试验数据而提交的补强性证据，用于进一步证明在无效行政程序中已经提交的反证7的真实性，应当予以采纳。同时，由于反证7存在于涉案专利审查档案和欧洲同族专利审查档案的事实仅能证明在涉案专利的实质审查阶段武田制药曾提交过上述材料，但并不能证明所述实验数据本身是真实的。且根据专利制度的地域性原则，国家知识产权局按照中国专利法、专利法实施细则以及专利审查指南的相关规定对专利申请进行审查，他国的专利审查实践对我国没有约束力。由于反证7并非实验记录的原件，没有出处，其内容也没有显示是由哪一机构或个人作出的，也没有任何公证手续，且海思科公司以及重庆医工院对其真实性不予认可，一审和二审法院对反证7未予采信，并无不当。

对于武田制药主张的技术偏见的问题，最高人民法院认为，技术偏见是指在某段时间内、某个技术领域中，技术人员对某个技术问题普遍存在的、偏离客观事实的认识，它引导人们不去考虑其他方面的可能性，阻碍人们对该技术领域的研究和开发。

---

❶ 专利复审委员会第12712号无效宣告请求审查决定书。

海思科公司和重庆医工院在无效宣告请求审查程序中提交的部分证据公开于涉案专利的优先权日之后，不能作为现有技术使用。即便考虑所述证据的技术内容，其中也没有公开本领域认定的曲格列酮优于吡格列酮因而在糖尿病的治疗中倾向于不选择吡格列酮的技术内容。此外，有些证据不涉及吡格列酮的研究，并不能表明吡格列酮不能用作胰岛素敏感性增敏剂，也不代表现有技术中没有对吡格列酮进行研究。以上内容远不能形成吡格列酮不适用于人类药物的普遍认识，也不可能阻碍人们对相关技术领域的研究和开发。武田制药主张涉案专利由于克服了本领域的技术偏见而具备创造性的理由，不能成立。❶

6.1.2 案件焦点

6.1.2.1 对申请日后提交的试验数据的认定

化学领域属于实验性科学领域，影响发明结果的因素众多且相互交叉，错综复杂。试验数据对于化学领域发明的实现和技术效果证明的重要性是不言而喻的。通常而言，在申请日提交的说明书中应当记载保证发明实现和产生预期技术效果的试验数据。但是在实践中，申请人或专利权人不可避免地要使用在申请日后提交的试验数据以证明其有关主张，这时就需要对申请日后提交的试验数据做出认定。

《专利审查指南2010》第二部分第十章第3.4节规定，当判断说明书是否充分公开，以原说明书和权利要求书记载的内容为准，申请日之后补交的实施例和试验数据不予考虑。对于申请日后提交的用于证明专利说明书中公开的技术方案、技术效果等的试验数据，不属于专利原始申请文件记载和公开的内容，公众是看不到这些信息的，如果这些实验数据也不是本申请的现有技术时，在专利申请日之前并不能被所属领域技术人员所获知，此时不宜接受这些试验数据，否则将背离了专利权以公开换保护的本质属性，从而不恰当地损害公众利益。同理，对于涉及《专利法》第26条第4款有关权利要求应当得到说明书支持的判断中，此类数据也不宜接受。

但是，对于申请日后提交的证明要求保护的技术方案相对于现有技术具备创造性的试验数据，其虽然在申请日之后形成，基于申请人或专利权人对现有技术已经做出的贡献，此类数据一律不予接受是不公平的，不利于鼓励发明创造。对于此类试验数据，应综合分析所述实验数据的性质、欲证明的对象等因素，客观公正地予以认定。

对于申请人或专利权人所提交的申请日后形成的对比试验数据，如果是用于证明创造性，则该数据首先应当是针对涉案专利原始申请文件已公开的技术效果，或者所述效果本领域技术人员在申请日之前能够由现有技术中推导出来。一般证据适用客观真实性、关联性、合法性的三性要求，对于申请人或专利权人所提交的申请日后形成的对比试验数据同样属于证据的一种，适用证据的三性要求，而其中客观真实性是决定能否采纳该证据的前提。对于客观真实性的判定可以从多方面来考量：（1）证据是否为原件、原物，复印件、复制品与原件、原物是否相符；（2）提供证据的人与当事

---

❶ 最高人民法院第（2012）知行字第41号行政裁定书。

人是否有利害关系；（3）发现证据时的客观环境；（4）证据形成的原因和方式；（5）证据的内容；（6）影响证据真实性的其他因素如证据形成的原因等。对于域外形成的证据，还要考察其是否经过公证认证。❶

本案中，武田制药在无效程序中提供的试验数据来源不明，且未经过公证认证，因此，按照对证据真实性的判断原则，在对方当事人不认可其真实性的情况下，一审、二审法院及最高人民法院均未认可其真实性。这就提示不仅要提交试验数据，还要注意提供相应的证据来形成完整的证据链以证明该试验数据的真实性。此外，武田制药提供反证7欲证明吡格列酮与格列美脲的联合用药方案相对于单独用药方案以及其他联合用药方案均取得了意料不到的降血糖效果。但是，涉案专利说明书仅通过吡格列酮与伏格列波糖联用以及吡格列酮与优降糖联用的实验结果，证明胰岛素敏感性增强剂与胰岛素分泌增强剂联用相对于其中一类药物单独用药有更好的降血糖效果。武田制药提交试验数据所要证明的技术效果是原始申请文件中未记载和证实的，并非针对申请日时已经公开的技术效果的对比试验数据。同时本领域技术人员由现有技术也不能推导出所述的技术效果，因此，不能以这样的试验数据作为评价专利创造性的依据。

6.1.2.2 对发明是否克服技术偏见的认定

根据《专利审查指南2010》第二部分第四章第5.2节规定，是否克服了现有技术中存在的技术偏见，是判断一项发明创造性的重要辅助性审查标准。技术偏见，是指在某段时间内，某个技术领域中，技术人员对某个技术问题普遍存在的、偏离客观事实的认识，它引导人们不去考虑其他方面的可能性，阻碍人们对该技术领域的研究和开发。

对于存在技术偏见需要认识到：其一，关于"某段时间内"，系指在申请日前的某一段时间，当然，该偏见在客观上也可以持续到申请日后。其二，关于"某个技术领域中"，指的是发明所属的技术领域和相关的技术领域，对于不相干的技术领域，所属领域技术人员无知或知之甚少，自然也就谈不上有技术上的偏见。其三，关于"对技术问题偏离客观事实的认识"，对技术问题是否偏离客观事实的认识标准是客观的，如果某一认识与客观事实相符，那么就不可能是技术偏见。其四，关于"对技术问题普遍存在的认识"，对技术问题的认识是否普遍存在的标准含有主观因素在内，是主观和客观的结合，也正因此，实践中争议往往发生在对该认识是否普遍存在的认定上。

理解这里的"普遍存在"需要注意的是：（1）普遍的程度应该是达到基本上本领域所有人都有同样的认识程度，因为只有这样，才会阻碍人们对该技术领域的研究和开发的程度；（2）必须是没有人将不同的认识公知于众，如果有极少数人，哪怕仅仅是一个人将不同的认识在申请日前公知于众，也即现有技术中有不同的记载和认识，就不是"普遍存在"。

一般而言，为证明专利克服技术偏见具有创造性，申请人或专利权人一方可以举出教科书、技术手册等本领域技术人员公知的内容来证明相关认识是普遍存在的。作

---

❶ 尹昕. 发明专利创造性判断中对实验数据及技术偏见的司法认定[J]. 人民司法，2013（4）：4-8.

为请求人一方，只需举出相关证据证明现有技术中已经存在不同的认识，那么对该技术问题的看法就不是技术偏见了。❶

本案中，武田制药认为本发明克服了技术偏见的理由仅仅是一些文献中没有选择吡格列酮作为胰岛素敏感性增强剂而选择了其他类型的胰岛素敏感性增强剂，但这并不能说明本领域存在吡格列酮不适于作为人类药物的普遍认识，也不可能阻碍人们对相关技术领域的研究和开发。相反，包括证据1在内的众多现有技术均表明吡格列酮与曲格列酮具有相同的降血糖作用机制，可以用作胰岛素敏感性增强剂，而且证据1明确教导了胰岛素敏感性增强剂与磺酰脲或胰岛素的并用效果更值得期待，因此该领域并不存在专利权人所说的技术偏见，涉案专利的技术方案并未脱离证据1的教导与启示，其取得的技术效果也是本领域技术人员根据证据1公开的内容能够预期的。

6.1.3 案件启示

我国人口众多，医药消费市场巨大，但我国医药企业的研发经费投入和科研实力却与跨国医药巨头还存在相当大的差异，我国的医药企业大多是以生产仿制药为主。然而仿制药进入市场存在各种障碍，障碍之一就是原研药通常拥有专利权，药企会以原研药拥有专利权作为武器对国内仿制药企业进行围追堵截和设限，国内仿制药企业要发展就不得不面对专利问题。

国内仿制药企业在决定研发仿制药伊始，就需要对原研药的各类型专利壁垒情况有充分的了解，充分评估仿制药的专利风险，事先进行严密的规划。

本案例给出的启示是：仿制药企业可主动对原研药的专利权提出无效宣告请求。根据中国《专利法》第45条的规定，自国务院专利行政部门公告授予专利权之日起，任何单位或个人认为该专利权的授予不符合本法有关规定的，可以请求专利复审委员会宣告该专利权无效。由于授权专利并非无懈可击，其权利本身可能存在缺陷，这样就给仿制药厂商提供了一定的挑战空间，一旦挑战成功，便可越过专利壁垒，在市场上占有一席之地。当然，通过无效途径对专利权进行挑战并不容易，专利权人必然会穷尽一切法律手段和现有技术来应对，因此不仅需要对专利法关于相关无效情形的规定有充分了解，还需要有充足的现有技术证据作为基础，从技术和法律层面进行深入分析，综合考量，选择最为有效的理由和有力的证据，尽可能全面、准确地发现其中存在的所有缺陷，以有效提高挑战的成功率。

以上案例中，海思科公司和重庆医工院对武田制药的专利提出无效宣告请求，主要针对创造性缺陷，有针对性地提出多种有力证据，证明了创造性缺陷的成立，成功地无效了武田制药的专利。

---

❶ 技术偏见. [EB/OL]. [2015-12-30]. http://baike.baidu.com/link?url=oNJxHuObAWh4zx_RLwXJwTdXy RfhTsdBCa7gorsqkPhnB0y8-hY_b_wFJhVMWTRUwLzdyleCtEj3EnirPnZ8d_.

6.2 礼来的多方诉讼战

胰岛素及其类似物是最有效的糖尿病治疗药物之一。胰岛素类似物始于20世纪90年代，人们利用基因工程技术对人胰岛素的氨基酸序列及结构进行局部修饰，合成了人胰岛素类似物。

礼来于1996年推出了第一支超短效人胰岛素类似物——优泌乐，并获得美国FDA的批准。优泌乐的通用名为赖脯胰岛素，它是通过将人胰岛素化学结构中B链28位和29位的氨基酸位置互换而成。由于这种化学结构的改变，使得优泌乐在注射后15分钟内就开始发挥作用，1个小时就可以达到峰值浓度，其药代动力学的特点更接近于人体自身分泌的胰岛素。该药在全球被广泛应用于Ⅰ型和Ⅱ型糖尿病的治疗，为目前全球应用最广泛的人胰岛素类似物之一。2005年，优泌乐在中国正式上市。

1990年2月8日，礼来向原中华人民共和国专利局申请了名称为"含有胰岛素类似物的药物制剂的制备方法"的发明专利。现国家知识产权局经审查后，于2003年3月26日授予礼来专利权，专利号为96106635.0。

1995年6月14日，礼来向原中华人民共和国专利局申请了名称为"单体胰岛素类似物制剂"（申请号为95106567.X）、"胰岛素类似物制剂"（申请号为95106568.8）的发明专利。现国家知识产权局经审查后，分别于2004年4月14日、2003年4月16日授予礼来专利权。

2002年，甘李药业向中华人民共和国食品药品监督管理局申报了"重组赖脯胰岛素"（剂型为原料药）、"重组赖脯胰岛素注射液"（包括3mL和10mL两种规格）和"双时相重组赖脯胰岛素注射液75/25"3种药品的注册申请。就"重组赖脯胰岛素"（剂型为原料药）和"双时相重组赖脯胰岛素注射液75/25"取得了临床研究批件，并就"重组赖脯胰岛素注射液"（包括3mL和10mL两种规格）取得了生产批件。

为了阻止甘李药业的产品上市，礼来以甘李药业行为侵犯第96106635.0号、第95106567.X号、第95106568.8号的专利权为由，将甘李药业诉至北京市第二中级人民法院。甘李药业则毫不示弱，针锋相对，向专利复审委员会提出无效宣告请求，请求宣告上述第96106635.0号、第95106567.X号、第95106568.8号的专利权无效。由此，为了赖脯胰岛素，礼来和甘李药业之间爆发了一场专利大战。

6.2.1 礼来 vs 甘李药业侵权诉讼

6.2.1.1 案件回顾

如图6-2-1所示，在侵权诉讼中，礼来认为：甘李药业向中华人民共和国食品药品监督管理局提交了"重组赖脯胰岛素"（剂型为原料药）、"重组赖脯胰岛素注射液"（包括3mL和10mL两种规格）和"双时相重组赖脯胰岛素注射液75/25"3种药品的注册申请。现在已经就"重组赖脯胰岛素"（剂型为原料药）和"双时相重组赖脯胰岛素注射液75/25"取得了临床研究批件，并就"重组赖脯胰岛素注射液"（包括

3mL 和 10mL 两种规格）取得了生产批件，而且在此之前被告已经通过网络宣传其申请的药物"速秀霖"。甘李药业的行为性质属于即发侵权和许诺销售，构成了对专利权的侵犯。

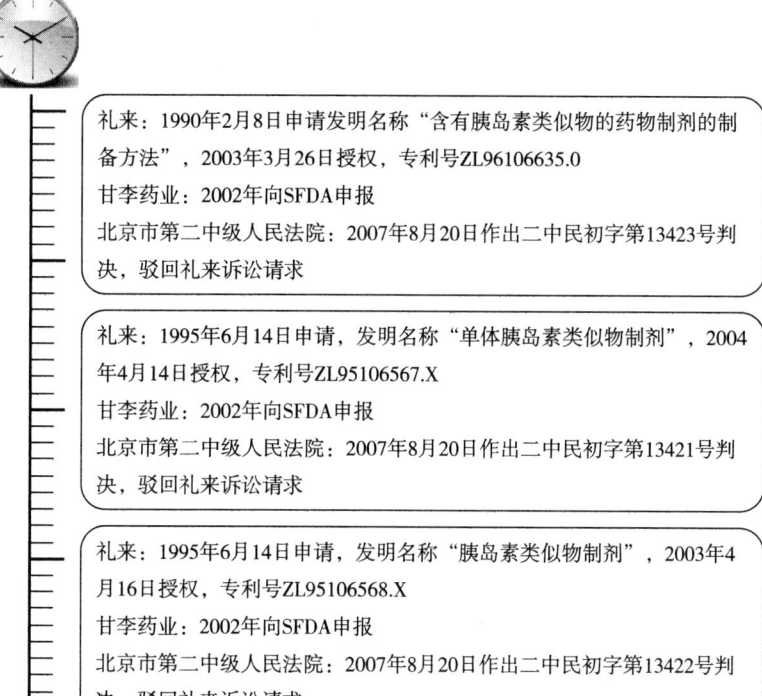

图 6-2-1　礼来和甘李药业侵权案件大事记

甘李药业则认为，其行为不属于中华人民共和国专利法规定的实施他人专利的行为。另外，其行为目的是药品的行政审批，根据惯例，为药品的行政审批目的而使用他人专利的，不视为侵权，也不属于即发侵权。因此，不构成对专利权的侵犯。

法院认为，礼来的专利应当受到中华人民共和国专利法的保护。任何单位或者个人未经专利权人原告礼来许可，都不得实施其专利，即不得为生产经营目的使用其专利方法以及使用、许诺销售、销售、进口依照该专利方法直接获得的产品。甘李药业的产品尚处于药品注册审批阶段，实施了临床试验和申请生产许可的行为，但其目的是满足国家相关部门对于药品注册行政审批的需要，以检验其生产的涉案药品的安全性和有效性。甘李药业的制造涉案药品的行为并非直接以销售为目的，不属于中华人民共和国专利法所规定的为生产经营目的实施他人专利的行为。另外，鉴于涉案药品尚处于注册审批阶段，并不具备上市条件，因此，其网站上的相关宣传内容不属于许诺销售行为，也不构成即发侵权。[1]

---

[1] 北京市第二中级人民法院二中民初字第 13421 号、第 13422 号、第 13423 号判决书。

6.2.1.2 案件焦点

1. 许诺销售

《专利法》第11条规定，发明和实用新型专利权被授予后，除本法另有规定的以外，任何单位或者个人未经专利权人许可，都不得实施其专利，即不得为生产经营目的制造、使用、许诺销售、销售、进口其专利产品，或者使用其专利方法以及使用、许诺销售、销售、进口依照该专利方法直接获得的产品。许诺销售，是指以做广告、在商店橱窗中陈列或者在展销会上展出等方式作出销售商品的意思表示。因此，许诺销售的构成要件包括三点，分别为（1）是否能够确认许诺销售的产品是侵权产品；（2）许诺销售的产品是否已经成型，处于能够销售的状态；（3）许诺销售者是否具备实际销售目的。

具体来说，第一，关于是否能够确认许诺销售的产品是侵权产品。虽然许诺销售是实际销售行为尚未发生，但是法院对指控许诺销售侵权所适用的基本原则与指控销售侵权一样，只有在确认了被控侵权产品落入了专利权保护范围后，才能认定该产品是侵权产品。对于许诺销售而言，由于只是处于要约或要约邀请阶段，权利人只是推断自己的权利可能受到了侵犯，如果原告证据不充分，则无法确认许诺销售的产品是侵权产品。

第二，关于许诺销售的产品是否已经成型，并处于能够销售状态。如果只是被控侵权人对外介绍其产品的特征如何，但是该产品并不存在或处于研发阶段，则可以排除其侵权指控。

第三，许诺销售者是否具备实际销售的目的。这是许诺销售的主观要件，被控侵权人不但应当具有即将销售侵犯专利权的产品的明确意思表示，而且在作出该意思表示之时其产品应当处于能够销售的状态，否则可以排除其侵权可能。本案中，尽管甘李药业在其网站上对其"速秀霖"产品进行宣传，但是，现有证据不能证明甘李药业所进行的宣传系欲达到销售该产品的目的。因此，甘李药业在其网站上进行宣传的行为不构成许诺销售。

还应注意的是，如果构成许诺销售侵权，行为人应承担的责任。根据《专利法》的原理，专利侵权行为最基本的民事责任除停止侵权以外，就是赔偿损失。在许诺销售阶段，尽管没有形成实际销售，但损失还是可能存在的。比如，由于侵权人发布、散发推销广告等许诺销售行为，导致专利权人或利害关系人订货量的减少等。当然，在许诺销售阶段，确定损失数额会比较困难，可以适用"参照该专利许可使用费的倍数合理确定"的方式。另外，如果假冒他人专利进行许诺销售的，还可以由管理专利工作的部门对其科以罚款等行政处罚；构成犯罪的，依法追究刑事责任。❶

2. 申报产品的目的是否构成以生产经营为目的

对于这一问题的考虑，涉及 Bolar 例外（Bolar exception），又称为 Bolar 豁免（Bolar exemption），是指在专利法中对药品专利到期前他人未经专利权人的同意而进

---

❶ 张清奎. 医药专利保护典型案例评析 [M]. 北京：知识产权出版社，2012：338-344.

口、制造、使用专利药品进行试验，以获取药品管理部门所要求的数据等信息的行为视为不侵犯专利权的例外规定。国外专利权人针对我国仿制药产业提出过多起 Bolar 例外诉讼。

2000 年"葛兰素"诉"西南合成"专利侵权案件中曾涉及"临床试验是否构成侵权"这一问题，重庆市中级人民法院一审判决中未就新药临床试验是否构成专利侵权作出正面回答，但全额支持了原告损害赔偿的诉讼请求。2006 年，北京市第二中级人民法院对"上海三共制药有限公司和日本三共株式会社诉北京万生药业有限公司侵犯奥美沙坦脂片制备方法专利权案"作出的判决指出：万生药业有限公司制造行为是为了满足国家相关部门对于药品注册行政审批的需求，以检验其生产的涉案药品的安全性和有效性。鉴于被告万生药业有限公司的涉案专利药品的行为并非直接以销售为目的，不属于专利法所规定的为生产经营目的实施专利行为，不构成对专利权的侵犯。在礼来诉甘李药业的上述侵权案中，北京市第二中级人民法院法院重申了新药临床试验和申请生产许可不属于专利法规定的为生产经营目的实施他人专利的行为。

第三次修改后的《专利法》第 69 条第 4 款规定，专为科学研究和实验而使用有关专利的，不视为侵犯专利权；第 5 款规定，为提供行政审批所需要的信息，制造、使用、进口专利药品或者专利医疗器械的，以及专门为其制造、进口专利药品或者专利医疗器械的，不视为侵犯专利权。第 5 款规定的情形与美国专利法中的 Bolar 例外类似。

通过加入 Bolar 例外条款，解决了仿制药厂可以在专利药品到期之前进行临床试验，以获取 CFDA 审批所需的必要数据的问题。如上所述，在改法之前，礼来诉甘李药业的上述侵权案中，法院的判决已经体现了 Bolar 例外的精神，在这些案件中，由于 2000 年《专利法》中还没有 Bolar 例外条款，法院将《专利法》第 11 条中的"生产经营目的"解释为"直接生产经营目的"，并认定由于被告的临床试验行为不属于以"直接生产经营目的"的行为，因此不侵权。在改法之后，类似的案例就可以直接地根据第 69 条 Bolar 例外条款来进行判决。❶

6.2.2 礼来 vs 甘李药业专利无效案

6.2.2.1 案件回顾

1. 针对第 96106635.0 号专利

如图 6-2-2 所示，该专利授权的权利要求有 2 项。甘李药业于 2007 年 7 月 9 日针对该专利权向国家知识产权局专利复审委员会提出无效宣告请求，认为涉案专利不符合《专利法》第 26 条第 3 款、第 26 条第 4 款、《专利法》第 5 条和《专利法》第 22 条第 3 款的规定，请求宣告本专利全部无效。

---

❶ 张清奎. 医药专利保护典型案例评析 [M]. 北京：知识产权出版社，2012：338-344.

- 1990年2月8日，发明名称"含有胰岛素类似物的药物制剂的制备方法"，
- 2003年3月26日授权，专利号ZL96106635.0
- 2007年7月9日，甘李药业向专利复审委员会提出无效宣告请求
- 2007年9月18日，礼来公司提交了修改的权利要求书
- 2008年1月23日，专利复审委员会进行了口头审理
- 2008年4月27日，专利复审委员会作出第11413号无效决定，维持专利权有效
- 2009年，北京市第一中级人民法院作出（2008）一中行初字第762号判决，维持第11413号无效决定

图 6-2-2　第 96106635.0 号无效案件大事记

礼来在 2007 年 9 月 18 日提交了修改的权利要求书，修改后的权利要求书为 1 项。

经审理，2008 年 4 月 27 日，专利复审委员会作出第 11413 号决定，维持专利权有效。❶

甘李药业对上述决定不服，在法定期限内，向北京市第一中级人民法院提出起诉，起诉的主要理由是：（1）本专利不符合《专利法》第 5 条的规定，（2）本专利不具备《专利法》第 22 条第 3 款规定的创造性。

经审理，北京市第一中级人民法院作出判决，维持了第 11413 号决定。最终，甘李药业服从了北京市第一中级人民法院作出的判决，未再提出上诉。

2. 针对第 95106567.X 号专利

如图 6-2-3 所示，该专利授权的权利要求共 21 项，甘李药业于 2007 年 7 月 9 日向专利复审委员会提出无效宣告请求，认为本专利说明书不符合《专利法》第 26 条、第 26 条第 4 款、《专利法实施细则》第 20 条第 1 款的规定，不符合《专利法》第 22 条第 2 款、第 22 条第 3 款的规定，请求宣告该专利全部无效。

礼来在收到无效宣告请求后，修改了权利要求书，修改后的权利要求共 17 项。

经审理，专利复审委员会作出第 11435 号无效决定，以权利要求 1～17 不具备创造性为由，宣告该专利权全部无效。

礼来不服上述判决，在法定期限内，向北京市第一中级人民法院提出起诉，认为该专利符合《专利法》第 22 条第 3 款的规定。

经审理，北京市第一中级人民法院维持了专利复审委员会作出的决定，认定权利要求 1～17 不符合《专利法》第 22 条第 3 款的规定。礼来向北京市高级人民法院提起上诉。北京市高级人民法院作出终审判决，认为一审判决引入原告放弃的反证 17，改变了无效决定认定的事实基础，撤销了一审判决和第 11435 号无效决定。

---

❶ 专利复审委员会第 11413 号无效宣告请求审查决定书。

— 1995年6月14日申请，发明名称"单体胰岛素类似物制剂"，2004年4月14日授权，专利号ZL95106567.X
— 2007年7月9日，甘李药业向专利复审委员会提出无效宣告请求
— 2007年10月7日，礼来提交了修改的权利要求书
— 2008年1月25日，专利复审委员会进行了口头审理
— 2008年4月27日，专利复审委员会作出第11435号无效决定，宣布专利权全部无效
— 2009年3月17日，北京市第一中级人民法院作出（2008）一中行初字第1290号判决，维持第11435号无效决定
— 2009年10月20日，北京市高级人民法院作出（2009）高行终字第724号判决，撤销一审判决和第11435号无效决定，要求专利复审委员会重新进行审理
— 2009年11月12日，甘李药业向专利复审委员会另外提出无效宣告请求
— 2011年9月14日，经合案审理，专利复审委员会作出第17261号无效决定，宣告专利权全部无效
— 2013年，北京市第一中级人民法院作出（2012）一中知行初字第1425号判决，维持第17261号无效决定
— 2015年7月21日，北京市高级人民法院作出（2014）高行终字第381号判决，维持一审判决，认定第17261号无效决定合法

图6-2-3 第95106567.X号无效案件大事记

甘李药业于2009年11月12日针对该专利提出了另一份无效宣告请求，认定修改后的权利要求1～17不符合《专利法》第22条第3款的规定，说明书不符合《专利法》第26条第3款的规定。

专利复审委员会根据甘李药业的请求和北京市高级人民法院的终审判决，将上述两项无效宣告请求案合并进行审理。经审理，专利复审委员会作出第17261号无效决定，以权利要求1～17不具备创造性为由，宣告该专利权全部无效。

礼来对第17261号无效决定不服，向北京市第一中级人民法院提出起诉，经审理，北京市第一中级人民法院作出判决，维持了专利复审委员会的决定。礼来向北京市高级人民法院提出上诉，北京市高级人民法院作出终审判决，维持了一审判决，认定第17261号无效决定合法。❶

3. 针对第95106568.8号专利

如图6-2-4所示，该专利授权的权利要求共9项，甘李药业于2007年7月9日向专利复审委员会提出无效宣告请求，认为本专利不符合《专利法》第26条第3款、

---

❶ 专利复审委员会第17261号无效宣告请求审查决定书。

第26条第4款、《专利法》第22条第2款和第3款的规定,请求宣告该专利全部无效。

1995年6月14日申请,发明名称"胰岛素类似物制剂",2003年4月16日授权,专利号ZL95106568.8

2007年7月9日,甘李药业向专利复审委员会提出无效宣告请求

2007年9月18日,礼来药业提交了修改的权利要求书

2008年1月24日,专利复审委员会进行了口头审理

2008年4月27日,专利复审委员会作出第11397号无效决定,宣布专利权全部无效

2009年,北京市第一中级人民法院作出(2009)一中行初字第430号判决,维持第11397号无效决定

图6-2-4 第95106568.8号无效案件大事记

礼来在收到无效宣告请求后,修改了权利要求书,修改后的权利要求共4项。

经审理,专利复审委员会作出第11397号无效决定,以说明书不符合《专利法》第26条第3款规定为,宣告该专利权全部无效。❶

礼来不服上述决定,在法定期限内,向北京市第一中级人民法院提出起诉。经审理,北京市第一中级人民法院作出判决,维持了专利复审委员会的决定。礼来服从了该判决,未再提出上诉。

6.2.2.2 案件焦点

《专利法实施细则》第65条第2款规定了无效宣告请求的理由,包括被授予专利的发明创造不符合《专利法》第22条、第23条、第26条第3款、第4款、第33条或《专利法实施细则》第2条、第13条第1款、第20条第1款、第21条第2款的规定,或者属于《专利法》第5条、第25条的规定,或者依照《专利法》第9条规定不能取得专利权。

在甘李药业提出的无效宣告请求中,上述无效理由多有涉及,主要涉及的焦点有:《专利法》第5条、《专利法》第26条第3款以及《专利法》第22条第3款。

1.《专利法》第5条

甘李药业认为第96106635.0号专利垄断了社会公众使用该类人胰岛素类似物制备药品的自由使用权,以及用常规方法、将其与常规赋形剂或载体混合物来制备胰岛素药物制剂的、在一般意义上的自由制造权,因而妨碍了公共利益,不符合《专利法》第5条的规定。要分析第96106635.0号专利是否妨碍了公共利益,首先要明确,何谓"公共利益"。

---

❶ 专利复审委员会第11397号无效宣告请求审查决定书。

"公共利益"是常见的词汇之一,从构词方式看,"公共利益"可以分解为"公共"和"利益"两部分。公共主要指利益的受益对象即主体,利益是客体内容。"公共"是相对某一共同体内的少数人而言的概念,具有不确定性,该共同体的规模大到整个国家、社会,小到某一个集体。"利益"表现为某个特定的(精神或者物质)客体对主体的存在有价值(有用、必要、值得追求)。综合这些因素,可以认为"公共利益"应当包括国家利益、社会利益,以及某一共同体内不确定多数人的利益。

《专利法》第 5 条规定,对违反国家法律、社会公德或者妨害公共利益的发明创造,不授予专利权。审查指南对"妨害公共利益"作了解释:"妨害公共利益,是指发明创造的实施或使用会给公众或社会造成危害,或者会使国家和社会的正常秩序受到影响"。为了对"妨害公共利益"作进一步说明,审查指南进行了若干举例:例如,发明创造以致人伤残或损害财物为手段的,如一种使盗窃者双目失明的防盗装置及方法,不能被授予专利权;发明创造的实施或使用会严重污染环境、严重浪费能源或资源、破坏生态平衡、危害公众健康的,不能被授予专利权;专利申请的文字或者图案涉及国家重大政治事件或宗教信仰、伤害人民感情或民族感情或者宣传封建迷信的,不能被授予专利权。

从这些举例可以看出,"致人伤残或损害财物"是损害非特定人群的人身权和财产权,其包括在公共利益的范围内;"严重污染环境、严重浪费能源或资源、破坏生态平衡、危害公众健康,以及国家重大政治事件或宗教信仰、伤害人民感情或民族感情或者宣传封建迷信"都与国家和社会的正常秩序相关,属于国家利益、社会利益的内容。这些属于《专利法》第 5 条"公共利益"涵盖的范围。❶

基于上述讨论,实践中判断一项发明创造是否妨害公共利益要重点考虑以下因素:

(1) 发明创造是否以妨害公共利益为直接目的。只有当发明创造的直接目的妨害了公共利益时,才能将其认定为不符合《专利法》第 5 条的发明创造。

(2) 被妨害的主体是否包含在"公共"的范围,被妨害的"利益"是否属于"公共利益"的内容。前者要判断主体的范围是否为国家、社会或者不确定的个人等,后者则考虑利益是否涉及人身利益、财产利益、国家利益、社会利益等,且要重点关注公共健康、环境保护的问题。

由于第 96106635.0 号专利被授予的专利权是国家和专利权人之间签订的一项特殊契约,根据这种契约,专利权人公开他的发明内容,国家则对发明人授予其一定期限内独占利用他的发明的权利。因此,实施或使用第 96106635.0 号专利形成的垄断性具有自然权利的正当前提,其合法性使其在行政机关确权范围内行使专利权,即便能够形成垄断性的市场优势,也不能因此被认定由于限制市场竞争而妨害到公共利益。

实际上,第 96106635.0 号专利提供了赖脯胰岛素或其可药用盐与一种或更多种可药用的赋形剂或载体混合而制备药物制剂的方法,其实施或使用本专利方法的结果是制得含有速效赖脯胰岛素的药物制剂。实施或使用该专利的目的并不是给公众或社会

---

❶ 陈吉云,孙付东. 浅析《专利法》第五条的"公共利益"[J]. 法制与社会,2014(10):65-69.

造成危害，而是向公众提供治疗糖尿病的新产品，有利于公众健康。因而不符合《专利法》第 5 条的规定。

2.《专利法》第 26 条第 3 款

《专利法》第 26 条第 3 款规定，说明书应当对发明或者实用新型作出清楚、完整的说明，以所属技术领域的技术人员能够实现为准。

《专利审查指南 2010》第二部分第二章对该条款作了进一步解释，即"说明书对发明或者实用新型做出清楚、完整的说明，应当达到所属技术领域的技术人员能够实现的程度"。该解释从整体上明确了说明书的描述应当"清楚"和"完整"，"所属技术领域的技术人员能够实现"是"清楚"和"完整"的最终衡量标准。因此，"清楚""完整""所属技术领域的技术人员"以及"能够实现"是"充分公开"审查中涉及的重要概念。

其中，（1）"所属技术领域的技术人员"是判断"充分公开"的主体。对于"所属技术领域的技术人员"，根据《专利审查指南 2010》第二部分第四章第 2 节的规定所属技术领域的技术人员，应当具有以下知识和能力：知晓申请日或者优先权日之前所属技术领域的普通技术知识；具有申请日或者优先权日之前的常规实验手段能力；能够获知所属领域中的所有现有技术；具有从其他技术领域中获知该申请日或优先权日之前的相关现有技术、普通技术知识和常规实验手段的能力；不具有创造能力。

在《专利审查指南 2010》有关"充分公开"的章节中明确规定，关于"所属技术领域的技术人员"的含义，适用本部分第四章第 2.4 节的规定。这说明，在我国，判断"充分公开"和"创造性"这两个"所属技术领域的技术人员"具有完全相同的含义。

（2）"能够实现"。《专利审查指南 2010》第二部分第二章规定：所属技术领域的技术人员能够实现，是指所属技术领域的技术人员按照说明书记载的内容，就能够实现该发明或者实用新型的技术方案，解决其技术问题，并且产生预期的技术效果。

说明书应当记载发明或者实用新型的技术方案，详细地描述实施发明或者实用新型的具体实施方式，完整地公开对于理解和实现发明或者实用新型必不可少的技术内容，达到所属技术领域的技术人员能够实现该发明或者实用新型的程度。

《专利审查指南 2010》中列举了 5 种由于缺乏解决技术问题的技术手段而被认为无法实现的情形，其中第 5 点指出：说明书中给出了具体的技术方案，但未给出实验证据，而该方案又必须赖实验结果加以证实才能成立。例如，对于已知化合物的新用途发明，通常情况下，需要在说明书中给出实验证据来证实其所述的用途以及效果，否则将无法达到能够实现的要求。

从以上对"所属技术领域的技术人员"和"能够实现"的分析可以看出，首先，是否"能够实现"是针对所属技术领域的技术人员而言。其次，满足"能够实现"的要求，是指所属技术领域的技术人员，按照说明书记载的内容能够实现该发明或者实用新型的技术方案即可。最后，"能够实现"的具体标准是指，能够解决说明书所记载的技术问题并且产生预期的技术效果。

在甘李药业提出的无效理由中，将所述专利与最接近的现有技术比较，认为所述专利相对于最接近的现有技术取得更好的技术效果才能使其符合《专利法》第 26 条第 3 款的规定，一方面提升了对"所属技术领域的技术人员"能力的要求，因为"所属技术领域的技术人员"并不具备创造能力；另一方面提高了"能够实现"的具体标准，衡量"能够实现"的具体标准不再是说明书记载的技术问题和技术效果，而是与最接近现有技术比较以后的技术问题和技术效果。因此，对于该理由并不符合"能够实现"的判断标准，而是以创造性的审查标准来判断说明书是否公开充分，因而是不能成立的，第 96106635.0 号专利符合《专利法》第 26 条第 3 款的规定。

在甘李药业提出的无效理由中，认为所述专利不能证明其他胰岛素类似物均有与赖脯胰岛素相同的效果、无法证明胰岛素类似物六聚物起效快及其制剂稳定性好、不能确认赖脯胰岛素制剂的组成、不能确认胰岛素类似物六聚物的存在等理由涉及"能够实现"第 5 种情形。之所以作出这一规定，是因为有些类型的发明创造性，仅从技术方案自身的问题表述上，所属技术领域的技术人员无法判断其是否可以实现，或者实施后是否可以到达其声称的效果。例如，对于许多的天然药物的有效成分，从设计理论上的合成路线到该化合物最终合成出来之间，通常需要摸索实验条件以及进行大量的实验，并不断根据实验结果修正，甚至改变合成路线，这样的劳动无疑是创造性的。因此，对于这类发明创造，如果申请人完成了相关的合成，但是，在其申请文件中没有给出相关的、可以表明所要求保护的产品确实已经合成出来的具体实验证据，使所属技术领域的技术人员无法判断是否获得了合成产物，此时的说明书将被认为公开不充分。由此可以看出，是否提供实验证据是判断此类发明创造的说明书公开是否充分的关键。因而，由于第 95106568.8 号专利的说明书中没有提供实验证据证明确实获得了所述胰岛素类似物六聚物复合物，导致其不符合《专利法》第 26 条第 3 款的规定，第 95106567.X 号专利和第 96106635.0 号专利记载了相关的试验数据，符合《专利法》第 26 条第 3 款的规定。

3. 《专利法》第 22 条第 3 款

《专利法》第 22 条第 3 款规定，创造性，是指同申请日以前已有的技术相比，该发明具有突出的实质性特点和显著的进步，该实用新型有实质性特点和进步。

关于突出的实质性特点和显著的进步，《专利审查指南 2010》第二部分第四章进行了如下定义：

"发明有突出的实质性特点，是指对所属技术领域的技术人员来说，发明相对于现有技术是非显而易见的。

发明有显著的进步，是指发明与现有技术相比能够产生有益的技术效果。例如，发明克服了现有技术中存在的缺点和不足，或者为解决某一技术问题提供了一种不同构思的技术方案，或者代表某种新的技术发展趋势。"

如分析所见，同时具有突出的实质性特点和显著的进步才能具备创造性，而"突出的实质性特点"是判断创造性的基础和根基。

判断发明是否具有突出的实质性特点，就是要判断对本领域的技术人员来说，要求保护的发明相对于现有技术是否显而易见。通常采取的是"三步法",但是应当注意的是,"三步法"并不是评述显而易见性的唯一方法。"三步法"包括以下三步:第一步,确定最接近的现有技术;第二步,确定发明的区别特征和发明实际解决的技术问题、判断要求保护的发明对本领域的技术人员来说是否显而易见;第三步,判断要求保护的发明对本领域的技术人员来说是否显而易见。

第三步是在前两步的基础上判断要求保护的发明对本领域的技术人员来说是否显而易见,属于关键性的结论步骤,也是创造性判断的主要争议点所在。在"是否显而易见"的判断过程中,要确定的是现有技术整体上是否给出将区别特征应用到最接近的现有技术以解决发明实际所解决技术问题的启示,这种启示会使本领域的技术人员在面对前述技术问题时,有动机改进最接近的现有技术并获得所要求保护的发明的技术方案。

对于任何一篇现有技术文献而言,其在撰写时主要目的是介绍所涉及的技术方案本身及当时感兴趣的技术问题,一般不会将其撰写为其还可以与某项技术结合实现某种技术效果。因此在考虑是否存在结合动机时,不能仅考虑现有技术本身所声称要解决的技术问题,还应考虑在本领域是否存在改进的需求。下述情况,通常认为现有技术中存在结合的技术启示:①所述区别特征为公知常识;②所述区别特征为与最接近的现有技术相关的技术手段;③所述区别特征为另一份对比文件中披露的相关技术手段,该技术手段在该对比文件中所起的作用与该区别特征在要求保护的发明中为解决该重新确定的技术问题所起的作用相同。应当注意,上述列举的几种情形并不是现有技术给出技术启示的所有方式,可能还存在现有技术给出技术启示的其他情形。

在第95106567.X号专利的无效宣告请求决定中,权利要求1与最接近现有技术附件2的区别特征在于用赖脯胰岛素替代了人胰岛素。所要实际解决的技术问题是提供与胰岛素-NPH相比起效更快的中效胰岛素类似物。从该技术问题出发,要分析现有技术是否给出了将区别特征应用到最接近的现有技术以解决发明实际所解决技术问题的启示。附件1作为现有技术公开了赖脯胰岛素以及可按附件2的方法制备胰岛素类似物的药物组合物。附件1的这些内容给出了赖脯胰岛素可以像天然人胰岛素一样被配制为药物组合物,为了解决上述技术问题,所属技术领域的技术人员有动机用附件1的赖脯胰岛素替换附件2的中效胰岛素制剂中的天然人胰岛素,以获得起效更快且与中效胰岛素一样具有较长作用时间的胰岛素类似物-鱼精蛋白复合物。因此权利要求1是显而易见的,不具有突出的实质性特点。

对于是否有启示,礼来提供反证1和反证2证明由于赖脯胰岛素降低了聚合倾向,不能像天然胰岛素那样与锌形成稳定的六聚体,反证4~7证明其与锌的缔合将会产生大量大分子量物质并且不同于大多数情况下的、已明确定义的锌-胰岛素六聚物。反证3、反证9证明本专利当时的目标是得到快速起效的单体胰岛素类似物,避免其形成六聚体,因而本领域技术人员不会预测到赖脯胰岛素-鱼精蛋白复合物能够形成,也没有动机把速效的赖脯胰岛素制备成为延长起效时间的胰岛素制剂,制成含有鱼精蛋白的胰岛素类似物制剂偏离了附件1的目的和教导。

无论是用于证明具备创造性还是用于证明不具备创造性的技术都应当是申请日以前的现有技术，非现有技术在评述创造性不予考虑，这在《专利审查指南2010》第二部分第四章有明确的记载，反证4~8、反证10~12本身不能作为现有技术，因而不能支持本专利的创造性。

另外，作用时间的延长并不妨碍对快速起效的需求，本领域存在对具有即时起效且效果持续足够长时间的胰岛素制剂的需要。而且，相对于附件2，权利要求1只是将中效胰岛素制剂中的胰岛素替换为快速起效的赖脯胰岛素，这实际上并不存在困难，附件22就记载了可以用胰岛素类似物取代人胰岛素制备胰岛素制剂。为了获得同时具有快速起效和作用时间延长两种特性的胰岛素制剂，所属领域的技术人员容易想到用快速起效的赖脯胰岛素取代胰岛素制剂中天然人胰岛素，而获得两种特性。

可见，当无效请求人以现有技术为证据提出发明不具有创造性的无效理由时，专利权人应该仔细深入分析现有技术，求证现有技术整体上是否存在技术启示，以确定发明相对于现有技术是否显而易见。

6.2.3 案件启示

面对仿制药，专利权人必然会穷尽一切法律手段和现有技术来阻止其上市，侵权诉讼是专利权人经常使用的手段之一。本案例给出的启示是：仿制药企业决定对某种原研药进行研究的初始，要随时准备好迎接专利诉讼。一旦仿制药企业收到专利权人的侵权报告或者侵权诉讼，既不能手忙脚乱、手足无措，也不能束手无策、坐以待毙，应当采取积极的态度进行应对。否则就有可能因为消极避诉，造成不可挽回的损失。仿制药企业需要充分分析双方的各项情况，选择最有效的侵权抗辩方式。

根据我国相关法律规定，对于专利侵权的判定通常分为两步，一是对权利人主张的被侵权的权利要求进行解释，确定专利权的保护范围；二是将被控侵权技术与权利要求的技术方案进行比较，判定前者是否包含权利要求记载的全部技术特征或者其等同特征。在判定侵权是否成立的司法实践中，被诉侵权方常常可以通过多种途径，例如以不视为侵权抗辩、专利权效力抗辩、滥用专利权抗辩、现有技术抗辩、禁止反悔抗辩、不侵权抗辩、合理来源抗辩、诉讼时效抗辩等手段进行侵权抗辩，因此就需要被诉侵权方综合考虑各方面因素，在此基础上选取最为合适的抗辩手段，最大可能地维护自身利益。

本案例中，礼来诉称甘李药业侵犯专利权，甘李药业有效应对，根据实际情况和相应先例，采用了不视为侵权的抗辩手段，并获得法院支持，有效地维护了自身利益。

另外，如武田制药无效诉讼案所给出的启示，本案例中，甘李药业积极应对礼来侵权诉讼的同时，主动向礼来的专利提出无效宣告请求，准备充分，采用多种理由和证据的组合，涉及了创造性、公开不充分等不同缺陷，有效提高了挑战的成功率，是国内仿制药企业应对专利权人阻击成功应对的范例。

6.3 赛诺菲的专利保卫战

6.3.1 案件回顾

来得时®（Lantus）是第一支长效胰岛素类似物，由赛诺菲开发，2000年上市，2004年在中国上市，是赛诺菲治疗糖尿病的重磅药物。来得时®是目前世界上销售范围最广、市场最大的处方胰岛素药品，2012年，来得时®给赛诺菲贡献了66.74亿美元的销售额；2013年，这一数字是75.92亿美元；2014年，这个数字再度跳升到了84.33亿美元。来得时®是这家法国药企名副其实的摇钱树。

2013年12月，礼来和其商业伙伴勃林格殷格翰向美国FDA提交了Lantus仿制药LY2963016的批准申请，其有效成分为甘精胰岛素。2013年11月，欧洲EMA推荐并支持该药的资格申请。

为了阻止礼来的LY2963016在美国上市，赛诺菲出手维权，在2014年1月和7月赛诺菲向礼来提起诉讼，诉讼称礼来侵犯了7项包括胰岛素以及其给药设备的专利权。赛诺菲在美国特拉华州威明顿市州地方法院声明，要求礼来立刻停止其产品Abasria的市场行为。

基于美国《药品价格竞争与专利期补偿法案》，提起诉讼后，FDA审批LY2963016的进程会自动停止30个月。这也意味着，在2016年年中之前，LY2963016基本与市场无缘。这对于赛诺菲来说无疑是极大利好，借用这场侵权官司将为赛诺菲公司独占未来两年的市场份额。

2015年9月，经磋商，礼来和赛诺菲就甘精胰岛素专利纠纷达成一致，礼来将于2016年底销售赛诺菲Lantus的生物仿制药。

这项协议主要是关于赛诺菲Lantus SoloStar这款胰岛素产品，这是一类注射用胰岛素，占Lantus年销售额70亿美元的2/3以上。该协议并不涉及瓶装或组合产品。

根据双方协议条款，礼来同意支付赛诺菲专利费用来获得专利使用权，并且许诺在2016年12月15日前不销售与勃林格殷格翰联合开发的甘精胰岛素注射产品Basaglar。这项在美国的协议同样用于解决在世界其他国家的专利纠纷。

6.3.2 案件焦点

6.3.2.1 美国药品专利链接制度

赛诺菲在向礼来提出诉讼后，基于美国《药品价格竞争与专利期补偿法案》，FDA审批LY2963016的进程自动停止30个月。所谓《药品价格竞争与专利期补偿法案》涉及了美国的药品专利链接制度。

美国医药产业总产值占其GDP比重2.1%，系其国家支柱产业之一。为保证创新药物研发的高额投入得到有效、稳定的利润回报，美国建立了医药知识产权强保护体系，任何侵犯医药知识产权的仿制药商都会面临司法诉讼和巨额的经济赔偿。由此，面对上市后被诉专利侵权的巨大法律风险，美国制药商怠于仿制，截至1984年，总计有150项专利期限届满的新药无人仿制。仿制药发展举步维艰，其直接后果是市场上药品价格居高不下，严重影响了药品的可及性。

基于此状况，1984年，美国国会通过了一个专门管理药品专利及设立仿制药批准程序的法令，即《药品价格竞争与专利期补偿法案》（Drug Price Competition and Patent Term Restoration Act，HWA），HWA所确立的专利链接制度的主要内容包括以下4个方面。

（1）新药相关专利信息公开。根据HWA规定，专利药厂在申请新药上市时，应向FDA提出申请上市药品有关的专利信息。FDA根据提交的资料，会将该药物有关的专利信息登记在橘皮书（Approved Drug Products with Therapeutic Equivalence Evaluations/Orange Book）上。橘皮书制度除了可以降低专利药厂专利救济成本外，也有助于节省仿制药厂成本，可以及早进行专利规避设计，从而减少未来发生诉讼的可能性。

（2）仿制药专利声明。根据HWA，仿制药在申请简明新药上市申请（Abbreviate New Drug Application，ANDA）时，须查对原开发药厂登记在橘皮书上的专利信息，并按照规定向FDA提出以下4种专利状态声明其中之一，才能获得FDA的上市销售许可：①第一类证明（Paragraph I Certification）：申请上市的仿制药，未有相关专利登记于橘皮书。②第二类证明（Paragraph II Certification）：橘皮书中虽有该专利的登记，但该专利已过期。③第三类证明（Paragraph III Certification）：橘皮书中虽有专利登记，但该专利即将到期，而仿制药厂申请在专利到期后才开始销售仿制药。④第四类证明（Paragraph IV Certification）：橘皮书中虽有专利登记，但此专利无效，或仿制药厂申请ANDA的内容，并不侵害已登记专利权。

（3）45天诉讼期和30个月停止期。对于第一、第二类证明，FDA可直接加以核准，对于第三类证明，FDA需待专利到期后方予以允准。仿制药厂若依据第四类证明提出ANDA，应向FDA提出其未侵权或原开发药厂专利无效的声明及相关证明资料，还需要将挑战专利有效性一事通知专利权人及新药上市许可证持有者。与此同时，专利权人可在获得通知后45日内提起专利侵权诉讼，若专利权人在45日期限之内并未提起诉讼，FDA将不中止仿制药上市审查。HWA原规定，若专利权人于时限内提出侵权诉讼，FDA应停止ANDA审查，待法院作出判决，停止审查的时限最长为30个月。

（4）180天市场独占期（market exclusivity）。此制度为鼓励仿制药厂挑战原厂专利，第一家依第四类证明模式申请上市并成功推翻原药厂的专利有效性的仿制药厂，将享有180天的市场独家销售权，在这180天期间内，FDA不会再批准其他仿制药厂的上市申请。

到了20世纪90年代末，各制药公司逐渐采用了一些比较精明的方法，利用Hatch-Waxman法案的一些漏洞，极力对抗仿制药的挑战。一种策略是申请无多大价值的新专利，以引发连续多个30个月延迟期，使仿制药公司陷入多年的法律纠纷。另一种方法是与第一个提出ANDA的仿制药公司签订协议，即原研药公司支付给已经取得180天市场独占权的仿制药公司几百万美元，仿制药公司则承诺不上市其竞争的仿制药，从而防止其他公司的仿制药进入市场。

根据这些情况，美国于2003年制订《医疗保险处方药改良和现代化法案》（Medicare Prescription Drug Improvement and Modernization Act，MMA），对于HWA作出了修订，修订的内容主要涉及3个方面。

（1）FDA运作方面。原法令并未规定原专利药厂申请自动停止审查期间的次数，因此同一个ANDA申请案中原专利药厂利用不同的专利提出多个停止审查申请，变相阻止FDA审查；因此新法令修改后，ANDA申请者只需对其申请日之前列在橘皮书中的专利提出证明，一个ANDA申请案只允许一次30个月的停止审查期。

此外对于在橘皮书上登记的专利内容加以限制，以控制专利的品质。FDA规定可以列入橘皮书的专利包括活性化合物、配方、组合物、药品用途等，不能列入橘皮书的专利包括：制造方法、外包装专利、代谢物、中间体等，以避免其他无关的专利限制仿制药的申请。并且对于仿制药厂需挑战其有效性的专利，限于仿制药厂提出ANDA前已登载于橘皮书上的专利。

除此之外，新法规定ANDA申请人必须于FDA受理第四类证明申请后20日内通知原专利权人，以避免仿制药厂拖延其告知义务。

（2）法院诉讼程序方面。新法案赋予ANDA申请者主动提起确认之诉（Declaratory Judgment）的权利。在仿制药厂已依法通知原专利药厂其依第四类证明提出上市申请，原专利药厂未在45日内提起诉讼，仿制药厂可以向法院提起确认不侵权的诉讼，及早解决专利侵权的疑虑。这样法院在FDA上市许可审查核准通过之前，对于该仿制药是否侵权作出判决，以减少仿制药上市后受侵权诉讼的潜在风险。

（3）防止限制竞争方面。修正案中要求如果原专利厂与仿制药厂之间达成任何有关180日市场独占权的相关协议，必须在协议签署后10日内通知FTC以及司法部（Department of Justice，DOJ）。若违反此义务，则可能面临每日最高11000美元的罚款。2003年的修法中，也对180日市场独占权的滥用有所限制，修正案中规定如果符合以下条件之一，申请ANDA的第四类证明审查的仿制药即丧失市场独占权：①没有在通过FDA的审查后75日内上市者。②自申请ANDA日起30个月内没有取得FDA的上市许可。③撤销ANDA申请者。④与原专利药厂达成和解，经FTC或法院判决和解内容违反反托拉斯法。⑤与申请ANDA审查的仿制药相关专利的专利期已届满。[1]

6.3.2.2 仿制药的专利挑战路径

通过美国所建立的药品专利链接制度，仿制药考虑可通过ANDA的方式向FDA申请注册上市。

对于仿制药，FDA有两套评价标准：生物等效性和药学等效性，二者统称为治疗等效性。

生物等效性是指仿制药在人体内的作用方式和原研药相同。对于口服片剂，需要试验确定溶出度曲线等来证明生物等效性，一些特殊的不经肠胃的用药，如眼耳用药，

---

[1] 陈敬，史录文. 美国药品专利链接制度研究［J］. 中国新药杂志，2012，21（22）：2591-2594.

则可能豁免生物等效性实验,但另一些局部作用药则可能被 FDA 要求做一些临床试验来确定治疗等效性。

药学等效性是指仿制药在有效成分、剂量、剂型、给药方式以及说明书内容等方面与其所参考的原研药相同。药学等效性不是 ANDA 获批的必要条件,只要仿制药企业通过适用性请愿程序来证明某些药学上区别不影响安全性和有效性,ANDA 还是可以获批。

如果仿制药通过生物等效性和药学等效性的评估,FDA 会就其治疗等效性给出评级:A 级(在橘皮书中被标注为 AA、AB、AN、AO、AP 或 AT 等)或 B 级。A 级的仿制药在药房层面可以自由替换参考品牌药,而 B 级则需要有医嘱才能替换。显然,A 级的仿制药市场价值最高,而 B 评级无疑对仿制药的营销带来了较大的难度。

除了前述的证明其生物等效性和药学等效性的资料以外,还有关于其所参考的原研药的专利声明。ANDA 赋予了仿制药企业利用原研药临床试验数据的权利,理应从制度上保障原研药的专利权。因此,仿制药 ANDA 中的一个重要材料,便是对专利的声明。需要注意的是,一个原研药物可能涉及许多专利,ANDA 只要求仿制药申请者对橘皮书中列在该原研药名下的专利进行声明。HWA 修订了《联邦食品、药品和化妆品法案》的 505(j)部分中的第 vii 节和第 viii 节,从而规定了 ANDA 申请材料需要作出的专利声明:

"(Ⅰ)还没有这样的专利信息登记在案(称为'第一段声明',PI);

(Ⅱ)这样的专利已经过期(称为'第二段声明',PII);

(Ⅲ)这样的专利将在某个日期过期(称为'第三段声明',PIII);

(Ⅳ)这样的专利是无效的,或者其专利权不会被本申请提交的新药的生产、使用或销售所侵犯(称为'第四段声明'PⅣ)。"

从定义看来,仅采用第一段(PI)或第二段(PII)声明的 ANDA,不构成仿制药专利挑战,因为相关专利不存在或已经过期了。当然,专利药企业可能通过补充未列入橘皮书但与该药相关的新专利从而提起侵权诉讼,包括上述条款中未涉及的"生产方法专利",因而使这类 ANDA 也变成专利挑战的情况,但是这些诉讼不会在 HWA 的框架内影响仿制药审批,所以仍然不构成仿制药专利挑战。

第三段(PIII)声明对专利药厂商的专利权益也有一定的侵占,在 Bolar 案例之前,专利药厂商估计其专利到期后仿制药还要经过一定时间的临床试验和审批(通常数年)才能上市,而现在 PIII 声明的 ANDA 令仿制药得以在专利过期后立即上市。

第四段(PIV)声明的 ANDA(即第四类 ANDA)则是典型的仿制药专利挑战,PIV 声明即为挑战书。因为这个声明不仅要提交给 FDA,还要在 FDA 书面受理该 ANDA 之后的 20 天内发给专利和专利药的持有人。根据美国的法律,这样的声明足以构成"故意侵犯专利的行为",启动专利纠纷程序。

根据 HWA,专利药厂在收到该声明后的 45 天内如果起诉仿制药申请侵犯其专利权,则在专利和专利药持有者一方收到声明后的 30 个月内,美国 FDA 不得批准该仿制药上市申请。

如果专利药厂在收到声明后 45 天内不起诉仿制药商，则失去让美国 FDA 在 30 个月内暂缓批准的权利，仿制药 ANDA 可能获批尽快上市。这种情况下仿制药商为了降低自身风险，避免侵权销售被认定后带来的巨额赔偿，可以选择提出专利无效或不侵权确认之诉（Declaratory Judgement，DJ），法院可根据宪法原则决定是否受理。

在诉讼进行中，FDA 可以继续审查 ANDA 材料，如果认可仿制药与参考专利药的一致性，可以决定临时批准（tentative approval），并在 30 个月后或者在法庭判决专利挑战者胜诉时立即转为正式批准。一旦首个 PⅣ 声明的 ANDA 仿制药（首仿 ANDA）上市，FDA 就要等 180 天才能批准下一个针对同一药物的仿制药，这就是仿制药专利挑战成功后获得的 180 天的"首仿独占期"。法律对这 180 天的独占期当然也有许多限制，例如不得超出专利期之外。所以如果挑战者败诉，仿制药要等专利过期后才能上市，首仿药商的 180 天独占期便失效了，FDA 即可以批准其他的仿制药竞争对手同期上市。

HWA 允许申请者在 ANDA 审查过程中通过补充提交 PⅣ 声明而将原本是 PⅠ 声明、PⅡ 声明和 PⅢ 声明的 ANDA 申请转变为 PⅣ 声明的 ANDA，只需要申请者在作出这一修正的同时立即向专利和专利药的持有方发出有关 PⅣ 声明通知即可。这样修改得来的第四类 ANDA 如果是众多仿制药企业中第一个发出 PⅣ 通知的，也同样可以享受专利挑战成功后 180 天的首仿独占期。

一般来说，NCE 的新药申请（New Drug Applicarion，NDA）获批上市 4 年后的那一天，即开幕日（Opening Day）的时候，仿制药厂商会争相提交 PⅣ 声明以争夺首仿药资格，获得 180 天的市场独占保护。在开幕日提交申请的仿制药厂可以共享这 180 天的独占期，而在这一天以前提交的 PⅣ 声明都不会被受理。不挑战专利的 PⅠ 声明、PⅡ 声明和 PⅢ 声明则还要多等一年，到 NCE 的 5 年数据独占期满才能够提交。

需要注意的是，根据 HWA 的修订，申请人发起仿制药专利挑战时需要对目标药物在橘皮书中的各项专利逐条进行声明。例如，一个专利药在橘皮书中列有 3 项专利，如果仿制药申请者只挑战其中一项专利，那么在其申请材料的专利声明部分中，不但要对这项要挑战的专利进行 PⅣ 声明，还要对其余两项专利分别作出 PⅠ 声明、PⅡ 声明和 PⅢ 声明。一份仿制药申请材料只要对其中任何一项专利提出 PⅣ 声明，就能获得竞争 180 天独占期的资格。❶

对于仿制药企业，通过提交 ANDA 进行专利挑战无疑是获得巨大经济利益的途径，但也是机遇与挑战并存的途径。仿制药专利挑战需要大量人力、物力和时间投入，也是一整套专业、系统的工程。且专利药公司也不会坐以待毙，同样有多种不同途径防范仿制药企业的专利挑战。小型的仿制药公司可以通过与仿制药巨头合作，或者通过并购或战略联盟等方式壮大自身规模，对专利药企业施加压力，并且减小由于一旦败诉而产生的经济损失。也可以根据自身经济实力以及未来预期等方面进行分析，选择庭外和解的方式，在与专利药公司的博弈中获得预期的经济利益。

---

❶ 彭煦舟. 美国专利链接制度下的仿制药专利挑战［J］. 医药投资周刊，2013（9）：22-23.

6.3.3 案件启示

需要看到的是,不论是请求宣告专利无效,还是应诉侵权案件,从启动到终审判决生效是一个漫长的过程,是一场耗时耗力的战争。一旦出现不利结果,专利权人会穷尽一切可能,拖延法律程序,延迟终审判决生效时间,拖延往往会达几年的时间,阻碍了仿制药迅速进入市场。面对这种情况,本案例给出的启示是:仿制药企业如果想使仿制药尽快上市,可考虑通过谈判来获取原研药专利的使用许可或专利权。这样做的好处是,可以摆脱诉讼法律纠纷对企业造成的经济损失和时间成本的困境,另一方面可以节约企业开发新技术的成本。而且,如果企业缺乏技术人才和设备等必要条件,通过谈判引进专利技术是一种明智的选择。

该案例中,通过谈判,以缴纳专利使用费的方式,礼来获得了赛诺菲甘精胰岛素有关专利的全球使用权,赛诺菲成功地维护了自己的专利权,延迟了仿制药的上市时间,抢占了市场份额,避免了冗长的诉讼过程,实现了双赢,不失为仿制药企业通过谈判进入原研药市场的成功典型。

另外,对于意欲向美国出口产品的仿制药企业,挑战原研药的途径之一是提交ANDA。[1]

提交 ANDA 时,如果仿制药申请人提交 PIV 声明(即声明橘皮书中相关药物的专利是无效的,或者仿制药的生产、使用、销售不侵犯专利药的专利),按照规定,ANDA 申请人必须在提出申请后 20 天内通知每一个专利持有人或者新药申请审批件持有人,通知的内容包括声明仿制药已经向 FDA 提交了生物有效性和生物等效性报告以及详细陈述专利无效或不侵犯专利的事实和法律原因。如果专利药企业在规定的 45 天之内没有提出上诉,或者虽然按期提出了上诉,但是法院最终裁决申请人不侵权或者专利权无效,那么为了补偿首个仿制药申请人由于诉讼而导致的经济损失,FDA 会给予首个仿制药申请人 180 天的市场独占期,其间,FDA 不再批准其他申请人的同种仿制药上市。这无疑是仿制药申请人对专利药公司提出的挑战。一旦挑战成功,180 天首仿药的市场独占期能够为提出首个提出挑战的仿制药企业提供优厚的回报。首仿药企业在这 180 天的市场独占期内,可以排除其他仿制药企业的竞争和干扰,以其价格优势,迅速在专利药企业的市场占有率等方面进行有力的冲击,从而获得巨大的经济利益和后续的发展空间。

提交 ANDA 时,为提交仿制药与专利药具有相同的活性成分(active ingredient)、相同的生产规程(routine of administration)、相同的剂型(dosage form)、相同的规格(strengthen)、生物等效性(bioequivalent)的证明,仿制药申请人需在专利药的有效期内使用其专利。此时,Hatch - Waxman 法案中的 Bolar 例外条款规定了单纯为研发和提交由规范药物应用的联邦法律规定的信息而使用专利发明,或将专利产品进口到美国应不是侵权行为。Bolar 例外条款也被称作仿制药的安全条款(Safe Harbor Provision),

---

[1] 杨铁军. 产业专利分析报告(第27册)- 通用名化学药 [M]. 北京:知识产权出版社,2014:278 - 284.

它是专利保护的一种例外，使仿制药商在专利药的专利期未满前获得申请所需的实验数据成为可能，为仿制药的尽早上市提供了法律依据。

以此种方式进行专利挑战，对于 ANDA 申请者来说也存在各种风险。例如，在专利药的诉讼未结束之前，FDA 批准了 ANDA 申请，仿制药公司将其产品上市，然而最终的诉讼判决支持专利药公司而认定仿制药公司侵权，那么仿制药公司会面临巨额的赔偿。并且，由于只有首个挑战成功的仿制药公司才能获得 180 天的市场独占期，提出挑战的仿制药公司之间也存在激烈的竞争。与此同时，专利药公司为应对挑战，也相应采取了多种应对措施，例如授权其他仿制药公司，甚至其自身的仿制药子公司销售仿制药，后者会对提出挑战的 ANDA 申请者形成有效竞争。因此，在是否进行此类专利挑战，仿制药公司需充分评估风险、权衡利弊。

6.4 小　　结

国内企业在决定做仿制药伊始，需要对该药物的各类型专利壁垒情况有充分的了解和研究，充分评估仿制药的专利侵权风险，在可能的情况下事先进行严密的专利规划。一旦被控侵权，仿制药企业不能逃避，消极避诉并不是合理的举动，需要大胆应对，在事前充分准备的基础上，可通过侵权例外抗辩等抗辩手段，采取适合的诉讼策略积极进行侵权抗辩，力争改变在诉讼中的被动地位，保障正常的生产经营活动和合法权益。

面对专利权人提起的侵权诉讼，作为回击手段，仿制药企业可以提起专利无效。另外，仿制药厂商也可主动出击，提起专利无效。由于授权专利可能并非无懈可击，其权利本身可能存在缺陷，如此就给仿制药产生提供了一定的挑战空间。通过分析竞争对手的专利有效性，完全可能通过无效途径成功宣告原研药专利无效，从而在市场上占有一席之地。当然，通过无效途径对专利权进行挑战并不容易，专利权人必然会穷尽一切法律手段和现有技术来应对，因此不仅需要对专利法对相关无效情形的规定有充分了解，还需要有充足的现有技术证据作为基础，从技术和法律的层面进行深入分析，综合考量，选择最为有效的理由和有力的证据，尽可能全面、准确地发现其中存在的所有缺陷，以有效提高挑战的成功率。

需要看到的是，不论是请求宣告专利无效，还是应对被控侵权案件，从启动到终审判决生效是一个漫长的过程，是一场耗时耗力的战争。一旦出现不利结果，专利权人会穷尽一切可能，拖延法律程序，延迟终审判决生效时间，来阻止仿制药进入市场。面对这种情况，仿制药企业也要综合考虑成本效益，可考虑通过谈判等方式获得专利权使用许可或者购买来获得专利权，节省经济和时间成本，减少风险，通过合作的方式迅速发展壮大规模，成为研发和市场有力的"话语者"。

第7章 建 议

7.1 仿创结合

赛诺菲的来得时®（Lantus®）在糖尿病市场雄霸多年，2013 年全球销售额高达 80 亿美元，然而其霸主地位即将遭受严峻挑战。2014 年 9 月 10 日勃林格－礼来糖尿病联盟宣布来得时® 仿制药 Abasria®（甘精胰岛素注射液）获欧盟委员会（EC）批准，礼来的来得时® 仿制药 Basaglar® 将于 2016 年在美国上市，默沙东（Merck & Co）在三星（Samsung）和百健艾迪（Biogen Idec）合资公司的帮助下，也在开发来得时® 生物仿制药。当一个重磅炸弹药物失去了专利的保护，面临专利悬崖之际，也是群雄逐鹿，患者受益之时。生产仿制药对于提高糖尿病药物的患者可及度是不可或缺的。对于胰岛素类和 GLP－1 类药物而言，无论是重组技术，还是全化学合成技术，必须掌握技术诀窍才能实现产业化。这类药物的仿制可谓"站在巨人肩膀上创新"。近邻印度是全球第二大人口大国和糖尿病发病国，在甘精胰岛素研发领域专利申请量全球排名前十位中占据 2 席，百奥康研发了全球首个基于毕赤酵母的甘精胰岛素产品，WOCKHARDT 开发了独具特色的新制剂，无论在其国内还是在国际市场上都极有竞争力。对于我国而言，目前，只有甘李药业一家国内企业掌握了甘精胰岛素生物合成技术并有相关产品获批上市。因此，无论从原料药的生产还是从制剂的研发，我国的相关企业都有着广阔的发展空间。

7.2 广开智源

2005 年 7 月，武田制药以敏锐的市场眼光从 Furiex 和 Syrrx 购得阿格列汀和曲格列汀 DPP－4 抑制剂的权利。2005 年，日本武田制药（Takeda）收购美国 Syrrx 公司，其成为武田美国控股公司的全资子公司。美国 Syrrx 公司主要专注于先导化合物的开发以及利用 X 射线结晶技术对先导化合物优化以开发高技术含量的新药，在其开发的候选药物中有几个抗糖尿病候选药物进入了临床研究阶段。此次收购使得武田制药在美国建立了一个重要的研发中心。而国内企业也日益认识到广开智源的"拿来主义"对新药研发、市场拓展的重要性。2013 年 10 月，深圳信立泰药业股份有限公司购买获得了重庆复创医药研究有限公司的 1.1 类新药苯甲酸复格列汀在中国内地的独家开发技术和市场占有权，包括涉及的技术秘密、中国专利申请权和/或基于该申请获得的中国专利权以及中国临床研究批件，直接进入临床Ⅰ期的研究，2014 年又通过收购和增资入住苏州金盟和成都金凯，拥有了国内领先的生物制药开发平台，快速切入生物制药领域。翰宇药业在深圳大学医学院建立深圳大学翰宇药业创新药物联合实验室，教学、科研与企业需求紧密结合，获取最活跃头脑的第一线灵感火花，斥资 13.2 亿元并购成纪药业，为其日益增多的多肽药物品种开发配套的注射笔，投资入股挪威普迪医疗的创新产品"无创连续血糖监测手环"并获在中国市场独家代理权，联手腾讯搭建糖尿病慢病健康管理平台，布局互联网医疗，从多个维度为患者提供更容易顺应、更为精准的医疗服务。成功开发瑞格列汀的江苏恒瑞与另外 5 家企业联合成立薄荷投资基金，以天使投资培植本土新技术，助力中小医疗健康领域创新企业发展。从国内企业的运作可以看出，在具备了一定的资本实力后，通过例如引进研发团队，购买或合作开发国外正在研发的品种、并购等方式，从新药研发的不同环节灵活切入，占有相关的知识产权和核心技术，可以节约企业的研发成本，减小风险，缩短研发周期，迅速占领技术制高点，利用专利获得独享的先机。

7.3 强强联盟

2011 年 1 月，礼来与勃林格殷格翰缔结了糖尿病联盟，2012 年就在 EASD 上公布了两家公司关于 DPP-4 抑制剂、SGLT-2 抑制剂和在研的低血糖副作用降低的新型基础胰岛素类似物 LY2605541 的一系列合作研究数据成果，2013 年进军中国，2014 年 9 月，其仿制来得时® 获成功，Abasria®（甘精胰岛素注射液）获欧盟委员会（EC）批准。需要注意的是，根据管理学家的统计，一般成熟企业战略联盟的寿命周期平均值为 7 年，有 50%~60% 以失败告终，而难以建立统一的管理机制是联盟失败的主因。❶礼来与勃林格殷格翰糖尿病联盟有自己的决定流程，有专门的两家公司共同组成的联盟团队并且充分融合，使得联盟作出的决定能够充分代表双方的意见。由此可见，国内企业如采用这样的强强联合模式，可以集中优势资源，针对特定糖尿病药物的研发进行攻坚，在较短的时间内获得重大突破。

7.4 知识产权开路护航

从诺和、礼来、赛诺菲等大公司的专利布局和申请策略可以看出，保护企业核心技术可采用的途径是多种多样的：有的企业专注自身发展方向，以防御为主，捐献主业开发中获得的"副产品"发明，避免"分心"，知识产权专员密切关注研发环节，避免踏入侵权雷池；有的企业在早期惜墨如金，寥寥几项 PCT 申请就完成了发明的全球早期圈地，后续随着药物上市的形势不断通过分案申请、交叉组合专利申请、联合用药专利申请等巩固专利权稳定性，延长核心技术的垄断期；有的企业通过侵权诉讼、侵犯商业秘密诉讼等达到阻击和打压竞争对手的目的。

由此可见，对于企业而言，对投资立项、技术引进、成果保护、产品销售等各个

---

❶ [EB/OL]. [2015-12-30]. http://www.qgyyzs.net/news/newshtml/hyxx/20130109113303.shtml.

环节进行知识产权保护全覆盖，是有效抵御市场风险的重要手段。然而，近年来，国内一些医药企业规模发展势头强劲，其知识产权部门或知识产权专员规模和水平尚不能与之匹配，不能有效地运用知识产权制度为企业的发展保驾护航。因此，企业迫切需要制定知识产权战略和相关制度，并组建具备专业的技术背景、了解知识产权法律、熟练掌握诉讼技巧的复合型专业人才队伍，通过多种渠道和方式培养加强员工的知识产权意识，才能在激烈的市场竞争中攻防得当，为企业搞创新、谋发展提供有力武器。

附 录

附表1 外国申请人名称约定表

约定名称	CNPAT数据库中的申请人名称	DWPI数据库中的申请人名称（申请人代码）
罗氏	霍夫曼-拉罗奇有限公司 弗·哈夫曼-拉罗切有限公司 F. 霍夫曼-罗氏股份公司 罗氏格黎卡特股份公司 霍夫曼·拉罗奇有限公司	（HOFF） HOFFMANN – LA ROCHE HOFFMANNLA ROCHE & CIE SA F HOFFMANNLA ROCHE INC HOFFMANNLA ROCHE LTD HOFFMANN LA ROCHE & CO AG F HOFFMANNLA ROCHE & CIE SA F ROCHE GLYCART AG ROCHE DIAGNOSTICS GMBH GLYCART BIOTECHNOLOGY AG
基因泰克	基因技术股份有限公司 健泰科生物技术公司 杰南技术公司 吉宁特有限公司	（GETH） GENENTECH INC
中外制药	中外制药株式会社	（CHUS） CHUGAI PHARM CO LTD CHUGAI SEIYAKU KK
辉瑞	辉瑞大药厂 美国辉瑞有限公司 辉瑞产品公司 辉瑞有限公司 辉瑞公司	（PFIZ） PFIZER & CO INC PFIZER CORP PFIZER INC PFIZER LTD AGOURON PHARM INC AGOURON PHARM PFIZER PROD INC PFIZER JAPAN INC PFIZER SEIYAKU KK PFIZER HEALTH AB PFIZER GLOBAL RES & DEV

续表

约定名称	CNPAT 数据库中的申请人名称	DWPI 数据库中的申请人名称（申请人代码）
惠氏	惠氏公司	(AMHP) WYETH WYETH CO AMERICAN HOME PROD AYER AMERICAN HOME PROD CORP WYETH & BROTHER LTD JOH NWYETH HOLDINGS CORP WYETH CO LTD AYERST MCKENNA & HARRISON LTD
默沙东	默沙东公司 默沙东有限责任公司 默沙东有限公司	(MERI) MERCK & CO INC MERCK FROSST CANADA INC MERCK FROSST CANADA & CO MERCK SHARP & DOHME
先灵葆雅	先灵公司	(SCHE) SCHERING CORP SCHERING – PLOUGH CORP
葛兰素史克	葛兰素史密斯克莱有限责任公司 葛兰素史密丝克莱恩有限责任公司 葛兰素史密斯克莱知识产权（第2号）有限公司	(GLAX) GLAXOSMITHKLINE BIOLOGICALS SA GLAXOSMITHKLINE SPA GLAXOSMITHKLINE GLAXOSMITHKLINE & LAB SP LAB GLAXOSMITHKLINE SAS GLAXOSMITHKLINE SAS GLAXOSMITHKLINE KK GLAXOSMITHKLINE LLC GLAXOSMITHKLINE INTELLECTUAL PROPERTY
葛兰素威廉	葛兰素集团有限公司	(GLAX) GLAXO GROUP LTD
史克必成	史密丝克莱恩比彻姆公司 史密丝克莱恩比彻姆股份公司 史克比彻姆公司 史密斯克莱恩比彻姆药物实验室 史密丝克莱恩比彻姆有限公司 史密丝克莱恩比彻姆（科克）有限公司	(SMIK) SMITH KLINE FRENCH LAB SMITHKLINE BECKMAN CORP SMITHKLINE BEECHAM CORP SMITHKLINE CORP SB PHARMCO PUERTO RICO INC SB PHARMCO INC SMITHKLINE BEECHAM LAB PHARM SMITHKLINE BEECHAM PLC SMITH KLINE FRENCH LAB

续表

约定名称	CNPAT 数据库中的申请人名称	DWPI 数据库中的申请人名称（申请人代码）
人类基因组科学公司	人体基因组科学有限公司	（HGSI） HUMAN GENOME SCI INC
安万特	阿文蒂斯药物德国有限公司 安万特医药德国有限公司 安万特医药股份有限公司 安万特药物公司	（AVET） AVENTIS PHARMA INC AVENTIS PHARMA LTD AVENTIS PHARMA DEUT GMBH
赛诺菲	赛诺菲 赛诺菲安万特公司 赛诺菲德国有限公司 萨诺费－阿文蒂斯德国有限公司 塞诺菲·安万特德国有限公司 塞诺菲股份有限公司	（SNFI） SANOFI－AVENTIS SANOFI－AVENTIS DEUT GMBH SANOFI ANWANDTE CONNAUGHT LAB LTD SANOFI SA ELF SANOFI SANOFI－SYNTHELABO SANOFIE SANTE LAB MERIAL LTD PASTEUR SANOFI DIAGNOSTICS SANOFI－SYNTHELABO
赫司特	赫彻斯特股份公司	（FARH） FARB HOECHST FARBEWERKE HOECHST AG HOECHST AG
罗纳普朗克	罗纳普朗克公司 罗纳－普朗克化学公司	（RHON） RHONE－POULENC SANTE RHONE POULENC RORER LTD RHONE－POULENC RORER RHONE POULENC RORER SA
武田制药	武田药品工业株式会社	TAKEDA CHEM IND LTDTAKEDA PHARM CO LTD MILLENNIUM PHARM INC SYRRX INC

续表

约定名称	CNPAT 数据库中的申请人名称	DWPI 数据库中的申请人名称（申请人代码）
百时美施贵宝	百时美施贵宝公司 百时美－施贵宝研究与开发公司 米德列斯公司 布里斯托尔－迈尔斯斯奎布公司	（BRIM） BRISTOL－MYERS SQUIBB CO BRISTOL－MYERS SQUIBB CORP ADNEXUS BRISTOL－MYERS SQUIBB R&D CO BRISTOL－MYERS SQUIBB PHARMA CO MEDAREX INC
津莫吉尼蒂克斯	津莫吉尼蒂克斯公司	（ZYMO） ZYMOGENETICS INC
诺华	诺华股份有限公司 诺瓦提斯公司 希龙公司	（NOVS） NOVARTIS AG NOVARTIS－ERFINDUNGEN VERW GES MBH NOVARTIS INC NOVARTIS NUTRITION AG NOVARTIS PHARMA GMBH NOVARTIS PHARM UK LTD NOVARTIS VACCINES & DIAGNOSTICS INC NOVARTIS FORSCHUNGSSTIFTUNG ZWEIGNIEDERL （CHIR）CHIRON CORP
阿斯利康	阿斯利康公司 阿斯利康（瑞典）有限公司 阿斯利康英国有限公司 阿斯利康制药公司 阿斯利康制药有限公司	（ASTR） ASTRAZENECA AB ASTRAZENECA UK LTD MEDIMMUNE INC MEDIMMUNE LLC ARDEA BIOSCIENCES INC ASTRA AB
拜耳	拜尔公司 美国拜尔公司 拜尔内布拉斯加股份有限公司 拜尔医药保健股份公司 拜尔药品公司 拜尔谢林医药股份公司 先灵公司	（FARB） BAYER HEALTHCARE AG BAYER INTELLECTUAL PROPERTY GMBH BAYER SCHERING PHARMA AG BAYER ANIMAL HEALTH GMBH BAYER PHARM CORP FARBENFAB BAYER AG FARBWERKE HOCCHST AG BAYER AG BAYER CORP BAYER CORP FORMERLY MOLECULAR DIAGNOSTIC BAYER PHARMA AG

续表

约定名称	CNPAT 数据库中的申请人名称	DWPI 数据库中的申请人名称（申请人代码）
诺和诺德	诺和诺德公司 诺和诺德 A/S（股份有限公司）	（NOVO） NOVO NORDISK AS NOVOZYMES AS NOVO NORDISK HEALTH CARE AG NOVO IND AS
勃林格殷格翰	勃林格殷格翰国际有限公司	（BOEF） BOEHRINGER MANNHEIM GMBH BOEHRINGER INGELHEIM KG BOEHRINGER INGELHEIM CANADA LTD BOEHRINGER INGELHEIM PHARMA KG BOEHRINGER INGELHEIM PHARM GMBH&CO KG BOEHRINGER INGELHEIM ITAL SPA BOEHRINGER INGELHEIM INT GMBH BOEHRINGER INGELHEIM VETMEDICA GMBH BOEHRINGER & SOEHNE GMBH C F
雅培	雅培制药有限公司 雅培股份有限两合公司 雅培卫生保健产品有限责任公司 艾博特股份有限两合公司 艾博特生物技术有限公司 艾博特公司 艾博特股份有限两合公司	（ABBO） ABBOTT LAB ABBOTT GMBH & CO KG ABBOTT LAB USA ABBOTT BIOTECHNOLOGIES LTD ABBOTT HEALTHCARE PROD BV ABBOTT CARDIOVASCULAR SYSTEMS INC
礼来	伊莱利利公司	（ELIL） LILLY & CO ELI LILLY IND LTD ICOS CORP LILLY SA
英克隆	英克隆有限责任公司	（IMCL－N） IMCLONE SYSTEMS INC IMCLONE LLC IMCLONE SYSTEMS CORP
第一三共	第一三共株式会社 三共株式会社 第一制药株式会社	（DAUC） DAIICHI SANKYO KK DAIICHI SANKYO CO LTD DAIICHI KAGAKU YAKUHIN KK SANKYO CO LTD DAIICHI SEIYAKU CO DAIICHI PHARM CO LTD

续表

约定名称	CNPAT数据库中的申请人名称	DWPI数据库中的申请人名称（申请人代码）
艾米林	艾米林制药公司	（AMYI） AMYLIN PHARM INC AMYLIN CORP
百奥康	拜奥康有限公司	（BIOC – N） BIOCON LTD
沃克哈特	沃克哈特有限公司 沃克哈特研究中心	（WOCK） WOCKHARDT LTD WOCKHARDT CO WOCKHARDT RES CENT
艾尼纳制药公司	艾尼纳制药公司	（ARNA） ARENA PHARM INC
三菱田边	田边三菱制药株式会社 田边制药株式会社 三菱制药株式会社 三菱化学株式会社	（MTSB） MITSUBISHI TANABE PHARMA CORP MITSUBISHI PHARMA CORP MITSUBISHI PHARM CO LTD （TANA） TANABE PHARM CO LTD TANABE SEIYAKU CO
西兰公司	西兰公司 西兰医药联合股份有限公司	（ZEAL – N） ZEALAND PHARMA AS
康久化学	康久化学生物技术公司 康久化学公司	（CONJ – N） CONJUCHEM LLC CONJUCHEM BIOTECHNOLOGIES INC CONJUCHEM INC
韩美	韩美科学株式会社 韩美药品工业株式会社 韩美药品株式会社	（HANM） HANMI PHARM CO LTD HANMI HOLDINGS CO LTD HANMI NATURAL CO LTD HANMI SCI CO LTD

附表2 国内申请人名称约定表

约定名称	国内申请人名称
上海博德基因	上海博德基因开发有限公司
北京绿源求证	北京绿源求证科技发展有限责任公司
中国药科大学	中国药科大学
北京艺信堂医药研究所	北京艺信堂医药研究所
北京利千秋	北京利千秋科技发展有限公司
复旦大学	复旦大学
佛山市赛维斯医药	佛山市赛维斯医药科技有限公司
上海药物研究所	中国科学院上海药物研究所
北京奇源益德药物研究所	北京奇源益德药物研究所
天津药物研究院	天津药物研究院
	天津药物研究院有限公司
医学科学院药物研究所	中国医学科学院药物研究所
中美华东	杭州中美华东制药有限公司
通化东宝	通化安泰克生物工程公司
甘李药业	甘李药业有限公司
	甘李药业股份有限公司
北京万辉	北京万辉双鹤药业有限责任公司
江苏万邦生化	江苏万邦生化医药股份有限公司
	徐州万邦生化制药有限公司
江苏豪森	江苏豪森药业股份有限公司
江苏德源	连云港德源药业有限责任公司
上海朝晖药业	上海复星朝晖药业有限公司
锦州奥鸿药业	锦州奥鸿药业有限责任公司
重庆医药工业研究院	重庆医药工业研究院有限责任公司
鲁南新时代	鲁南新时代生物技术有限公司
上海生物泰	上海生物泰生命科学研究有限公司
重庆浦诺维	重庆浦诺维生物科技有限公司
宜昌长江	宜昌长江药业有限公司
麦科罗夫	麦科罗夫（南通）生物制药有限公司
珠海联邦	珠海联邦制药股份有限公司
重庆富进	重庆富进生物医药有限公司

续表

约定名称	国内申请人名称
上海一就	上海一就生物医药有限公司
合肥天麦	合肥天麦生物科技发展有限公司
上海华谊生物技术	上海华谊生物技术有限公司
四川海思科制药	四川海思科制药有限公司
深圳奥萨	深圳奥萨医药有限公司
安徽省逸欣铭	安徽省逸欣铭医药
浙江华海药业	浙江华海药业股份有限公司
济南春和景明	济南春和景明医药
四川科伦	四川科伦药物研究有限公司
江苏恒瑞	江苏恒瑞医药股份有限公司
重庆复创	重庆复创医药研究有限公司
深圳信立泰	深圳信立泰药业股份有限公司
深圳翰宇药业	深圳翰宇药业股份有限公司
无锡和邦	无锡和邦生物科技有限公司
海思科公司	四川海思科制药有限公司

附表3 申请人合并前后名称的约定

合并后申请人名称	申请人合并前各申请人名称
罗氏	罗氏、基因泰克、中外制药
辉瑞	辉瑞、惠氏、Parke-Davis 公司
默沙东	默沙东、先灵葆雅、欧加农
葛兰素史克	史克必成、葛兰素威康、人类基因组科学公司
赛诺菲	赛诺菲、赛诺菲-安万特、安万特、罗纳普朗克、赫司特
百时美施贵宝	百时美施贵宝、津莫吉尼蒂克斯
诺华	诺华、希龙
礼来	礼来、英克隆
武田制药	武田制药、SYRRX INC
拜耳	拜尔、先灵公司

图 索 引

图1-1-1 我国糖尿病用药市场规模预测 (2)
图1-2-1 国内外上市糖尿病药品 (彩图1)
图1-2-2 DPP-Ⅳ抑制剂降低血糖的体内路径 (8)
图1-2-3 GLP-1类药物的两种研究思路 (13)
图1-2-4 已上市GLP-1受体激动剂的结构示意图 (14)
图2-1-1 全球治疗糖尿病药物的专利申请历年趋势变化 (25)
图2-1-2 全球治疗糖尿病的药物专利申请量国家/地区申请量排名 (27)
图2-1-3 全球治疗糖尿病药物领域专利申请量排名前十位的国家、地区和区域性组织的专利申请量趋势 (28)
图2-1-4 全球治疗糖尿病药物申请量排名前15位的申请人以及申请量分布 (29)
图2-1-5 罗氏糖尿病药物全球专利申请分布及趋势 (31)
图2-1-6 辉瑞糖尿病药物全球专利申请分布及趋势 (32)
图2-1-7 默沙东糖尿病药物全球专利申请分布及趋势 (33)
图2-1-8 葛兰素史克糖尿病药物全球专利申请分布及趋势 (33)
图2-1-9 赛诺菲糖尿病药物全球专利申请分布及趋势 (34)
图2-1-10 诺和诺德糖尿病药物全球专利申请趋势 (34)
图2-2-1 治疗糖尿病药物领域中国专利申请量趋势 (35)
图2-2-2 治疗糖尿病药物领域国内专利申请区域分布 (36)
图2-2-3 治疗糖尿病领域国外来华专利申请区域分布 (37)
图2-2-4 治疗糖尿病药物领域历年中国专利授权量 (37)
图2-2-5 治疗糖尿病药物领域中国专利授权率趋势 (38)
图2-2-6 治疗糖尿病药物领域中国专利有效申请趋势 (39)
图2-2-7 国内申请人排名前十位申请人及申请量 (39)
图3-1-1 胰岛素全球专利申请量年度分布 (48)
图3-1-2 胰岛素类似物和衍生物专利申请年度趋势 (49)
图3-1-3 全球胰岛素领域前十位申请人排名 (52)
图3-1-4 排名前三位的申请人申请量年度分布 (53)
图3-1-5 胰岛素药物相关技术来源地和目标市场 (54)
图3-1-6 胰岛素相关中国专利申请年度趋势 (55)
图3-1-7 国外来华主要申请人排名 (55)
图3-2-1 甘精胰岛素结构通式及作用方式 (56)
图3-2-2 甘精胰岛素全球专利申请年度趋势 (57)
图3-2-3 甘精胰岛素相关专利申请量区域分布 (58)
图3-2-4 甘精胰岛素相关专利地区分布 (59)
图3-2-5 全球甘精胰岛素申请人申请量排名 (60)
图3-2-6 甘精胰岛素技术改进分支申请量分

图索引

图 3-2-7　甘精胰岛素中国专利申请年度趋势　（62）

图 3-2-8　甘精胰岛素中国专利申请前六位申请人　（62）

图 3-2-9　甘精胰岛素中国专利申请分布　（63）

图 3-2-10　甘精胰岛素中国申请的法律状态分布　（63）

图 3-2-11　赛诺菲甘精胰岛素技术路线（彩图2）

图 3-2-12　赛诺菲在华申请专利的交叉保护　（76）

图 3-2-13　赛诺菲在华申请专利的分案申请　（77）

图 3-2-14　礼来人胰岛素类似物突变位点示意图　（80）

图 3-2-15　百奥康甘精胰岛素相关专利　（81）

图 3-2-16　甘精胰岛素国内主要申请人专利申请分布　（彩图3）

图 3-2-17　国外来华/国内申请人的中国专利申请年度分布　（90）

图 3-2-18　国外来华/国内申请人技术主题对比　（91）

图 3-2-19　国外来华/国内专利技术主题申请分布　（91）

图 3-2-20　甘精胰岛素领域SWOT分析　（92）

图 4-1-1　已批准上市的5种列汀类药物全球销售情况　（95）

图 4-2-1　DPP-Ⅳ抑制剂全球专利申请趋势　（98）

图 4-2-2　DPP-Ⅳ抑制剂国家和地区专利申请分布　（100）

图 4-2-3　DPP-Ⅳ抑制剂区域专利申请趋势　（101）

图 4-2-4　DPP-Ⅳ抑制剂全球专利申请目标市场排名　（101）

图 4-2-5　DPP-Ⅳ抑制剂全球专利前十位申请人专利申请　（102）

图 4-3-1　DPP-Ⅳ抑制剂中国专利申请趋势　（103）

图 4-3-2　DPP-Ⅳ抑制剂中国大陆申请人区域分布　（104）

图 4-3-3　DPP-Ⅳ抑制剂中国专利申请的申请人排名　（104）

图 4-3-4　DPP-Ⅳ抑制剂国内申请人排名　（105）

图 4-3-5　DPP-Ⅳ抑制剂中国专利申请人类型　（105）

图 4-4-1　曲格列汀和阿格列汀结构式　（106）

图 4-4-2　曲格列汀全球专利申请趋势　（109）

图 4-4-3　美国、欧洲、日本、中国申请人曲格列汀专利申请趋势　（110）

图 4-4-4　曲格列汀全球专利申请人排名和构成　（111）

图 4-4-5　曲格列汀全球专利申请的技术主题分布　（111）

图 4-4-6　曲格列汀全球专利申请技术主题分布趋势　（彩图4）

图 4-4-7　曲格列汀在华专利申请趋势　（112）

图 4-4-8　曲格列汀中国专利申请人排名和构成　（113）

图 4-4-9　曲格列汀中国专利申请技术主题分布趋势　（117）

图 4-4-10　武田制药曲格列汀相关专利申请量变化趋势　（120）

图 4-4-11　武田制药曲格列汀专利申请技术主题分布　（121）

图 4-4-12　曲格列汀和阿格列汀结构式　（124）

图 4-4-13　黄嘌呤化合物1的结构式及其在DPP-Ⅳ活性位点的共晶结构　（125）

图 4-4-14　WO02/02560A1中披露的与黄嘌呤化合物1结构相近的化合物　（125）

图 4-4-15　WO02/068420A1中披露的化合物

261

图 4-4-15（续） 2 的结构式及其在 DPP-Ⅳ 活性位点的共晶结构 （126）

图 4-4-16 喹啉酮化合物 3 的构效关系 （126）

图 4-4-17 WO2005/016911A1 中化合物 4 的结构式及其在 DPP-Ⅳ 活性位点的共晶结构 （127）

图 4-4-18 WO2005/095381A1 中披露的化合物 5 和化合物 6 及通式结构 （127）

图 4-4-19 US2009/082376A1 中披露的化合物 （128）

图 4-4-20 CN102791701A 中披露的化合物 （128）

图 4-4-21 CN103788070A 中披露的化合物 1~3 结构式 （129）

图 4-4-22 CN104109147A 中的化合物 1 和化合物 2 结构式 （130）

图 4-4-23 曲格列汀结构修饰一览 （彩图 5）

图 4-5-1 瑞格列汀结构式 （135）

图 4-5-2 CN201080060362.X 要求保护的通式结构 （136）

图 4-5-3 CN201080060362.X 实施例中的 4 个具体化合物的结构式 （137）

图 5-1-1 GLP-1 受体激动剂全球专利申请年度趋势 （141）

图 5-1-2 GLP-1 受体激动剂全球专利申请排名前十位的国家/地区分布 （141）

图 5-1-3 GLP-1 受体激动剂领域全球专利申请量前四位的国家和地区趋势 （142）

图 5-2-1 GLP-1 受体激动剂中国专利申请趋势 （144）

图 5-2-2 GLP-1 受体激动剂中国专利申请的申请人来源分布 （145）

图 5-2-3 GLP-1 受体激动剂中国专利申请量排名前四位国家的申请趋势 （145）

图 5-2-4 GLP-1 受体激动剂中国国内申请人申请量区域分布 （146）

图 5-2-5 GLP-1 受体激动剂中国专利申请法律状态分布 （147）

图 5-3-1 艾塞那肽全球专利申请年份趋势 （154）

图 5-3-2 艾塞那肽全球专利申请量排名前十位国家和地区分布 （155）

图 5-3-3 艾塞那肽全球专利申请量排名前三位的国家和地区的专利申请趋势 （156）

图 5-3-4 艾塞那肽中国专利申请年份趋势 （158）

图 5-3-5 艾塞那肽中国专利申请的申请人来源分布 （158）

图 5-3-6 艾塞那肽中国专利申请的国内申请人来源分布 （159）

图 5-3-7 艾塞那肽中国专利申请法律状态统计 （160）

图 5-3-8 艾塞那肽制剂全球专利申请趋势及国家/地区分布 （160）

图 5-3-9 不同的艾塞那肽制剂全球专利申请量趋势及申请类型分布 （161）

图 5-3-10 艾塞那肽"三微制剂"全球专利申请趋势 （162）

图 5-3-11 艾塞那肽"三微制剂"国家和地区专利申请分布 （163）

图 5-3-12 艾塞那肽"三微制剂"专利申请人构成 （163）

图 5-3-13 艾塞那肽"三微制剂"技术分解 （彩图 6）

图 5-3-14 艾塞那肽融合蛋白全球专利申请量趋势 （167）

图 5-3-15 艾塞那肽融合蛋白全球专利申请区域分布 （168）

图 5-3-16 艾塞那肽融合蛋白全球专利申请主要区域申请趋势 （168）

图 5-3-17 艾塞那肽融合蛋白全球专利申请主要申请人分布 （169）

图 5-3-18 艾塞那肽融合蛋白中国专利申请量趋势 （169）

图 5-3-19 艾塞那肽融合蛋白中国专利申请主要申请人分布 （170）

| 图 5-3-20 | 艾塞那肽融合蛋白中国专利申请法律状态分析 (170)
| 图 5-3-21 | 艾塞那肽融合蛋白中国专利申请技术路线 (172)
| 图 5-3-22 | 全球艾塞那肽 PEG 修饰的衍生物专利申请年度趋势 (177)
| 图 5-3-23 | 全球艾塞那肽 PEG 修饰的衍生物申请人分布 (178)
| 图 5-3-24 | 全球艾塞那肽 PEG 修饰的衍生物主要申请区域年度趋势 (178)
| 图 5-3-25 | 全球艾塞那肽 PEG 修饰的衍生物主要申请人分布 (179)
| 图 5-3-26 | 中国艾塞那肽 PEG 修饰的衍生物专利申请年度趋势 (179)
| 图 5-3-27 | 中国艾塞那肽 PEG 修饰的衍生物主要申请人分布 (180)
| 图 5-3-28 | 中国艾塞那肽 PEG 修饰的衍生物专利申请法律状态分析 (180)
| 图 5-3-29 | 利司那肽的研发大事记 (182)
| 图 5-3-30 | 利司那肽全球专利申请年度趋势 (185)
| 图 5-3-31 | 利司那肽全球专利申请国家和地区分布 (185)
| 图 5-3-32 | 利司那肽中国专利申请年度分布 (186)
| 图 5-3-33 | 利司那肽中国专利申请的国别分布 (187)
| 图 5-3-34 | 利司那肽中国专利申请法律状态分布 (189)
| 图 5-4-1 | 利拉鲁肽全球专利申请年度趋势 (191)
| 图 5-4-2 | 利拉鲁肽全球专利申请量排名前5位国家和地区分布 (192)
| 图 5-4-3 | 8家企业关于利拉鲁肽的专利申请分布 (194)
| 图 5-4-4 | 利拉鲁肽各技术分支的专利申请分布 (194)
| 图 5-4-5 | 8家企业在利拉鲁肽各技术分支的专利申请分布 (195)
| 图 5-4-6 | 索马鲁肽全球专利申请年度趋势 (198)
| 图 5-4-7 | 索马鲁肽全球专利申请量国家和地区分布 (198)
| 图 5-4-8 | 索马鲁肽中国专利申请年度趋势 (199)
| 图 5-4-9 | 索马鲁肽中国专利申请量国家分布 (199)
| 图 5-4-10 | 索马鲁肽中国专利法律状态 (200)
| 图 5-5-1 | 阿必鲁肽全球专利申请年度趋势 (210)
| 图 5-5-2 | 阿必鲁肽全球专利申请量国家和地区分布 (211)
| 图 5-5-3 | 阿必鲁肽中国专利申请年度趋势 (213)
| 图 5-5-4 | 阿必鲁肽中国专利申请量国家分布 (213)
| 图 5-5-5 | 阿必鲁肽中国专利法律状态分布 (214)
| 图 5-5-6 | 杜拉鲁肽结构示意图 (216)
| 图 5-5-7 | 杜拉鲁肽全球专利申请年度趋势 (217)
| 图 5-5-8 | 杜拉鲁肽全球专利申请量国家和地区分布 (217)
| 图 5-5-9 | 杜拉鲁肽中国专利申请年度趋势 (221)
| 图 5-5-10 | 杜拉鲁肽中国专利申请量国家分布 (221)
| 图 5-5-11 | 杜拉鲁肽中国专利申请法律状态 (222)
| 图 6-1-1 | 武田制药第96111063.5号无效案件大事记 (225)
| 图 6-2-1 | 礼来和甘李药业侵权案件大事记 (231)
| 图 6-2-2 | 第96106635.0号无效案件大事记 (234)
| 图 6-2-3 | 第95106567.X号无效案件大事记 (235)
| 图 6-2-4 | 第95106568.8号无效案件大事记 (236)

表 索 引

表1-2-1 糖尿病药物全球销售额排名 (5)
表1-2-2 目前全球已上市的DPP-Ⅳ抑制剂 (9)
表1-2-3 处于临床试验阶段的DPP-Ⅳ抑制剂 (10)
表1-2-4 已上市的GLP-1受体激动剂 (15)
表1-2-5 截至2014年12月处于临床或临床前的长效GLP-1受体激动剂 (15)
表1-3-1 治疗糖尿病药物技术分解表 (20)
表1-3-2 检索要素汇总 (22)
表1-3-3 数据库检索结果汇总 (23)
表2-1-1 全球治疗糖尿病药物主要专利申请人的申请 (30)
表2-2-1 国内排名前十位申请人的专利申请汇总 (40)
表2-2-2 2014年糖尿病用药销售额排名前十位的国内企业 (40)
表3-2-1 赛诺菲甘精胰岛素用药方案专利申请 (72)
表3-2-2 赛诺菲甘精胰岛素相关中国专利申请 (74)
表3-2-3 赛诺菲甘精胰岛素未进入中国专利列表 (77)
表3-2-4 通化东宝甘精胰岛素药物审批情况 (88)
表3-2-5 山东新时代甘精胰岛素药物审批情况 (89)
表3-2-6 国内甘精胰岛素品种新药报批情况 (89)
表3-2-7 国内企业、赛诺菲与国外追随者对比 (92)

表4-1-1 Januvia®化合物专利在药品主流市场的保护情况 (95)
表4-1-2 Trajenta®化合物专利在药品主流市场的保护情况 (97)
表4-1-3 Nesina®化合物专利在药品主流市场的保护情况 (98)
表4-4-1 琥珀酸曲格列汀新药申报情况汇总 (107)
表4-4-2 曲格列汀区域专利申请情况 (110)
表4-4-3 已授权的曲格列汀中国专利申请 (114)
表4-4-4 驳回或视撤的曲格列汀中国专利申请 (114)
表4-4-5 未审或在审的曲格列汀中国专利申请 (115)
表4-4-6 国内曲格列汀专利申请区域分布 (117)
表4-4-7 国内曲格列汀CDE申请企业区域分布 (117)
表4-4-8 中国申请人提出的曲格列汀专利申请 (117)
表4-4-9 武田制药在中国的曲格列汀专利申请 (119)
表4-4-10 中国已经获得授权的武田制药曲格列汀的专利申请 (122)
表4-4-11 CN103788070A中披露的化合物1~3与阿格列汀的抑制率和IC_{50}值 (129)
表4-4-12 阿格列汀和曲格列汀及其相应羟基脒基衍生物针对DPP-Ⅳ的IC_{50} (130)
表4-5-1 十年内到期的主要DPP-Ⅳ抑制剂产品情况 (132)

表 5-1-1	全球 GLP-1 受体激动剂领域专利申请活跃度 (143)
表 5-1-2	GLP-1 受体激动剂全球申请量排名前十位的申请人及其申请汇总 (143)
表 5-2-1	中国 GLP-1 受体激动剂领域专利申请活跃度 (144)
表 5-2-2	GLP-1 受体激动剂中国专利申请量排名前十位的申请人及其申请 (146)
表 5-3-1	艾塞那肽在主要市场获得批准上市时间 (149)
表 5-3-2	艾塞那肽的销售收入 (149)
表 5-3-3	Beytta® 美国专利数据及其中国同族专利 (149)
表 5-3-4	Bydureon® 美国专利数据及其中国同族专利 (150)
表 5-3-5	Beytta® 和 Bydureon® 在主要市场的专利到期年份 (152)
表 5-3-6	艾塞那肽全球专利申请量排名前十位的申请人及其申请量 (157)
表 5-3-7	中国艾塞那肽相关专利申请量排名前 11 位的申请人及其申请量 (159)
表 5-3-8	WO99/46283 中 Enkephalin（脑啡肽）不同类似物的 EC_{50} 和 $T_{1/2}$ 值 (182)
表 5-3-9	利司那肽全球专利申请量排名前 5 位的申请人及其申请 (186)
表 5-3-10	国内利司那肽申请量排名前 5 位的申请人及其申请 (187)
表 5-4-1	全球利拉鲁肽申请量排名前 8 位的申请人及其申请 (192)
表 5-4-2	在华利拉鲁肽专利申请量排名前 9 位的申请人及其申请 (193)
表 5-4-3	索马鲁肽全球专利申请量排名前三位的申请人及其申请 (198)
表 5-4-4	索马鲁肽中国专利申请人及申请 (200)
表 5-4-5	Semaglutide 基础专利同族一览 (202)
表 5-4-6	CN103260608A 中不同规格的片剂组合物 (206)
表 5-5-1	阿必鲁肽全球专利申请量排名前 5 位的申请人及其申请 (211)
表 5-5-2	阿必鲁肽中国专利申请量排名前 9 位的申请人及其申请 (213)
表 5-5-3	杜拉鲁肽全球专利申请量排名前 5 位的申请人及其申请 (218)
表 5-5-4	与杜拉鲁肽联用的相关申请 (219)
表 5-5-5	GLP-1 类似物相关的专利申请 (220)
附表 1	外国申请人名称约定表 (252)
附表 2	国内申请人名称的约定 (258)
附表 3	申请人合并前后名称的约定 (259)

书号	书名	产业领域	定价	条码
9787513006910	产业专利分析报告（第1册）	薄膜太阳能电池 等离子体刻蚀机 生物芯片	50	9787513006910
9787513007306	产业专利分析报告（第2册）	基因工程多肽药物 环保农业	36	9787513007306
9787513010795	产业专利分析报告（第3册）	切削加工刀具 煤矿机械 燃煤锅炉燃烧设备	88	9787513010795
9787513010788	产业专利分析报告（第4册）	有机发光二极管 光通信网络 通信用光器件	82	9787513010788
9787513010771	产业专利分析报告（第5册）	智能手机 立体影像	42	9787513010771
9787513010764	产业专利分析报告（第6册）	乳制品生物医用 天然多糖	42	9787513010764
9787513017855	产业专利分析报告（第7册）	农业机械	66	9787513017855
9787513017862	产业专利分析报告（第8册）	液体灌装机械	46	9787513017862
9787513017879	产业专利分析报告（第9册）	汽车碰撞安全	46	9787513017879
9787513017886	产业专利分析报告（第10册）	功率半导体器件	46	9787513017886
9787513017893	产业专利分析报告（第11册）	短距离无线通信	54	9787513017893
9787513017909	产业专利分析报告（第12册）	液晶显示	64	9787513017909
9787513017916	产业专利分析报告（第13册）	智能电视	56	9787513017916
9787513017923	产业专利分析报告（第14册）	高性能纤维	60	9787513017923
9787513017930	产业专利分析报告（第15册）	高性能橡胶	46	9787513017930
9787513017947	产业专利分析报告（第16册）	食用油脂	54	9787513017947
9787513026314	产业专利分析报告（第17册）	燃气轮机	80	9787513026314
9787513026321	产业专利分析报告（第18册）	增材制造	54	9787513026321

书　号	书　名	产业领域	定价	条　码
9787513026338	产业专利分析报告（第19册）	工业机器人	98	
9787513026345	产业专利分析报告（第20册）	卫星导航终端	110	
9787513026352	产业专利分析报告（第21册）	LED照明	88	
9787513026369	产业专利分析报告（第22册）	浏览器	64	
9787513026376	产业专利分析报告（第23册）	电池	60	
9787513026383	产业专利分析报告（第24册）	物联网	70	
9787513026390	产业专利分析报告（第25册）	特种光学与电学玻璃	64	
9787513026406	产业专利分析报告（第26册）	氟化工	84	
9787513026413	产业专利分析报告（第27册）	通用名化学药	70	
9787513026420	产业专利分析报告（第28册）	抗体药物	66	
9787513033411	产业专利分析报告（第29册）	绿色建筑材料	120	
9787513033428	产业专利分析报告（第30册）	清洁油品	110	
9787513033435	产业专利分析报告（第31册）	移动互联网	176	
9787513033442	产业专利分析报告（第32册）	新型显示	140	
9787513033459	产业专利分析报告（第33册）	智能识别	186	
9787513033466	产业专利分析报告（第34册）	高端存储	110	
9787513033473	产业专利分析报告（第35册）	关键基础零部件	168	
9787513033480	产业专利分析报告（第36册）	抗肿瘤药物	170	
9787513033497	产业专利分析报告（第37册）	高性能膜材料	98	
9787513033503	产业专利分析报告（第38册）	新能源汽车	158	

书号	书名	产业领域	定价	条码
9787513043083	产业专利分析报告（第39册）	风力发电机组	70	
9787513043069	产业专利分析报告（第40册）	高端通用芯片	68	
9787513042383	产业专利分析报告（第41册）	糖尿病药物	70	
9787513042871	产业专利分析报告（第42册）	高性能子午线轮胎	66	
9787513043038	产业专利分析报告（第43册）	碳纤维复合材料	60	
9787513042390	产业专利分析报告（第44册）	石墨烯电池	58	
9787513042277	产业专利分析报告（第45册）	高性能汽车涂料	70	
9787513042949	产业专利分析报告（第46册）	新型传感器	78	
9787513043045	产业专利分析报告（第47册）	基因测序技术	60	
9787513042864	产业专利分析报告（第48册）	高速动车组和高铁安全监控技术	68	